JN409772

『철학』 100집 출간 기념

한국철학의 회고와 전망

한국철학회 편집위원회 엮음

『철학』 100집 출간 기념

한국철학의 회고와 전망

한국철학회 편집위원회 엮음

철학과현실사

차 례

한국철학회 분과학회: 회고와 전망

발간사

한국철학회 회원 여러분!

안녕하십니까?

철학 학문공동체의 여러 식구들과 더불어 한국철학회 공식 학술지인 『철학』 지 제100집 발간(2009년 8월 30일)을 진심으로 축하드리고 스스로도 자축합니다.

한국철학회는 한국전쟁의 휴전협정이 이루어진 1953년에 창립되었고 이렇게 결성된 학문공동체의 공식 학술지인 『철학』 지는 2년 후인 1955년에 창간되어 2009년 가을에 제100집을 발간하게 되었습니다.

돌이켜 보면 우리 잡지는 1957년에 제2집을 출간하였지만 사정이 여의치 않아 곧바로 휴간되었고, 1969년에야 제3집으로 복간되어 1980년 제14집이 출간되기까지 매년 1집씩 꾸준히 진행되어 왔습니다.

그 후 식구도 늘어가고 여력도 생겨 1981년 제15집부터는 매년 봄, 가을로 연 2회 출간하게 되었고 다시 1996년 가을 제44집부터는 1년에 봄, 여름, 가을, 겨울 연 4회씩 출간하여 오늘에 이르게 되었습니다.

학회 활동 중 가장 중요한 일은 성원들의 연구 성과를 학술지를 통해 기록, 보존하여 이를 성원들이 공유함으로써 학회 발전의 기반을 다지는 일이기에 『철학』 지 100집 발간은 그간 한국 철학계의 성장과 역량을 상징한다고 생각합니다.

이를 바탕으로 해서 우리는 2008년 세계 각국의 철학자들을 초대하여 동양에서는 처음으로 세계인의 철학 잔치를 서울에서 성공적으로 치를 수 있었고 더욱이 동양철학을 세계철학의 지도에 편입하는 일도 성취할 수 있었습니다.

이제 우리는 이로부터 한 발짝 더 나아가 동서의 철학자들이 교류하고 담론할 수 있는 마당인 세계철학지, 즉 *World Philosophy* 의 출간을 준비함으로써 그야말로 글로벌 시대의 한국철학을 구상해 갈 기초공사에 진력하고 있습니다.

오늘 이 같은 발전과 성과가 있기까지 동참해 주신 우리 한국철학회의 식구들, 그리고 특히 그간 철학회를 이끌었던 역대 회장단, 그 중에서도 편집의 중책을 감당하신 여러 분과 위원들의 노고에 충심으로 감사드리며, 다시 한 번 100집 기념호의 출간을 축하드립니다.

한국철학회 회장

황 경 식

『철학』 100집 발간을 축하하며

우리나라 철학 발전의 주도적인 역할을 기대하면서

이남원(대한철학회 회장)

한국철학회 학술지 『철학』의 100집 발간을 진심으로 축하드립니다.

연혁을 보고 한국철학회가 1953년 발족되었다는 것을 알게 되었습니다. 반세기가 훌쩍 넘은 그 역사도 놀랍거니와 우리나라 최초의 철학회가 6 · 25 전쟁 마지막 즈음하여 창립되었다는 사실에 더욱 놀라움을 금치 못하였습니다. 온통 폐허가 된 도시와 산하에서, 초근목피의 삶을 견뎌야 하는 간난의 처지에서, 학문, 그것도 가장 순수하여 도무지 실생활에 결코 도움이 되지 않는다는 철학이라는 학문의 불씨를 이어갔던 당시 선구자들의 빼어난 안목과 강인한 의지에 찬탄을 보낼 뿐입니다.

한국철학회는 발족 2년 뒤 드디어 학회 설립의 주요 목적 중의 하나인 학술지 『철학』을 발간하게 되었습니다. 유명무실한 학회가 아니라는 것을 보여준 것입니다. 전쟁 직후 모든 물자가 부족하고 여건이 여의치 않은 상황에서 최초의 철학 학술지가 발간된 것입니다. 이 철학 학술지의 효시는 이후 55년간을 이어가면서 드디어 '100'이라는 숫자를 기록하게 되었습니다. 그러면서 기성의 철학자들에게는 그들의 연구 업적을 소개할 지면을 할애하고, 신인들에게는 철학자로서의 출발을 알리는 등용의 문 역할을 충실히 해내었습니다. 이 모두가 경하할 일입니다.

한국철학회는 명실상부하게 경향(京鄕)을 아우르는 철학회입니다. 서울에서 활동하는 철학자든 지방에서 활동하는 철학자든, 상당수는 이런저런 연유로 한국철학회와 인연을 맺고 『철학』에 기고하면서 철학 활동을 펴고 있습니다. 그런 의미에서 한국철학회 및 『철학』이 한국 철학계에 기여하는 바가 작다고는 할 수 없습니다. 한국철학회 창설 이후 많은 철학회들이 그들 나름의 이유를 가지고서 창립되었고, 특히 특수한 분야를 전문으로 하는 많은 학회들이 탄생하였습니다. 그럼에도 한국철학회는 역사로 보나 그 규모로 보나 우리나라를 대표하는 학회로 자리매김하였습니다. 한국철학회의 존재의의가 바로 여기에 있는 것입니다.

더욱이 21세기를 전후하여 거대한 국제화, 세계화의 바람이 불고 있습니다. 한국의 철학자들은 상당수가 외국에 유학하여 공부하거나, 아니면 국내에서 공부를 하였더라도 외국어를 통해서 철학적 사유의 깊이를 축적한 사람들입니다. 그럼에도 불구하고 우리나라 철학계가 이런 바람에 어느 정도 부합한 활동을 했는지, 세계 철학계와 어깨를 나란히 하면서 걸어갔는지 하는 것을 생각해 보면, 다소 회의적인 생각이 드는 것이 사실입니다.

다소 회의적인 생각이 드는 가운데서도 2008년 7월 30일부터 8월 5일까지 제22차 세계철학대회가 우리나라에서 열렸고, 한국철학회에 관계하는 분들이 그 대회에서 상당한 역할을 했다는 것을 압니다. 더 거슬러 올라가 2003년 이래로 한국철학회가 주축이 되어 한국철학올림피아드(Korean Philosophy Olympiad) 대회를 개최한 것으로 압니다. 더 거슬러 올라가 각 학회가 돌아가면서 매년 열고 있는 한국철학자대회의 탄생에도 한국철학회가 가장 크게 기여했다는 것도 압니다. 외람된 생각인지 모르지만 바로 이것이 한국철학회가 나아갈 길이 아닌가 생각합니다.

특수 전문 철학회는 자신의 특수 분야에서 철학 활동을 하고, 국내 곳곳에 산재해 있는 여러 종합 학회들은 각각의 학회 성격에 맞게 철학 활동을 펴나갈 필요가 있을 것입니다. 그것이 바로 학회의 독자적 존립입니다. 그러나 오늘날은 협력의 시대입니다. 특수 분과 학회든 종합 학회든, 여러 학회들이 서로 연합해서 학회 활동을 할 필요도 있고, 전국 규모의 학회 활동을 할 필요도 있으며, 더 나아가 국제적인, 세계적인 철학 활동을 펴나갈 필요가 있습니다. 한국철학회는 규모 면에서 그리고 역량 면에서 우리나라의 대표적인 철학회입니다. 그래서 한국철학회가 지향해야 할 바는 한국철학의 국제화, 세계화가 아닌가 외람되게 제 나름대로 생각해 봅니다. 바로 이런 역할에 『철학』이 크게 기여할 수 있지 않을까 생각해 봅니다.

이제 21세기도 10년을 지나가고 있습니다. 그리고 우리 인간이 겪는 삶의 속도는 더욱 빨라지는 것 같습니다. 좌고우면의 여유조차 부릴 수 없을 정도로 빠른 속도로 매일의 삶이 지나갑니다. 이런 상황일수록 '음미하는 삶'을 지향하는 철학이 더욱 필요할 것 같습니다. 철학이 매몰된 사회에서 철학이 더욱 필요한 역설적 상황 속에서 한국철학회와 『철학』이 해야 할 역할이 더욱 커질 것 같습니다. 『철학』이 100집이 아니라 1,000집, 2,000집 계속 이어가면서 우리나라 철학계의 발전에 크게 기여하리라 확신합니다.

『철학』 100집을 축하하며

이재영(범한철학회 회장)

『철학』 100집을 진심으로 축하합니다. 창간호가 1955년에 나왔으니 100집이 나오기까지 55년의 세월이 흘렀군요. 55년이면 한 아이가 철학에 입문해서 중견 철학자가 되었을 만큼의 세월이지요. 55세가 된 철학자가 자기가 걸어온 길을 되돌아볼 때 기억에 남는 일들이 많듯이 『철학』 55년간의 글들을 보니 여러 가지 생각이 떠오르는군요.

100집에 이르기까지 수많은 이름들이 등장합니다. 그 중에는 우리가 직접 배웠거나 아니면 책을 통해서 그 이름을 익히 알고 있는 수많은 선배 철학자들이 계신데 이미 고인이 되신 분들도 많습니다. 그 분들을 통해서 철학에 입문했던 때가 생각납니다. 아직까지 기억에 생생한 순간도 많지요. 그분들은 가셨어도 제가 살아 있는 한 제 마음 속에 살아 계실 테고, 남기신 글을 통해서 후하들이 정신 속에도 살아 계실 테지요. 또 현역에서 물러나신 분들, 현재 정열적으로 활동하고 있는 분들의 이름도 눈에 띄고, 아직은 제게 낯선 이름들도 많이 눈에 띄는군요. 그 이름을 일일이 대기 어려울 만큼 많은 분들의 노고를 담은 글들을 보고 있노라니 한 편의 글을 쓰기까지 그분들이 흘린 땀과 기울인 정성이 남의 것으로 느껴지지 않습니다. 그 땀방울 하나하나와 정성이 모여 한국 철학계의 오늘이 이루어졌다고 생각하니 어느 글 하나 소중하지 않은 것이 없군요. 그 글들을 눈으로 어루만지면서 『철학』이 지나온 길을 몇 가지로 정리해 보았습니다.

첫째, 『철학』은 우리에게 비판적 논의의 장을 마련해 주었습니다. 복간된 3집(1969)에 벌써 하버마스의 『인식과 관심』(1968)에 대한 서평이 실렸습니다. 8집(1974)에는 조요한 선생님의 『예술철학』(1973)과 이규호 선생님의 『앎과 삶』(1972)에 대한 서평이 실림으로써 국내 철학자의 저서에 관한 서평이 등장하기 시작했습니다. 국내 학자의 논문에 대한 논평은 17집(1982 봄)에 심재룡 선생님의 「신옥희 교수의 "석가와 칸트에 있어서 자아의 문제"」가 처음 실렸습니다. '공동연구'(22집, 1984 가을)나 '특집'(24집, 1985 가을)의 이름으로 발표문과 논평문을 함께 실은 것, 79집(2004 여름)에 실린 정대현 선생님의 「심성내용과 분석철학: 민찬홍 교수의 서평을 읽고」라는 '서평에 대한 답변'은 비판적 논의가 확산된 계기가 되었습니다. 토론과 비판에 익숙하지 않았던 한국의 철학계에 어느 정도 비판 문화가 형성된 것은 『철학』을 통한 비판적 논의의 확산 과정이 밑거름이 되었기 때문이라고 생각합니다.

둘째, 『철학』은 국제화의 모범이 되었습니다. 2집(1957)에 이미 *The Philosophy of Henry James* 라는 신간 소개와 김용배 선생님의 영어 논문, 5집(1971)에 박고영 선생님의 영어 논문과 변규용 선생님의 프랑스어 논문이 실렸으며, 7집(1973)에 실린 「심리철학의 현황」(김진태), 11집(1977)에 실린 「최근 불란서 철학계의 동향」(박이문)은 세계 철학계의 동향에 대한 글로서 국제화 시대에 걸맞은 모습을 일찌감치 보여주었습니다. 14집(1980)에는 차인석 선생님과 헤르만(F.-W. von Herrmann)의 「대담. 하이데거: 그의 철학의 길」이 실렸고, 20집(1983 가을)에 처음 등장한 「특별기고. 제17회 세계철학회의 참관기」(김규영)는 29집(1988 봄)에는 「보고. 드브로브닉 국제 과학철학 세미나」(소흥렬), 36집(1991 가을)에는 「참관기. 철학, 인간 그리고

환경: 나이로비 세계철학자대회」(김성진)라는 형태로 지속되었습니다. 참관기를 통해서 소식을 접할 뿐 먼 나라의 일이라고 생각했던 세계철학대회를, 우리에게 철학을 전해 준 일본을 제치고 아시아에서 가장 먼저 열게 된 것(22차, 2008 여름)은 이처럼 세계 철학계의 동향에 무심하지 않았던 『철학』의 지속적인 활동이 일정 부분 영향을 미쳤기 때문이라고 생각합니다.

셋째, 『철학』은 처음부터 동서양철학을 구별하지 않았습니다. 그리고 12집(1978)의 「현상학적 방법의 한국적 조명」(김형효), 27집(1987 봄)의 「특집. 한국철학사 연구의 반성과 문제점」, 39집(1993 봄)의 「특집. 한국철학 무엇이 문제인가」는 『철학』이 한국철학의 정체성 탐구를 게을리 하지 않았음을 보여줍니다.

넷째, 『철학』은 일찌감치 인접 학문과 만남을 시도했습니다. 28집(1987 가을)의 「특집. 철학과 의학의 만남」, 30집(1988 가을)의 「특집. 철학과 문학 사이」가 그것입니다.

마지막으로, 『철학』은 14집(1980)부터 '특집'으로 철학의 중심 주제들을 다루기 시작했고, 특히 20집(1983 가을)과 21집(1984 봄)에서는 연이어서 철학교육을 특집으로 실음으로써 현실적인 문제에 접근하기도 했습니다.

『철학』이 이제까지 수행해 온 역할을 다섯 가지로 나누어 보았습니다. 토론과 비판의 장을 마련하고 한국 철학계의 국제화에 밑거름이 되었으며 한국철학의 정체성을 잃지 않으려고 노력했던 점은 비교적 높은 점수를 줄 수 있지만, 인접 학문과 만나거나 현실 문제에 접근을 시도한 부분은 다소 아쉬움이 남습니다. 미흡했던 부분을 보완함과 동시에 『철학』이 한국 철학계의 충실한 대화와 소통의 장이 되어 왔는지, 행여나 자만에 빠져 자기 혁신의 노력을 게을리 하지는 않았는지 진지하게 반성해 본다면 명실상부하게 한국 철학계를 대표하는 학술지로서 자리를 계속 이어가리라고 생각합니다.

범한철학회는 1986년 10월 창립총회를 가졌으며 1987년 5월에 『범한철학』 창간호가 나왔고 『철학』 100집이 나온 2009년 가을에는 54호가 나왔습니다. 창간호를 발행한 세월의 차이만 있는 것이 아니라, 『철학』은 『범한철학』이 모든 면에서 넘볼 수 없는 자리에 굳건히 서 있습니다. 우리 철학계에 『철학』이라는 맏형이 있는 것을 항상 든든하게 생각하며, 『철학』이 걸어온 길을 귀감으로 삼아 『범한철학』이 한국 철학계의 발전을 위한 선의의 경쟁자가 될 수 있도록 노력하겠습니다. 앞으로 범한철학회의 이름으로 『철학』 200집, 300집 축하의 글을 쓰게 될 날을 기다립니다. 다시 한 번 『철학』 100집을 진심으로 축하합니다.

『철학』 100집 출간을 축하드리며

김준연(새한철학회 회장)

『철학』 100집의 출간을 새한철학회 회원들과 함께 진심으로 축하드립니다. 1953년에 한국철학회가 창립되어 1955년에 창간호를 내고 57년이라는 긴 세월이 지나면서 이제 100집을 내게 된 『철학』은 한국철학의 산증인일 뿐만 아니라 이 땅에 올바른 생각을 심어준 지성사의 한 축이 되어 왔습니다.

우리는 『철학』을 읽으며 생각과 꿈을 키웠고 세상의 가치와 원리를 배웠습니다. 우리 사회가 힘들고 혼란할 때 『철학』은 이 땅의 튼튼한 버팀목이 되어 왔습니다. 사회적 가치관을 만들어주었고 국가의 나아갈 방향은 물론 품격 있는 세상이 무엇인지를 알려주었습니다.

100은 정성의 숫자요 많고 완전함의 숫자입니다. 『철학』 100집에는 우리 철학의 소중한 역사와 정성 어린 노력들이 담겨 있다고 봅니다. 말로 다하기 어려운 큰 의미와 가치를 가지고 있습니다. 앞으로 200집을 위해, 아니 1,000집 출간을 향해 정진할 것을 기대합니다.

이제 100집을 출간하는 『철학』은 대학 교육에 더 많은 관심을 가져야 합니다. 최근 대학들이 실용적 인재를 양성하는 일에 일차적 목적을 두는 환경 속에서 철학이 대학과 사회로부터 외면당하지 않도록 변화를 포함한 중요한 역할을 해야 합니다. 한국 철학계의 기를 살리고 희망을 주는 일에도 앞장서야 할 것입니다. 그러면서 온통 경제 살리기에만 매달리는 이 땅에 올바른 가치와 정신을 지탱시켜 주는 강한 버팀목으로, 그것도 침묵이 아닌 큰 소리로 남아주기를 바랍니다.

다시 한 번 100집을 맞이한 『철학』과 한국철학회에 축하를 드리며 무궁한 발전을 기원합니다.

철학의 제 역할하기

김성관(한국동서철학회 회장)

한국철학회의 학술 논문지 『철학』 100집 출간을 한국동서철학회 회원 모두와 함께 진심으로 축하합니다.

주지하는 바와 같이 한국철학회는 명실공히 한국철학을 대표해 온 연구 모임체이며 학술 논문지 『철학』은 100집에 이르기까지 철학 전반에 걸친 정치한 학술 논문들과 사회적 이슈 등을 검토한 논문들을 정선하여 엮어냄으로써 한국철학의 향방을 정하는 데 결정적인 역할을 해왔습니다.

앞으로도 한국철학회와 『철학』의 이러한 역할과 위상은 계속될 것이라 여겨집니다. 그러기에 한국철학회와 『철학』에 거는 기대를 '철학의 제 역할하기'라는 제하에 두 가지 제언을 하고 합력할 것을 약속드리며, 『철학』 100집의 출간이 더욱 의미 있게 열매 맺기를 신축합니다.

철학의 위기 혹은 철학을 외면하는 시대라고 합니다. 그러나 시대와 민중이 철학을 외면하기에 앞서 철학이 시대와 민중의 삶과 현실에서 '철학의 제 역할하기'를 외면하고 희론(戲論)과 현학(玄學)에 갇혀 있지는 않았는가 성찰해야 할 것입니다.

어느 시대나 그 시대가 안고 있는 문제는 항상 심각했겠지만 우리 시대의 문제 또한 매우 심각하다고 생각합니다. 이기주의적 인생관이나 물질 본위적 세계관은 일정한 위험수위를 넘어서 이미 지역간, 세대간, 계층간, 종교간 갈등과 분쟁 등으로 터져 나오고 있으며 배금주의나 향락주의의 행태를 드러내고 있습니다.

이러한 문제들의 지엽적이면서 피상적인 해결이 정치나 경제 혹은 복지행정 등에 의해 가능하겠지만, 총체적이면서 근본적인 해결은 '철학의 제 역할하기'에 의해 가능할 것입니다.

'철학의 제 역할하기'란 철학의 철학다움을 되찾는 것, 즉 철학의 본질을 개인들의 삶과 사회의 현실에서 구체적으로 실현될 수 있게 하는 것이라 생각합니다. 철학의 본질은 여러 가지 입장에서 말할 수 있겠지만 합리성(Rationalität), 총체성(Totalität), 근본학(Grundwissenschaft)이라 할 수 있을 것입니다. 그동안 한국의 철학계는 논리적 정치함을 강조하는 합리성의 본질에 치중함으로써 총체성과 근본학으로서의 본질을 소홀히 하지는 않았는가 생각합니다.

총체성의 본질을 통해 지엽적이고 특수한 것을 폭넓게 열린 마음으로 보도록 함으로써 지역간, 세대간, 계층간, 종교간 갈등과 분쟁을 해소하는 데에 철학이 더욱 노력해야 하겠습니다. 한국철학회를 비롯한 한국동서철학회 등이 화회(和會)와 소통(疏通)을 주제로 하는 학술회의 등을 자주 열었으면 합니다.

또한 인생과 세계의 근본을 추구하는 근본학으로서의 본질을 통해 물질 본위적 세계관으로부터 파생된 배금주의와 향락주의의 질곡으로부터 삶의 근본적 의미와 진정한 즐거움을 찾도록 상담(counseling)해 주어야 하겠습니다.

소크라테스의 산파술이나 붓다와 공자 등의 선철(先哲)들이 제자들과의 문답을 통해 삶의 근본적 의미와 시대의 문제들에 대해 상담해 주고 치유해 주었던 전통을 계승해야 하겠습니다.

이를 위한 제도적 장치로서 철학상담사 자격증과 철학상담사 교육과정을 설치하는 데에 한국철학회가 앞장서고, 한국동서철학회 등이 연합하여 노력해야 하겠습니다. 이러한 일들을 통해 철학이 먼저 민중의 삶과 시대의 문제에 다가갈 때 민중과 시대가 철학을 향해 다가옴이 자연스럽게 이루어질 것이라 확신합니다.

한국철학회가 『철학』 100집 출간을 계기로 이러한 일들에 앞장서 주기를 제언하고 합력할 것을 약속드리며 축사에 가늠합니다.

『철학』 100집 출간을 축하합니다

최종덕(한국철학사상연구회 회장)

1955년 『철학』 창간호를 불쑥 들춰보았습니다. 인간학과 정치철학, 헤겔에서 현대 논리학까지, 바울에서 주역과 중용에 이르는 매우 다양한 철학 논고들이 실려 있었습니다. 55년 전이었지만 선배들의 철학적 고민을 읽을 수 있었습니다. 『철학』 지는 1970년대 들어 3, 4집으로 다시 시작하여 오늘날 탄탄한 철학 학술지로 자리 잡았습니다.

이제 100집을 넘었습니다. 외형으로는 세계철학대회까지 치러낸 저력을 보였습니다. 한편 성찰과 비판이라는 내적인 성장이 더 돋보였습니다. 우주에 이르는 세계와 나의 깊은 내면까지 성찰하고, 우리 사회의 시대와 역사를 비판하는 철학적 시선을 『철학』을 통해 키워 왔습니다.

『철학』 100집을 진심으로 축하합니다. 앞으로도 『철학』이 철학적 사유와 철학함의 실천을 실현하는 그런 논고 공간으로 되기를 기원합니다.

한국철학회 좌담회

한국에서의 철학, 어디로 가고 있는가?

원로 좌담회 1

장 소 : 서울대학교 호암교수회관 오크룸
일 시 : 2009년 8월 26일
참석자 : 김여수, 박영식, 소광희, 소흥렬, 손봉호, 윤사순, 차인석
사 회 : 손동현

손동현 : 모두들 아시다시피, 『철학』 지가 100집을 맞았습니다. 오늘 그 기념으로 기획한 좌담회에 철학계의 원로분들을 모셨습니다. 그동안 한국철학회 회장을 역임하셨던 분들입니다. 하실 말씀들이 많으시겠지만, 우선 몇 가지로 분류를 해보았습니다. 선생님들께서 대학에 들어와서 철학 공부를 하던 학창 시절, 학문의 길에 들어서기로 마음을 먹고 교수로서 취임할 때까지의 젊은 시절의 연구 활동, 교수가 된 이후의 연구 및 교육 활동, 교수 생활을 20-30년간 하면서 겪은 대학의 상황과 기류 등의 변화, 그리고 한국철학회 및 철학계에 관해 하고 싶은 말씀을 하시면 될 것 같습니다.
우선은 대학 재학 당시는 어떠셨는지부터 얘기를 시작해 보겠습니다. 김여수, 차인석 선생님의 경우는 학창 시절의 학업 체험이 남다르지 않을까 싶습니다.

소광희 : 우리 학창 시절은 사변의 연속이었습니다. 1953년 부산 피난 시절에 대학교에 입학했지만, 당시는 학교라고 할 수가 없는 상황이었습니다. 공부라고 할 수도 없었고요. 당시는 외국에 다녀온 분이나 공부를 했다고 볼 수 있겠지요. 그래서 공부에 관해서는 할 얘기가 없

습니다. (웃음)

박영식 : 저는 1954년에서 1958년까지 대학을 다녔습니다. 전쟁 끝나고 경제적으로 복구하던 시대였습니다. 아주 가난했어요. 고등학교 3년은 전쟁 기간이었습니다. 대학원은 1958년에서 1960년까지 다녔고요. 당시는 완전히 이념적으로 좌우가 갈라져서 한국 내에서 이념적으로 다투는 것은 없던 무이념 시대였습니다. 대학 여건은 매우 좋지 않았습니다. 도서관도 없었고요. 당시 연세대학교는 본관 3층 꼭대기에 있는 조금 넓은 방을 도서관으로 쓰는 식이었습니다. 1950년대 말에야 도서관을 지었지요. 책이 없었죠. 책은 교수들이 가지고 있던 것만이 우리의 소스였습니다. 그때 연세대의 경우 철학과 전임교수가 4-5명뿐이었습니다. 강의는 그래도 전공별로 잘 이루어졌습니다. 윤리학은 윤리학대로 하고, 고전철학은 고전철학, 현대철학은 현대철학대로. 그 전공에 미치지 못하는 분야는 여러 사람이 돌아가면서 했습니다. 제 경우는 미학도 강의하고 근대철학도 강의했습니다. 저는 이데아론으로 석사학위를 받았기 때문에 고전철학도 하곤 했습니다. 교수님들은 지사적인 것이 있었습니다. 가르쳐야겠다, 잘 해봐야겠다 같은 사명감이 있었습니다. 지금처럼 스스로를 월급쟁이로 생각하지는 않았지요. 교수의 권위가 강했습니다. 학생들도 교수 앞에서 꼼짝을 못했습니다. 가난한 시절이었지만, 대학생으로서 열심히 공부했습니다. 당시는 공부를 취업용으로 생각하지는 않았습니다. 열심히 공부했던 것 같습니다. 단지 '뭐 어떻게 되겠지'라는 생각이었던 것 같습니다.

손동현 : 윤사순 선생님께서는 동양철학을 전공하셨는데, 그때 상황이 어떠셨는지요?

윤사순 : 동양철학은 철학으로 여기지도 않을 때고, 아무도 관심 두지

않았습니다. 어쩌다 대학원에 진학할 때에야, 동양철학을 해야겠다는 생각을 했습니다. 학부 때는 서양철학을 많이 들었습니다. 당시 이념 투쟁은 없었지만 독재에 대한 저항은 있었습니다. 4 · 19가 제가 대학 4학년 때 일어났지요. 이상은 선생님께서 늘 강경한 시대비판적인 글을 많이 쓰셨습니다. 그분들의 학문 이전의 인격을 존중하는 분위기였습니다. 휴강을 하건 말건, 대학은 그런가 보다…, 훌륭한 교수는 휴강을 하는가 보다…. (웃음) 칸트, 헤겔을 맡은 이종우 선생님께서 제일 많이 휴강하셨습니다. 항상 바쁘니까 노트도 없이 오셔서 "지난 시간 어디까지 했지?" 하시면서 말씀을 되풀이하시다가 끝날 때쯤 돼서 약간 진행이 됩니다. 그러면서 학생들의 관심이 독재타도로 모이게 되었습니다. 고려대학교는 그렇게 공부하는 분위기가 아니었습니다. 그때만 해도 연고전을 한 번 하면 수업이 진행이 되지 않았습니다. 저는 신체적 조건 때문에 운동장에 갈 수 없어서 할 수 없이 교실에서 돌다가 공부하다가, 술집에서 막걸리 마시고, 졸업할 때 되어서야 진로에 대한 고민을 하게 되었습니다. 그래서 진학을 하고, 그제서야 동양철학에 관심을 갖게 되었습니다. 이종우 선생님께서 한국철학을 하신다는데, '한국에 무슨 철학이 있나?' 생각할 정도로 동양철학에 대한 인식이 없었습니다. 그래서 제가 퇴계를 한다니까, 그 선생님께서 "칸트나 하지." 하실 정도로 동양철학에 대한 인식이 없던 상황입니다. 그런데 나중에 알고 보니, 그런 것이 특히 일제 어용학자들의 영향이었더군요. 퇴계, 율곡 사상 등은, 조선총독부에서 '한국 사상 부재론'을 연구시키는 등의 상황이 있었습니다. 그게 총독 비밀문서로 들어 있었습니다. 이런 상황이니 한국철학은 제대로 성장하기가 어려웠습니다.

손동현 : 차인석 선생님은 유학도 하시고, 유럽에서 미국에서 공부하셨습니다. 그에 관한 이야기를 좀 해주시죠.

차인석 : 제가 중학교 2학년 때, 몸이 아파 집에 있으면서 책을 본 것이 안호상 선생님의 『철학강의』였습니다. 거기에는 형이상학이 나오는데, 제가 기독교 가정에서 태어나서 신에 대해 이해하기가 너무 막연했습니다. 그래서 철학을 하게 되면 사상을 더욱 발전시킬 수 있다고 생각했습니다. 그래서 철학과에 들어왔죠. 하지만 강의라는 게 거의 없었어요. 1학년 2학기 때 『존재와 시간』을 들었는데, 한 학기에 한두 페이지밖에 진행이 안 됩니다. 하지만 철학이 참 매력적이구나 하는 생각을 했습니다. 당시 박종홍 선생님께서 철학개론을 하셨습니다. 그때 실존철학을 중심으로 하셨던 것 같습니다.

3학년 때 미국으로 건너갔는데, 당시는 한국 문학자들이 실존주의 이야기를 많이 했습니다. 미국에서 세계문학 수업을 들었는데, 당시 페이퍼를 쓸 때 카프카의 항가아티스트에 대해 리포트를 썼습니다. 당시 실존주의적인 상황에서 이 아티스트를 설명했더니, 선생님께서 집으로 초청을 하시더군요. 당시 철학계에서는 철학을 한다면 독일로 가는 것이 당연시되었고, 그래서 카프카에 관해서 썼던 것인데, 마침 교수님 부인이 독일인이더군요. 그게 동기가 되어, 미국에서는 실존주의를 공부할 수 있겠다 생각했습니다. 당시 제가 있던 학교는 독일철학 선생님이 계셔서 자주 찾아가 물었더니, 그게 예쁘게 보였나 봅니다. 그래서 비교적 평균 학점이 좋았지요. 그래서 대학원에 지원하기로 하고 로체스터 대학에 지원했더니 장학금을 주겠다더군요. 하지만 분석철학을 하라고 하기에, 그건 안 될 것 같아서 뉴스쿨을 봤더니 거긴 독일철학이더군요. 그래서 입학했더니 모두 현상학을 하고 있었습니다. 그곳에서는 거의 모든 사람이 독일어를 유창하게 했지만, 유일하게 영어를 하시던 분이 도리언 케언스였습니다. 그런데 이 분이 알코올중독자더군요. 그래서 종종 학기 중에 없어지기도 했습니다. 재활센터에 갔던 것이지요. 하지만 인기는 참 많았습니다. 표준적인 영어를 구사하니 그럴 수밖에요. 당시 한스 요나스도 캐나다에서 뉴스쿨로 와서 파르메니데스 등을 가르쳤습니다. 하지만 이해하기는 어려웠습니다. 파르메니데스 리포트를 썼지만, 호되게 꾸중을 당했지요. 그러다가 도리언 케언스에게 현상학 논문을 쓰려고 한다는 뜻을 전했는데, 케언스가 프라이부르크에 오이겐 핑크가 있으니 거기로 가보라 하며 추천서를 써주었습니다. 그게 1964년인데, 당시 뉴스쿨에 베르나 마크스라고, 하이데거 후임으로 가게 되었는데, 저도 우연히 같이 갔습니다. 그런데 베르나 마크스는 제가 자신을 따라온 것으로 생각했습니다. (웃음)

손봉호 : 저는 철학을 공부한 것이 아니고, 영문학을 공부했습니다. 영문과에 와보니 제가 제일 촌놈이더군요. (웃음) 전부 대구, 부산, 광주, 서울이지, 경주에서 온 사람은 없었어요. 당시 선생님들의 영어는 수준 이하였습니다. 서울대에 시험을 보러 왔는데, 수위가 무서워서 도망갈 정도로 촌놈이었습니다. 사실 영문학을 하고 싶었던 것이 아니라, 부모님들은 법학을 하기를 원하셨고, 저는 신학을 하고 싶어서 종교학과를 가려고 했는데, 거기에 대한 타협으로 영문과를 선택했습니다. 그런데 문학 강의를 들어보니 이게 무슨 학문인가 싶더군요. 재미는 있는데…. 그래서 어학을 하기 시작했습니다. 이론적인 요소도 있고, 관심이 많이 가더군요. 그 후에 철학 강의를 많이 들었습니다. 박홍규 선생님께 그리스 철학을 듣기도 했습니다. 그때는 취직이 안돼서 영어학을 전공하기 위해 대학원에 갔고, 한 학기 마치고 군대에 갔는데, 군대에서 어찌나 도둑질을 많이 하는지, 거기서 느낀 것이 내가 영어를 해서 무엇을 할 것인가였습니다. 결국 교육을 해야겠다고 생각했습니다. 기독교 교육을 하고 싶었던 것이지요. 그래서 평소 가고 싶었던 신학대에 문의했습니다. 그런데 장학금을 주면서 받아주더군요. 저는 당시 학생운동도 하고 해서 목사가 되지는 않겠다고 했는데, 교수님은 괜찮다고 말씀하시더군요. 그런데 또 공부를 하다 보니

우리가 신을 논할 수 있는가 하는 의문이 들었습니다. 그래서 철학을 하게 되었지요. 네덜란드의 자유대학으로 건너가서 처음에는 기독교 철학을 하겠다고 갔는데, 그것조차 마음에 들지 않아서, 결국 인식론을 하게 되었습니다. 저는 계속 방황을 한 셈입니다.

손동현 : 학창 시절 말씀들을 듣다 보니, 결국 자연스럽게 어떻게 철학 연구를 직업적으로 삼게 되었는가로 이어지는 것 같은데요, 아직 말씀 안 하신 소흥렬 선생님께서도 고등학교 졸업하고 바로 미국으로 가신 걸로 아는데, 어떻게 철학적 탐구로부터 교수의 길까지 들어서셨는지요.

소흥렬 : 저는 고 3 때 학생회장도 하고 굉장히 활발했습니다. 저는 사실 서울대 정치학과로 결정이 되어 있었습니다. 선배님들과 인사도 다 하고…. 그런데 교장 선생님 추천으로 미국 갈 길이 생긴 겁니다. 우리는 고등학교 때 이미 철학 선생님이 있었습니다. 논리도 가르치시고…. 그분이 이미 경북대학교에 계셔서 인사를 드리러 갔더니, 미국 가서 철학을 하라고 하시더군요. 저는 철학을 하려면 독일로 가지 왜 미국으로 가겠느냐 해서 건축학을 하겠다고 했습니다. 미국 가서 3학년 1학기까지 건축학과였습니다. 제가 물리학, 수학 등을 좋아했거든요. 3학년이 되어서 건축학과 동시에 물리학, 수학을 부전공으로 같이 하다 보니, 교수님들께서 물리학 하시는 분은 물리학 하라고 하시고, 수학 하시는 분은 수학을 하라고 하시더군요. 이상하게 그때쯤 고등학교 때 철학 선생님 생각이 나더군요. 그래서 시간만 나면 철학을 읽다 보니, 결국 철학과로 옮기게 되었습니다. 당시 철학을 가르치던 교수님은 분석철학이 아니고, 오히려 실존주의 철학을 하시는 분이었습니다. 그래서 제가 정치에 관심도 있고 해서 열심히 철학을 했죠. 그렇게 졸업을 하고 보니 폴 틸리히라는 분이 유명했습니다. 이 분이

철학적 신학이라는 것으로 유명했습니다. 그래서 저도 신학을 하고 철학을 하겠다 결정하고 프린스턴 대학 신학대를 갔습니다. 거기서 운 좋게도 옥스퍼드의 존 힉 교수를 만났습니다. 이 분의 강의를 한 학기 들으니 완전히 종교철학이더군요. 그래서 철학을 하면서 종교에 대한 관심이 완전히 충족이 되었습니다. 그러고 보니 신학을 공부할 필요가 없다는 생각이 들어서 미시건 대학으로 대학원 진학을 했습니다. 그곳은 논리학 분위기라서, 제가 가지고 있던 배경과 맞아서 제가 기본적으로 가지고 있던 논리학, 수학에 대한 능력이 발휘되더군요. 제 학생 시절은 참 행운이었다고 생각합니다. 또 경제학도 부전공을 했는데, 거기도 참 좋은 교수님이 계셨습니다. 그런 모든 과정이, 제가 마지막에 포항공대에 가니 살아나더군요. 그래서 저는 행운아라고 생각합니다.

손동현 : 선생님은 행운아시지만, 저희들 세대까지도 철학 공부는 생계 문제로 학업을 계속하기 어려운 실정입니다. 철학은 결국 교수직을 얻어야 하는데, 그러기가 어렵지 않았습니까? 선생님들 세대 때는 교수직을 얻기가 더 어렵지 않았나요? 학교가 적었으니까요.

소흥렬 : 저희 때는 교수가 되겠다는 생각으로 공부하지는 않았던 것 같습니다.

소광희 : 우리 때는 취업과 공부가 완전히 따로였습니다. 당시 GNP가 30달러였는데, 그게 유네스코 원조금까지 포함해서 그 정도였습니다. 따라서 당시는 생존이 문제지, 돈을 버는 건 문제가 아니었습니다. 그래서 어떤 점에서는 철학적 생애를 살았다고 할 수 있죠. 한국철학의 일반적인 상황 이야기를 곧 해드리려고 합니다.

박영식 : 이야기를 듣다 보니, 외국에서 공부한 사람들은 여러 분야를 헤맨 듯 보입니다. 그러나 국내에서 공부한 사람들은 전과를 할 여지가 없었습니다. 편력이 불가능했습니다. 경제적으로 왔다 갔다 할 여유도 없었고요. 그래서 유학을 다녀오신 분들은 지식이 참 넓은 것 같아요. 그래서 특강 같은 것을 참 잘하시는 것 같습니다. 제가 철학을 하게 된 배경은, 고등학교 2-3학년 때 사회학, 논리학, 윤리학이라는 과목이 있었습니다. 그런데 그 과목들이 참 재미있더라고요. 또 당시가 전쟁 상황이라 실존철학에 대한 철학이 풍미했습니다. 그래서 저는 대학교에 가서 철학을 해야겠다는 생각을 쉽게 했습니다. 당시는 취직할 곳이 없었습니다. 은행에 취직하거나 고시에 합격하는 것이 최고였고, 인문계에서는 고등학교 선생님이 되는 것이 최고였습니다. 저는 선생님은 싫고, 신문기자가 되고 싶었지만 어려울 것 같아서 그냥 대학원에 갔습니다. 2년 만에 석사학위를 받았는데, 당시 대학원은 박사과정이 없었습니다. 박사과정은 1967-68년에 처음 생겼습니다. 갈 데가 없고, 취직도 안 되고 해서 방황하고 있었습니다. 그러다 연세대학교에서 정석해 선생님을 뵈었는데, 바로 전임으로 채용을 하시더군요. 당시는 강사도 없고, 다른 학교 전임 분들이 강의를 했습니다. 스물여섯 살에 처음으로 연세대 전임교수가 된 것이죠. 저는 참 운이 좋습니다. 이게 참 행운이다 싶어서 놓치고 싶지 않았습니다. 그래서 죽어라 일에 매달렸습니다. 그러더니 결국 총장까지 되더군요. (웃음)

손동현 : 윤사순 선생님은 직업을 갖기 어렵고 해서 대학원에 가셨다고 하셨는데, 어떻게 교수가 되셨습니까?

윤사순 : 당시는 시간강사가 되는 것이 전임이 되는 것이었습니다. 반면 저는 강사는 일찍 되었는데 전임이 되는 데는 7년 반이 걸렸습니다. 석사를 마쳤더니 강의를 주더군요. 그래서 그때는 바로 전임이 되

나 생각했습니다. 그래서 그때부터는 마음잡고 공부를 했습니다. 하지만 퇴계학을 한다고 하니 처음엔 쉬울 줄 알았는데, 갑자기 불교 강의도 맡게 되어서, 유학 해야지 불교 해야지 인도철학 해야지, 정말 코피 나더라고요. 강의 시간에 들어가기 전에 양심에 찔려서, 이 다음 시간 거리를 질문하면 어쩌나 고민하기도 했습니다. 불교, 유교 다 해야 하는 건데, 그런 상황 덕에 기초를 더 빨리 닦을 수 있었던 것 같습니다.

손동현 : 각자 개인적인 관심이 있으시겠지만, 교수가 되면 결국 가르쳐야 하고, 학계에서 무언의 요구가 있기도 합니다. 연구 분야나 주제를 요청하게 되지 않겠습니까? 어떻게 본인의 분야를 하게 되었는가 말씀 나눴으면 합니다. 김여수 선생님, 아직 아무 말씀 안 하셨으니, 한 말씀 부탁드립니다.

김여수 : 어떻게 이야기를 해야 할지…. 『철학』 지가 100집이 나왔는데, 처음이 언제죠?

손동현 : 처음이 1957년인 것으로 알고 있습니다.

소광희 : 1955년입니다.

김여수 : 제가 철학과 인연을 맺은 것은 너무 개별적이고 특수한 경우이기 때문에, 일반적인 관심이 있을는지는 모르겠습니다. 저는 고등학교 1학년 때 미국에 가서 2년을 미국에서 보냈습니다. 1955년에서 1959년까지 4년 동안 미국에서 대학을 다녔습니다. 처음에 입학할 때는 전공이라는 것이 없었습니다. 교양과정부터 시작해서 2학년 올라갈 때 전공을 택하게 되는데, 하지만 실질적으로 교양과정의 연장이었

습니다. 개인적으로 저는 학부를 졸업하면 로스쿨에 가길 원했습니다. 당시 로스쿨 가는 사람들은 정치학이나 영문학 또는 철학을 택하곤 했습니다. 저는 니체 등을 좋아해서 철학을 택하게 되었습니다. 그렇게 철학을 전공으로 했는데, 제가 다니던 학교의 철학적 경향은 분석철학 일색이었습니다. 분석철학도 아직 완성되지 않아서 1956-57년이니까 주로 비트겐슈타인의 *Tractatus*가 원전인 철학이었지요. 잘 아시겠지만 그 마지막 문장이 바로 "말할 수 없는 것에 대해서는 침묵하라."였습니다. 굉장히 준엄한 계명인데, 그것을 많은 사람들이 받아들이면서도 철학 강의를 하곤 하는 상황이었습니다. (웃음) 제가 2학년 1학기 때 19세기 독일철학 강의를 들을 때도, 강의의 전반이 피히테, 셸링 등 여러 가지를 다루는 것이 아니고, 헤겔의 『정신현상학』의 서문의 한 문장, "현실적인 것은 이성적이고 이성적인 것은 현실적이다."라는 문장을 한 학기 동안 뜯었다 붙였다 하면서 마지막에는 결국 의미 없다 하곤 하는 수업이었습니다. 3학년 쯤 올라가니 그것은 아닌 것 같다는 생각이 들었습니다.

폴 틸리히가 당시 하버드에 있었는데, 철학과 교수가 아닌 신학대 교수였습니다. 그래서 철학과에서는 그의 존재조차 인정하지 않으려는 분위기였습니다. 하지만 제가 3학년 2학기 때 19세기 독일철학을 폴 틸리히에게 수강했습니다. 그런데 1년 전의 강의와는 하늘과 땅의 차이였습니다. 피히테, 셸링, 헤겔에 대한 이야기를 들을 수 있었습니다. 제가 완전히 그 강의에 빠졌습니다. 면담 시간에 몇 번 그분을 뵈면서 철학이란 것이 이런 것이 아닌가 생각했습니다. 말할 수 없는 것에 대해 침묵하기는 하는데, 무언가 있을 것 같다는 생각이 들었습니다. 당시 저는 독일어를 하나도 못해서, 배우기 시작했습니다. 당시는 CD 같은 것이 없던 시절이라 헤르만 헤세의 레코드판을 들으면서 독일어를 배우기 시작했습니다. 그런데 독일어가 그렇게 아름답고 좋을 수가 없더군요. 그래서 4학년 올라가면서 졸업논문을 쓰는데, 일부러 당시 전혀 인정받지 못하는 산타야나의 형이상학, 의미론에 대해 썼습니다. 그 와중에 제 의식은 온통 독일어에 빠져 있었습니다. 그래서 로스쿨 준비도 잊어버리고 졸업하자마자 졸업식도 참여하지 않고 바로 독일로 갔습니다. 그래서 1959년 여름에 마르부르크에 가서 독일어를 제대로 배우기 시작했습니다. 실력이 안 될 때는 헤르만 헤세 등을 읽고, 실력이 좀 붙고는 토마스 만 등을 읽었습니다. 말할 수 없는 데에 침묵을 하긴 해야 하는데, 말할 수 없는 것 이상에 대해 표현할 수 있는 방법도 있지 않을까 생각해서 1961년부터 학위 공부를 시작하게 됩니다. 독일에서 가장 엄정하다고 평가받는 후설의 논리연구와 비트겐슈타인을 의미론에서 비교하는 주제로 학위를 마쳤습니다.

제가 같은 해 결혼을 하고 당시 큰아들이 태어나고 해서, 장학금이나 집에서 보내주는 돈에 의존할 수 있는 상황이 아니었습니다. 그래서 UPI에서 1962년부터 통신원으로 일을 하기 시작했습니다. 그런데 그게 너무 재미있더라고요. 일도 너무 많고…. 1962년에 샤를 드골 대통령이 본에 방문을 하고, 케네디도 방문을 하곤 했는데, 통신원으로서 생활이 너무 바빴습니다. 그래서 이래선 안 되겠다 싶어서 한국의 합동통신 회장이 당시 박두병 씨였는데, 그분과 친분이 있어서 합동통신 주독 특파원으로 임명해 달라, 그리고 학비를 지원해 달라 했더니 승낙을 하시더군요. 그래서 UPI에서 나와 합동통신의 특파원이 됐는데, 1964년 겨울에 박정희 대통령이 독일을 방문합니다. 그래서 그 일이 이전보다 더 많아졌어요. (웃음) 그래서 모두 그만두고, 논문을 1965년 한 해 동안 쓰게 됩니다. 논문 주제는 비트겐슈타인과 후설의 의미론을 비교하는 방식으로 썼습니다. 그 이유가 비트겐슈타인은 저의 우상이었고, 독일철학은 무언가 비트겐슈타인을 넘어서는 것이 있지 않을까 생각했습니다. 하지만 논문을 쓰고 보니 별로 그렇지 못하다는 결론에 이르렀습니다. 하지만 지도교수가 그걸 받아들이려고 하지 않더군요. 그래서 졸업논문은 빨리 끝내고 싶은 마음에, 지도교수와 타협을 본 결과물이었습니다. 지도교수는 요하네스 튀센 교수와 에른스트 콘라드 교수였습니다. 어쨌든 1966년에 학위 과정이 끝나니, 박두병 회장이 저를 주미 특파원으로 가라더군요. 그래서 해보자 해서 갔는데, 1년 정도를 워싱턴에 있으면서 일했습니다. 하지만 공부한 답시고 특파원 역할을 할 때와 직업으로서 특파원 할 때는 다르더군요. 이건 내가 일생 할 일이 못 된다고 생각하고, 1966년 말에 귀국을 했습니다. 하지만 그때까지도 철학이 내 생업이 될 거라고는 생각하지 못했습니다. 하지만 철학을 버리지는 못했지요. 철학도 나를 놔주지를 않았고요. (웃음) 고려대와 연세대에 시간강사로 나가면서, 저를 전임으로서 보고 계셨던 분들이 있습니다. 이종우 선생님도 그렇고, 조우현 선생님도 그렇고, 저를 전임으로 봐두신 것 같았습니다. 하지만 제가 마음의 결정이 안 되어 우왕좌왕하다가 연세대와 고려대는 다 못 가게 되고…. 결국 내가 갈 길은 철학뿐인 것 같아 그래서 지원하려고 보니, 당시 열린 길이 성균관대뿐이었습니다.

손동현 : 선생님의 연구 영역은 미국에서의 부족함 때문에 그걸 넘어서고자 하는 것이었군요. 그렇다면 차인석 선생님께서는 공부를 마치고 한국에 오실 때, 당시 한국의 지적 상황을 고려하셨나요? 아니면….

차인석 : 한국에 와보니 대부분 자신의 학위논문과 연구 영역이 일치하는데, 제가 논문을 후설로 썼지만, 우리 때 학위논문이라는 것은 학문적 자격증이라고 생각했습니다. 그래서 뉴스쿨에서 케언스가 영어를 제일 잘해서 강의를 듣다 보니 후설을 쓰게 되었는데, 'gegenstand'에 관해 썼습니다. 미국에서 학부 시절부터 저는 사회학과 연극을 공부했습니다. 그리고 뉴스쿨에서는 사회학과 심리학을 복수전공 했습니다. 1959년 당시는 뉴스쿨뿐만 아닌 뉴욕의 모든 지식인이 모두 정

신분석학을 하려 했습니다. 독일에 가서는 베버와 마르크스에 대해 공부했습니다. 부전공으로는 미국 드라마를 했습니다. 그러다 보니 취미가 아주 다양해졌습니다. 저는 현상학을 하나의 학문 자격으로 생각했습니다. 제가 미국에서 적성검사를 받았는데, 당시 제 관심은 심리학이었는데, 결론이 사회과학으로 나왔습니다. 뉴스쿨에 다니다 보니, 결국 정치, 사회과학 대학원이거든요. 가만히 보니 학부 때 부전공이 사회학이고, 뉴스쿨에서도 사회학이고, 독일 가서도 보니 사회학이고…. 그러다 보니 현상학을 하면서 알프레드 슈츠에도 계속 관심을 뒀습니다. 그래서 한국에 왔더니 마침 한양대 정치학과에서 정치철학 강의자를 구하더라고요. 그래서 거기에 지원했습니다. 그래서 8년 동안 있으면서 정치학, 사회학을 연구하게 되었습니다. 제가 1970년대 초에 『신동아』에서 외국 학자와 대담을 한 적이 있습니다. 당시 주변 교수들이 철학했던 사람이 왜 사회학을 하느냐고 묻더군요. 운좋게도 유명한 학자들과 대담을 할 수 있었죠. 그게 사회학자들 사이에서 큰 반향이 됐습니다. 사회학을 정식으로 공부한 사람은 감히 그러지 못했을 텐데, 저는 무지해서 용감했던 것 같습니다. 그래서 이화여대 대학원, 서울대 사회학과에서 강의를 해달라고 요구가 오더군요. 그러다 보니 완전히 사회과학적으로 돌아서게 되었습니다.

손동현 : 선생님은 당대 지적 요구에 충실히 응하신 셈이네요.

김여수 : 저도 당시 차인석 선생님을 기억합니다. 제가 성균관대에 간 것이 1971년입니다. 당시는 한국에서 분석철학에 대한 수요가 상당히 일어나고 있을 때입니다. 제가 학부에서도 비트겐슈타인을 하다 보니, 저를 분석철학을 한 사람으로 생각하고 모두 관심을 가져주셨습니다. 저도 사실 그 수요에 맞추어서 후설은 제쳐놓고, 비트겐슈타인 중심의 공부를 하는 사람으로 인식되었습니다. 그러나 저는 처음부터 분

석철학은 이미 본고장에서 때가 지나간 것으로 생각하고 있었습니다. 실제로 소위 탈분석철학적 분석철학이라는 것이 1970년대부터 미국에서 가시화되기 시작합니다. 제가 분석철학을 한 것이 그 시대입니다.

손동현 : 그럼 소광희 선생님께서는, 국내에서 공부하시면서, 대학에서의 교육 요구, 혹은 철학계 안에서의 요구를 어떻게 정리하면서 교수가 되시고 교육에 임하셨는지요? 얼핏 듣기로, 당대의 학문 풍토를 말씀하시겠다고 하셨는데….

소광희 : 우리가 대학 다닐 적 얘기를 하면, 잘못하면 남에게 흠집 내기일지도 몰라서 말을 삼갔습니다. 그 배경이 뭐냐 하면, 우리나라에서 철학교육이 실제로 시작된 것은 경성제국대학 때부터입니다. 그게 대략 1926년쯤입니다. 그전에는 철학이라는 것이 우리나라에는 없었죠. 그렇게 1945년까지 가는데, 여기 경성제대 철학교수들은 모두 동경제대 출신입니다. 처음에는 굉장히 우수한 사람들이 왔습니다. 당시 경성제대에는 문학부, 의학부, 공학부가 있었고, 문학부에는 철학과, 사학과, 문학과의 세 과가 있었습니다. 아까 말씀하셨듯이 한국을 무시하는 분위기가 팽배했지요. 하지만 철학과에는 당시 분위기에도 불구하고 조선을 배척하는 분위기가 없었습니다. 그래서 해방이 되고 나서도 분쟁이 비교적 적었습니다. 말하자면 좌파 교육을 시킨 것이지요. 경성제대 철학과에는 책이 아주 많았습니다. 저는 전쟁 때문에 사실 대학 강의는 많이 못 들었습니다. 그리고 전쟁 이후에 각 대학에 철학과들이 참 많이 생겼지요. 하지만 공부를 한 사람이 많지 않아서, 강의랄 것이 딱히 없던 실정이었습니다. 당시엔 교수 영향이 거의 없었습니다. 단지 인격적으로 교수를 따른 것이지, 강의 때문에 따른 것은 없습니다. 강의실에 가봐야 늘 휴강이었습니다. 그래서 거의 선생

님들에게 배운 것은 없습니다. 제가 공부한 것은 거의 독학입니다. 당시엔 어쩔 수 없었지요. 1960년대 후반에 분석철학의 바람을 느끼고 열심히 공부를 했습니다. 그 학문적 도구가 지금 보니 기호논리학이더군요. 그래서 그걸 정리해 보고자 마음을 먹고 1969년에 『기호논리학』이라는 책을 냈습니다. 우리는 전부 독학이었습니다. 하이데거의 책 같은 경우는 언제 읽혔냐 하면, 『존재와 시간』은 1930년대 초부터 경성제대에서 읽혔습니다. 그러나 그것을 제대로 읽은 사람은 없습니다. 제대로 배운 사람이 없었기 때문이지요. 당시 쓴 논문들을 지금 보면 제대로 공부한 사람의 논문이 아닙니다. 당시 우리나라의 철학 수준이라는 것이 어떤 수준이었는지를 알 수 있죠. 당시 제대로 공부할 수 있는 환경이었던 곳은 연희전문학교와 보성전문학교였습니다. 그곳에서는 프랑스에서 공부한 분들과 독일에서 공부한 분들이 와서 강의를 하셨습니다. 그래서 해방 때까지 서울대, 연세대, 고려대에서만 철학교육이 이루어졌다고 봐야죠. 제가 개인적으로 처음부터 관심을 가졌던 것이 청나라의 요내라는 학자가 한 말인데, "일가의 견해만을 지키면 사람이 편협해지고, 제 주장만을 고집하면 사람이 비루해진다."는 말이었습니다. 그런데 당시 제가 재수가 좋았던 점은 졸업하면서 바로 서울대학교 논문집의 편집을 하게 되었습니다. 교수님들께서 논문을 발표하던 잡지였지요. 그것을 가지고 편집을 하고 교정을 하다 보니, 다른 분야에 대한 제 견해가 기초를 잡게 되었던 것 같습니다. 생물학이라는 것은 이렇고, 물리학은 이렇고, 학부에서는 도저히 배울 수 없었던 것을 익힐 수 있었습니다. 그런 점이 제가 독학을 했다는 이야기입니다.

차인석 : 윤사순 선생님이 고려대학교에서 선배님들이 과연 한국철학이 있냐고 물었다고 했는데, 제가 최근의 후설 관련 책을 뒤져보니, 일본 교수의 회고록에 1920년대 말 1930년대 초에 프라이부르크 대

학에 왔는데, 일본으로 돌아갈 일이 생겨 후설에게 인사를 하러 갔는데, 당시는 일본 사람들도 일본에는 철학이 없다고 주장했다고 합니다. 후설이 "너희는 '무(Nichts)'에 대해 이야기하지 않느냐?"라고 물었더니 이 일본 교수는 일본에서는 절대 무에 대해서만 이야기한다고 대답했는데, 후설은 어떻게 절대 무가 있을 수 있느냐고 물었다고 합니다. 그리고 그때 유학생들이 독일에서 후설 공부를 하는데, 하도 어려워서 가정교사를 썼는데, 그 교사가 오이겐 핑크였답니다. 즉, 우리가 우리 철학이 없다고 하지만, 일본에서도 그런 일이 벌어졌던 것을 보면, 요새 우리 젊은이들이 우리 철학을 이야기함에 있어서도 고려해 볼 만한 일이라고 생각합니다.

윤사순 : 좋은 점을 지적하셨다고 생각합니다. 예로부터 일본 사람들은 사상이라고 하지, 철학이라고 하지 않았습니다. 한국의 경우는 사상도 없다는 얘기를 했던 것이죠.

소광희 : 1960년대에 『한국사상』이라는 책이 발간됐습니다. 처음에는 한국철학을 의식했지만, 한국철학이라고 쓰질 못했습니다. 우리가 대학을 다닐 적에는 '동양철학'이라는 말이 없었습니다. 하지만 지금은 엄연히 한국철학이라는 말이 있지요.

윤사순 : 강좌까지 개설하신 것은 박종홍 선생님입니다. 한국철학사라고….

박영식 : 제가 좀 보완을 하겠습니다. 우리나라에서 체계적으로 교육한 것은 1926년부터입니다. 연희전문학교가 1915년에 생겼습니다. 1926년 경성제대 이후에는 대학을 허가하지 않아서 전문학교만 만들었습니다. 대학을 나오면 지도자가 나오기 때문에, 지도자를 배출하지

않고 기술을 배워서 먹고살아라 하는 취지였겠지요. 하지만 연희전문학교는 유일하게 문과가 있었습니다. 그것은 미국 사람들이 연희전문학교를 만들면서 일본에 강력하게 주장했던 것이지요. 1915년부터 시작해서 철학을 전문으로 가르치지는 않았습니다만, 강의는 있었습니다. 경제학, 정치학 등도 있었고요. 또 하나는 서울대 교수들은 강의에 좀 소홀했던 것 같습니다. 소문이 그랬습니다. 반면 1950년대의 연희전문학교는 연희고등학교로 불렸습니다. 아주 엄했습니다. 대학원 강의도 많은 교수님들이 개강 3주 뒤에 과제를 부과하는 식이었습니다. 또 연희전문학교에서는 휴강이 없었습니다. 논문 하나를 붙들고 밤 9시까지 강의하곤 했습니다.

손동현 : 지금까지는 교수님들이 성숙하실 때까지의 말씀이었던 것 같습니다. 이제부터는 교수님들께서 가르친 이후의 이야기, 연구를 독려한 이야기, 즉 중진교수가 되신 이후의 이야기를 들어보겠습니다. 손봉호 교수님부터 시작하면 좋겠습니다. 처음에 외국어대학교 화란학과에서 시작하신 걸로 알고 있는데, 학생들의 상황, 당시의 상황은 어땠는지 말씀해 주셨으면 좋겠습니다.

손봉호 : 저는 당시 교수하려는 생각도 없었는데 화란학과에서 교수를 하게 되었습니다. 모든 학과의 일등들이 다 철학 부전공을 해서 상당히 보람이 있었습니다. 당시에는 철학과 교수도 6-7명이 되었습니다. 당시 외국어대는 서울대에 떨어진 학생들이 왔기 때문에 아주 우수했습니다. 나중에 철학과를 만들고 나니, 철학과를 용인으로 옮기더라고요. 그러다 보니, 수준이 너무 차이가 나더군요. 아무 재미가 없었습니다. 마침 다른 대학에서 철학과 자리가 나서 철학을 제대로 가르칠 수 있었습니다. 아까 차인석 선생님께서 말씀하신 슈츠도 가르치고, 포퍼도 가르치고…. 그런데 제 전공을 끝까지 살릴 수 없다는

생각이 들어서 시민운동 쪽으로 기울어져 버렸습니다. 그게 그전에도 육군사관학교에서 안병욱 선생님과 김형석 선생님의 기억이 나는데, "한국 사회에 철학이란 무엇인가?"라는 질문이 나오기 시작했습니다. 보통 두 분을 철학자도 아닌 것으로 폄하하는 분위기였습니다. 4 · 19 때도 열심히 투쟁하고 하면서 사회문제에 관심을 두게 되었는데, 어떻게 하다 보니 운동을 하게 되었습니다. 이걸 해야 하나, 철학을 해야 하나, 고민을 하다가, '내가 철학 논문을 쓰면 누가 읽겠는가?' 하는 생각이 들었습니다. 철학 논문들을 읽어보면, 국내 학자들이 쓴 논문은 참고서적으로 들어가 있지 않더군요. 그래서 점점 더 학문으로서의 철학에서 관심이 멀어져 갔습니다. 그래서 학생들에게 미안하지 않을 정도로만 교육을 한다고 생각했습니다. 학생들의 교육은 점점 절대시했습니다. 논문 지도는 굉장히 엄격하게 하곤 했습니다. 그래서 제가 지도한 학생들은 거의 교수가 되었습니다. 제가 뭐 워낙 학생들에게 혼을 내니 실력이 올라가더군요. 사회활동을 하면서 학생들에게 너무 소홀한 게 아닌가 하는 양심의 가책이 있어서 최대한 노력했습니다.

손동현 : 소흥렬 선생님께서도 말씀해 주시죠. 선생님도 유난히 열정을 많이 가지고 계시지 않았습니까?

소흥렬 : 저는 철학에 대한 이야기를 듣다 보니, '아, 이게 철학 풍토였구나.' 하고 새롭게 느껴집니다. 분석철학이라는 게 1970년대 초부터 영향을 떨치기 시작했는데, 제가 1963년에 미국에서 돌아와 대구에 있는 철학자들을 만났는데, "분석철학을 하면 되겠군요."라고 해서 저는 분석철학을 하는 사람이 되었습니다. (웃음) 그런데 분석철학의 테두리 안에서 철학에 대한 관심은, 우리는 누구의 철학을 한다고 말할 여건이 아니잖아요. 그야말로 철학적인 사고를 하도록 훈련받는

것, 그게 전부거든요. 저는 사회철학, 윤리학에도 계속 관심이 있었습니다. 수학, 물리학에도 관심이 있으니까, 심리철학, 과학철학에도 논문을 쓰고…. 그러다 보니 철학에 있어 어떤 분야에도 제한이 없이, 그 학기에 학생들에게 강의를 한다는 생각이었습니다. 그러는 와중에 논리학을 정리할 필요성을 느껴서 처음 집필한 것이 『논리학』이었습니다. 책이 나온 것은 1979년인데, 제가 1963년부터 논리학을 강의했습니다. 그 다음에 보니 윤리학도 제 스타일로 강의를 했습니다. 그것도 분석철학적인 것이었지요. 그런 것들이 제 철학의 경험에서 다 나왔습니다. 계명대에서 강의를 할 때, 제자들이 철학자가 되지 않고, 철학을 배움으로써 사회에서 역할을 하게 되는 것을 바랐습니다. 저는 우연히 포항공대에 가게 되었는데, 그 포항공대 8년이 저의 철학적 배경이 과학도들 앞에서 살아나게 하는 실험이었습니다. 제가 늘 카페에 나가서 정리하는 것이, 그것을 바탕으로 제 철학적 배경과 관련하여 정리하는 것이었습니다. 어떤 분야에 국한되지 않죠. 2007년에 그만두고 만 2년 동안 거의 책 다섯 권 분량의 글을 썼습니다. 이것이 내 철학의 스타일과 관심의 폭을 반영한 것이지요. 오늘 선배님들과 얘기하다 보니 참 새롭습니다.

손동현 : 소광희 선생님, 교육에 대해 한 말씀 해주셨으면 합니다.

소광희 : 서울대학교 철학과가 한국 교육에 기여한 바가 있습니다. 관악산으로 옮기면서 제대로 종합대학이 되었습니다. 그전에는 각 단과대학별로 연합한 대학이었지요. 동시에 흩어져 있던 철학도들이 한곳으로 모이게 되었는데, 모이자마자 철학과에서 획기적인 일을 했습니다. 지금까지는 칸트, 헤겔 등 분과별로 정리를 했다면, 학문을 좀 더 체계화해서 시대별, 분야별(존재론, 인식론, 윤리학 등)로 나누게 되었습니다. 그래서 겨우 아귀가 맞아떨어져서 그때 제가 하이데거 전공

이다 보니 존재론과 형이상학 수업을 가르치게 되었습니다. 그런데 막상 형이상학 강의를 하려니 텍스트가 없더군요. 그걸 나중에 알았습니다. 그래서 강의 준비하는 데 진땀을 흘렸습니다. 그래서 당시는 무조건 아리스토텔레스 형이상학부터 읽었습니다. 그래서 정리를 하다 보니 아리스토텔레스는 존재론이구나 하는 생각이 들었습니다. 형이상학은 곧 신학적인 것이라는 생각이 들었습니다. 그게 그제야 보이더군요. 그래서 그 정리를 하고 나서 제 나름대로 학문을 보는 시야가 넓어졌습니다. 당시는 뭘 어떻게 가르쳤는지는 제자들이 알지, 저는 잘 모르겠습니다. (웃음)

박영식 : 아까 이야기한 바와 같이, 저는 어느 날 갑자기 전임이 됐습니다. 그때 배정받은 과목이 논리학입니다. 그러면서 논리학 텍스트 두 권을 받아서 논리학 선생이 되었습니다. 논리학과 철학개론을 가르쳤죠. 저는 플라톤의 이데아론으로 학위를 받았는데, 그 논문도 철학적 의식을 가지고 쓴 것은 아니었습니다. 대학원 3학기 후에 석사학위 논문을 적어 내라 해서, 플라톤의 이데아론과 흄의 인과론을 적어 냈지요. 그때 지도교수님께서 이데아론을 추천하셔서 그걸로 학위를 받았습니다. 철학과에서 저를 쓸 때도, 플라톤을 전공했으니 고대철학 강의를 시키자 하는 생각이 없었습니다. 전공을 보고 쓴 것이 아니라, 얌전하고 말 잘 듣고 하니 시킨 것이죠. (웃음) 몇 년 동안 플라톤의 대화편을 보다 보니, 당시 분위기가 제가 고대철학을 가르칠 수 있을 거라는 생각이 들지 않았습니다. 그렇게 하다 보니 공부를 해도 이게 철학인지 시인지 헷갈렸습니다. 1960년대에 오니 분석철학 등이 많이 들어왔습니다. 그런데 그런 책을 봤더니 매우 명쾌하더군요. 그래서 분석철학 공부를 시작했습니다. 논문도 한 편 썼고요. 1971년에 미국도 다녀왔습니다. 연세대 철학과는 경험철학 전통이 강했습니다. 고려대는 처음부터 동양철학이 강세였습니다. 연세대에 불교 담당은

1996년에야 채용을 했습니다. 좀 늦었지요. 대개 교수님들이 자기 전공을 찾아 강의를 했지만, 그늘진 분야는 이 사람 저 사람이 강의했던 것이지요. 하나 덧붙이자면 1950년대에는 대학원생들이 교수가 됐습니다. 1950년대 말에는 석사학위가 있으면 교수가 됐습니다. 1960년대에 와서는 한국 석사로는 교수가 안 되고, 미국 석사로는 교수가 됐습니다. 그러다 1970년대에 와서는 박사학위가 있어야만 교수가 되었습니다. 1970년대 말까지는 교수들이 박사학위를 잘 주지 않았습니다. 교수들이 다 박사가 아니었기 때문이었죠. 그러다 1981년에 학생 수가 많아져서, 졸업정원제를 통해 박사과정에 있던 사람들마저 다 교수가 되었습니다. 1980년대 한국의 박사과정에 있었던 사람들은 모두 행운아입니다. 모두 전임이 되었죠. 이정도만 얘기하겠습니다.

소광희 : 서울대학교에 박사과정이 생긴 것이 1963년입니다. 하지만 대부분이 외국으로 나가려 하고, 서울대에 남지 않았죠. 박사학위를 잘 주려고 하지를 않으니까….

김여수 : 교육에 대해서 말씀을 하라고 하셨는데, 전공 분야에 대한 이야기가 나왔네요. 제가 1971년에 성균관대에 올 때는, 한국 철학계에서 서양철학이라고 하면 분석철학과 현상학으로 이분되어 있었습니다. 그래서 손봉호 선생님의 은사이신 후안 펄슨이라고 하는 분이 두 영역을 비교한 책을 썼습니다. 그분이 왔을 때, 그런 분야에 대해 대화했던 기억이 납니다. 제가 서울대에 간 것이 1977년입니다. 저는 덤으로 들어간 거지, 분석철학에는 당시에는 이명현 선생님이 이미 있었습니다. 그래서 가봤더니 학생들이 제가 몇 년 동안 가르치던 학생들보다 받아들이는 능력이 훨씬 뛰어나더라고요. 그래서 저는 강의를 한 번도 빠지지 않았고, 처음부터 학기말까지 강독이 아닌 강의를 해왔는데, 학생들에게는 그런 것이 생소했던 모양입니다. 상당수의 서울

대 강의는 당시에 강독이었습니다. 그래서 제가 오랫동안 했던 강의는 언어철학이었는데, 그것은 분석철학, 즉 비트겐슈타인 전기부터 후기까지 다루는 것이었습니다. 분석철학의 발전 과정을 언어철학의 입장에서 바라본 것이었지요. 그런데 어느 날부터 학생들의 질이 떨어지기 시작합니다. 정확하게 시점은 기억을 못하겠지만…. 처음에는 철학과에 철학을 하기 위해 온 학생들이 상당수 있었는데, 어느 시점부터 그런 학생들이 없는 상황이 됩니다. 제 생각엔 교육제도의 문제라고 생각합니다.

박영식 : 학생들이 많아지니 취업이 문제였겠지요.

김여수 : 철학을 배우기 위해 철학과에 들어온 학생들이 아니라, 계열별로 뽑다 보니, 성적순으로 전공을 선택하게 되는 시점이 되더라고요. 그래서 그 변화를 너무 분명하게 느꼈는데, 이제는 서양철학도 많이 다양화되었지만, 그런 과정을 겪으면서 1977년에서 1980년대 말까지 저와 함께 공부한 사람들이 참 공부를 많이 했고, 저도 그 영향을 많이 받았습니다. 그러나 1990년대 들어서면서 제 관심이 문화현상 쪽으로 기울었습니다. 그래서 언어철학적인 도구를 가지고 문화현상을 밝혀보자는 것이었습니다. 1995년에 정년퇴임하기 전에 유네스코에 있으면서 명예퇴직을 해서 직업적인 철학과는 선이 끊어졌습니다.

소광희 : 이런 자리가 아니면 이야기할 기회가 없을 것 같아서 정리를 한마디 하겠습니다. 미국에서 유학하고 온 사람들에 의해 온 변화가 두 가지 있습니다. 저희가 대학 다닐 때만 해도 중세기적 강의를 했습니다. 선생님이 읽으면 그대로 받아 적고, 중요한 부분은 설명하고 하는 식이었습니다. 그러나 미국의 강의 스타일은 막 쏟아놓는 방식이었습니다. 그래서 딕테이션이 없어졌다는 것이 큰 변화입니다. 그리고

학제가 미국식으로 바뀌었다는 점입니다. 그런 것이 우리의 경험주의적인 시야를 굉장히 넓혀주었습니다. 그 이전엔 경험론에 대한 이야기가 거의 없었습니다. 이것이 미국에 유학 갔다 온 사람들이 가져온 미국 문화계의 충격입니다.

손동현 : 차인석 선생님은 사회학 쪽으로 많이 기울어지셨는데, 그래서 그런지 교육활동 하실 때, 소위 학생운동과의 마찰이랄까, 상호 기대 같은 것을 많이 피력하셨던 기억이 있는데, 학생운동과는 어떤 관계였는지, 한번 회고를 부탁드립니다.

차인석 : 제가 1968년에 귀국했고 1998년에 은퇴를 했는데, 제 요새 걱정은 한국 사회에서 철학은 이미 끝난 게 아닌가 하는 생각이 듭니다. 이른바 신자유주의 경제원리가 대학에 도입되면서부터 그렇다고 생각합니다. 한국 사람뿐만 아니라 동양 사람들이 과연 서양철학의 전통을 따를 수 있는가 하는 생각도 듭니다. 중국에서 모택동이 어느 정도 다스렸는지, 결국에 성공하지 못했습니다. 일본에서도 1930년대에 자신의 철학이 없다고 하고 현상학을 도입했지만, 일본 사람들은 현상학의 도입을 선불교와 연관시켜 도입시킨 것 같습니다. 뉴스쿨에서 케언스 교수에게 제가 현상학 논문을 써보겠다고 했더니, 고개를 갸우뚱하면서 당신 불교 신자냐고 묻더군요. 그래서 기독교 신자라고 이야기했더니, 현상학적 환원을 통해 일본인들이 열반에 도달하려 하는 듯 보였다고 말하더군요. 경험적인 존재를 괄호 친다는 것이 불교에서 말하는 순수의식이었던 것이지요. 교토 대학에서 프라이부르크에 많은 사람을 보냈던 것이 다 그 전통이었던 것 같습니다. 니시다가 19세기에 독일철학 공부를 많이 했다고 하더군요. 그리고 당시 하이데거와 대담을 나눴다는 얘기들도 들어보면, 당시 일본 귀족들이 하이데거에게 미학을 공부하겠다고 했다더군요. 제가 보기에는, 율곡 사

상 등이 우리의 철학이 될 수 있다고 생각합니다. 우리 의식의 구조가 무속신앙이 여전히 지배하고 있기 때문에 합리적인 사고방식이 어렵습니다. 반면 이 상황에 자동차를 만들어서 수출하잖아요? 따라서 저는 도구적 합리성은 동서고금을 막론하고 다 통용되지만, 사고방식은 무속적인 방식이 있기 때문에 합리적인 철학적 사고는 어려운 것이 아닌가 생각합니다.

교육과정에서 보면, 서울대학교에서 제가 사회철학 강의를 맡았던 것은 다행이라고 생각합니다. 저는 평소에 독일철학이 넓은 의미에서의 사회철학이라고 생각합니다. 독일 관념론, 칸트의 순수이성비판도 결국 17세기 산업화의 바람 속에서, 인간의 주체성을 어떻게 발견하는가의 문제를 탐구한 것이라고 생각합니다. 그리고 가다머가 후설에 대한 회고록에서 어떻게 말하는가 하면, 후설이 제1차 세계대전에서 패망한 독일에 있어서의 구세주인 줄 알았다는 겁니다. 이른바 선험적 주관성으로 경험주의에 대한 대안을 설명하려 했던 것이 아닌가 생각합니다. 가다머 스스로도 그렇게 보았습니다. 저는 하이데거의 존재와 시간도 바로 그들의 현대를 극복하기 위한 나름의 대답이 아니었는가 생각합니다. 'Dasein'이 바로 일종의 그들의 현대를 극복하기 위한 대안이었던 것이지요. 사르트르의 실존 개념도 마찬가지입니다. 철학은 인식론이든, 존재론이든, 넓은 의미에 있어서 사회철학이 아니겠느냐 생각합니다. 지식인의 당대 사회에 대한 반응이 철학이라고 생각합니다. 또한 막스 베버를 보면, 베버는 스스로 평생 마르크스와 대화를 해왔다고 하는데, 그의 이론은 완전히 사적 유물론에 대한 대안입니다. 그리고 딜타이도 마르크스에 대한 대안이기 때문에, 저는 사회철학을 한 것을 정말 다행이라고 생각합니다.

학생들은 대개 2차 문헌을 가지고 이야기합니다. 즉 마르크스주의를 가지고 사회철학을 하려고 했던 것인데, 1980년대 초에 보니, 원서를 읽지도 않더군요. 저는 서울대학교에서 적어도 막스 베버와 마르크스의 원전을 읽지 않고 무슨 공부를 하겠는가 하는 생각이 들어서, 학생들과 상의해서 세미나를 연 것이 마르크스의 『1844년 철학수고』입니다. 당시만 해도 학생들이 순진해서 열심히 읽었습니다. 그런데 점점 학생운동이 심화되어 가면서 주체사상이 들어오고, 학생운동의 중심이 PD와 NL로 나뉘면서 마르크스를 이론적으로 공부하는 것은 불가능해졌습니다. 그래서 처음에 저에게 마르크스를 공부했던 사람들은 떨어져 나가고, 대부분 마르크스-레닌주의가 됩니다. 학생들도 논문을 쓰겠다고 하지만, 그 학생들이 유학이라도 갔으면 했는데, 유학을 가지도 않더군요.

소흥렬 : 차인석 선생님의 말씀에 전적으로 동의합니다. 저도 학생들에게 강의하다 보면 그런 반응도 나오고, 저도 같이 운동하고 했습니다. 김여수 선생님이 문화철학에 대한 관심을 말씀하셨는데, 차인석 선생님의 말씀에 동의를 하고, 여기에 제가 보태고 싶은 것은, 저는 건축을 전공한 바가 있기 때문에 이것 역시 문화철학이지요. 그 문화철학은 옛날식이 아닌, 지금 말씀하신 사회철학에 바탕을 두고 연장해서 특수한 상황까지 이르러야 본다고 봅니다. 중국에서 유교와 사회철학이 어떻게 연결됐는지 큰 관심을 가지고 있습니다. 저는 '열린 음악회' 등을 보는데, 한국 가수들이 미국 음악을 그대로 노래하면 반응이 없습니다, 그러나 완전히 리메이크를 해서 우리의 것으로 소화하면 박수를 받는 경우를 봅니다. 우리 문화에 바탕을 두고, 우리 문화의 텍스트 안에서 철학 강의를 하는 것이 옳다고 봅니다. 그래서 차인석 선생님 말씀을 바탕으로 우리가 철학을 이끌어 갈 방향은 그런 의미에서 문화철학이라고 봅니다.

손동현 : 운동권 학생들 시기에 사회철학을 강의하셨잖아요. 아까 말씀이 마무리되지 않은 것 같은데, 증언이라고 해도 좋지만, 당시 선생

님을 매도하거나 한 학생은 없습니까?

김여수 : 제가 잠깐 끼어들면, 제가 학과장 할 때, 김영정 교수가 서울대학교에 왔습니다. 그때 어떤 대자보가 붙었냐 하면, 김 모 교수가 미국 제국주의 철학을 전파하기 위해 김영정 교수를 데리고 오려고 한다는 것이었습니다. (웃음)

차인석 : 저는 파슨스의 시스템 이론에 회의적이지만 받아들이는 점이 있는데, 정치, 대학 등이 결국 같은 사회 시스템이라는 점입니다. 철학을 하면 개방되어야 하고, 모든 것을 받아들이고 하면서 발전해 나가야 하는데, 한국 사회에서는 그게 불가능하다고 봅니다. 어떤 때는 공부한 것이 다 소용없는 것이 아닌가 생각해요. 왜냐하면 시대에 맞지도 않는 주제를 가지고 종교처럼 믿는 것은, 똑똑한 학생들이 새로 전개된 사회 발전 과정에 참여하기 어렵게 하는 점이라고 생각합니다.

소흥렬 : 저는 선생님이 그렇게 부정적이 아니었으면 합니다. 선생님의 강의는 충분히 전달되었으리라고 봅니다. 저는 평범한 강의가 결국 학생들에게 녹아들어가는 것이 교육이라고 봅니다. 그 이상 기대하지 않는 것이 좋다고 생각합니다.

차인석 : 1980년대 말 1990년대 초에 박사학위를 받은 학생들이 사회를 올바르게 이끌어야 할 텐데, 그러지 못하는 것 같습니다. 신자유주의 시장원리에 따라서 경쟁에서 이길 수 없게 되었습니다. 아까운 인재들이 꽃을 피우지 못하고, 월급 받는 사람밖에 되지 않았다는 점이 슬픕니다.

소광희 : 큰 그늘 밑에서는 큰 것이 나오지 않기 때문이에요. (웃음) 한참 기다려야 한다고 봅니다.

손동현 : 윤사순 선생님도 교육에 대해 한 말씀 해주십시오.

윤사순 : 저는 전임이 되고 나서 한국철학을 제대로 가르치려고 했는데, 아까 소광희 선생님처럼 교재가 전혀 없다는 점이 문제였습니다. 있는 것이 박종홍 선생님이 쓰신 『불교법』만 있었던 것 같습니다. 유학도 하나도 없었고요. 그러나 그 책들은 철학사적인 시점이 아니었습니다. 그래서 어떻게 교재를 개발할까 하다가, 지금까지 시간이 흘렀습니다. 당시엔 아쉬운 대로 잡다하게 논문을 필요한 대로 써서 강의했습니다. 그래서 묶어서 책도 내곤 했지요. 그러나 다행히 저는 제 지도교수도 훌륭한 분을 만났습니다. 북경대학에서 철학을 제대로 지도받았고, 그분에게서 지도받으면서 나름대로 철학 냄새가 나게끔 쓴다고 했더니, 이런 것은 서양철학 교수가 같이 심사해야 한다고 해서, 서양철학 전공 교수님께 심사를 받았습니다. 내용은 지도교수보다도 나머지 심사위원 분들이 먼저 알아채시더군요. 그분들이 수정 없이 통과시켜도 될 것 같다 하여 그래서 학위를 받았습니다. 그런 식으로 학생들을 가르쳐야겠다는 생각이 들어서 그렇게 가르쳤더니, 분수에 넘게도 제자가 교수가 된 수는 많습니다.

손동현 : 아무리 많아도 너무 많은 것은 많습니다.

박영식 : 윤사순 선생님 말씀처럼, 1950년대에는 그냥 서양철학이 철학이었습니다. 동양철학 하는 친구들 보면 영어 못해서 동양철학 한다는 말이 나올 정도였습니다. 그러다가 1971년경에 국학 진흥을 합니다. 배종호 선생님이 동양철학을 하시는데, 전혀 빛을 못 보다가

1971년부터 동양철학에 대한 관심이 증가합니다. 새마을운동이 나온 것도 이때이고요. 국학에 대한 것도 1971년 이후에 등장합니다. 그러다 1980년대 들어서서 광주민주화운동이 벌어지면서 반자본주의, 반미로 돌아서게 됩니다. 철학이라는 학문도 40년 동안 서양철학이 당연했는데, 요즘은 특강 같은 것을 하면 좀 켕깁니다. 과거에는 서양철학이 당연했지만, 요즘은 그렇지 않다는 것을 알기 때문이지요.

김여수 : 철학이라는 용어 자체가 20세기 초에 일본 사람들이 만든 용어입니다. 한문 문화권에서는 다 철학이라고 부르는데, 서양이라는 학문 분야를 어떻게 한자로 표현할까 고민 끝에 나온 것이지요. 철학이라는 용어 자체가 서양철학에 있는 것이라고 생각합니다. 그러다 보니 동양 전통의 이학이니 실학이니 하는 용어들은 같은 맥락에서 만들어진 용어가 아니었던 것이지요. 동양철학은 철학의 범주에서 벗어났던 것이지요.

윤사순 : 저는 시대 분위기를 잘 탔던 것 같습니다. 국학 붐이 일면서 민족의식 등에 많이 영향을 받기도 했고요. 결정적으로 제가 알려지게 된 것은, 우연하게 고병익 선생님께서 서울대 부총장을 하실 때 컬럼비아 대학에서 선생님께 주문을 한 것이, 한국 학자들에 대한 선발권이었습니다. 열다섯 명 정도가 이태리 꼬모 호숫가에서 일주일 동안 발표를 했는데, 주로 한국철학이 중심이 되었습니다. 제가 발표한 것은 '퇴계의 존재와 당위의 일치'가 주제였습니다. 도덕적 함의는 맹자가 제시한 네 가지 본성의 자연발로로 인해 일치되는 것이다, 그걸 어떻게 합리화하는가에 대한 정당화를 발표했는데, 그게 호평을 받았습니다. 자기들이 만든 책에도 실어주고요. 그러면서 그때의 한국 학자들 중 저만 자기들이 주최하는 학회에 계속 불러주더군요. 늘 영어가 제 입에서 고생을 합니다. 그 다음의 것은 우리나라에서 '본연의

성으로 볼 때 인간의 성은 사물의 성과 같냐 다르냐' 하는 문제였습니다. 본연의 성 자체가 본질의 문제로 보면 자연히 다르다고 해야 하고, 본래적인 뜻으로 보면 태초까지 올라가야 하니 다 같다고 해야 하는데, 말이 가지는 양립 불가능한 의미가 있다는 논문들을 서양철학 하는 사람들도 이해할 수 있게끔 하니, 그들이 자꾸 번역해 가곤 하더군요. 그래서 우연찮게 유명해졌습니다. 이제 문제는, 정말 내 것이 무엇인가 하는 점은 벽에 부딪히는 듯합니다.

손동현 : 모든 분들께서 후학들을 위해 한 말씀 당부해 주십시오.

박영식 : 우리나라 철학계가 사실은 철학을 한다기보다 철학교육을 해왔습니다. 교수 수도 적고 해서 철학을 소개하는 데 그쳤는데, 1990년대에 와서야 각 대학이 철학을 연구하게 됩니다. 저는 이를 좋은 현상으로 봅니다. 그런데 2000년대에 와서는 인문학의 위기가 옵니다. 문사철을 해서는 먹고살 수 없다, 철학을 연구 중심으로 해서는 소용이 없다는 의견이 나옵니다. 철학이 앞으로 살기 위해서는 퓨전으로 해야 합니다. 철학만 전문적으로 해서는 살아남을 수 없습니다. 오히려 미국식으로 가는 것이 좋다고 생각합니다. 학부에는 인문학만 두고, 모든 전공을 대학원으로 돌리는 방식이 그것입니다. 여전히 철학은 전공을 살리면서 주변에 관심을 갖는 방향으로 나가되, 인문학의 위기는 제도의 문제이기 때문에 제도를 고칠 방법을 찾아야 합니다.

손동현 : 제가 평소에 품고 있는 생각이 그것인데, 잘 먹히질 않습니다. (웃음)

손봉호 : 우리나라의 철학이 이렇게 된 것은, 우리와 우리 선배들의 잘못이 크다고 봅니다. 일단 철학개론을 무시했습니다. 철학개론은 철

학교수들이 할 게 못 된다고 해서 강사들에게 맡겼던 것이지요. 그때 강의를 하던 사람들이 사회 지도층이 되어서 자신도 모르는 것을 떠들고 있는 상황이라고 생각합니다. 이제는 철학을 가르쳐도 무슨 소리인지 알아먹게끔 가르쳐야 한다고 생각합니다. 정말로 창조적으로 철학을 하려면 못 알아들어도 가치가 있는 대작을 내놓든지, 아니면 알아들을 수 있는 철학을 하는 것이 좋다고 생각합니다. 그리고 철학과는 줄어야 한다고 생각합니다. 지금 체제에서는 실업자만 양산할 뿐이기 때문입니다. 제 자신의 변명인지는 모르겠지만, 도움이 되는 철학을 해야 한다고 생각합니다.

소흥렬 : 저도 박영식 선생님 의견에 동감하는데, 50-60대 사람들이 은퇴한다지만, 30대도 고민이 많은 것 같습니다. 변화가 오고 있는데, 신자유주의도 한계를 보이고…. 30대들이 이런 문제를 예민하게 느끼는 것 같습니다. 이러한 역사적 급변의 상황에서 서양철학을 강의한다고 해봐야 소용이 없고, 철학자가 역사에 적응하는 독자적 사고를 가지고 학생들과 같이 실험해 가면서 강의해야 한다고 생각합니다. 이 모임에 참여하면서 느낀 점은, 철학회 차원에서 여러 강의 중 어떤 강의가 잘 전달이 되는지 샘플을 찾아서 자료로 공개를 했으면 합니다. 그러면 각자 그것을 보고 다른 사람들이 참고할 수 있겠죠. 그럼 예민한 40대 후배 철학자들이 좋은 강의를 할 수 있다고 생각합니다.

차인석 : 저는 신자유주의 비판을 오래전부터 했습니다. 우리 사회에서 자유주의는 어떤 형태로든 먹히지 않습니다. 마치 남미에서처럼…. 제가 7-8년 전 혁신 자유주의와 한국 사회에 대해서 아르헨티나에서 강의할 때, 모두가 자유주의를 싫어했습니다. 남미에서 자유주의는 미국을 상징하니까요. 왜 자유주의가 스페인어권에서 부정적인지 연구를 했더니, 19세기 스페인 신부가 자유주의를 형편없게 묘사했는데,

그게 성적으로 자유로운 것을 상징하면서 안 좋은 의미를 갖게 되었다고 합니다. 일본 사람이 'Liberality'를 자유주의로 번역했는데, 자유주의는 일본에서 말하듯, 제멋대로 하는 것을 의미하게 되면서, 자본가들이 자기 멋대로 하게 됩니다. 그래서 이것을 어디서도 받아들이지 않게 된 것이지요. 아르헨티나에서 당시 학회 사회를 보던 사람이 대학원생들과 마르크스를 보던 사람이었는데, 제가 "지금 시대가 어느 땐데 마르크스를 하느냐?"고 물었더니, 손사래를 치더군요. (웃음) 한국 사회도 원래 평등주의가 깔려 있습니다. 나쁘게 말하면 일반 사람들은 소작인 근성을 그대로 가지고 있습니다. 자기가 아무리 부유해져도 그 근성은 남아 있습니다. 그래서 자유주의로는 성공하기 힘들다고 생각합니다.

소흥렬 : 철학자로서 이런 시각을 가져준다는 것이 젊은 세대들에게 참 좋다고 생각합니다.

소광희 : 독일어로 'Freiheit'는 'Frei'의 단순한 명사형이 아닙니다. 해방의 개념이지 마음대로 함을 말하는 것은 아닙니다. 문화철학에 대해 말하곤 하는데, 다문화시대에 와서 외국에서 시집오고 장가가고 하지만, 그것도 결국 우리나라 국민이고 자식입니다. 사실 앞으로 할 수 있는 주제는 문화가 아닌가 생각합니다. 그리고 그런 것을 하려면 서양 혹은 동양 일변도로 가지 말고, 이걸 통틀어서 우리 식으로 여과를 시켜야 합니다. 사실상 세계사를 이끌어온 것은 서양이지 않습니까? 현대까지도 세계를 이끌어가는 것은 서양입니다. 우리는 그런 정치체제에서 교육도 받고 해서 서양철학을 공부하고 한 것입니다. 그러나 이제는 그 단계를 벗어나서 우리 나름의 철학, 즉 종래와는 다른 생각을 해야 하지 않나 생각합니다. 지금까지 받은 교육을 버릴 수는 없지만, 뭔가 새로운 창조를 해야 하지 않을까 생각합니다. 그게 우리

가 젊은 세대에게 독려하고 기대할 사항이라고 생각합니다.

손동현 : 마무리해야 할 것 같습니다. 귀한 시간 내주셔서 감사하고, 앞으로도 한국철학회에서 다음에 또 이런 자리를 만들도록 노력하겠습니다.

원로 좌담회 2

장　소 : 서울대학교 호암교수회관 오크룸
일　시 : 2009년 8월 20일
참석자 : 성진기, 송석구, 엄정식, 이명현, 이초식, 정대현
사　회 : 손동현

손동현 : 여러 원로교수님들 먼 길 와주셔서 감사합니다. 『철학』 100집 출간 기념으로 좌담회 기획을 했는데, 그 중에서 많은 의미를 부여하는 것이 원로교수님들 좌담회입니다. 그래서 오늘 자유롭게 회고와 전망을 말씀해 주시면 감사하겠습니다. 말씀의 주제는 제한되지는 않습니다만 교수님들의 학창 시절, 그리고 교수가 되시던 시절의 내외적 상황, 교수가 되고 나서의 연구 방향, 학생 교육에 있어서의 방향 혹은 당대의 분위기, 그리고 마지막에 가서는 한국 철학계가 어떻게 발전해 나가야 하겠다, 또한 한국철학회의 미래가 어떻게 되는 것이 좋겠다 하는 사안들을 말씀해 주셨으면 합니다. 이초식 선생님께서 먼저 학창 시절에 대한 이야기를 해주셨으면 좋겠습니다.

이초식 : 제가 1954년에 대학교에 입학했는데, 1953년이 휴전이었습니다. 그 이전 고등학교 시절은 전쟁 중이어서 부산으로 피난해서 지내다가, 서울에서 자리를 잡아 가면서 입학시험을 쳤습니다. 혼란기지만 비교적 안정을 찾았을 때 입학을 했습니다. 그때나 지금이나 철학과를 간다는 것은 배고프다고 인식되었습니다. 사람마다 동기는 다르겠지만, 저는 전란을 겪으면서 철학을 하기보다는 신학을 하려고 했

었습니다. 그래서 신학을 하려고 목사님께 이야기했더니, 철학을 공부하고 나서 그때 가서 신학을 하는 게 좋겠다는 조언을 해주었습니다. 저는 철학의 '철' 자도 모르다가, 그분의 이야기를 듣고 철학을 시작했습니다. 그래서 다른 사람과는 좀 다릅니다. 우리 때는 신학을 하려고 철학과에 온 사람들이 꽤 있었습니다.

손동현 : 송석구 선생님은 여섯 분 중 연구 분야가 동양 쪽이라 동기가 색달랐을 것 같습니다.

송석구 : 저는 1958년에 입학했습니다. 이초식 선생님은 저 바로 전 회장이고 그 다음이 저인데, 대학 입학은 제가 4년이 늦었지요. 전쟁 후긴 했지만, 당시는 어느 정도 전후 정리가 된 상황이었습니다. 저는 서울이 아니라 대전에서 중학교를 졸업한 후, 고등학교를 서울로 왔습니다. 외로웠지요. 서울에 오니 소공동 일대가 다 폐허였습니다. 외롭고 쓸쓸한 시대였습니다. 중학교 때 좋은 선생님을 만났습니다. 매일같이 칠판에 러스키라든지 공자, 맹자의 인생 교훈을 늘 적어주셨습니다. 당시는 그게 저에게 큰 영향을 주었습니다. 그게 제 인생을 좌우하리라고는 생각 못했습니다. 서울로 고등학교 진학을 위해 올라왔지만, 일류학교는 떨어졌습니다. 서울에 올라가는 저에게 친구가 선물을 하나 주었는데, 그것이 벤자민 프랭클린의 자서전이었습니다. 요새는 대전에서 기차를 타면 금방 서울에 도착하지만, 당시 대전에서 서울까지는 서너 시간이 걸렸습니다. 그 서너 시간 동안 그 책을 다 읽었습니다. 프랭클린이 열세 가지의 덕목을 적어놓았던 부분이 참 좋았습니다. 그때부터 그 덕목을 실천하면서 살려고 노력을 했습니다. 당시 『현대문학』이라는 잡지가 있었습니다. 그게 참 끌리더라고요. 그 책을 사려면 돈이 있어야 하는데, 돈이 없었습니다. 그래서 당시 동아백화점 꼭대기에 책방이 있었는데, 학교 공부보다도 거기에서 책을

읽는 것이 제 취미였습니다. 사람이 외롭고 고독하니 책이 친구가 되더군요. (웃음)

손동현 : 조숙하셨던 것 같습니다. (웃음)

송석구 : 그래서 당시 박경리의 『표류도』, 손장순의 『한국인』 등을 읽었습니다. 실존주의 문학이 유행할 때인데, 『잉여인간』을 쓴 손창섭 씨의 작품이 정말 멋있더군요. 실존의 고독. 이런 것들이 멋있어서, 문학을 해야겠다고 생각해서, 시를 썼습니다. 그래서 시집도 냈습니다. 그때가 고등학교 3학년 때이지요. 하지만 집에서는 먹고살기 힘든데 왜 그런 것을 하냐면서, 경제학을 공부하길 바라셨습니다. 그래서 경제학과에 지원하기 위해 동대문 행 버스를 탔는데, 그 버스 안에서 본 신문에 동국대학교 불교대학 모집광고가 있더군요. 당시 제일 안전한 직업은 은행원이었습니다. 경제과, 경영과 학생들은 모두 은행으로 가려고 했지요. 그런데 제가 은행 카운터에서 평생 앉아서 일할 생각을 하니 아찔하더군요. 당시 경복고, 서울고 학생들끼리 문학동호회가 있었습니다. 거기서 시도 발표하고 자유분방하게 살던 사람이 그런 일을 어떻게 하겠습니까? 그래서 버스에서 내렸습니다. 그때 생각한 것이 '나는 교수를 하고 싶은데, 좀 특수한 것을 해야 하지 않느냐? 다른 것을 안 하면 살 수가 없지 않느냐? 그런데 큰 재주도 없다. 우리 집안은 불교니까, 불교철학을 하면 교수하기가 쉽지 않겠느냐?' 완전히 계산적이었습니다. (웃음) 동국대가 서울대, 연세대, 고려대보다는 들어가기도 쉽고, 또 제가 수학을 못했는데 수학 점수를 보지 않더군요. 그래서 이게 좋겠다 싶어서 갔습니다. 문학 하다가 교수가 제일이라는 생각이 들어서, 교수를 하려면 좀 덜 뛰어난 사람들 사이에 가서 최고가 되자고 생각했습니다. 그래서 동국대학교 불교대학, 그것도 불교학과는 목탁을 두드리는 스님이 되어야 하고, 철학과는 얼마

나 멋있습니까? (웃음) 철학이라는 이름만 들어도 가슴이 두근거렸습니다. 또 당시 대통령도 철학박사였습니다. 철학박사가 되면 틀림없이 교수는 된다는 생각에, 철학의 환상에 젖어서 결론은 교수가 되었습니다.

손동현 : 정대현 선생님께서도 신학을 하시다가 옮기지 않으셨나요?

정대현 : 이초식 선생님 대학 동기 중에 손정규 교수님이 계셨는데, 그분이 고등학교 은사였습니다. 그분이 키에르케고르를 이야기하시곤 하셨습니다. 제가 기독교 배경이다 보니 머리에 쏙쏙 들어오더군요. 그래서 신학을 하겠다고 결심했습니다. 그리고 대학에 진학해서 신학을 전공했습니다. 다행스럽게도 제가 간 신학교가 보수적이어서 언어가 아주 엄정했습니다. 언어가 엄정(dogmative)하지 않았으면 의문을 갖지 않았을 텐데, 언어가 엄정해서 많은 질문을 하곤 했습니다. 다른 한편으로는 비트겐슈타인 강의가 매 학기 있었습니다.

손동현 : 아, 선생님, 신학대학에 진학을 하셨나요?

정대현 : 그렇죠. 미국에서 갔습니다.

손동현 : 고등학교 졸업하고 바로?

정대현 : 아니요. 고려대학교 철학과 졸업하고 갔지요. 철학을 한 상태에서 신학을 하기 위해서였습니다. 그런데 제가 고려대에서 러셀을 배우긴 했지만, 비트겐슈타인은 생소했습니다. 그러다 보니 신학언어의 엄정성이 비트겐슈타인에서 걸리기 시작했습니다. 그래서 종교언어에 관심을 갖게 되었습니다. 하지만 그 안에서는 문제가 해결되지

않았다는 것을 깨닫고, 다시 철학을 해야겠다고 마음을 먹었습니다. 템플 대학에서 종교언어를 하려고 하니까 결국은 논리학을 해야 하더라고요. 거기서 논리학, 그리고 주로 양상논리를 연구하는 데 시간을 투자했습니다. 거기서 크립키를 만났지요.

손동현 : 선생님께서는 단순히 학창 시절뿐만 아니라 연구의 길까지 말씀해 주셨는데, 다른 선생님들 말씀을 들어보죠. 성진기 교수님은 어떠셨나요?

성진기 : 저는 불순하게 철학했죠. (웃음) 원래 저는 영문과 59학번입니다. 한 번 시험 봐서 떨어지고, 낙향해서 영문과에 진학했습니다. 글 좀 써보겠다는 유치한 생각을 가지고, 1학년까지 영문과를 다니는데 전혀 글공부는 안 하고 영어만 보고 있어서 싫증이 난데다가, 글을 쓰려면 철학이 있어야 한다는 막연한 말을 많이 들어서 2학년 때 철학과로 전과를 했습니다. 저는 철학에 대해서 모르고, 철학 공부를 하면 글 쓰는 데 도움이 되겠다고 생각해서 옮긴 것입니다. 근데 거기서도 글 쓰는 재주를 가르치지는 않더군요. 거기서 착실히 하다 보니, 교수들이 성적 잘 나오니까 대학원 가라 그러고, 그래서 대학원에 갔습니다. (웃음)

엄정식 : 대개 비슷하겠지만, 선배님들이 더 절박하게 느끼셨을 것입니다. 6·25 직후의 허무주의를 극복하려고 애쓰던 시절이었던 것 같습니다. 저는 독자라서 그런가, 그런 실존주의에 대한 갈증이 심했던 것 같습니다. 좀 신경질적일 정도로요. 지금까지도 그렇지만, 제 최대 관심은 나 자신이었습니다. 나를 감당을 못하겠더군요. 늘 불안했습니다. 이걸 어떻게 잘 극복할까 생각하는 도중에 중간에 언론학도 하고, 인문학으로 석사도 받고, 나중에 철학으로 왔다가 지금도 헤매는 중

입니다. 나름대로 당시에 문제는 어느 정도 해결된 듯합니다. 하지만 하나가 해결되면 문제가 두 개 생기더군요. 상당히 많은 경우, 종교적 모티브를 가지곤 하지만, 저에게는 종교가 이상하게도 해답을 주지는 못했습니다. 중 3 때 새벽기도도 다니고 했지만. 그때 충격을 받은 일이 있었습니다. 목사들과 장로들의 금전적 비리(웃음), 같은 또래 중고등학생들의 이성문제 등. 그러고 보니 '소돔과 고모라'가 바로 이런 거구나 싶어서 기도를 나가지 않게 되었습니다. 그런 의미로 종교에는 기대를 많이 하지 않았습니다. 오히려 정치적 상황은 너무나 혼란스러워서 조금 관심을 가졌다가, 더 구체화되지는 않았습니다. 정치적 상황보다는 우리나라의 외교적 위상을 더 걱정했습니다. 사실은 철학과가 아니라 외교학과로 시험을 쳤습니다. 그런데 떨어졌습니다. 고 3 때까지 그림만 그리다가 담임선생님께서 강제로 지원하셔서 시험을 쳤지만 떨어졌죠. 그때가 서강대가 처음 생기던 해인데, 거기서 1년 숨어 있으면서 다시 시도하겠다고 생각했습니다. 그때도 죽음을 생각할 정도로 비관적이었습니다. 그래서 외교관이니 이런 거보다 다시 형이상학적인 문제로 빠졌습니다. 결국은 남 사는 거 구경이나 하겠다는 생각으로…. 서강대가 처음에는 경제, 사학, 국문, 영문 등 여섯 개 학과뿐이었습니다. 그런데 철학과가 마음에 들어서 4년 동안만 내가 누군지 알아보면서 연구하려 했습니다. 아까 키에르케고르 얘기가 나왔는데, 저도 학부 졸업논문을 「키에르케고르의 세 가지 실존」으로 썼습니다. 미적 실존에서 종교적 실존으로 넘어가는 단계를 비판하는 논문이었습니다. 너무 기대하지 말라는 것이었지요. (웃음) 그래서 대학 시절은 자기와의 싸움이었다고 생각합니다.

이명현 : 그래서 제가 엄 선생님께 붙여드린 별명이 있습니다. '나나교' 교주. (웃음) 저는 신의주에서 태어나서 1947년에 월남했습니다. 제주도에서 초등학교를 2학년부터 다녔습니다. 당시가 6·25 때인데,

사람들이 군대 가면서 우는 모습 등을 봤습니다. 저는 우리나라가 왜 이렇게 되었는가 하는 역사적 현실에 대해 궁금해 했습니다. 그래서 눈에 보이는 책들을 읽다가, 링컨 책을 읽었습니다. 그 사람이 법학을 했더군요, 그래서 초등학교 때부터 변호사가 되겠다고 생각했습니다. 그리고 서울에 와서 중고등학교 시절을 거치고, 검정고시를 봐서 서울대학교에 들어갔는데, 고등학교 시절에 제가 철학책들을 많이 읽었습니다. 그러다 보니 법학이 우습게 보이더군요. 그래서 '더 중요한 것은 정치다. 정치학을 할까?' 생각을 했습니다. 그런데 플라톤을 보니 정치도 철학에서 나오더군요. 모든 학문의 원천이 철학이라는 생각이 들었습니다. 그러다 보니까 철학을 공부하고 싶어 했고, 서울대에 지원할 때, 1지망도 철학, 2지망도 철학, 3지망도 철학이었습니다. 그래서 철학과에 갔는데, 당시는 실존철학 분위기였습니다. 주로 니체, 키에르케고르 등을 읽었습니다. 서울대는 헤겔, 칸트가 주요 테마였기 때문에 읽었는데, 가만히 보니 말장난 하는 것 같았습니다. 헤겔 철학의 역사적 배경에 대한 이해가 없다 보니…. 반면 칸트는 재미있었습니다. 인간 지성의 한계, 과학 등을 이야기하는 점이 멋있었지요. 그런데 칸트는 옛날 철학처럼 여겨졌습니다. 그러다 보니 비트겐슈타인을 공부할 수밖에 없게 되더군요. 그리고 관심이 경제학으로 옮겨가서, 편입을 하려고 준비하기도 했습니다. 그래서 편입하려 했더니 영장이 나왔습니다. 우리 형님이 공군 장교였는데, 저도 시험을 쳐서 사관학교 교관이 되었습니다. 철학 교관이었지요. 졸업을 하고 나서 경제학과를 다시 들어갈까 생각을 했는데, 교관 출신들이 미국 유학을 많이 가더군요. 근데 철학과를 가야겠다고 생각을 했더니, 브라운 대학에서 펠로우십이 나왔더군요. 그것이 철학을 계속하게 된 동기가 되었습니다.

손동현 : 장학금을 잘못 지급했군요. (웃음). 이초식 선생님도 연구에

관련해서 말씀 부탁드립니다.

이초식 : 나는 입학할 당시의 상황만 이야기를 했네요. 저는 1947년에 평양에서 넘어왔습니다. 아버님이 아홉 살 때 돌아가셔서 어머님과 지냈습니다. 아버님이 안 계셔서 그런지 사상문제에 민감했던 것 같습니다. 북에서는 살 수 없다고 느껴서 월남을 했습니다. 그러다가 6·25 전쟁이 일어나고 해서, 저도 하우스 보이 노릇도 하고 풀빵 장사도 하면서 어렵게 자랐습니다. 무슨 공부를 할 것인가 생각을 하다 보니, 당시 내가 교회에 잘 다니고 있어서 무엇보다도 신학을 할까 하면서도, 지금 나를 아는 사람들하고는 전혀 관계없는 동기가 있었습니다. 당시 전쟁 중이라, 세상이 이래서는 안 되겠다는 생각에, 당돌하게 세상을 바꿔야겠다고 생각했습니다. 그래서 육사를 가려고 했습니다. 육사 13기에 들어갈 뻔했는데, 근데 형님이 내 지원서를 없애버렸습니다. 자기 동생은 공부를 하기를 원했던 것이죠. 그래서 세상을 직접 바꾸는 것은 틀렸고, 중요한 것은 영혼이니 영혼을 바꿔야 세상이 바뀌겠다고 생각했습니다. 그래서 신학을 하려고 마음에 드는 목사님께 말씀을 드리려 했습니다. 그런데 신학대에 간다고 하면 목사님께서 어서 가라고 말씀하실 것 같더군요. 그런 이야기는 듣고 싶지 않았습니다. 그렇게 철학과에 들어왔습니다. 그래야 정신세계를 바꿀 수 있을 것 같았습니다. 그 다음부터는 철학을 공부했습니다. 사회적 분위기는 실존주의적이었지만 저는 조금 달랐습니다. 철학과에 들어와서 하이데거를 읽어보니, 이걸로는 세상을 바꿀 수 있을 것 같지 않았습니다. 이것저것 들여다보니, 수학이 재미있었습니다. 수학은 딱딱 떨어지는 학문이거든요. 철학과에 왔더니 딱딱 떨어지는 맛이 없었습니다. 그런데 수리철학은 정작 사회와 관계가 없어서 참 고민을 많이 했습니다. 저는 사회를 바꾸겠다는 포부를 가지고 들어왔는데…. (웃음)

손동현 : 처음 의도대로 딱 적중한 것은 송석구 선생님뿐이군요. (웃음)

이명현 : 당시에 박종홍 선생님이, 철학은 논리학부터 해야 한다는 것을 늘 강조하셨습니다. 형이상학 등은 나중에 해야 한다고 하셨지요. 논리학부터 끈끈하게 해두어야 제대로 된 철학자가 된다는 점을 강조하셨지요. 이게 내가 분석철학을 하게 된 계기입니다.

송석구 : 저는 그런 면에서 그분께 안 배운 것이 다행이네요. (웃음) 왜냐하면 논리학 하다가는 제 영혼을 안식하지 못한다고 생각했습니다. 외로움, 고독 등…. 문학도 사실 이것을 극복하려 했지만, 사실 저는 철학을 하면서도 제가 동국대학교에 들어올 때는 불교철학을 하면서 독특한 것을 해야겠다고 생각했습니다. 목표가 교수였으니까, 교수를 해야겠다고 마음을 먹었습니다. 철학은 당시 정치, 경제, 사회 등의 통합학문의 격이었습니다. 철학하면 학문의 학문이라고 하는 생각이 지배적이었습니다. 제가 동국대에서 불교철학을 했다 하더라도, 그것도 철학이니까. 학교에 들어가니 학문을 세 가지로 나누더군요. 서양철학, 유교철학, 불교철학. 당시 180학점 이수에서 160학점 이수로 바뀌었습니다. 그래서 2학년 때까지 60학점씩 골고루 나눠져 있었습니다. 김규영 선생님과 윤명로 선생님께서 서양철학을 가르치셨습니다. 그리고 동양철학은 김병규 선생님과 김용배 선생님이 계셨습니다. 결국 불교학과는 불교철학 60학점, 서양철학 60학점, 그리고 인도철학이 60학점이었습니다. 학문을 하다 보니 인격적인 사람, 즉 자유로운 사람이 되어야겠다, 그러려면 윤리적 삶을 살아야겠다는 생각이 들고, 벤자민 프랭클린의 절제 있는 생활과 더불어 칸트가 참 맘에 들더군요. 유교나 불교를 보면 성인이 최고입니다. 근데 성인이 되는 구체적인 방법이 없더군요. 당시는 논리적으로 무엇이든 파악하고 싶어

했습니다. 궁극적으로는 성인이 되는 게 좋지만, 방법론이 없는 게 동양철학이라고 생각했습니다. 그래서 윤리적 인간이 되기 위해서는 서양철학을 해야 한다고 생각했습니다. 그래서 사실 석사는 서양철학으로 했습니다. 대학원에서는 무어(G. E. Moore)의 '선'으로 학위논문을 썼습니다. 선이라는 것이 무엇인가, 결국 운명이 있느냐 없느냐에 대한 답을 구하려던 것이었습니다. 여하간 '선'이 무엇인가가 정말 궁금했습니다. 불교나 유교에서는 '선'을 많이 쌓는 것이 경사스럽다 하는데, 그 '선'이 무엇인지 의심이 가더군요. 지금에야 '선'은 직관이라는 의견이 나오기도 하지 않습니까? 당시는 이런 것을 몰랐다가 무어의 책을 보니 그 길이 보이더군요. 그래서 원문을 수입해서 보고, 1년간 많은 공부를 했습니다. 그러다 1963년에 해병대 장교로 군대를 갔습니다. 소위가 되어 김포에서 근무했습니다. 그때도 그 책만 읽었습니다. 월남에 갔다 와서 1968년에 제대하면서 석사논문을 썼습니다. 무어의 선 개념. 그런데 이게 불교와 딱 떨어지더군요. 무어가 선 개념을 여러 가지로 나누는데, 마지막 사상을 이야기하면서 '선'은 'simple notion', 즉 선은 마음에 있다고 하는데, 그럼 또 마음은 무엇인가? 그런 게 궁금했습니다. 불교도 마찬가지입니다. 개념 정립이 안 되는 것이지요. 그래서 이것을 써야겠다고 마음먹었습니다. 무어도 선이란 마음에 있는 것이지만, 마음은 분석할 수가 없다, 그래서 분석철학을 통해 분석했던 것이지요. 그래서 서양철학을 하다가 결국 불교로 들어온 것은, 서양철학을 하려니 이미 그 업계는 교수가 많아서 자리가 없기 때문이었습니다. (웃음)

손동현 : 성진기 교수님이 교수가 된 이야기도 해보시지요. 지난번 대담 때는, 선생님들께서 "나는 교수 될 생각도 안 했다."고 말씀하시더군요.

성진기 : 저 역시 철학교수가 되고 싶은 꿈도 꾸지 않고, 그냥 글을 쓰고 싶었습니다. 대학에 들어왔으니 열심히 해야 하지 않습니까? 그게 저희 때는 160학점이 졸업 학점이었습니다. 철학 독일어 시간에 니체의 차라투스트라를 읽는데, 아주 흥미로웠습니다. 그런데 가르치시는 분이 니체 전공자도 아니셨는데도, 재미있었습니다. 제대로 철학 공부를 하자는 동기가 된 분이 서동익 교수님이었습니다. 칸트를 인식론 수업시간에 했습니다. 그걸로 수업을 하는데, 번역자에게 직접 강의를 듣고, 또 그분이 헤겔 강의를 하셨는데, 너무나 열강이었습니다. 칠판에 침을 튀기시면서…. 그래서 대학교수가 참 멋지다고 생각했습니다. 그분이 학생들을 데리고 집으로 가곤 하셨습니다. 집에 대청이 있는데, 어찌나 책이 많던지, 빙빙 돌면서 책을 읽을 수 있더군요. 저희는 말만 듣던 책을 본 겁니다. 너무 황홀해서 철학교수가 참 멋지다 생각했습니다. 그분이 중앙대학교로 옮기실 때, 저희가 가지 말라고 붙잡기도 했습니다. (웃음) 그분 따라서 칸트나 헤겔을 공부하고 싶었는데, 저는 그러한 논리적 기반이 없는 사람이었습니다. 저는 수학적 머리도 없고 해서, 오히려 니체같이 가슴으로 느끼는 것이 좋아서 니체 쪽으로 기울었습니다. 그때부터 글쓰기는 막연한 추억이 되었고, 교수도 멋지다는 생각으로 이 자리에 왔습니다.

이초식 : 서동익 선생님은 제가 강사를 할 때 봤습니다. 그때 시대상황과 연결시켜 보면, 철하 독일어, 철학 영어가 있었는데, 당시는 철학과 출신들이 고등학교 독일어 교사를 많이 했습니다. 철학과가 고등학교에서 취직할 때는 그게 대부분이었죠. 그 다음 학부 때 강의를 듣던 김영배 선생님이라고 계셨는데, 그분 책이 참 독특했습니다. 띄어쓰기를 하지 않으세요. 아깝게 왜 띄어 쓰냐는 것이었습니다. 『동서철학원론』이라는 책이었는데, 그분을 통해서 저는 학부 때 노자 『도덕경』에 심취했습니다. 그분이 동서철학을 하신 분으로써 아주 재미

있었습니다. 그리고 박종홍 선생님과는 조금 견해 차이가 있었습니다. 박종홍 선생님은 동양철학을 하시면서도, 뜬구름 잡는 소리는 안 된다, 논리적으로 무언가가 서야지 철학이 된다고 하셨습니다. 반면 김영배 선생님은 포괄적인 것을 꿈꾸시는 분이었습니다. 사실 논리학에 관해서도 그렇지만, 제가 학부를 졸업한 다음에, 철학과만 해서 안 되겠다 싶어서 수학과로 전과를 하려 했습니다. 박종홍 선생님께 여쭈었더니, 박종홍 선생님은 수학을 하면 철학하기 더 힘들 것이라 조언하셨습니다. 철학과에 있으면서 하길 바라셨습니다.

엄정식 : 저는 좀 다른 분위기 속에서 대학을 다녔던 것 같습니다. 처음 생긴 학교, 철학과에 사색하고 하는 의미의 선생님들은 안 계셨던 것 같습니다. 영어로 강의를 하는데, 사실상 알아들을 수가 없었죠. 다만, 시간강사 분들이 당시 최고의 철학자들이 오셨습니다. 김경탁, 이기영, 정석해 선생님. 당시 우리 학교에서 그분들께 대우를 잘해 주었나 봅니다. 그분들 강의, 그 중에도 김경탁 선생님과 정석해 선생님, 두 분이 그렇게 영향을 많이 주셨습니다. 그것도 대단한 것은 아니고, 뭔가 좀 구도자적이었다 할까요. 혼자 많은 시간을 보내고…. 저는 끊임없이 일기를 썼는데, 소크라테스가 들었다는 다이몬 음성을 보고, 얼마나 반가웠는지 모릅니다. 저도 다이몬을 불렀거든요. 내가 되고 싶은 나랄까, 이상적인 자아, 그리고 자아를 이분화해서 욕구로서의 자아와 당위로서의 자아를 기록했습니다. 그게 나중에 책으로 나올 정도로 두꺼웠지만, 출판사가 망해서 없어졌습니다. 별거 아닌지도 모르겠지만, 강의 들은 것을 모두 다이몬에게 보고하고 분석하고 비판하고…. 내가 나에게 숨길 게 뭐 있었겠습니까? 모든 것이 거기에 기록되어 있었습니다.

손동현 : 내적인… 지적 욕구가 됐든, 정서적 욕구가 됐든, 신학적 동

기가 됐든, 그런 것들 때문에 철학 공부를 하시게 됐군요. 겉으로 드러난 이야기는 할 것 없지만, 교수가 되면 가르쳐야 할 것 아닙니까? 그리고 이를테면, 내적인 고고함도 있지만, 당대 학풍이라든지 사조라든지, 당장 교수로서 강사 시절에는 가르칠 때 직업적 철학자로 변신을 해야 하는데, 그 내면적 갈등을 어떤 식으로 체험하셨는지 말씀해 주셨으면 합니다.

엄정식 : 그런 시절이 나이 먹으면 지나가잖아요? 철학과 나오면 먹고 살아야 하니까. 직장을 얻고 해도 충족이 안 되고… 자아문제만은 여전히 썩지 않고 자라고 있더군요. 형이상학적이고 낭만적인 자아로는 안 되겠다, 사회, 정치, 경제적 의미로서의 자아가 조금 더 탐구가 필요하겠다 생각해서 서울대 신문대학원에 진학했습니다. 언론 공부도 했지만, 'social self'에 대한 공부를 하면서 유학의 기회가 생겨서 갔습니다. 그것도 철학과로 간 것이 아니라, 로터리 장학생에 인문학이 부족하다 해서 인문학과에 갔습니다. 거기서도 논문을 '자아'에 대해서 썼습니다. 그러다 보니 미국에 간 지 4년이 되어서 철학을 할 준비가 되었습니다. 석사논문을 자크 루이 다비드와 안토니오 카노바가 나폴레옹을 어떻게 자기 작품의 주제로 썼는가, 그리고 나폴레옹은 어떻게 이들을 정치적 도구로 이용했는가에 관해 썼습니다. 철학과 석사과정에서는 흄의 'personal identity'에 대해, 그리고 박사논문은 자유의지와 결정론 논쟁에서의 자아개념 분석을 썼습니다. 과를 바꿨지만 저는 제 주제를 바꾸지 않았습니다. 처음부터 교수가 된다는 것은 상상하지 않았습니다. 어떤 의미로 구도자같이 철저하게 자아탐구를 했지요. 그런데, 그러다 보니 교수밖에 될 것이 없더군요. 저는 학생들에게 "네가 어떤 모티브로 철학을 하게 되었는지는 모르지만, 죽어도 썩지 않을 일관된 주제를 가지고 있어라."라고 했습니다. 그게 없으면 방법론 때문에 헤매고, 그것은 논리학, 정치학일 수는 있지만,

철학이 아니라고 했습니다.

이명현 : 박종홍 선생님의 말씀에 따르면, 논리학을 통해서 자기 공부도 하고, 다른 것도 논리적인 순서에 따라서 여러 가지 형이상학적 논의들을 풀어가는 것이 철학이라는 말인데, 대부분의 철학자들이 이 길을 따랐던 것 같습니다. 이 이야기는 이 정도로 하고, 저는 우리 철학과에 입학한 학생들을 크게 네 가지로 구분합니다. 먼저 종교적인 관심으로 철학을 하는 사람들인데, 우리 때도 과 친구들을 보면 신학을 하려는 친구들이 많았습니다. 그리고 문학에 영향을 받은 학생들, 그 다음에는 사회문제, 말하자면 정의로운 사회에 대한 열망을 가진 학생들이 있고, 그리고 예전에 교양학부 어느 교수님께서 말씀하신 것처럼, 성적이 지시하는 대로 온 학생들이 있습니다. 더 좋은 데 갈 수가 없어서…. 제 경우는 아까 얘기했다시피, 사회적인 관심이었습니다. 제가 미국에서 공부하고 돌아왔을 때에는 철학하려는 생각이 없었습니다. 프리랜서로 글을 쓰려고 했죠. 직업적인 철학자를 좀 나쁘게 봤습니다. 그래서 자유로운 인간이 되고자 했습니다. 미국에서 돌아오자마자, 타의로 외대에서 자리를 잡게 되었습니다. 그런데 대학 선생이 되고 나니, 저는 스스로 분석철학의 전도사로서 살게 되었습니다.

손동현 : 정대현 선생님의 경우는 어떠셨습니까? 가르치시는 과정 중에 갈등 같은 것은 없으셨는지요?

송석구 : 분석철학의 전도사죠. 농담이지만, 분석철학으로 윤리학을 한 사람은 제가 최초입니다. (웃음)

정대현 : 저는 시골 사람이라, 뭘 먹고살 것인가에 대해서는 통 감이

없었습니다. 종교언어가 저의 화두가 되면서 철학과에서 언어철학을 하는데, 눈치를 보니 언어철학을 제대로 하려면 논리학을 해야 하더군요. 그래서 논리학만 팠습니다. 수학 배경이 없이 논리학을 하려니 잘 안 됐습니다. 템플 대학에서 칸트 가르치시는 선생님이 칸트를 하라더군요. 근데 제 생각은 언어철학을 해야 하고, 그러기 위해서는 논리학이 필요하다고 생각했습니다. 그래서 선생님의 제안을 거절했습니다. 그리고 하지도 못하는 논리학만 팠습니다. 그래서 우여곡절 끝에 학위를 결국 안 하고 왔는데, 한국에서는 분과학회를 만드는 분위기였습니다. 거기서 발표를 하라고 해서 발표를 하곤 했습니다. 그랬더니 같이 일하자는 분이 계셔서 교수가 됐습니다. 종교언어가 화두인데 학교를 왔더니 종교철학을 하시는 분들이 이미 두세 분 계셨습니다. 그래서 종교언어는 가르칠 수가 없었습니다. 그래서 제가 분석철학을 할 수밖에 없었습니다. 우리나라에서 언어철학 강의를 처음 개설한 곳은 이화여대였을 것입니다. 제가 종교언어를 주제로 하기보다는 언어철학을 주제로 해서 업데이트를 하려고 했습니다. 어떤 주제가 나오는지 보려고 했지요. 그래서 30년 동안 대학원 강의를 했습니다. 학부 과목들은 큰 준비가 필요하지 않았고, 일주일 내내 대학원 언어철학 세미나 준비를 하곤 했습니다. 학생들과 같이 공부하면서 진행을 했습니다. 어떤 학생들은 사회가 어지러운데 이것만 할 수 없다는 학생도 있었습니다. 이화여대 여러 선배들이 역사의식이 있어서 철학 전공자들도 사회적 관심을 표현할 방법이 있다고 생각했습니다. 저는 30년 동안 있으면서 종교철학을 한 번도 가르쳐보지 못했습니다. 언어철학을 하면서 결국 퇴직하면서는 종교언어에 대한 이해에 도달한 것이 아닌가 생각합니다.

손동현 : 이초식 선생님께서는 논리철학 강의를 주로 하셨는데, 거기에 무슨 내적인 우여곡절이라도 있으셨는지요?

이초식 : 직업으로서의 교수 생활에 들어가기 전에 제가 희망했던 것은…, 저는 교수가 될 거라고 생각지 않았습니다. 어쩌다 보니 교수가 돼서 한평생을 보냈습니다. 철학과에 가게 되면 배고프다는 소리는 그때도 있었지만, 걱정하지 않았습니다. 저는 열여섯 살 때 다섯 식구를 벌어 먹였습니다. 대학을 나왔으면 뭐를 해도 될 거라고 생각했습니다. 처음에는 공대를 갈까 하다가 신통한 것이 없던 차에 철학과에 가게 됐는데, 이상하게도 철학을 하면서 굉장히 프라이드를 갖게 되었습니다. 철학은 신성한 것이라고 생각했죠. 대학 중의 대학을 다니는 사람으로서 멋지다고 생각했습니다. 당시 우리는 문리대지 서울대학이 아니었습니다. 절 가르치던 교수님 중 한 분은 법대든 공대든 다 직업학교라고 생각하곤 하셨습니다. 철학에 젖다 보니 직업으로서의 철학은 어려운 점이 있었습니다. 제가 대학원을 졸업할 때 이화여대 강사가 됐습니다. 그렇게 교수 생활을 하게 되었는데, 저는 전임이 빨리 된 편입니다. 근데 전임이 되고 보니, 기뻐야 하는데 서글프더군요. 지금 철학과 졸업생들을 보면서 철학 가지고 밥벌이를 하는 것이 말이 되는가라는 고민을 했습니다. 그건 소피스트 아닌가 하는 생각도 하고…. 그래도 철학 가지고 밥벌이를 하는 것은 아니지 않나 생각했습니다. 서울교육대학에서 고민했습니다. 이 친구들이 교육을 하면서 철학적인 마인드를 가지면 좋지 않을까 생각했습니다. 저 자신이 소피스트 중에서도 말단 소피스트구나 생각했습니다. 그래서 일종의 속죄 겸, 학생들과 철학 세미나를 했습니다. 오늘날도 서울교육대학 교육이념에 인간혁명이 나옵니다. 여러 책을 학생들과 읽다 보니 철학교육에 대해 생각하게 되었습니다. 그래서 인간혁명을 외친다 하면서 철학교육을 하게 되었습니다. 그러면서도 제가 계속 논리학을 하게 된 이유는, 논문 쓸 때 학부는 카르납의 로지컬 세만틱스에 관해 썼고, 석사는 카르납의 개연성에 관해 썼습니다. 그쪽 계통을 보니, 제가 수학을 하려면, 통계학의 기본적인 것을 잡아야겠다고 생각했습니

다. 그러다 보니 개연성을 연구하게 되었습니다. 그러다 보니 이게 인공지능의 기틀이 될 것 같더군요. 그래서 수리논리에 관심을 가졌습니다. 당시 논리회로 같은 것이 굉장히 재미있었습니다. 우리나라에 컴퓨터가 두 대 들어왔을 때, 생산성본부와 육군본부에 들어왔습니다. 컴퓨터가 방 하나였죠. 그게 1970년입니다. 이거다 싶더군요. 논리회로를 금방 써먹을 수가 있었으니까요. 그런데 당시는 프로그램을 짜서 주면 여직원이 카드펀치로 코딩하곤 했습니다. 포트란 언어를 이용하면서 플로우차트를 이용하는데, 이것이야말로 인간 사고를 체계적으로 할 수 있는 길이라고 생각했습니다. 그래서 컴퓨터 과학에 반했습니다. 왜 그것을 계속하지 못했냐 하면, 재밌긴 하지만 이미 전임이다 보니 직업을 바꿀 수 없었기 때문입니다. 저는 컴퓨터에 굉장히 감사하고 있습니다. 그렇게 고마울 수가 없어요. 앞으로도 그것과 수리논리와 연결시켜서 인공지능 등의 것과 연결시키면 좋겠습니다. 컴퓨터는 완전히 논리학에 지배받는 것이거든요. 앞으로도 컴퓨터와 철학의 연계는 계속되었으면 좋겠습니다. 통계학이 지금 여러 조사를 하고 있지만, 조사를 가만 보면, 양적인 것은 계산되지만, 내용을 조사하는 사람은 없습니다. 그런 부분은 앞으로의 일을 위해서도 철학하는 사람들이 분석할 수 있었으면 합니다.

손동현 : 성진기 선생님은 이초식 선생님께서 말씀하신 것과는 전혀 다른 길을 걸으셨는데….

성진기 : 말씀하시는 것 대부분을 못 알아들었습니다. (웃음)

손동현 : 교수가 되고 나서 문학적인 지향을 교육과 연결시키셨나요?

성진기 : 그것을 할 여력이 없었습니다. 제 은사님들이 저를 교수를

만들고 싶은 생각이 있으셨던지, 애정을 많이 주셨습니다. 아까 철학 독일어 때문에, 제가 광주고등학교에서 독일어 교사를 1년 했습니다. 그때 대학원에 다니면서 선생을 하는데, 대학에서 조교를 시키더군요. 조교를 시킨다는 것은 나중에 교수 자리를 준다는 메시지 같은 것이 있는 것이거든요. 조교를 할 때, 아시겠지만, 교수님들이 가장 아끼는 것은 자신의 과목입니다. 성진기를 교수를 만들고 싶은데, 본인들 과목을 줄 수는 없고, 새로운 과목을 저에게 만들어주셨습니다. 가치론과 미학이라는 과목을 만들어주시면서, 저는 학부 때 하나도 안 배운 과목인데, 이건 은사들 건들지 말라는 이야기이지요. 그러다 보니 제가 윤리학 쪽으로 과목을 바꿔버렸습니다. 윤리학을 가르치고 공부하다 보니, 사실은 윤리학 속의 이야기는 좋은 이야기들입니다. 그래서 매년 반복해서 가르치다 보니 제가 세뇌를 받게 되더군요. 학생들에게 떠들면서 제일 잘 듣는 것도 저거든요. 미학은 포기하고 다른 분께 맡겼습니다. 가치론과 윤리학을 가르치면서, 철학적 인간학을 해오면서 제 공부 방향이 정해졌습니다. 갈등이라면, 바쁘다 보니 문학을 생각할 틈이 없었다는 점입니다. 지방에 있다 보니 서울과 소통하기가 힘들었습니다. 제가 눈을 뜬 것은 서동익 교수님의 장서를 통해서였는데, 저희 학교에 3천 권을 기부하셨는데, 거기서 귀띔을 받고…, 저는 사실상 갈등할 틈이 없었다고 봅니다.

손동현 : 그래도 동질성은 어느 정도 있다고 봅니다.

성진기 : 글 쓰고 싶은 충동은 지금도 있습니다. (웃음)

손동현 : 엄정식 교수님은 어떠셨습니까?

엄정식 : 저는 철학자로서 산다는 것과 철학을 한다는 것이 다른 개념

인 것 같습니다. 온몸으로 철학적이 되는 것과 직업으로서 철학을 가르치는 것은 다른 문제인 것 같습니다. 그런데 사실 서강대 교수로서는 오로지 후자를 잘해야 합니다. 구도자가 되는 것이 저에게는 굉장히 절박했습니다. 물론 시골에서 혼자 지내고 어떤 종교의 교주처럼 살던 것을 포함해서 사실 여러 보직을 했습니다. 보직을 할 때, 철학자로서 임하는 것을 통해 철학하는 보람을 많이 느꼈습니다. 나중에 이야기가 나오겠지만, 철학회 일을 돕는다든지…. 그러나 그런 것은 철학과와는 상관이 없었습니다. 그런 면에서 나는 참 생산적이었다고 생각합니다. 나중에 김태길 선생님, 이명현 선생님이 중심이 된, 『철학과 현실』, '철학문화운동'에 저는 상당히 헌신하고, 열과 성을 다했습니다. 철학하는 느낌을 받았지요. 하지만 서강대에서 가르친다는 것은, 저는 주로 철학사를 가르쳤고, 제가 분석철학을 전공했기 때문에 이한조 선생님 퇴임 이후에는 영미철학, 분석철학 쪽을 모두 제가 가르쳐야 했습니다. 다만 저로선 유감인 것이, 다른 국립대학들은 여러 분야의 교수가 있는데, 저는 그걸 혼자 다 해야 했습니다. 저로서는 그게 유감이었습니다. 저는 깊이 들어가고 싶었지만, 모든 과목을 하려니 힘들었습니다. 나쁜 의미로 박학해진 것이, 이것들이 유기적인 관계를 이루었는지 저를 굉장히 유니크한 입장으로 만들어주었다고 생각합니다. 그런 경험을 통해, 우리나라의 어떤 분석철학자도 할 수 없는 나만의 작업을 하고 싶다는 생각이 있습니다. 제가 정대현 선생님과 논쟁을 한 적도 있지만, 분석철학은 분석 그 자체에 의미가 있는 것이 아니라고 봅니다. 그것은 철학이 아니고 결국은 분석되지 않는 그 무엇에 다다르는 것에 철학적 의미가 있다고 봅니다. 그건 저의 일관된 입장인데, 말하자면, 논리철학은 철학이지만, 논리학은 철학이 아니라고 생각합니다. 이게 형이상학적인 철학적 주제와 만날 때 철학이 된다고 생각합니다. 그런 자세로 교수 생활을 했습니다.

손동현 : 이것을 좀 확장시켜 보죠.

이명현 : 제가 간단히 이야기해 보겠습니다. 제가 철학을 그만두려다가 브라운 대학에 가게 되었는데, 가서는 비트겐슈타인 후기와 전기를 비교하는 것에 중점을 두었습니다. 아시다시피 비트겐슈타인도 『논리철학논고』를 쓰고, 거기서 모든 문제가 분명하게, 즉 철학을 안 할 수 있는 철학적 체계를 세웠지만, 다시 케임브리지로 돌아왔지요. 저도 후기 철학을 공부하다 보니, 전기 철학을 간단하게 정리하고 해석할 수 있다는 생각은 하지 않게 되었습니다. 저도 직업적인 철학자가 되는 것은 별로 좋아하지 않았습니다. 비트겐슈타인 자신도 그랬습니다. 그의 제자 말콤이 와서 대화를 나누곤 했는데, 말콤이 자신이 프린스턴 대학의 교수가 됐다는 편지를 보냅니다. 거기에 비트겐슈타인은 "너는 거짓말만 하는 못된 직업을 갖게 되었다."고 답장을 보냅니다. 저도 일종의 그런 생각을 가지고 있었습니다. 제가 한국에 돌아와서 분석철학의 전도사를 자청한다고 했을 때, 그때 제 기본 입장은 알아듣게 이야기하라는 것이었습니다. 이 이야기를 많이 하다 보니, 여러 사람으로부터 반발도 많이 사곤 했지요. 그게 뭐냐 하면, 철학하는 사람들이 알아듣지 못하게 이야기를 하더라는 것이죠. 지금 와서 과거를 돌아보면 한국 철학계의 학문적인 소통이 지금은 많이 좋아졌다고 생각합니다. 알아듣게 말해야 한다는 제 역할이 어느 정도 주효했던 것 같습니다. 제가 한국에 다시 와서 처음엔 외롭다가 엄정식 선생, 정대현 선생이 오시면서 우리나라의 철학적 의사소통이 분명해지는 데 도움을 준 것 같습니다. 저는 외대에 3년간 있다가 서울대에 왔습니다. 여기 와보니 교수들이 자기 전공들이 분명하게 있더군요. 언어철학, 논리학 등. 저는 처음에 콰인 책으로 기호논리학을 가르쳤습니다. 과학철학도 하곤 했습니다. 다른 사람들은 저를 보고 분석철학만이 모든 철학적인 문제를 풀 수 있다는 주장을 한다고 오해를 했습

니다. 하지만 저는 철학사 전체의 전개에 대해 관심이 많습니다. 철학사가 왜 그렇게 변했느냐에 관심을 가졌지요. 그래서 분석철학도 서양철학의 일정한 시기에 시대의 요구에 의해 나타난 철학이라고 저는 봅니다. 지금은 오히려 분석철학이 세계적인 흐름인 듯합니다. 우리나라에서 유독 대륙철학과 분석철학이 싸우는 모양새인데, 이것은 세계 철학계의 흐름과 맞지 않다고 봅니다. 분석철학도 한 시대의 요청에 의해 나타난 것이고, 과거의 모든 중요한 철학들도 그랬다고 생각합니다. 앞으로 이야기하겠지만, 한국철학이 해야 할 것은, 이 시대의 인류가 풀어야 할 과제를 찾아가는 방식이 되어야 제대로 철학하는 것이라고 봅니다.

송석구 : 저는 엄정식 교수와 공통점이 많습니다. 철학함, 즉 철학자 'philosoph'가 아닌 'philosophieren'하는 것이 결국은 자유롭고, 인간의 고통을 이기고, 불안, 허무, 왜 사느냐, 어떻게 하면 잘 사느냐 하는 것이 그 당시의 중요한 메타포였습니다. 직업이라는 것이 뭐냐…. 스피노자가 말하듯, 스스로 안경알 갈면서도 하이델베르크 대학교수를 구속받는다고, 정신적 자유를 위하여 가지 않겠다고 거절했듯이…. 참 저는 여행을 많이 다녔습니다. 1966년에 월남전에 참전했습니다. 젊었을 때도 느꼈지만, 그때 특히 죽음을 강하게 체험했습니다. 그 이후로 철학은 나의 생명이라고 생각했습니다. 과연 철학이란 무엇인가…. 저는 동양적 사고가 많았기 때문에, 결국 동양에서 인문하은 문사철이었습니다. '철'이라는 것도 일제시대에 구분된 개념이지, 조선시대에는 경학으로 이해가 됐습니다. 경학이 철학이지요. 아시다시피, 논어 혹은 맹자나 장자가 들어가지요. 그 외에는 불교의 대장경…. 철학이 아니라 이런 것들이 이야기됐지요. 오늘날의 한국철학을 재정립할 때가 됐다고 생각합니다. 그런 개념들이 정확하지 않습니다. 이명현 교수가 와서 '쉬운 글로 쓰자' 등의 아주 좋은 캐치프레이즈 등이

있곤 했습니다. 쉬운 글이 북한에서 말하는 식이 되어서는 안 되겠지요. 경학이라는 것이 한문으로 이루어졌기 때문에 거기에 맞는 글이 되어야 하는 것이지요. 그럼 경학을 철학이라고 할 것이냐고 했을 때 얼마나 정확한 용어를 사용하느냐가 관건이 되는 것이지요. 감사하게 생각하는 것이, 저는 불자이기 때문에 깨달음이 무엇인가가 중요했습니다. 서양철학에서는 마음을 분석하지 못한다는 것이 정설이고요. 결국 분석이라는 궁극적 세계에서 무엇을 찾느냐가 문제인데, 제가 원래 좋아하던 불교로 갈 수밖에 없었습니다. 불교를 막상 하려니 우리 학교에서는 제가 불교 가지고는 철학과 교수가 될 수 없었습니다. 불교학과에서 전공하는 사람이 있었으니까요. 그럼 불교하고 제일 가까운 게 뭐냐고 했을 때, 유교의 성리학이었습니다. 성리학은 불교 없이는 한 치도 나갈 수 없습니다. 왜냐하면 성리학은 체험이고, 불교도 체험의 세계이기 때문입니다. 성리학의 궁극은 인격의 완성인데, 제가 제일 좋아하는 말은 공자의 "종심소욕불유구"입니다. "자기 마음대로 해도 한 치도 어긋남이 없다." 이게 바로 자유로운 사람이지요. 우리 대학 다닐 때 서울대 선생님도 그렇지만, 윤명로 선생님 등은 인격자였습니다. '야 철인이로구나.' 하고 생각했습니다. 서울대 학생들은 그런 철인이 아니었습니다. 우리끼리 얘기할 때는, 지식만 있지 체험이 없는 놈들이라고 하곤 했습니다. 우리는 불교가 있고 유교가 있지만, 그쪽은 서양철학만 하니까, 우리는 구도자들이라는 생각이 있었지요. 그래서 제가 율곡 철학을 해서 강의를 맡았습니다. 일생을 성리학과 불교를 같이 하니, 제 마음을 자유롭게 하는 체험을 하면서도 월급을 받고 먹고살더군요. 그것이 또 총장을 하면서 인간적인 융합을 하는 데도 많은 도움이 됐습니다. 그런 점에서 행복했습니다.

손동현 : 이야기를 좀 확대시켜서, 대학교수가 되고 나서 대학 사회의 잘못된 점이라든지, 특히 교육과 관련해서 철학교수로서 철학과 학생

들만 가르치는 것은 아니고 일반 학생들도 가르쳐야 하는데, 그런 학제에 대한 불만이라든지, 대학 사회에 대한 문제를 말씀해 주셨으면 합니다. 송석구 선생님께서는, 리더 기질도 있으셨겠지만, 학제 변경에 많은 힘을 쏟으셨잖아요? 대학 사회를 어떻게 체험하셨는지 말씀을 듣고자 합니다.

엄정식 : 아까도 제가 철학자가 되기를 바랐다고 말했지만, 대학원장도 하고 다른 직책도 맡았지만, 경영학자가 학장을 하는 것과 철학자가 하는 것은 다릅니다. 그런 점에서 많은 것을 느꼈는데, 저는 격동기에 대학교수 일을 했던 것 같습니다. 1980년에 와서 전두환을 거쳐 노태우, 김영삼, 노무현까지 보면서 대학원장을 했는데, 이런 격동의 시기에 대학원장을 한 사람은 없다고 생각합니다. 그런데다가 우리나라가 동서고금의 집합지였습니다. 지금도 그렇고요. 사실은 고민을 많이 했습니다. 제일 큰 고민이 전두환 말기에 누가 학생처장을 하고 싶었겠습니까? 그런데 1회 졸업생이라고 하게 됐는데, 그때 제 사명감이라는 것은 수업이 제대로 이루어졌으면 좋겠다는 점이었습니다. 만날 최루탄 터지고, 원로교수들은 자기를 지탱을 못하고…. 뭔가 군인과 학생 사이에 공간을 만들어서 학업이 계속되게 해야 한다는 생각이었습니다. 그래서 일종의 야전 사령관으로서 타협도 하고, 듣는 척도 하고, 반항도 하고 했습니다. 그게 사실 어떤 의미로 상징적이었습니다. 그래서 제일 거정되는 것은 그 과정을 산업화와 민주화로 규정짓곤 하는데, 대학은 산업화와 민주화의 선을 그어야 한다고 생각합니다. 상당히 전문가들이 모인 곳이다 보니, 자유로워야 합니다. 그런데 이게 굉장히 설익은 채로 산업화가 됐다고 봅니다. 교수들을 연구비로 줄 세우고, 민주화다 해서 학생들이 교수들의 권위에 도전하고…. 너무 급박하게 변하는 과정에서 대학교수를 하다 보니, 상당히 대학 사회가 피폐해진 것 같습니다. 그 중에서도 서강대는 작고 알찬

대학으로 자라게 놔뒀으면 했는데, 강제로 물량화되어서… 지금 그런 상태가 저는 유감입니다. 저는 대학원장 하면서 인성교육위원회 위원장을 했습니다. 당시 인성과목을 다 뜯어고쳤습니다. 과목도 새로 만들고, 그래서 그런 점이 제가 말한 대로, 피폐하게 된 원인이 산업화와 민주화라고 생각합니다. 최소한의 인간이 되기를 막는 것들을 바로잡고, 반성해야 한다고 후배 교수들에게 충고하고 싶습니다.

손동현 : 이명현 선생님도 하실 말씀이 많을 것 같습니다.

이명현 : 대학은 사회 저항의 기지처럼 인식이 되었습니다. 그렇게 생각하는 불행한 시기에 선생을 했습니다. 그러다 보니 학문을 제대로 하기 어려웠습니다. 오늘날의 젊은 지도자라는 사람들이 솔직히 말하면 건달 같습니다. 이제는 좀 나아졌으면 합니다. 대학이 본래의 자리로 돌아가고, 저항의 기지가 아닌, 진리 탐구의 기지로…. 그런데 아직도 과거에 하던 전투 습성이 남았다고 봅니다. 총장을 비롯한 교수의 권위에 도전하는 것이 학생들의 본분인 양하는 분위기가 아직도 있다고 봅니다. 그게 서글픕니다. 그렇게 해서 교수들이 어떻게 학문을 하겠습니까?
그 다음 철학과와 관련해서 하고 싶은 이야기는, 사실 지금까지 우리는 수입 철학을 했습니다. 수입을 하다 보니, 구체적 내용에 대해서는 잘 몰랐던 것입니다. 그래서 그 내용에만 관심을 가지다가, 서로 담을 쌓고, 서로 커뮤니케이션도 잘 안 되고…. 지금은 그런 것이 많이 달라지고 있습니다. 다행이지요. 서로간의 담은 많이 낮아졌지요. 이 철학이라는 것이 넓고 깊게 생각하는 것이라고 생각합니다. 존재하는 모든 것에 대해 생각하고, 뿌리까지 파고드는 것. 그러다 보면 결국 이해가 된다는 것이지요. 넓고 깊게 생각한다는 것이 결국에는 나 하나로 통일되고, 그런 학문을 하는 것이 철학인데, 어떤 사람은 이 생

각을 하고 저 사람은 저 생각을 할 때, 우리는 하나씩 배우다가, 두 가지가 전혀 관계가 없는 생각인 것처럼, 적대적으로 대하곤 했습니다. 이렇게 해서는 창조적인 철학이 나올 수 없다고 봅니다. 모든 시대의 위대한 철학자들은 자기 시대가 제일 가슴 아프게 생각하는 문제로 씨름하던 사람들입니다. 오늘 우리에게 그것이 가슴 아픈 문제가 아니라면, 예전 시대에 누군가 가슴 아파했던 문제이고, 역사적으로 탐구할 필요는 있습니다. 그래서 우리가 오늘의 세계에서 인류를 바라보는 철학, 적게는 한국을 바라보는 철학을 할 때, 진짜 철학을 할 수 있지 않겠나 생각합니다. 한국에서 선생님을 할 때, 우리는 보통 박사학위 논문만 가지고 전공을 판단하곤 합니다. 사람을 어느 전공에 결박해 두는 것이지요. 이런 식의 철학과 운영을 벗어나야 한다고 봅니다. 시작이야 아리스토텔레스도 할 수 있고, 무엇도 할 수 있지만, 출발점은 모두 다릅니다. 그래도 그 시대의 문제를 다루는 방식은 있기 마련입니다. 우리도 좀 바뀌어야 한다고 봅니다. 자기 연구를 가르치는 것으로 시작할 수 있지만, 서로 여러 가지를 가르치면서, 다 알아야 철학자가 된다고 생각합니다. 아까 엄정식 선생님은 불행하다고 하셨지만…. 자기 목소리도 내는 강의를 허락해야 합니다. 우리도 창조적인 철학을 해야 합니다. 우리도 창조적인 철학, 자기 시대가 요구하는 문제를 다루는 철학을 해야 합니다. 우리나라도 그 변화의 시점에 서 있다고 봅니다. 강조를 하나만 더 하자면, 제가 교육부를 책임지면서 학과별로 뽑는 것을 금지시켰거든요. 지금은 모든 것이 퓨전으로 갑니다. 지난 백 년 동안의 서양은 모든 것을 분화했습니다. 그러나 지금은 학문이 다시 융합되고 있습니다. 그래서 그 시대에 맞추려면 전공에 학생들을 묶는 것은 좋지 않습니다. 새로운 융합의 시대에 맞는 폭넓은 사고를 하는 철학교육을 우리 철학과 학생들이 할 수 있어야 한다고 봅니다.

송석구 : 기본적으로 동감합니다. 한국 사회의 혼란, 특히 한국 대학 사회의 비정체성을, 저는 산업화 시기에는 서구화를 최고로 봤습니다. 이제는 동양사회도 자기 목소리를 낼 때가 왔다고 봅니다. 특히 한국에 있어서, 서양 사람들은 서양철학의 체계가 있고, 그것을 어렸을 때부터 바탕으로 살아가고 있습니다. 그래서 논리적 사고가 잘되는 것입니다. 동양 사람들은 논리보다 좀 더 직관적으로 훈련이 되어 왔습니다. 유교나 불교 모두 그렇습니다. 조선시대까지만 해도 어렸을 때 동몽선습이나 조경 등의 내용이 책으로 배우진 않았다 하더라도 천자문, 가정교육 등을 통해서 되어 왔습니다. 그러면 우리가 과거에도 그것을 유지했어야 하는데, 서양 학문도 좋지만 동양적인 전통의 뿌리를 가져오지 못했다고 봅니다. 우리 철학계도 이제는 커리큘럼이 바뀌어야 합니다. 전 철학과에서 기본으로 유교, 불교, 서양철학 등을 골고루 가르쳐야 한다고 봅니다. 그것이 기본이 되도록 지금 우리 나이 먹은 사람들이 운동을 전개해야 합니다. 그래야 정체성을 가질 수 있습니다. 둘째로, 인문학의 위기입니다. 철학과를 없애려고 합니다. 학생들이 왜 안 올까요? 직업으로서의 철학이 안 되기 때문입니다. 그러면서 철학 관련 강좌를 다 없애버렸습니다. 철학과부터 그런 교육을 하게 되면 문제입니다. 제가 가천대학에서 인문 강좌를 개설하면 수많은 학생들이 옵니다. 인문학에 대한 갈증은 충분하다고 봅니다. 철학하는 사람들은 거기에 대응을 해줄 수 있어야 합니다. 적어도 인간학을 가르쳐야 한다는 것입니다. 철학과가 어떻든 더 이상 소외되지 않도록 학생들을 배려해야 합니다. 강의도 그렇습니다. 우리 같은 사람들이 강의를 해야 멋이 있습니다. 젊은 사람들은 논리학을 가르치고 분과학문을 가르치지만, 우리는 큰 틀에서 교육을 할 수 있기 때문입니다. 이렇게 개방하지 않으면 철학뿐만 아니라 모든 학문이 무너집니다. 철학과도 항상 선생님들이 준비를 하고 있어야 합니다. 하지만 그렇지 못하지요. 세 번째, 국가교육입니다. 지금은 교육개혁이

거꾸로 가고 있습니다. 왜냐하면 융합교육 때문에 학부 교육을 한 것입니다. 그런데 자꾸 학과 교육으로 가려고 합니다. 학부제를 하면 철학과의 수요는 충분합니다. 그렇듯 학문의 영역별 통합을 해야 합니다. 그런데 학과 평가 등을 계량적으로 평가하지요. 융합교육이 되지 않습니다. 예를 들면, 동국대에서 학과 평가를 커리큘럼, 입학 경쟁률, 취직률로 합니다. 그러면 철학과는 취직이 많지 않으니 평가는 떨어지게 되어, 학과는 정원이 점점 줄어 폐지되게 됩니다. 과를 상업적인 상품 평가하듯이 하면 교육이 되지 않습니다. 대학 교육이 잘못되고 있다는 목소리를 『철학』 100집을 맞아서 낼 수 있어야 합니다. 모두가 실용을 외치지만, 실용적이 되려면 형이상학이 있어야 합니다. 우리가 교육적인 면에서, 융합교육을 하려면 학과를 상품화해서 평가해서는 안 됩니다. 철학이 들어가야 합니다. 철학과에서 과감하게 문호를 개방해서, 기본적으로 한국적 학문들, 동양사상에 대한 이해를 학부에서 담보할 수 있어야 합니다. 그 후에야 서양 학문을 해도 사고에 융합성이 생기는 것이지요. 앞으로 대학 사회는 특성 위주도 좋지만, 너무 직업적인 학문에 천착해서 기본인 인문학을 소외시켜서는 안 됩니다. 실사구시는 성리학을 바탕으로 하지 않으면 안 되는 것입니다. 국민적인 계몽 없이 상업적인 실용주의만 내세워서는 안 됩니다.

이명현 : 대학을 전부 직업학교로 만드는 것이지요.

엄정식 : 아까 제가 말한 것도 대학의 산업화, 학문의 민주화가 대학을 피폐하게 만들었다는 것입니다. 순전히 커머셜 마인드로 접근을 하니까 안 되는 것이지요.

이명현 : 독일에서는 조교 이상이 대학 총장으로 출마할 수 있었습니다. 조교 출신이 총장을 한 경우도 있습니다. 독일에서는 근 10년 동

안 교수 자격 취득을 한 사람은 완전히 실력 없는 사람으로 도장이 찍혔습니다. (웃음)

손동현 : 이제 좌담회 말미까지 왔습니다. 마지막으로 후배들에게 당부 말씀 부탁드리기에 앞서서, 대학의 학계가 변해 오는 과정을 회고해 주셨으면 합니다. 이를테면, 언제부터 교양학부라는 것이 생겼다가 없어진다든지…. 이런 변화가 철학교육, 철학 연구에 어떻게 작용했는지에 대해서도 말씀 부탁드립니다. 그리고 후학들에게 한 말씀 남겨주셨으면 합니다.

이초식 : 철학과 교육의 관계는 제도와 연관해서도, 아까 저의 대학생활과 연결시켜 말하자면, 저는 서울교육대학에서 학생들과의 관계를 좋게 유지했습니다. 전공을 못한 아쉬움은 있습니다. 철학과 교육을 어떻게 접목시킬 것일까 생각할 때, 철학을 배운 사람과 안 배운 사람이 가르치는 것은 다르다는 점입니다. 어떻게 다른 것이냐…, 교사들도 봉급을 받기 때문에 임금투쟁을 해야겠지만, 우리가 돈을 주고 물품을 살 때에, 산 사람보고 고맙다고 하지, 판 사람보고 고맙다고 하지는 않습니다. 그런데 우리는 입장이, 다 선생님들이다 보니 판 사람들에게 고맙다고 합니다. 선생님이 학생들에게 고맙다는 말을 들으려면, 그런 이야기를 들을 만한 무엇이 있어야 한다고 생각합니다. 수업료와 바꿀 수 없는 무언가를 해주어야 합니다. 철학이 근본적인 것을 탐구한다고 할 때, 학생과의 관계에서는 그게 어떻게 이루어지느냐 하면, 제가 돈을 받고 가르치긴 하지만, 수업시간에는 제가 돈 생각하지 않고 그저 학생들을 가르치고 싶어서 가르쳐야 하는 것입니다. 그렇게 선생이 열심히 하면, 힘들더라도 선생을 이해할 수 있다는 것이죠. 학생과 선생과의 내면적인 인간관계를 떠나서는 교육이 될 수 없다고 봅니다. 학생들의 마음과의 일치, 거기에서 근본적인 것을 찾아

갈 수 있도록 우리가 유도해야 합니다. 그게 철학교육이라고 생각합니다. 철학이 푸대접받지만, 오히려 철학이 없을 때 철학을 배우고자 하는 갈증은 더 심해집니다. 그래서 근본적인 것을 찾아 애쓰는 것이 철학하는 것입니다. 그런 식의 것을 옮겨주게 되면, 교육을 할 때 근본적인 것이 뭐냐, 장사를 할 때 근본적인 것이 뭐냐…, 이런 것을 하면서 변화를 주게 되면, 철학을 한 사람과 그렇지 않은 사람의 차이가 뭐냐, 그 차이를 둘 수 있는 것을 개발해야 합니다. 그럼 승산이 있습니다. 결국 이것은 사고력 교육입니다. 어느 직업을 갖든지 그것은 중요합니다. 제 전공과 관련해서 이야기하자면, 판단하는 데, 행동을 하면 어떤 결과가 생기고, 결과는 행동에 의해 생겨납니다. 그 결과에 대해 가치평가는 어떻게 되느냐, 이런 것이 결합되어 합리적인 의사결정, 나아가서 이것은 실존적인 문제가 되지요. 이런 것에 대해서 생각을 할 수 있어야 한다는 것이지요. 제가 교수 할 때의 대학 서클은 말만 서클이지 한 패였습니다. 학생들과 대화하면서도 "전두환 독재 타도 좋다. 그렇다면 김일성 독재도 타도해야 하는 것이 아니냐? 그게 논리에 맞는 것이 아니냐?"라고 말하곤 했습니다. 자신의 논리를 가져야 한다는 것이지요. 이렇게 얘기하면 그 중에 철학과 나온 학생들도 이해를 못하더군요. 사실상 이런 것이 제가 학생들에게 요구했던 것입니다.

이명현 : 조금 새다른 얘기를 하겠습니다. 보통 사람들은 '나의 철학'에 대해 이야기하곤 합니다. 그런데 요새는 '나의 컨셉은…'이라고 합니다. 그건 결국 자신의 철학이고, 사물을 보는 근본 틀을 말합니다. 이제는 철학이라고 안 하고 컨셉이라고 합니다. 이게 사실은 시대의 용어입니다. 결국 모든 사람이 기본 철학이 있는 것입니다.

이초식 : 그건 컴퓨터 용어에서 나온 것입니다. 컴퓨터 하는 친구들이

'컨셉'이란 용어를 사용하곤 했거든요.

정대현 : 저는 30년 동안 한 직장에 있다가 퇴직을 했는데, 30년 동안 교양교육위원회에 있었습니다. 첫 15년은 영어, 국어가 12학점, 제2외국어가 9학점이었습니다. 철학은 필수였습니다. 그런데 교육개혁이 되면서 교육개혁 방향을 위해 회의를 하는데, 다른 단과대학들은 지지하는데, 인문대학들이 학과간의 벽을 허무는 교육개혁을 반대했습니다. 모든 대학의 철학과 선생들은 교육개혁에 제일 먼저 찬성했습니다. 손해를 볼 것을 알면서도…. 그런 것에 항상 고마웠습니다. 항상 느끼는 것은, 인문대나 사회과학대 동료들이 회의할 때 보면 그 사람들은 철학에 대해 전혀 이해하지 못하고 있었습니다. 제가 보기에 철학은 세계에 대한 개념적 그림 그리기입니다. 그러다 보면 경쟁적인 의견의 차이가 있을 수 있고, 소통을 해야 하는데, 그것 자체가 목적일 수는 없지만… 이런 것은 철학과의 주제가 아니지 않습니까? 모든 대학의 주제이지요. 그런데 이화여대 대학원생의 절반이 경영대를 부전공한다더군요. 그러니 경영대학은 교수가 50-60명이 되고…. 세계에 대한 그림도 못 그리는데 먹고사는 데 신경을 써서 될까요?

이명현 : 우리나라 교육의 기본적인 문제가, 대학이란 것은 직업 양성소가 애초에 아닙니다. 그런데 이게 산업화되면서 대학이 고등 직업훈련소가 되었습니다. 옛날의 대학은 문리대였습니다. 경영대 등이 대학으로 편입되면서, 미국의 주립대학 모델을 따르면서, 직업교육이 아닌 곳을 직업교육인 곳과 경쟁을 시키면서 문제가 되었습니다. 대학이라는 곳은 본래 높은 인간이 되기 위한 기초 교육이었는데, 지금 과학기술이 발달해서 직업이 과학에서 나오다 보니, 기초적인 것을 배우고 직업교육을 시켜야 한다는 것이지요. 과학이라는 것도 학문인데, 기본 학문을 배우고 직업교육을 그 위에 시키든지, 아니면 미국의 주

립대처럼 하되, 기초학문도 하고 그 위에 직업교육을 하는 방식으로 했어야 하는데, 우리는 그 제도를 잘못 받아들여서 기초학문이 다 죽게 되었습니다.

송석구 : 산업 중심의 대학, 교육 중심의 대학, 학문 중심의 대학이 기본입니다. 총장을 하더라도 이 세 가지 가운데 어느 입장을 고수한다고 결정을 해야 합니다. 한국의 대학은 잡탕입니다. 학문 중심이든, 산업 중심이든, 교육 중심이든, 무엇이든 하나를 해야 하는데, 지금은 전체로서의 대학이 직업 중심의 대학입니다. 대학원에 가서야 학문 중심이 되는 것이지요. 전체를 봤을 때 그렇기 때문에, 이런 교육으로는 힘들다고 봅니다. 마지막으로 철학계 사람들에게 말하고 싶은 것은, 지금은 융섭의 시대라는 것입니다. 철학회가 분과학회 활동할 때마다 지엽적 문제에 집착해서는 이전의 성과를 넘어설 수 없습니다. 그건 책 보면 다 나오는 것이지요. 그 사람들의 말이 와 닿지만 그것을 넘어설 수는 없는 것이지요. 철학은 시대와 같이 대화하는 것입니다. 철학하는 사람들이 자기들만 발표할 것이 아니라, 사회 저명인사들에게 제목을 주고 철학자와 자신의 철학을 연관시켜서 이야기해 볼 기회를 가지는 것도 좋을 것 같습니다. 즉, 대중철학을 해야 합니다. 이것은 시민철학이라고도 할 수 있지요. 마음에 와 닿지도 않는 말로는 우리끼리 노는 것밖에 안 되지요.

이명현 : 지금 우리 사회의 모든 분야가 다 싸우고 있습니다. 즉, 갈등구조입니다. 모두 편을 나눠서 갈등하고 있습니다. 그런데 우리나라가 앞으로 나아가려면, 철학계만이라도 분열적인 요소를 없애고 하나의 통합된 소통의 광장을 만들어가야 한다고 생각합니다. 그럴 때에만 창조적인 철학도 나올 수 있다고 봅니다.

엄정식 : 저는 학교 구조조정에 참여했습니다. 경험과학을 전공한 사람들이 보통 목소리를 많이 냅니다. 대학을 국제화한다, 영어교육을 한다 등등. 그런데 저는 유일하게 거기서 접근방식이 달랐습니다. 저는 연역적 접근을 했던 것인데, 국제화가 뭐냐라고 할 때, 그 정의가 되지 않으면 중구난방이 된다는 것이지요. 국제적 수준의 대학이라면 질적으로 높아야 하는데, 그런 점이 해결되지 않으면 겉핥기만 하는 것이지요. 그 과정에서 어떤 실체가 변동한 것이 아니라 결국 사이즈만 커진 것입니다. 그건 철학의 접근이 결여된 것이지요. 본질적인 문제를 보지 않기 때문입니다. 만약 철학교수가 행정에 참여하면서 그 점을 강조하면 공헌할 수 있다고 봅니다. 제가 30년 교수를 하다 보니, 바람직한 교수들은 세 가지 조건이 있습니다. 첫째로 교사로서의 교수. 교수라면 영감 있는 강의를 할 수 있어야 합니다. 둘째로 학자로서 전문분야에 관해서는 최고는 아니더라도 국제적으로 떨어지지 않을 임무가 있습니다. 셋째로 하나의 인간으로서 멋있어야 합니다. 철학자가 잔재미나 봐서는 안 됩니다. 근본적으로 자기 자신부터 교육해야 합니다. 물론 이 세 가지를 다 갖춘 사람들은 드뭅니다. 그래도 최소한 둘은 갖추어야 합니다. 이런 사람이 있으면 존재로서 인문교육이 될 것입니다.

성진기 : 저는 지방대에 있다 보니 철학과가 인기가 없습니다. 교수가 되고 보니 철학이 소외받더군요. 그래서 자구책으로 철학이 뭔지 알리기 시작했습니다. 그랬더니 전남대에서는 철학 붐이 있습니다. 처음에는 궁금해 하다가, 나중에는 정착이 되었습니다. 저는 젊은 교수들에게 철학과는 죽어도 철학은 살리자고 주장했습니다. 그래서 교양과목을 늘렸지요. 저희 교양과목에 한 학기에 2천 명이 들어옵니다. 우리가 캠퍼스 안에서 보급을 하는 방식이 효과를 봤습니다. 저희는 젊은 교수들도 합심을 해서 철학을 팔자고 결의한 것이지요. 약간 질적

인 문제는 있지만, 학생들이 와서 듣습니다. 그래도 오는 손님들을 놓치지 말고, 정성들여서 재미있게 가르치려고 노력했습니다. 이렇듯, 철학하는 사람들의 자기 노력도 중요하다고 봅니다. 글쓰기 같은 경우도, 미국 어느 대학이 전쟁에서의 윤리문제라는 과목을 가진 것을 봤습니다. 이것은 윤리학적 기초에 역사적 지식도 줄 수 있는 것이지요. 이런 과목을 철학과에서 개발한다면, 철학과뿐만 아니라 모든 학생들에게 도움이 되는 것이지요. 창조적 글쓰기에서도 이런 것을 원로교수들이 글을 쓰실 때 본보기를 보여줄 수 있었으면 합니다.

손동현 : 시간은 다 됐지만, 모두 좀 자유롭게 말씀해 주시지요.

송석구 : 가르친다는 것은 철학 일반에 대한 관념이다 보니, 철학교수는 도덕적으로 평가받고 있습니다. 학생들도 철학교수는 대부분 훌륭하다고 생각합니다. 자기가 아는 지식을 전달하는 전도사라고 생각하지 말고…, 잘못하면 지식을 판다고 생각할 수 있으니까요. 철학은 지식을 파는 것이 아니라 자기 영혼을 보여주는 것이라고 생각합니다. 학생들이 그것을 스며들 듯 배워야 하는 것입니다. 그래서 너무 지식만 가지고 하지 말고, 인격적 수양을 통해 학생들에게 영향을 줄 수 있도록 항상 준비했으면 좋겠습니다. 학문적으로는 한국철학회가 영어로 된 잡지가 없습니다. 영어로 된 잡지도 내야 합니다. 그리고 우리 철학계 내적으로는 동서철학이 나뉘어 있는데, 이 역시 합쳐져야 합니다. 그리고 지금은 확실치 않지만 서울대학 중심이 되는 것은 틀림없습니다. 제가 그것을 반대하는 것은 아니지만, 철학회장 선출은 선거보다는 원로들의 의견을 반영하는 건 어떤가 생각해 봅니다.

엄정식 : 시대정신이 어떠해야 하는가를 생각해 볼 필요도 있을 것 같습니다. 지금의 시대정신은 폭풍 치는 언덕에 있는 것 같습니다. 동서

고금이 조우하는 상황이라 그런 것이지요, 이런 것들을 후배 철학자들이 절감했으면 좋겠습니다. 왜 하필 이 땅에서 철학을 하게 되었는가 하는 소명들을 실감했으면 좋겠습니다. 우리는 우리 나름대로 살아왔지만, 지금은 예전 같은 의미에서의 격동기가 아닙니다. 무언가 주도해야 하는 상황입니다. 그런 점에서 사실 지금이 철학하기엔 절호의 찬스라고 생각합니다. 중세 때 철학을 하려면, 철학자들이 종교의 시대를, 기독교를 잘 알아야만 했습니다. 지금은 과학의 시대인 상태에서 철학자들이 이를 잘 이해해야 하겠지요, 과학은 두 부분으로 나눠져 있는 것 같습니다. 과학정신과 과학기술입니다. 과학정신은 과학기술이 나오는 과정인데, 그게 지적 호기심을 충족시키는 과정을 말하는 것입니다. 우리는 과학기술에만 급급해서, 그 열매만 따 먹으려고 하는 상황입니다. 그 상태에서는 항상 쫓아다니게 됩니다. 과학정신을 터득하지 않으면 우리가 이 시대를 감당할 수 없습니다. 그리고 과학정신은 그대로 인문정신입니다. 이런 점을 후배 철학자들이 발전시켰으면 좋겠습니다. 좀 큰 주문인지는 모르겠네요.

이초식 : 제가 고려대에서 마지막 10년을 과학기술학 협동과정으로 보냈습니다. 그리고 거기서 학회도 만들었습니다. 엄정식 선생님 말씀이 바로 그것입니다. 우리 시대를 과학의 시대라고 한다면, 그것의 바탕은 인식론적이고 가치론적인 것이 되어야 합니다. 과학과 기술을 분리해서 생각하면, 기술을 우습게 생각하기 쉬운데, 기술은 항상 가치문제가 개입하게 됩니다. 거기에서 윤리적 문제가 빠지면 기술이 제 기능을 할 수 없습니다. 그래서 저는 철학한 사람들이 그런 부분을 다룰 수 있었으면 합니다. 과학기술 협동과정을 하다 보니 기술철학적인 측면에서 철학자들이 응용할 수 있는 분야가 많습니다. 결국, 과학 부분 신문기자가 기술을 알듯이, 철학자들이 그런 부분을 채워주어야 한다고 봅니다. 그리고 그런 기대도 많이 받지만, 반응해 주지

못하고 있습니다. 철학을 하면서도 특수과학의 한 분야를 정해서, 그 과학의 근본적인 문제에 대해서 철학적 논구를 해줄 수 있어야 합니다. 철학을 하면서도 자기만의 특수 분야를 정하는 것이지요. 이런 것이 되면 철학이 필요한 분야에 제공될 수 있을 것입니다. 그런 것에 학회적인 차원에서도 도움을 주는 것이 필요합니다. 그러면 철학은 모든 분야에 필요하게 되겠지요. 철학교육 같은 것도 역시 철학한 사람이 하면 무언가 다르다, 그 다른 점을 밀고 나가면 도움이 된다고 봅니다. 학회적으로 이야기하자면, 지금 우리나라 여러 학회들이 한국철학회 식으로 이름이 많은데, 사실 이것은 후배들 보기에도 부끄러운 것입니다. 분과별 학회는 좋으나, 한국철학 전체적으로 대외적으로 할 때는 이런 것을 묶을 수 있는 시스템을 한국철학회가 숙제로 해결해야 할 듯합니다.

정대현 : 저는 한국철학회의 미래에 대해 조심스럽게 낙관하고 있습니다. 우리 세대는 소통, 토론, 논평을 시도해서 소통의 문화에 도달했다고 생각됩니다. 낙관적인 것은 우리가 소통은 되는데, 그것이 우리 공동체에 와 닿는가 하는 문제를 놓고 여러 가지 철학자들이 텍스트를 연구하면서 그 주제에 대해 토론할 수 있어야 합니다. 지금의 철학지들을 보면 특정한 철학자 연구나 특정한 텍스트 연구가 대부분인데, 그러면 주석적인 논문이 될 뿐입니다. 주제적 논문이라야 자기주장을 할 수 있습니다. 다행스러운 것은 현지에서 물러날 쯤 전문대학원들이 생기니까, 점점 더 미국 경향을 따르게 될 것이라고 생각합니다. 역사에 와 닿는 풍토가 이루어져야 한다고 봅니다.

이명현 : 철학과에서 선생님들의 교육방침은 두 가지입니다. 철학 사유 능력에 대한 교육과, 그 능력을 넘어서는 철학자를 만드는 일이 그것입니다. 사실 대부분의 철학과는 다른 직업을 가질 사람들에게 그

렇게 교육하고 있는 실정입니다. 철학적으로 밥벌이 하는 방법은 교수가 되는 방법밖에 없습니다. 그렇기 때문에 자기 학생들이 모두 교수가 될 듯이 교육하는데, 그러면 안 됩니다. 저는 교수하면서 신입생들에게 철학자가 되고 싶으면 철학 수업은 졸업에 필요한 만큼만 듣고, 그리고 나머지는 다른 과목을 들으라고 충고합니다. 그리고 철학과를 졸업해서 다른 일을 할 생각이면, 철학에 좀 집중하라고 충고합니다. 역설적으로 말하는 것이지요. 근데 학생들에게 철학자가 될 듯이 교육을 시키면 다 도망갑니다. (웃음) 두 가지 학생들에게 적합한 교육을 하는 것이 좋다고 생각합니다.

손동현 : 여러 교수님들께서 장시간 말씀해 주셨는데, 더 하실 말씀이 많고, 후학들이 주목할 점도 많으리라 봅니다. 어떻게 인문적인 것을 현실 속에서 잘 성장하게 하고 꽃피우게 하느냐 하는 것이 시대마다 숙제였다고 봅니다. 시대마다 그 숙제를 얼마나 잘했느냐 하는 것이 철학의 위상이라고 봅니다. 오늘 선생님들의 말씀 후학들이 잘 새겨들어서 한국 철학계가 사회의 문화 고양에 이바지하기를 기원합니다.

중진 좌담회

장 소 : 서초동 한국철학회 사무실
일 시 : 2009년 8월 18일
참석자 : 김교빈(호서대), 김상봉(전남대), 김종욱(동국대), 백종현(서울대), 윤평중(한신대), 이승종(연세대), 이진우(계명대), 임홍빈(고려대), 최인숙(동국대), 한정선(감리교신학대), 홍윤기(동국대)
사 회 : 이상훈(대진대)

들어가는 말

이상훈 : 안녕하십니까. 여름 늦게 무더위가 찾아왔는데도 불구하고, 좌담회에 참석해 주심에 감사드립니다. 좌담에 앞서 오늘 참석하신 교수님들을 가나다순으로 소개해 드리도록 하겠습니다. 한국 및 동양철학을 전공하신 호서대학교 김교빈 교수님과 미학 및 형이상학을 전공하신 전남대학교 김상봉 교수님, 그리고 불교 및 비교 철학을 전공하신 동국대학교 김종욱 교수님 오셨습니다. 인식론 및 칸트 철학을 전공하신 서울대학교 백종현 교수님과 사회철학 및 하버마스를 전공하신 한신대 윤평중 교수님, 언어 및 분석 철학을 전공하신 연세대학교 이승종 교수님께서 오셨습니다. 또한 니체 및 포스트모더니즘을 전공하신 계명대학교 이진우 교수님과 실천철학에 관심을 가지고 계신 고려대학교 임홍빈 교수님, 그리고 칸트 철학, 인식론 및 인도철학을 전공하신 동국대학교 최인숙 교수님, 현상학 및 종교철학을 전공하신 감리교신학대학교 한정선 교수님, 사회철학 및 해석학을 전공하신 동국대학교 홍윤기 교수님께서 오셨습니다. 아울러 오늘 사회를 맡은 저는 문화 및 환경 철학에 관심을 가지고 있는 대진대학교 이상

훈입니다.

우선 좌담을 효율적으로 진행하기 위해 좌담회의 취지에 대해 간략히 말씀드리겠습니다. 2009년 8월 30일에 『철학』 지 100집이 발간됩니다. 이에 지령 100집을 기념하는 뜻에서 한국철학회의 지난 활동을 정리하고 과제와 전망을 찾아보는 것이 이번 좌담회의 주요 주제입니다. 이를 위해 좌담은 크게 두 유형으로 진행될 예정입니다. 첫째 유형은 원로 좌담회로서, 한국철학회 회장을 역임하셨거나 이미 은퇴하신 원로교수님들을 모시고 1980년대에 이르기까지 한국철학회의 활동과 자칫 잊혀지기 쉬운 역사적 사건들을 정리하고 또한 후학들에 대한 당부의 말씀을 담을 것이며, 이 원로 좌담회는 성균관대학교 손동현 교수님 사회로 진행될 예정입니다. 두 번째는 오늘 모이신 분들을 중심으로 한 중진 좌담회입니다. 중진 좌담회에서는 대체로 1990년대부터 오늘에 이르기까지 한국철학회 활동을 정리하면서 우리 철학계의 과제와 미래 전망을 짚어보는 것을 목적으로 합니다. 그럼 오늘 중진 좌담회에서 다룰 주제를 간략히 소개 드리겠습니다.

중진 좌담회의 대주제는 '한국에서의 철학, 어디로 가고 있는가: 회고와 현황 및 과제 진단'으로 잡아보았습니다. 이런 주제 아래 주로 1990년대 이후의 시대별 주요 쟁점들을 간략히 회고하면서, 덧붙여 한국철학, 동양철학, 서양철학 등 각 분야별 현황과 과제들을 짚어보고 나아가 한국철학회가 앞으로 더 심도 있게 연구해야 할 주제들을 모아서 전망과 비전이라는 제목으로 다루고자 합니다. 사실 1989년 베를린 장벽이 무너지고, 1990년에 동독이 와해되고, 1991년에 구소련이 해체되는 과정이 워낙 충격적이어서 1990년대 초중반까지는 우리 철학계에서도 세계사적인 변화를 철학적 담론으로 주제화하는 데 적극적이었고 또한 어느 정도 성공했다고 봅니다. 그러나 그 이후에 IT 기술, 나노 기술 등이 눈부시게 발전하여 사회변화의 속도가 가속화되고 또한 코소보 사태, 9 · 11 사건과 같은 국제분쟁과 테러가 끊이지 않았지만 상대적으로 우리 철학계의 대응은 미온적이었던 것 같습니다. 생명윤리, 의료윤리, 인권문제, 환경문제, 국제분쟁이나 전쟁 등이 부각될 때도 이들 문제에 대한 우리 철학계의 연구는 단편적이었거나 주제적 의제로 발전시켜 내지 못했습니다. 물론 '생명-의료윤리에 관한 한국철학회 1999 선언'(1999. 6. 5) 등이 있었지만 후속적인 연구와 발전이 충분히 이어지고 있지 못한 듯한 우려와 반성이 듭니다. 철학의 보편성이라는 관점에서 우리 시대를 여과하고 반성하는 활동도 그리 활성화되지는 못했다고 봅니다. 물론 포스트모더니즘이 유행하던 시기에 철학적 보편성과 미시적 구체성을 화해시키기 위해 2003년 한국철학자대회에서는 '탈민족시대의 민족담론'을 주제로 학술발표가 이루어지기도 했습니다.

따라서 이런 전체적인 틀 속에서 우선 회고 부분에 대한 말씀을 듣도록 하겠습니다. 1990년대 이후 시대별 주요 쟁점이나 주제에 대해 기탄없이 말씀해 주셨으면 좋겠습니다. 먼저 화두를 한국철학회에서 개최해 왔던 한국철학자대회(철학자연합대회 또는 한민족철학자대회로 불리기도 했음)에서 시작하는 것이 어떨까요? 광주에서 1988년에 열렸던 제1회 한국철학자대회를 즈음으로 백종현 선생님께서 먼저 말씀을 해주셔도 좋겠습니다.

우리 시대 철학은 무엇을 고민하였는가

백종현 : 그 당시 이름은 전국철학자연합대회였습니다. 첫해는 발표책자 없이 1988년 광주에서 시작되었고, 두 번째 대회는 대구에서, 세 번째 대회는 대전에서 열렸습니다. 그리고 네 번째 대회는 '한 민족철학자대회'라는 이름으로 서울에서 개최했습니다. 그 이후로 철학자대회를 4년에 한 번씩 서울에서 하고, 나머지 3년은 타 지역에서 돌아가면서 하자는 합의를 보았습니다. 이렇게 2000년대 초반까지 쭉 해오

다가, 중반 이후 서울에서 누가 계속 주최를 할 것인가라는 문제가 불거져서 그 뒤로 지지부진하게 되었습니다.

1991년 8월 21-24일에 개최된 '한 민족철학자대회' 때는 사실 굉장한 뉴스가 되었습니다. 우리가 북한의 학자 및 취재진들을 20명 정도 초대를 했으니까요. 우리 쪽에서 국가안전기획부(이하 안기부)와 협의해 호텔도 예약하고 진행 안전을 위해 참가자들에게 비표를 나누어 주는 궁리까지 하기도 했습니다. 황장엽 씨가 그때 북한 대표로 참석하는 것으로 알고 준비했습니다. 그런데 우리는 8월 21일부터 24일까지의 일정을 잡고 있었는데, 그쪽에서는 8월 15일 전후의 일정을 요구하고, 대회 명을 '범민족철학자대회'로 하자는 요구를 해왔습니다. 하지만 해외 학자들과 이미 일정을 조정해서 확정이 된 상태였기 때문에, 우리 쪽에서는 그 확정된 기간 동안에 참여가 가능한지 물은 것이지, 일정을 협의하여 정하기 위해 연락을 취한 것은 아니었습니다. 처음엔 우리가 사신으로, 즉 개인 편지로 보냈는데, 그쪽에서 외교문서로 답장이 왔어요. 통일부를 거쳐서. 우리는 적성국 접촉이라 정부에 양해를 구하고 일본을 통해서 개인 편지로 보냈는데, 한참 후에 답장이 외교문서로 사각 봉투에 담아져서 오더라고요. 이제 우리 쪽에서도 답장을 보내야 하는데, 답장을 써놓고서 글씨를 외교문서보다 못 쓰면 좋지 않으니까, 우리 대학 총장실에 외교문서 글씨 담당하는 분께 부탁해서 썼죠. 그리고 봉투도 외교문서를 보낼 만한 봉투를 시중에서 구할 수가 없어서, 학교 미술대학 재료 가게에서 재료를 구입하여 봉투를 제가 직접 만들었습니다. 그런데 정부에서 그 문서를 통일부 한 부, 안기부 한 부 등등해서 네 부를 요구하더라고요. 그래서 봉투도 네 개를 만들고, 편지도 네 장을 썼습니다. 그 다음 회신이 '범민족철학자대회'로 하자는 거였습니다. 당시 우리 쪽의 명칭은 '한 민족철학자대회'였는데, 한민족을 일부러 붙여 쓰지 않고 '한 민족'으로 띄어 썼습니다. 중의법으로 하나의 민족과 한민족을 다 표현하기 위함이었습니다.
북한에 보내는 답장에는 이런 의미를 다 담고, 러시아, 미국, 독일 등 여러 지역에 흩어져 활동하는 학자들과 일정이 조정된 상태라서 북한이 원하는 일정으로 바꿀 수 없다고 의사를 전했습니다. 개최는 처음에는 서울대에서 하려던 예정이었다가, 북측에서 안기부를 통해 보내온 답신에서 참여 의사를 밝혔기에 안기부와 장소 협의에 들어갔습니다. 결국 신라호텔에서 회의를 하고 숙소는 신라호텔과 워커힐로 하자는 합의가 되었고, 안기부가 북측 사람들을 위해 워커힐에 상당수의 객실을 교섭해 준다는 협의를 한 바도 있었습니다. 그리고 보통은 대회장에 사람들이 자유롭게 출입할 수 있지만, 이번의 경우는 한국철학회 회원임이 확인될 경우만 비표를 주고 출입을 시키는 등의 협의까지도 한 바 있었습니다. 그러나 다시 온 답신에서 북측은 그런 조건으로는 오지 않겠다고 하여 다음 기회에 보자는 결론이 나고 말았죠.

윤평중 : 남북관계가 얼마나 복잡 미묘한가 하는 현실을 명백히 보여주는 흥미로운 사례라고 할 수 있겠네요. 비록 현실화되지는 않았지만 한국철학회 차원에서 그렇게 유의미한 모임을 추진해 성사 직전까지 갔던 것은 특기할 만한 일이라고 생각됩니다. 그때는 그렇게 무산이 되었고, 그 이후에 한국철학회가 공식적으로 관련된 대회였는지 여부는 잘 기억이 나지 않지만, 중국에서 북한 학자들과 우리 학자들과의 대회가 자주 있지 않았나요?

홍윤기 : 한국철학회가 공식적으로 참가한 것은 아니었지만 그런 자리는 항상 있습니다. 주최가 중국 측 대학이거나 연변 쪽 대학이거나 하면서, 남북 학자들이 초청받아 같이 참여해 왔습니다. 저는 작년에 연변 쪽에서 개최된 학회에 한 번 참석한 적이 있는데, 국제학술회의

의 한 일환으로 남북한 학자들을 모두 초청하면서 철학 관련 분야가 끼워져 있었습니다. 그렇게 되면 북한의 사회과학원과 남측의 경제사회인문 연구회 따위가 모여서 가면 그쪽에서 한 섹션을 배정합니다. 하지만 유난히 철학을 염두에 둔 건 아닙니다. 우연히 작년에 철학 분야가 공식화되어서 들어간 형태였습니다.

백종현 : 한 가지 첨언하자면, 그때 우리가 북한 측 학자들에게 제안한 주제가 주체사상이었습니다. 전문가들이 와서 다섯 명 정도가 발표를 하게끔 요청했습니다. 그러면 우리 쪽에서 다섯 명의 논평자를 붙여서 토론이 되도록 하겠다고 했습니다. 또 우리 쪽에서 발표하는 다섯 명에 대해 논평을 할 사람이 있다면 참여해 주기를 요청했습니다. 저희는 북측이 가장 자신 있는 분야에 대해서 발표하기를 바랐습니다.

임홍빈 : 재미있을 뻔했던 사건이네요.

백종현 : 결과적으로는 '언론상의 사건'으로 끝났지요.

홍윤기 : 그때 당시로는 굉장히 큰 사건이 될 뻔했죠.

임홍빈 : 이러한 상황에 대해 전 한 가지 재밌게 지켜보고 있는 점이 있습니다. 발상 자체, 즉 예를 들어 '한민족' 같은 개념은 특이하다고 생각합니다. 미국이나 일본에서 '민족'이라는 개념을 내걸고 한쪽은 미국, 한쪽은 중국, 그리고 한쪽은 러시아, 이런 식으로 철학자들이 한자리에 모인다는 것은 굉장히 특이한 상황이라고 생각합니다. 가치판단을 하자는 것은 아니고요, 다른 학문도 아닌 철학이 — 서양철학도 그렇지만, 중국 사람이 중국 사람으로서만 철학하는 것은 아니지

않습니까? ― 보편성을 추구하면서도(아니라는 사람도 많아졌지만), 그런 명칭을 붙인다는 것은 굉장히 특이하다고 생각했습니다. 저는 심정적으로 동의하지 않아서 관찰자의 입장으로 겉으로 좀 빙빙 돌았는데, 조금 이상하더라고요. 그래서 호기심을 가지고 지켜봤습니다. 그런데 그게 몇 년 지나서 여러 다양한 이유로 중간에 차질도 생기고 해서 설왕설래하는 모습을 봤습니다. 나중에 또 한국철학회 회장분이 일본에서 재일교포를 통해 접촉을 했다느니 말들이 많고, 참 재밌게 굴러간다 해서, 계속 지켜봤는데, 나중에 보니 그게 세계철학대회로 의견이 모아지더군요. (웃음)

백종현 : 처음에 하나의 민족 이야기를 했던 취지는, 현재 국적도 다르고 사용하는 언어도 다르지만, 세계사적인 흐름 속에 어떤 하나의 문제의식을 공유한다고 생각했습니다. 따라서 러시아의 고려인들도 확인이 되면 수용하고, 중국의 조선족, 미국에 있는 시민권자인 교포들도 모아서 해보자는 취지였습니다.

임홍빈 : 한국 이외에서도 그런 사례가 다른 형태로 있을 수 있습니다. 예를 들어, 겉으로는 국제학회라고 하면서, 자국 동포 출신으로 미국이나 호주에서 교수하는 사람들을 주로 부른다거나 하는 것은 있을 수 있겠지요. 또 유대교 좌파 학교도 일년에 한 번씩 뉴욕에 모여서 회의를 갖지만 보통은 공개적으로 '한민족' 같은 명칭을 내걸지는 않습니다. 그래서 참 특이하게 생각했습니다.

이진우 : 철학이 보편성을 추구한다는 말씀은 맞습니다. 타이틀부터 이름으로 인해 너무 특수하게 보이는 게 문제 아니냐 할 수 있지만, 제가 보기엔 아무리 보편성을 요구하는 철학이라 할지라도 우리가 살고 있는 현실에서 보편성을 끄집어내는 것이 맞다고 생각합니다. 그

당시 우리가 직면했던 커다란 문제는 여전히 분단이었습니다. 지금이야 금강산 관광, 백두산 관광을 하기도 하지만, 당시는 남북한이 교류도 없을 시기였습니다. 결국 남북한이 어떻게든 대화를 해야 하는데, 정치와 이데올로기로부터 그래도 가장 먼 철학자들이 서로 만나서 보편적인 문제를 가지고 서로 대화의 물꼬를 트다 보면 그것이 남북한 교류의 시초가 되지 않겠는가 하는, 낭만적이지만 좀 막연한 기대가 있었습니다. 재미있는 것이, 남북한 교류를 할 때, 철학적 진정성은 좀 축소가 됩니다. 예를 들어, 연변 같은 데서 개최하는 학술대회를 참가하다 보면, 조선족에서 참가하시는 분들이나 북한 측에서 참가하시는 분들이나 그렇게 발표 준비에 노력을 기울이는 것 같지는 않아 보였습니다. 쉽게 만나서 쉽게 이야기하려고 하는, 그런 게 반복되면 학회의 생명이 길지 않습니다. 그런 의미에서 극복해야 할 문제가 있다고 생각합니다.
첨언하자면, 제가 1988년에 귀국해서 20년 활동했는데, 백종현 선생님 말씀처럼 1988년에 한민족철학자대회가 시작했는데, 2008년에 세계철학대회를 치러냈으니 외면적으로는 철학자들의 담론이 확대된 것 같습니다. 초창기는 현상학회, 칸트학회 등 분과학회가 많았고 활발했습니다. 그리고 지역을 중심으로 한 학회가 있었죠. 대한철학회, 범한철학회, 동서철학연구회 등이 그 나름대로 지역에서 활발했고, 전국철학자연합대회라는 조직으로 통합되는 과정에 있었습니다. 그러나 지금은 분과학회가 많이 느슨해진 느낌이 있습니다. 외향적으로는 세계철학대회 유치 등 활발했지만, 과연 20년간 우리의 철학이 내실 있게 발전해 왔는가는 반성해야 한다고 생각합니다. 물론 그 이유는 여러 가지가 있겠죠.

임홍빈 : 반성하긴 좀 빠르지 않나요? (웃음)

홍윤기 : 우리 민족문제나, 아니면 범위를 좁혀, 우리 대한민국 사회의 당면 문제에 대해 현재의 한국철학이 무엇을 하였나 하는 문제가 닥치면 현존 철학계 차원에서는 사실 별로 할 말이 많지 않습니다. 게다가 그런 것이 과연 '철학적'이기나 한 문제인가라는 냉소적 태도에서부터 민족철학 또는 해방철학을 이야기하는 열혈 태도까지, 철학계 안에서도 그 문제를 보는 스펙트럼도 전혀 통일되어 있지 않습니다. 분명한 것은, 외국 철학자가 자기 사회 안의 절실한 문제를 철학 안에서 다룬 그런 사상도 한국 안에 들어오면 그 국적을 불문하고 철학적 보편성을 가진 것으로 취급되는가 하면, 한국 안에서 절실한 문제를 철학으로 다루려고 하면 아무리 철학적 함축이 풍부해도 철학계 안에서 도외시되기도 한다는 것입니다. 아직 철학적 사고의 줏대가 서 있지 않은 것이 가장 큰 문제이고요, 그 다음에는 그런 문제를 '철학적으로' 다룰 수 있는 철학적 삶과 철학적 탐구법이 아직 한국의 철학 연구자들과 한국의 현대 문화 자체에 체화되어 있지 않다는 현실을 방증하기도 합니다. 하지만 이런 혼돈상과 취약점에도 불구하고 글로벌한 맥락에서 볼 때, 현재 한국 철학계의 철학 수용력과 연구 능력은 예전의 선대 철학자들과 비교해도 그렇고 수평적으로 다른 나라 철학자들과 비교해도 그렇고, 거의 수준급에 도달해 있다고 보입니다. 솔직히 제가 독일에서 공부할 때보다도 한국에 귀국한 20세기 후반 이후 우리나라에서 각국 유학생들이 풀어놓은 공부 보따리에서 배운 것이 훨씬 많습니다. 본토 철학들이 그대로 수입되기 때문이죠. 그러다 보니 인문학으로서 철학의 작업 방식에 대한 자각도 높아져서 자신이 읽은 고전도 어려워하던 선대들에 비하면 철학적 담론은 전례 없이 풍요를 구가합니다. 다만 철학개론이 필수였던 시절 대학 교양교육에서 철학교육이 아주 안 좋은 인상을 남긴 것이 당시 대학을 다녔던 현재의 교육정책 실세들에게 철학이 굉장히 고식적인 것이라는 선입견을 남겨, 각 대학마다 불필요한 강좌를 폐기할 때 철학부터 손대는

업보는 후학들이 입고 있기는 합니다만….

이진우 : 주제에 초점을 맞춰보면, 제가 귀국하던 시기는 이념 갈등이 극화되어서 이데올로기가 해체되던 시기였습니다. 그러다가 1990년대 초반에 포스트모더니즘, 분석철학 등 새로운 이론이 들어오고 활발하게 논의되었습니다. 재미있는 것은 어떤 문제가 논의된 이후 끝장을 못 보고, 유행처럼 흘러가는 느낌을 받았습니다. 1990년대 후반부에 환경철학, 생태철학, 생명의료윤리 등 많은 것이 논의되었지만 결과적으로 깊이 있는 결실을 거두지 못하고 또 유행처럼 지나가 버렸습니다. 2000년대 이후에는 국내 여러 가지 여건과 맞물려서 철학이 방향 설정을 하는 데 실패한 듯 보입니다. 제가 말하는 반성이 좀 빠른지는 모르겠습니다만, 20년을 돌이켜보건대, 활동도 많이 하고 조직화에 성공했지만, 다른 한편으로는 사회적 문제를 의제화하고 문제화하는 데는 상당히 미흡했다고 봅니다. 사실 제가 볼 때는 사회적 문제로부터 보편적인 담론을 연결시키는 과정 중 학문적 깊이가 생기는 것인데, 이런 부분이 부족했던 것 같습니다.

윤평중 : 민족문제가 갖는 복합적 문제지평은 분명 존재합니다. 굴곡 많았던 한국 현대사의 소산이기는 하지만 민족주의 정서의 과잉이 학계를 비롯해 한국 사회 전반에 끼치는 명암을 냉철하게 반성해 보아야 할 것입니다. 그러나 이와 동시에 한국의 분단체제라는 구조적인 맥락이 있기 때문에 우리가 보편적인 철학을 지향하지만 한국 사람으로서 활동을 한다고 하는 실존적인 규정 요인 역시 엄존한다고 생각합니다. 철학 활동 자체가 보편성과 구체성을 변증법적으로 종합하려는 프락시스이기 때문에 긍정적으로 생각하면 한민족철학자대회 유치 등의 활동이 구체적인 한국 상황에 대한 구체적인 대응의 측면에서 조명할 수 있는 여지는 있다고 봅니다. 그러나 또 한편 이것이 본격적

인 학문 활동이라기보다는, 분단국가 학자간의 최초의 만남이라는 것에 집중적인 의의가 주어지면서, 내실화를 담보하기엔 원천적 한계가 있었을 것입니다. 설령 당시의 남북대회가 현실화되어 주체사상을 발표하는 자리가 있었을지라도 그 과정이 순탄하지는 않았을 거라는 추측을 조심스럽게 해봅니다. 잘 아시는 것처럼 주체사상이 본격적인 철학이라기보다는 북한, 즉 조선민주주의인민공화국의 관학적 성격이 강하기 때문에, 우리가 생각하는 식의 학술대회에서 학술적 토론을 하기에는 패러다임이 크게 다르지요. 북한당국에서 여러 가지 고려를 했겠지만 학술적 토론의 위험부담을 지기에는 시기상조였던 측면도 있었을 것이라 생각합니다. 이 부분은 이렇게 정리하도록 하지요.

학술대회의 의례적 성격, 특히 거액을 투자해 일회성의 세리머니를 하는 것이 불가피한 경우도 있겠고 바람직한 효과를 낳는 측면도 존재하겠지만, 근본적으로 학문의 내실화에 얼마나 기여할 것인가에 대해서 한국 철학계가 차분하게 성찰해야 하는 시점에 이르렀다고 봅니다. 해방 이후의 철학의 역사는 서양철학의 경우는 계속된 수입 철학의 역사라고 생각되는데요, 일제 때는 철학 전공자들 자체가 수적으로 극소수였습니다. 이 분들이 일본의 영향 때문에 독일 관념론 등의 독일철학 중심으로 철학하다가, 해방 이후 한국전쟁을 겪으면서 실존주의가 유입되었고 실존주의는 철학 바깥의 지식사회에서도 적지 않은 관심을 불러일으켰다고 봅니다. 당대의 암울한 사회 상황의 반영이었겠지요. 전체적으로 실존주의와, 대륙철학으로서의 현상학 등에 대한 관심이 쭉 있었습니다. 1950-60년대 수입 철학으로 정의할 수 있는 한국 서양철학의 흐름은 이 정도로 규정이 된다고 생각합니다. 이제 1970년대에 와서 영미권, 특히 미국에서 분석철학을 전공하고 오신 분들이 관념론이나 현상학 등의 대륙철학과는 전혀 패러다임이 다른 철학함의 효시를 보여주었습니다. 이어 1980년대에 들어와서 군사독재적 권위주의의 모순이 폭발 단계에 들어서서 철학 전공자들 사이에서도 프랑크푸르트학파의 비판이론이나 마르크스주의로 상징되는 사회변혁철학에 대한 관심이 증가했고요, 이것이 제도권 강단철학에서 수용을 못하는 상황이었기 때문에 대학원생들 중심으로 독립학회를 구성하고 해서 우리 사회의 구조적 모순에 주목하는 변혁지향적 사회철학, 즉 마르크스주의 또는 주체사상에 대한 관심이 1980년대에 크게 부상했습니다. 그 다음 1990년대 이후의 상황은 이진우 교수께서도 말씀하셨듯이, 백화제방, 백가쟁명의 상황이 철학계 내부에서도 전개되었다고 봅니다.

요사이는 한국철학회와 철학연구회로 대표되는 전국 단위 모 학회 외에 현상학회, 분석철학회 등 분과학회 중에서 모 학회 역할을 하는 학회들도 차츰 주제별로 분화되는 흐름을 관찰할 수 있습니다. 여기서 이진우 선생님과 생각이 다른 부분이 있습니다. 21세기 이후의 상황에 대한 제 관점은 과거, 즉 우리 스승 세대에는 연구 인력 자체가 희소했기 때문에, 독일 관념론 등의 유서 깊은 영역을 제외하고는 학문의 깊이를 담보하기 힘든 상황이었다고 봅니다. 그러나 1990년대 이후 국내외적으로 수많은 실력 있는 연구 인력이 산출됩니다. 이와 함께 많은 분과학회도 설립되고 한국철학회 같은 모 학회들은 만남과 세리머니의 성격이 커질 수밖에 없는 상황이었다고 생각합니다. 그 결과 실제 학문적 토론 및 담론의 기초는 분과학회와 학술지 중심으로 이루어지는 경향이 증가했습니다. 그런 상황이 20년 정도 진행되었고 각 분과학회마다 약간씩 상황은 다르겠지만, 유능한 전문가들이 미세한 영역까지 출현하기 시작했습니다. 최근 큰 책방에 가서 철학 섹션을 보게 되면, 저도 이름을 잘 알지 못하는 신인 학자들이 쓴 상당히 두꺼운 국문 철학 연구서들이 꽂혀 있는 것을 발견할 수 있습니다. 독립 연구 저서의 경우에도 그렇고, 학술지 논문의 경우를 봐도 양적 그리고 질적으로 좋아지는 현상을 발견합니다. 따라서 장기적으로 한국철학이 시들고 있다고 판단하기보다는, 전문가들의 역량이 심화되면서 전문성이 단단해져 가고 있다는 희망적인 추측을 해봅니다.

이진우 : 책방에 철학 섹션이 아직 남아 있나요? (웃음)

이상훈 : 사실 철학자대회 가운데 1991년 남북이 초청되는 한민족철학자대회를 말씀하셨지만, 그 후에도 20세기 말이나 21세기 철학을 전망하는 내용도 있었고, 세계 철학계를 두루 소개하는 내용도 있었습니다. 그런 의미에서 한민족이라는 이름을 붙였던 이유는, 전 세계에 흩어져 있는 인적 자원들을 중심으로 이제 세계 사상에 기여할 수 있는 우리들의 사고틀을 구성해 볼 만한 시점이 아닌가 하는 갈증이 표현되었다고 생각합니다.

백종현 : 추가적으로 말씀드리면 사회적 분위기도 관련이 있는데, 1988년 올림픽 전후로 해서 여러 분야에서 민족 동일성과 관련한 모임들이 많았습니다. 우리 철학계도 1987년 전후에 철학연구회 중심으로 주체사상을 전체 학회 주제로 한 모임도 몇 번 있었습니다. 지금 와서 보면 뜬금없을지 모르지만, 그런 것들이 화제가 돼서 남북이 모이는 '한 민족철학자대회'가 구상되었고 따라서 그 당시엔 충분히 공감대가 있는 상태에서 이루어졌습니다.

철학, 보편성과 구체성의 변증법을 향하여

최인숙 : 저는 1990년 여름에 귀국, 1991년 한민족철학자대회에 '칸트와 불교의 자아관'이라는 주제로 참여했는데 우리 철학을 새로이 정립해 보고자 하는 시도의 일환으로 이러한 주제를 택했습니다. 많은 부분에서 우리가 지금까지 남의 것을 추종했다면, 이제는 우리의 것을 담으면서 그것이 어떻게 보편적일 수 있도록 할 것인가에 대해

그 당시 관심을 가지고 있었습니다. 독일 유학을 시작하던 당시, 저는 독일철학이 서양철학의 정수라고 생각하면서 우선은 이 공부에 매진해 보고자 하는 욕심이 있었습니다. 하지만 독일철학을 하면서도 결국 우리 철학을 어떻게 정립할 것인가 하는 문제가 제 자신의 학문적 인생을 바치고자 한 구심점이 되었습니다. 저는 유학 직전까지 교사생활을 하느라 다른 사람들과 이러한 문제에 관해 서로 의견을 교환할 기회를 가지지 못했습니다. 저는 독일에서 철학을 전공했고(칸트 철학으로 박사학위), 인도철학과 교육학을 부전공으로 했는데, 특히 인도철학을 공부한 이유는 한국에 돌아오면 칸트 철학과 동양철학을 접목하여 우리 철학을 정립해야겠다는 목표를 갖고 있었기 때문입니다. 이러한 일환에서 저는 1991년 한민족철학자대회에 참가했고 2007년 아시아철학대회와 2008년 세계철학대회에서는 영어로 발표했습니다. 다른 사람들과 우리 사상에 대해서 소통하고 싶었기 때문이었지요(부족한 영어 실력이지만). 앞에서 말씀하신 선생님들과 맥락을 이어보자면, 1970-80년대는 사회적 상황과 연결해서 철학이 진행될 수밖에 없었다고 생각합니다. 즉 흐름이 저절로 만들어졌던 것이죠. 반면 1990년대 이후에는 이런 흐름이 없어질 수밖에 없었다고 생각합니다. 철학의 구심점이 없어지면서 철학 자체의 문제가 여러 다른 지식을 요구하는데, 그 지식도 역시 넓어짐에 따라, 누군가가 사상의 흐름을 주도적으로 이끌어갈 수 없는 상황에 이르렀습니다. 이러한 상황이 전개되면서 우리 철학을 정초해야 된다는 생각이 점점 깊어졌다고 봅니다. 우리 철학이면서 어떻게 보편성을 담보하는가? 바로 이 문제죠. 이진우 선생님께서 말씀하셨듯이, 우리가 보편성을 추구할 때, 이제는 칸트 철학만으로 가능한 것도 아니고, 다양한 지식들을 축적함으로써만 가능한 것도 아닌 상황으로 전개되었다고 봅니다. 저는 작년 세계철학대회의 진행 상황을 체험하면서, 사람들이 새로이 어떤 방식으로 철학하고자 하는가에 특별히 관심을 갖고 동참했습니다. 이

제 충분한 지식, 장기적 전망, 그리고 진정성을 갖고 어떻게 우리 철학을 정립할 것인가가 문제가 된 시기가 되었다고 생각합니다. 현재의 상황에서는 아직 어떠한 확고한 흐름이 생기지 않은 것은 당연한 일이라고 봅니다.

임홍빈 : 최인숙 선생님 말씀을 듣자면, 나는 다른 세계에 있는 것 같습니다. 저는 우리 철학을 정초해야겠다는 생각을 해본 적이 없습니다. 물론 그런 사람들이 있는 것은 압니다. 또한 칸트를 읽고 헤겔을 읽으면서도 '독일'철학을 한다고 생각해 본 적도 없습니다. 제가 관심을 가지고 있는 주제들을 생각해 보면, '우리 것'이라는 것과는 관계가 없습니다. 작년에도 제가 해외 학회에 참가를 했지만, '민족' 등의 개념을 철학이 주제화하는 경험을 해본 일이 없습니다. '우리'라는 말을 들을 때마다 저는 좀 이상한 느낌이 듭니다. 물론 영어에서도 'Us-ism'과 같은 신조어가 나오기도 했는데, 저 개인적으로는 그런 것이 기괴하게 느껴집니다. 과연 철학이 현실에 대해서 대응을 하고 결실을 맺어야 하는가? 저는 그런 생각을 해본 적이 없습니다. 제가 이해하는 바로는 그러한 것이 쓸모없다고 생각합니다. 예를 들어, '도'라는 개념도 그렇고, 스피노자도 그렇고, 고대철학에서 탈레스의 "만물은 물이다."라는 개념도 그렇고, 실제와는 전혀 상관이 없습니다. 저는 철학자들을 포함한 우리나라 사람들이 일종의 과도한 현실에 대한 뜨거운 열정 때문에 오히려 본질을 놓치고 있는 것이 아닌가 생각합니다. 저도 현실의 답답함에 예전에는 그런 유혹을 많이 받았습니다. 글쎄요… 하지만 저는 회고하고 싶은 것도 없고, 전망하고 싶은 것도 없습니다.

윤평중 : 최 교수님 말씀을 제가 이해하기로는, '유교로 돌아가자' 같은 취지는 아닌 것 같습니다. 이를테면, 제가 2006년 한국철학회 춘계

학술대회에서 「헌법철학으로 본 분단과 통일」이라는 논문을 발표한 적이 있습니다. 분단과 통일이야말로 한국인의 삶과 상상력, 나아가 현재와 미래의 전망을 규정하는 중요한 문제 아니겠습니까? 그런데 글을 준비하는 과정에서 제가 참고자료들을 찾아보니, 한국의 철학자들 가운데 이와 연관된 주제에 대해 본격적인 학문적 연구 저서를 낸 분이 한 분밖에 없더라고요. 물론 제가 미처 찾아보지 못한 경우도 있을 수 있고, 개별 논문의 경우에는 이 주제에 대한 철학자들의 몇몇 연구가 있습니다. 그러나 분단과 한국전쟁, 그리고 통일이라는 주제에 대해 산을 이루다시피하는 사회과학이나 역사학 영역에서의 연구 성과와는 비교 자체가 불가능한 상황입니다. 철학의 일반성이나 보편성이라는 특질을 감안한다 해도 이는 바람직한 상황이라고 보기 어렵습니다. 우리의 생과 사를 가를 수 있는 분단과 통일의 문제에 대해 엄밀한 철학적 논변을 동원해 다룬 한국 철학자의 본격 연구서가 희소하다는 사실은 제가 앞서 수입 철학이라고 규정한 한국철학의 성격과도 관련이 없을 수 없습니다. 물론 저는 철학적 고전의 엄밀한 연구와 해석이 철학의 본질적 부분을 차지한다는 것을 인정합니다. 그런 점에서 수입 철학적 작업이 일정 부분 불가피하며 적극적으로 남의 성취를 흡수하는 건 바람직하다고까지 생각합니다. 그러나 그것만이 철학의 본령이라고 하면 심각한 문제가 있지요. 유불도가 과거 한국에서 나름의 성취를 이루었기 때문에, 거기에 귀를 기울일 필요가 있고, 정치학자, 사회학자, 역사학자들 역시 많은 작업을 해왔습니다. 하지만 한국의 강단철학자들은 현실의 도전에 대한 학문적 응전이라는 점에서 인색하지 않았나 생각합니다. 고색창연한 텍스트에 매몰되어 사회적 책임을 유기하지 않았는가라는 자기성찰이 필요하다는 것이지요. 최 교수님의 말씀을 그런 맥락에서 이해했습니다.

이진우 : 제 입장에서 20년을 돌아보면, 임 교수님과 최 교수님 입장

이 두 가지 다 있는 것 같습니다. 지난 20년 동안 철학계에서 있었던 큰 운동 중의 하나가 바로 '우리말로 철학하기 운동'입니다. 일본 제국주의 시대로부터 물려받은 개념적으로 어려운 용어들을 어떻게 하면 더 쉽게 전달할 수 있을까를 고민하고 또 새롭게 우리의 문제를 철학적으로 풀어낼 수 있는 글쓰기 운동 역시 있었습니다. 저는 그런 맥락에서 최 교수님의 입장을 이해했습니다. 반면 임 교수님의 입장은, 우리가 철학하는 데 있어, 특히 서양철학을 한다고 할 때에는, 나름의 문제의식에서 출발하긴 하지만, 대개 이론을 빌려오는 경우가 많았습니다. 소위 서양 콤플렉스가 있었다고 봅니다. 우리보다는 서양이 더 발전했고, 더 정치하고, 더 세련되었다라는 무의식적인 콤플렉스가 있는 것처럼 보입니다. 다른 한편으로는 우리도 우리 나름의 철학을 가져야 한다는 콤플렉스가 또한 있었습니다. 넓게 보면 한국인이 가지고 있는 동양 콤플렉스라고 생각하고, 다른 말로는 '우리 철학 콤플렉스'라고 말할 수 있겠습니다. 저는 이 양극단이 다 문제가 있다고 봅니다. 그런 맥락에 대한 토론은 한국철학회에서도 많이 했습니다. 한국철학의 위상, 한국철학의 회고와 전망, 한국철학을 어떻게 할 것이냐 등등. 그러한 문제 제기가 어떤 맥락에서는 좀 지나칠 수도 있겠습니다. 하지만 각자가 가지고 있는, 심지어 아주 순수하게 철학적인 문제들 역시 현실적이지 않은 것이 아니라, 지극히 현실적일 수도 있다고 생각합니다. 예컨대, 자아나 의식의 문제가 그렇습니다. 사회철학이라든지 사회와 직접 연결되지 않은 문제들도 저는 상당히 현실성을 가지고 있다고 생각합니다. 물론 그 나름을 풀어낼 수 있어야 한다고 생각합니다.

이렇게 생각해 봤으면 합니다. 철학자들이(물론 소크라테스는 글을 남기지 않았지만) 사유를 해서 그 결과물을 누군가와 공유를 합니다. 그럴 때 그 공유의 수단은 언어입니다. 독일어로 발표할 때와 프랑스어로 발표할 때, 또는 중국어 혹은 한자로 발표할 때 제가 생각하기에는

'수용'도 달라진다고 생각합니다. 저는 개인적으로 그런 고민을 많이 합니다. 영어로 발표할 때와 독일어로 발표할 때는 한글로 제가 생각했던 것과는 차이가 있어서 제대로 전달이 되지 않습니다. 그런 경우 전략을 처음부터 다시 세워야 합니다. 예를 들어, A와 B가 있는데, 내가 사유를 하고 거기에 만족을 하는 사람들도 있습니다. 철학을 하기 위해서는 이게 가장 중요한 태도라고 생각합니다. 하지만 다른 한편으로 사유의 결과물을 다른 사람들과 공유하는 데 더 노력을 쏟는 경우도 있습니다. 저 같은 경우는 글을 쓸 때, 누군가가 그 글을 읽거나 듣는 것에, 누구나 그렇겠지만 나의 사상을 공유함에 있어 제대로 전달이 되었는지 고민을 합니다. 제가 보기에 한국 철학자들이 가지고 있는 문제 중의 하나가 우리 철학을 해야 한다는 것이, 세계적으로 철학이 직면하고 있는 문제들이 특수하고 구체적인 문제일 뿐만 아니라, 세계의 많은 민족적인 차이에도 불구하고 공통적인 문제들이 많이 있는데 이러한 문제들에 대한 철학적 사유를 다른 사람들과 공유할 때, 과연 이것을 어떻게 전달할 것인가에 대한 문제가 모든 것을 말해 주고 있다고 생각합니다. 어떤 사람은 A에 더 강조점을 둘 수도 있고, 어떤 사람은 B에 더 강조점을 둘 수도 있는 게 아닌가 생각합니다. 그래서 임홍빈 교수님과는 다르게 전망해 보자면, 각 분야별로 전문가 집단이 많이 나오고 있다고 생각을 하고요, 문화적 관점에서는 마니아 집단도 많이 있는데, 철학적으로 문제가 되는 부분에 대한 정치한 작업들을 정말 많이 발표하는 것만이 철학계를 활성화시키는 방법이 아닐까 하고 생각합니다. 우리가 한국철학을 한다는 것이 굳이, 전통은 바뀌기 마련인데, 예컨대 유가철학을 한다든지, 불가철학을 한다든지, 도가철학을 하는 것만이 우리 철학이라고 생각하지는 않습니다. 21세기의 구체적인 문제들을 가지고 '우리' 언어로, '우리' 시각으로 접근했을 때, 그 접근 방식이 다른 사람들에게 인정을 받는다면, 저는 그것이 보편성을 가지는 것이라고 생각합니다.

김상봉 : 제가 좁은 테두리에서 한국철학회라는 학회의 틀을 벗어난 범위에서 말씀드리자면, 지난 백 년의 지성사를 돌아볼 때가 되었다고 생각합니다. 임 선생님께서 현실과 철학이 무관한 것인 양 말씀하셨지만, 저는 당혹스럽습니다.

임홍빈 : 저는 단지 현실에 대한 뜨거운 태도가 신기한 것일 뿐입니다. 다양한 의견이 있을 수 있지만 '우리'라는 개념이 지배적인 것이 문제라는 것입니다.

김상봉 : 저는 최 교수님의 말씀을 '뜨거운 열정을 가져라'라는 의미로 듣지는 않았습니다. 이건 좀 빗나간 이야기지만, 문예아카데미에서 오랫동안 강의하면서 깨달은 건, 현실에서 철학에 대한 요구가 항상 있다는 점입니다. 대학 안에서 텍스트만 붙잡고 있을 때는 놓치기 쉬운 현실의 역동성이 있습니다. 해방 이후만 보더라도, 10년 정도 주기로 유행하는 철학의 흐름이 바뀌는 것을 볼 수 있습니다. 전쟁 이후 모두가 많게든 적게든 허무주의에 사로잡힐 수밖에 없었던 1950-60년대에는 실존주의, 그 이후 등장한 박정희 독재 아래서는 비판이론, 1980년대에는 마르크스주의, 1990년대 이후엔 프랑스 철학이 유행했지요. 저는 이런 것이 단순한 수입은 아니었다고 생각합니다. 이를테면 1990년대 이후 프랑스 철학의 유행만 하더라도 그 이전까지 한국에서 거대주체 혹은 초자아라고 할 수 있을 국가나 민족 또는 이념의 차이를 떠나 어디서나 군림하는 가부장적 권위 같은 것에 사람들이 너무 질렸던 건 아닌가 생각합니다. 전체주의적 억압에 대한 문제의식이 말하자면 다른 철학보다 상대적으로 프랑스 철학에 친화성을 느끼게 했으리라 생각합니다. 하지만 2000년 이후 저는 개인적으로 서양철학이 다소 고갈되었다고 느낍니다. 좋은 의미건 나쁜 의미건, 밖에서 수입하던 흐름이 약화되었습니다. 대중들이 철학자들에게 답을

구하는 물음은 있는데, 외국에서 가져온 이론으로는 그게 되질 않는 것입니다.

제가 보기에 우리 철학을 하자는 것이 콤플렉스 때문은 아니라고 생각합니다. 지금의 한국 사회는 단순한 모방사회가 아니라, 고유한 역사와 문제를 가지고 있습니다. 예를 들어 한국의 민주화 운동의 역사는 세계사에서도 독특한 것입니다. 이렇게 역동적이고 다양한 세력들이 길항하면서 나름의 진보를 이뤄온 나라는 없습니다. 5 · 18을 어떻게 외래 철학의 틀로 설명할 수 있겠습니까? 한국의 역사를 서양철학적으로 설명하려고 하는 순간, 그게 되지 않는 것을 느낍니다. 그렇다면 '우리가 누구지?'라는 질문을 하게 되는 거지요. 강단철학은 이 문제를 그다지 심각하게 생각하지 않고 그저 외래 철학을 학습하는 데 치중했지만 재야에서는 치열하게 자기인식을 추구해 온 분들이 있었습니다. 류영모나 함석헌은 그 대표적인 경우라 할 수 있지요. 요약하자면, 백 년 현대 한국철학의 역사에서 두 가지 흐름이 있었다고 생각합니다. 자기인식과 현실에 대한 응답으로서의 철학이 있었고, 다른 하나는 철학적 방법론에 대한 정초입니다. 이런 것을 배우는 과정이 백 년 이상 걸렸다고 생각합니다. 저는 오랫동안 이 노예적인 학습 태도를 경멸하기도 했습니다만, 지금 와서는 선대의 선생님들, 그리고 지금 여기 계신 학자 분들의 노력이 외래 철학에 대해 자신감을 가질 수 있게 하였고, 그것을 기반으로 이제는 우리 현실에 적극적으로 다가갈 수 있게 된 것이 아닌가 생각하여 좀 더 긍정적으로 평가하게 되었습니다. 저는 '우리 철학'이 우리 속에 암묵적으로 이미 기초를 형성했다고 생각합니다. 대개 어떤 민족이 자기 나라 말로 철학을 하고 문학을 하고 백 년이 지나면 두드러진 성과가 난다고 생각합니다. 저는 지금이 주체적 사유를 전개해 온 재야 철학과 서양철학의 학습을 통해 방법론적 기초를 다져온 제도권 철학이 합류하여 우리 나름의 철학적 전통을 형성해 나가야 할 시기라고 봅니다.

이상훈 : '우리말로 철학하기'가 논란이 되는 여기서 중요한 시사점을 하나 알려드렸으면 합니다. 그간 철학 용어들에 대한 번역이 전공자와 역자에 따라 들쑥날쑥했던 문제점들을 해결하기 위해 백종현 교수님을 주축으로 서울대 철학사상연구소에서 철학 용어 정비 작업을 시작해 2005년 9월에 9천 5백 단어를 정리했습니다. 이것도 철학계에 있어서 매우 중요한 사안이라고 생각합니다.

윤평중 : 김상봉 선생님의 말씀에서, 한국어 학문의 역사 백 년을 말씀하셨지만, 저는 그 역사를 좀 더 단축해야 한다고 봅니다. 해방 이후라기보다는 한국전쟁이 끝난 시점부터가 옳은 것 같습니다. 따라서 1953년 정도가 되겠죠. 그렇게 본다면 우리 사회가 전쟁이 가져온 절대적인 혼란을 수습하고, 학문공동체가 몸을 추슬러 형성될 수 있었던 것은 이제 반세기 남짓밖에 되지 않습니다. 세계 어느 나라 역사를 봐도 제대로 된 학문이나 철학의 성과가 산출되려면 최소한 백 년에 가까운 집중적 축적이 필요하다고 봅니다. 그래서 우리가 지금 진통을 한참 겪고 있는 겁니다. 제가 앞서 말씀드린 것처럼, 철학계 내부로 국한시켜 놓고 판단을 해도 상당한 실력을 갖춘 전문가들이 정밀한 분야에서부터 출현하고 있기 때문에 어느 정도 시간이 지나면 한국 철학계의 기초도 더욱 탄탄해질 것으로 생각합니다.
학문의 역사성과 맥락성을 살펴보는 데 있어서 미국의 경우와 유럽대륙의 경우가 차별화되는데, 미국에서 학계에 자리 잡고 있는 전문적 지식인의 사회적 영향력은 극히 제한되어 있습니다. 미국에 가보면, 세계적인 수준의 학문공동체들이 이를테면 고립된 섬처럼 대학도시들을 중심으로 형성되어 있고, 거기에서 인정받은 학자들이라 하면 세계적인 학자들입니다. 그러나 미국은 국토가 넓어서일 수도 있고 문화의 차이일 수도 있겠지만, 일류의 강단 지식인들이 사회 전체에 대해 끼치는 영향력은 제한되어 있는 데 비해, 유럽은 나라마다 차이

는 있겠지만 미국과 비교해서는 철학자들의 문화적, 사회적 영향력이 상대적으로 큰 것 같습니다. 미국적 전통과 유럽 대륙적 전통을 이런 점에서 나누어볼 수 있겠죠.

우리나라의 경우는 결국 나라 전체의 사정이라는 것이 중요한 역할을 한 것 같은데, 이를테면 메이저 대학을 중심으로 한 학문공동체가 존재할 수 있겠지만, 우리말로 학문 작업을 진행한 지가 아직 50여 년밖에 되지 않은 상태에서 이제 겨우 맹아를 갖추어가는 과정으로 봅니다. 그리고 뜨거운 사회 현안에 대해 관심을 기울일 수밖에 없고, 그리고 그러한 문제들이 현재진행형으로서 미해결로 남아 있는 나라인 한, 한국의 상황은 미국 같은 상아탑 안에서의 고고한 학문을 하기에는 상황이 아주 다르다고 봅니다. 결국 보편학문의 이상이나 학문의 자기충족성에 대한 요구 자체가 특정한 역사적 맥락과 긴밀하게 이어진다고 봅니다. 물론 이 말은 학문이 현실로 전부 환원되어야 한다고 보는 것과는 전혀 다른 이야기입니다.

김종욱 : 동양철학적 입장에서 저는 예전부터의 의문이 있는데, 우리말이 어디까지인가 하는 문제가 있다고 봅니다. 순수 한글을 말하는 것인가, 수많은 한자식 조어들도 현재 우리가 쓰고 있다면 그것까지도 우리말이라고 하는 것인가 하는 문제인데, 후자의 경우를 포함시킨다면 우리가 놓칠 수 있는 문제가 있습니다. 일본의 경우 에도시대부터 번역을 해왔기 때문에 서양에 대한 번역의 역사가 대략 250년 정도 됩니다. 그 사이에 중국조차도 일본식 용어를 사용하는 게 관행이 될 정도였습니다. 하지만 우리는 일본 말을 싫어하죠. 하지만 일본식 조어 역시 우리 학문에 상당히 많이 침투되어 있는데, 이런 것도 우리말이라고 할 수 있을 것인가 하는 문제가 있습니다. 이 문제를 탐구하다 보면, 일본인들이 단순히 말을 조합한 것이 아니라, 유불도의 전통을 따라서 만들었기 때문에 자연스럽게 우리말로 철학하기가 처

음에는 서양철학에 대한 용어 정리였겠지만, 제대로 계통을 밟아가다 보면 동양철학과 서양철학이 만나는 지점이 나온다고 봅니다. 그런 차원에서 접근을 하는 것도 미래에 의미가 있을 것 같습니다.

재미있는 점은 여기 계신 다수의 분들이 서양철학 전공인 것이 확연하게 드러난다는 점입니다. 동양철학에 애정을 보이는 것도 사실 보면 서양철학 하는 사람들입니다. 동양철학 하는 사람들은 반대의 경우가 거의 없죠. 이것조차도 서양철학적인 발상이긴 합니다만. 제가 1990년대에 출판계에서 활동을 할 때, 기획을 했습니다. 1980년대에서 1990년대로 넘어갈 때, 출판업계에서는 인문사회과학 시장이 대단했습니다. 마르크스, 헤겔이 참 많이 팔렸지요. 그 트렌드가 무너지면서 등장한 것이 프랑스 철학이었습니다. 김상봉 교수님 말씀처럼 2000년 이후에는 그러한 흐름이 거의 소강상태에 이릅니다. 즉, 이렇다 할 트렌드가 없다는 것이지요. 그 사이에 동양철학을 보면 사실 어떤 트렌드에도 끼지 못했습니다. 동양철학자들은 전통에 대한 자존심도 있었겠지만, 사실 서양철학보다도 더 멀리 생각된 부분이 있습니다. 학자들은 거의 번역에만 매달릴 수밖에 없는 상황이었고, 번역에 매달리다 보니 이론을 재생산하고 현대화하는 데 있어서는 버거운 상태입니다. 그러다 보니 출판계에서 보면 동양철학이 이렇다 할 트렌드를 형성한 적은 없습니다.

아까 수입 학문 얘기가 나왔는데, 도대체 수입이 무엇인가 하는 문제를 던져봅니다. 지금 전제된 것은 막연하게 공간적 수입인 것 같습니다. 여기 대한민국이 있고, 영국이나 미국 등 해외에서 수입해 들어오는 것을 말하겠지요. 이런 공간적 수입도 문제이지만 더 무서운 것은 제가 보기엔 시간적 수입인 것 같습니다. 우리 한반도 내에 있었지만 벌써 불교 같은 경우도 일제강점기를 거치면서 조선에서의 불교 탄압까지를 고려하면 거의 536년의 단절이 있습니다. 이런 의미에서 시간상 단절로 인한 수입은 여전히 존재합니다. 문제는 이 시공간에서 보면 수입 아닌 것이 없는 것이죠. 재미있는 것은 한국은 여태까지 수출로 먹고산 나라라는 점입니다. 이는 대중이 원하는 기대치가 어느 정도는 있다는 것을 의미합니다. 먹고사는 것은 수출을 했지만 우리 학문은 수출한 적이 없습니다. 결국 우리가 극복해야 할 점은 수출을 할 정도의 자생적 상품으로의 철학을 기대해야 한다는 것입니다. 그리고 그 부분에 대해서는 여전히 동양철학이 중요하다고 봅니다. 전통의 현대화가 극복되지 않고 과연 수출할 수 있는 철학이 나올 수 있는가에 대한 고민을 하고 있습니다.

김교빈 : 철학 분야에서도 그런 적이 있었고 동양철학 주변의 중국학 같은 경우에서도 해방 이후의 연구 성과를 정리한 적이 있습니다. 저도 그런 작업에 참여하다 보니 동양철학의 경우 굉장히 분화가 되고 연구의 대상들이 다양화된 것은 1980년대 중반 이후입니다. 주제, 인물, 텍스트 또는 문제의식 별로 다양화되었지요. 가령 중국철학 연구에서 본다면, 중국의 현대 사상가들(모택동 등)까지 다루게 된 것 또한 1980년대 중후반에 와서 나타나는 모습입니다. 계급문제, 평등문제 등이 오늘날은 더 확산되었지만, 동양철학계에서 발전으로서의 획을 그은 것은 1980년대 중반입니다. 그러면서 1980-90년대에 들어오면서 굉장히 안 좋은 모습도 나옵니다. 조금 부끄러운 이야기지만, 집안 중심 학문 연구가 활성화됩니다. 그 가운데 비중 면에서 당연히 연구되어야 할 사람들도 있지만 연구가 덜 됐던 사람들을 집안에서 연구비를 주어가면서 일시적으로든 지속적으로든 연구가 이루어진 경우들도 있습니다. 한쪽으로는 철학 연구자들에게 연구비가 주어진 좋은 측면이 있겠지만, 다른 한편으로는 그런 연구도 결국 자본의 논리를 벗어날 수 없으니까, 가학(家學)으로서의 연구논문들을 통해 비중이 적은 인물들도 좋은 평가를 받으면서 자칫하면 학문 연구의 왜곡을 가져올 수 있는 상황인 것이지요. 그렇지만 동시에, 그런 연구 경향이

가져올 수 있는 또 다른 차원에서의 왜곡을 지적하는 이야기도 나왔기 때문에, 우리 학계가 여전히 건강성을 지녔다고 생각됩니다.

홍윤기 : 저는 인류 문명사에서 철학이 누려왔고 또 지금도 누리고 있는 학문상의 독특한 위상과 아울러 그 보편적 효용을 지금이야말로 집중적으로 주목해야 한다고 생각합니다. 물론 각 문명권에서 발생할 당시에는 그 명칭이 각기 달랐지요. 잘 알다시피, 중국에서는 그저 학(學)이라고 하여 체계적인 지식을 세워가는 노력 전반을 포괄하면서 출발하다가 근대 이전에 도학(道學)이나 이학(理學)으로 첨예화되고, 인도에서는 다르마(dharma, 法)에 대한 탐구라고 했는가 하면, 그리스를 시원으로 하는 서양 문명에서는 필로소피아(philosophia, 愛知)라고 불리다가 현대에 들어와 서양에서는 'philosophy', 동아시아에서는 '철학(哲學)'이라는 용어로 통일되기에 이르렀지요. 그런데 이 '철학'에 포괄된 학문적 성과들이야말로 현생 인류가 생성되어 문명사를 꾸리면서 축적하면서 명멸해 온 각종 지식체계 가운데 여전히 그 존속의 근거가 확고한 학문입니다. 같은 인문학이면서도 역사학은 계몽주의 이후에야 학문의 반열에 올라가고, 문학도 19세기에 들어와서 체계적으로 연구되기 시작한 사실에 비교하면 철학은 문명이 본궤도에 올라가는 기원전 6-7세기의 기축(基軸) 시대에 발생해 지금까지 문명권의 생멸을 관통하면서 존속해 왔습니다. 그것은 철학이 인간 개개인의 절실한 '자기 문제'에서부터 출발하여 이런 절실한 문제들에 대한 공감과 소통을 통해 '인간 문제 전반'에 대해 가장 궁극적인 근거를 탐구하고 총체적인 조망을 시도하면서 보편적인 응답을 추구하는 그 학문적 생태 리듬을 잃지 않고 있기 때문입니다. 바로 이 점에서 우리는 분명히 우리 또는 나의 삶의 '절실한 문제'에서부터 출발하되 그 문제에 대한 우리 또는 나의 고민에 대해 다른 이들도 참으로 유익한 얘기를 들려줄 수 있으며, 거꾸로 우리도 남들의 삶에 우리가 고

민했던 체험을 나눌 수 있다는 그런 자신감, 내 삶에 대한, 우리 운명에 대한, 지극한 관심에서부터 출발하는 것이 필수적이라고 생각합니다.

과학과 문화의 융합 시대, 철학의 과제

이상훈 : 지방 중심 학문 연구 풍토와 더불어 중국에서의 신유학운동이라든지, 이런 것들에 대한 우리 학계의 적극적인 대응과 비판적 평가도 한 번 더 짚어주셨으면 합니다.

김교빈 : 중국에 대한 연구가 활발해진 것은 1980년대 말 천안문 사태가 터지고부터입니다. 사실 중국이 굉장히 큰 변화를 하기 시작한 것은 1979년 개혁 개방부터였지요. 1979년에 중국의 일부를 열었고, 그리고 1984년에 중국 전역을 개혁 개방한…, 그러고 나서 중국 전체의 철학계가 몰입한 문제는 문화에 대한 것이었으며 이후의 상황을 문화열 논쟁이라고 부릅니다. 5 · 4 신문화운동, 모택동 때 일어난 문화대혁명, 그리고 1984년 이후 문화열 논쟁, 이것이 모두 같은 선상에 있는데 다뤄진 주제를 보면 동서고금의 문제였습니다. 서양문화와 동양문화, 전통문화와 오늘날의 현대문화를 다룬 것이지요. 그 논쟁을 1990년대 초 동양철학 연구자들이 가장 먼저 정리해 냈습니다. 그런 연구들이 우리 학문의 지반을 넓히는 것이기도 하면서, 동아시아의 시대변화를 같이 읽어나갈 수 있는 굉장히 좋은 계기가 되었다고 생각합니다. 또한, 북녘 철학에 대한 연구도 활발하게 일어났습니다. 동양철학계에서 북에 대한 연구를 처음 언급한 것은 1987년 무렵이었습니다. 철학연구회가 처음으로 심포지엄을 열었지요. 북녘 철학자들을 초청하자는 이야기도 그 토대에서 나온 것이고요. 그러고 나서 바로 동서철학연구회에서 조선철학사를 또 다른 관점에서 분석하는 다섯

명의 발표가 있었습니다. 뒤이어 1989년이었던 것으로 기억하는데, 한국학중앙연구원에서 문학, 역사학, 철학 등으로 연구 분야를 넓히면서 북녘의 문제를 또 한 번 짚는 과정이 있었지요. 그런데 그때까지도 전부 한국 전통철학에 대한 연구들로 국한되어 있었습니다. 볼 수 있었던 자료도 『조선철학사』 정도였고요. 그 물꼬가 한 단계 넘어섰다고 생각되는 것은, 한국철학사상연구회가 1992년에 집단 연구를 통해서 주체철학을 포함하여 북에서의 사회철학은 어떻게 전개되었는지, 그리고 전통철학은 어떻게 전개되었는지, 이 모든 것을 총체적으로 다루었습니다. 이런 변화는 굉장히 의미 있는 작업이었다고 생각합니다.

이상훈 : 비슷한 시기 분석철학계는 어떠했는지요?

이승종 : 분석철학도 한국 현대철학의 한 흐름이다 보니 한국에서 이루어지고 있는 여타의 철학 분야의 분위기에 영향을 받았습니다. 김교빈 교수님께서 1980년대가 한국철학 연구의 분기점이 되는 해라고 말씀하셨는데, 분석철학 연구에서도 사정은 비슷했습니다. 1980년대 이전까지는 주로 분석철학의 원론적 내용들이 소개되었지요. 특이한 점은 분석철학자들 중에서 비트겐슈타인이 우리에게 큰 친화력과 영향력을 행사했다는 것입니다. 그의 관점을 통한 분석철학의 학습이 1980년대 이전까지 연구의 중요한 면모라고 볼 수 있습니다.

1단계 학습이 끝난 1980년대 이후로는 관심 분야가 다양해지고 심도 있는 개별 연구들이 나오기 시작합니다. 분석철학이 전통적인 철학을 지양하고 철학을 과학화하려는 이념에서 비롯된 학문이기 때문에, 우리나라에서 분석철학의 연구 경향도 과학과의 연관 하에서 정리해 볼 수 있다고 생각합니다. 1980년대 이후 분석철학 연구의 두드러진 경향은 현대과학 중 크게 네 분야와 협력관계에 들어가게 된다는 점입니다. 그 넷이란 수학, 인지과학, 물리학, 생물학입니다.

먼저, 수학과의 협력관계는 분석철학을 창시한 프레게나 러셀이 당대의 영향력 있는 수학자들이었다는 점에서 그리 놀라운 일이 아닙니다. 그들에게서 비롯된 수리논리학에 대한 연구는 물론이고 수학 기초론의 세 패러다임들, 즉 형식주의, 논리주의, 직관주의에 대한 연구도 우리 학자들에 의해 전개되고 있습니다.

인지과학에서는 계산주의, 연결주의, 인공지능 등이 분석철학과 유관한 연구 주제입니다. 인지과학회의 창립과 맞물려 이 분야에 관심 있는 철학자들의 활동이 눈에 띕니다.

물리학에서는 현대 물리학 이론의 양대 패러다임인 상대성 이론과 양자역학이 철학자들의 관심을 끌고 있습니다. 특히 양자역학 분야에서는 철학적으로 흥미로운 주제들이 아직 미결의 상태로 널려 있기 때문에 앞으로의 활발한 연구가 기대됩니다.

생물학은 가장 늦게, 그러나 가장 강렬하게 철학자들의 관심을 받고 있습니다. 2009년이 다윈이 『종의 기원』을 발표한 지 150주년이 되는 해라 진화론에 대한 학회가 많았습니다. 그전에는 인간 게놈 프로젝트가 성공을 거두면서 유전자 연구, 분자생물학 등이 우리나라에서 생물학에 관심을 가진 철학자들에게 영향을 주었습니다.

이러한 네 분야에서 현대 분석철학의 주요한 조류들, 즉 수학과 연관된 수학철학, 인지과학과 연관된 심리철학, 물리학과 관련된 물리학의 철학, 생물학과 연관된 생물학의 철학이 최근 들어 가장 많은 관심을 받고 있다고 할 수 있습니다. 이러한 흐름은 철학의 과학화라는 이념에서 비롯된 분석철학이 콰인의 표현대로 자연화되는—철학이 자연과학의 일부로 편입되는—과정으로 볼 수도 있습니다. 그 외에 분석철학이 전통적으로 강세를 보여 온 언어철학, 윤리학, 존재론 분야에서의 연구도 꼽을 수 있습니다.

이상훈 : 그런 동향들이 국내 철학계에서 심층적인 연구가 진행되었다고 하셨는데, 세계 철학계와의 연관성 속에서 조망되었던 경우를 좀 더 소개해 주시겠습니까? 연구 동향에 있어서의 세계 철학계와 근접성이나 공로 같은 부분이 있으면 좋겠습니다.

이승종 : 우리의 문화가 세계화로 방향 잡혀 가면서, 학생들이 분석철학의 산실인 영어권으로 유학을 가면서 자연히 외국과의 교류가 많아졌습니다. 외국의 저명한 학자들도 많이 우리나라에 방문하여 중요한 강연들을 해주었고요. 가장 주목할 만한 것은 2008년에 있었던 세계철학대회입니다. 그 중에서도 한국철학회가 마련한 특별 세션들이 기억에 남습니다. 이 세션들에서 현대 영미철학계의 기라성 같은 학자들이 훌륭한 발표를 해주었습니다. 우리가 그들과 대등하게 토론을 벌인 것도 자랑스럽습니다.
일찍이 그 초석을 놓은 분은 김재권 교수였습니다. 김재권 교수가 1980년대 이후에 우리나라에 자주 방문하여 강의와 발표를 하였고 우리 학자들이 그의 철학에 영향을 받게 되면서 이를 통해 세계 철학과의 직접적인 교류에 더 많은 관심을 갖게 되었습니다. 이후로 교류의 스펙트럼이 더 넓어지고 깊어졌습니다.

이상훈 : 인접 학문 분야와의 연관성 속에서 주제가 발전하고 있다고 하셨는데, 그것이 철학계만의 관심인지, 아니면 그들 학문 영역에서도 마찬가지로 철학계를 주목하고 있는 것인지 궁금합니다. 말하자면 인접 학문 분야와의 융합적인 연구가 어느 정도로 밀도 있게 진행되고 있는지와 또한 철학 내부의 타 전공 사이와 소통 문제에 대해서도 말씀해 주셨으면 합니다.

이승종 : 근대 이후 학문의 경향은 분과주의라고 할 수 있겠습니다.

다양한 학문들이 가지를 치면서 빠른 속도로 전문화되기 시작하죠. 사실 과학자들은 개별과학의 칸막이 안에 갇혀 있다는 느낌을 받습니다. 그러다 보니 전체적인 조망을 할 수 있는 기회가 원천적으로 박탈된 것이 아닌가 생각합니다. 각자의 역할, 기능, 과제에 함몰되다 보니 자기가 연구하는 분야가 어떤 지형도에 놓여 있는지, 어떤 연원에서 비롯된 것인지에 대한 감을 잡기가 어렵습니다.

철학에서도 전문화의 경향이 우세하긴 하지만, 철학은 만학(萬學)의 왕이고 오랜 역사를 가지고 있기 때문에 길라잡이와 소통의 역할을 해낼 능력과 권한이 아직 남아 있다고 봅니다. 그래서 과학자와 철학자가 같이 연구를 하게 되면 철학자는 과학의 분야들을 서로 소통시켜 주고 과학의 기본 전제와 개념을 점검하고 이를 통해 전문화된 분과에 매몰된 과학자들의 안목을 넓혀줄 수 있다고 생각합니다. 이 과정에서 철학도 과학으로부터 풍요로운 정보를 얻게 되고 과학자들도 자신들의 연구의 의미와 위상에 대해서 재고할 수 있는 계기를 얻게 되고요.

김교빈 : 이승종 선생님 말씀처럼 전통사회에서 문사철이라고 불리던 것들이 근대로 들어오면서 분화가 이루어졌고, 다시 철학 안에서도 또 다른 분화가 이루어졌습니다. 그렇기 때문에 이제는 학문간 소통이 중요한 문제가 되었습니다. 철학 내부의 소통도 그렇고, 외부로 다른 학문과의 소통도 그렇지요. 이미 시대적인 조류가 학문의 융복합으로 나아가는 추세이듯이 이런 움직임의 좋은 예가 의철학회 같은 경우라고 봅니다. 저도 참여를 하고 있습니다만, 의학에서도 간호학, 약학, 한의학, 서양의학이 결합하고, 철학에서도 서양 고전철학, 동양철학, 과학철학 등이 결합하는 모습을 보입니다. 또는 2002년에 만들어진 인문콘텐츠학회도 마찬가지입니다. 요즘 회자되는 말 가운데 하나가 문화 콘텐츠인데, 콘텐츠는 사실 테크놀로지를 기반으로 한 것

이거든요. 이에 대한 반성으로 인문학이 기반이 되어야 한다는 생각에서 만들어진 것이 인문콘텐츠학회입니다. 여기에는 문학, 역사학, 철학 같은 인문학이 중심이 되면서도 경영학, 건축학, 미술, 음악, 영화 등도 참여를 하고 있습니다. 그 밖에도 철학과 과학의 만남, 철학과 예술의 만남처럼 융복합의 저변이 점점 넓어져 가고 있다고 생각합니다. 다만 조금 부끄러운 것은 과학, 의학, 예술에서 철학에 요구하는 것을 철학이 주지 못하고 있다는 점입니다. 다른 학문 연구자들이 심도 있는 이론 기반을 철학에 요구하고 있지만, 철학은 이미 경험토대를 잃어버리면서 상아탑에 머물고 말았기 때문에 실용적인 학문의 요구에 대해 답을 주지 못하는 상황이 된 것이지요. 바로 이런 것이 만남을 통해 풀어야 할 고리입니다. 심지어는 동양철학과 서양철학의 만남 경우도 어떤 프로젝트 같은 것에 한정돼서 일시적으로 끝나버린 아쉬움이 있습니다. 그런 점에서는 전체가 같이 갈 수 있는 계기가 필요하다고 생각합니다. 저는 이런 생각을 해봤습니다. 뒤에 또 이런 얘기가 나올 수 있겠지만, 대부분의 한국철학사 책을 보면 전부 근대에서 서술이 끝나 있습니다. 전통철학에서 서술이 끝난 것이지요. 그렇다면 오늘날은 한국철학이 없다는 말인가요? 그렇지는 않겠지요. 전에 한국철학사상연구회를 중심으로 『강좌 한국철학』이라는 대학교재를 쓴 적이 있습니다. 그때 몇 가지 중요점을 논의했지요. 첫째는 오늘날까지를 다루어야 한다는 것이었고, 둘째는 북녘을 배제하면 안 된다는 것이었습니다. 그래서 북에서의 전통철학, 북에서의 서양철학, 북에서의 사회철학 등을 다루고, 남에서는 또 그런 문제들을 어떻게 다루어왔는지 대등하게 기술했지요. 그리고 근대 서양 학문 도입 이후 일제 기간 동안에는 서양철학이 어떻게 됐는지도 다루었습니다. 사실 이런 작업들은 여러 분과학문들이 같이 달라붙어서 정리를 하고 문제를 제기하고 하는 과정을 거쳐야 합니다. 결국 이러한 작업의 구심점은 학회가 되어야겠지요. 학회를 통해 분과학문들이 수시로 같이 모이면서 방법론도 서로 배우는 것이 필요하다고 봅니다.

이상훈 : 앞에서 여러분이 문제 삼아 주신 '한국철학이 무엇이냐?' 하는 정체성 문제가 있습니다. 우리 사회에서 이루어진 영미철학적 전통들이, 현대 인접 학문과의 교류 속에서 국내적인 발전을 이루고 있다고 하셨는데, 그런 부분이 한국철학이라는 범주로 묶일 수 있는 것인지, 아니면 한국철학이라는 범주로 묶기에는 부적합한 것인지에 대한 논의도 필요하다고 봅니다. 우리 사회에서 여러 철학 전공들이 묶여서 한국철학적인 부분에 대한 정체성을 확립할 수 있는 것일까요? 이 부분에 대해서 전망이나 과제를 짚어주셨으면 합니다.

이승종 : 저는 국적이 없는 철학이라는 것은 말이 안 된다고 생각합니다. 모든 것이 다 번지수가 있는 것이고, 오는 메시지에는 발신자와 수신자가 있기 마련입니다. 발신자와 수신자가 잊혀진 상태에서 발신이나 수신을 논하는 것에는 문제가 있습니다.
한국철학 연구에 대해서 아쉬운 것은 정체성 의식이 부족한 게 아닌가 하는 점입니다. 우리가 어디로부터 왔는지를 밝혀줄 우리의 상고사와 상고사상에 대한 연구가 원천적으로 이루어지기 어렵게 되어 있는 상황이 문제라고 봅니다. 일전에 『한국철학사상가연구』라는 책을 읽은 적이 있는데 그 책은 9세기의 인물인 최치원에서 시작합니다. 다른 책은 7세기의 인물인 원효를 한국 사상의 새벽으로 묘사하고 있습니다(고영섭의 『원효: 한국 사상의 새벽』). 그 이전에는 우리나라에 사상가가 없었겠습니까? 우리나라에는 서양이나 중국의 고대 사상가에 필적할 만한 인물이 없었을까요? 저는 그렇지 않을 거라고 봅니다. 우리 상고사에 대한 문헌이 희소하고, 설령 남아 있다 해도 현대 실증학문의 잣대를 충족하지 못한다는 이유로 너무 쉽게 폄하되곤 합니다. 우리 상고사에 관련된 유물을 탐사하거나 발굴하려 해도 그것들이 반

도의 바깥에 있어서 현실적으로 어려움이 많습니다. 이러한 문제에 대한 결자해지(結者解之), 발상의 전환이 있어 우리의 상고 사유를 회복하는 연구가 선행되어야 한국철학의 정체성 문제가 바로 설 것이라고 봅니다. 원시반본(原始返本)의 지혜가 우리에게 필요합니다.

김교빈 : 아까 원효 이야기를 잠깐 하셨는데, 미국 뉴욕주립대학에 한국학과가 있습니다. 한국학과가 만들어진 과정을 박성배 교수님이 쓰신 글을 통해 봤는데, 그 대학에서 어느 날 교수들과 대학원생들을 대상으로 원효에 대한 강의를 하시게 됐답니다. 그런데 강의가 끝나고 나서 청중들이 7세기 초반에 대한민국이라는 나라에 그런 철학자가 있었단 말인가 하면서 놀랐답니다. 그것이 기회가 돼서 학교도 지원을 하고 교민들도 모금을 해서 한국학과가 만들어졌답니다. 원효는 정말 대단한 분입니다. 그런데 원효가 과연 당시에 자신의 깨달음을 설명해 주려고 했던 대상이 신라 사람들이었을까요, 아니면 그보다 훨씬 더 넓었을까요? 한반도? 아니면 인류 전체였을까요? 저는 출발은 신라였어도, 궁극적 대상은 인류 모두였을 것이라 생각합니다. 그러니까 특수에서 시작해서 보편으로 나간 것이지요. 그러니까 실제 고대로 올라가도 보편성과 특수성은 같이 담겨 있었을 것이라는 생각입니다. 어떤 철학이든 끊임없이 현실의 질문에 답변하는 과정이 한국철학으로 정착하는 과정이 아닐까요? 텍스트 분석이 끝이 아니라 현실의 문제와 소통하는 과정, 그러니까 그런 점에서는 사회철학이 훨씬 쉬울 수 있겠죠. 한국 사회 현실의 질문에 대해서 답하려고 하는 과정이 결국 사회철학의 한국화, 한국적인 사회철학의 과정이 될 수 있을 것입니다. 아까 과학과 분석철학의 만남을 말씀하신 것도 그런 맥락에서 이해하고 있습니다. 전에 이런 예가 있습니다. 건국대 기계, 전자 분야 교수님들이 측우기에 대해 관심을 가졌습니다. 그러다 보니 한문을 알아야겠기에 1970년대 말 정도부터 자기들끼리 한문을 배

우기 시작했습니다. 그랬다가 측우기가 결국 동양의 과학이라는 토대에 놓여 있기 때문에 중국어를 배워야 했습니다. 또한 그 이면에 있는 천문학을 봐야 하고, 그 속에 들어 있는 세계관을 봐야 하고…. 그건 다시 말하면 결국 철학과 만난다는 것입니다. 철학은 한편으로 이런 분들의 질문에 응답하는 과정도 끊임없이 있어야 할 겁니다. 그래야만 비로소 한국철학이라는 이름을 붙일 수 있을 것이고 한국철학다운 역할을 하게 되는 것이지요. 사실 더 거슬러 올라가면 불교가 밖에서 들어왔지만 중국 불교, 한국 불교, 일본 불교를 구분하는 까닭은 결국 토대의 문제를 해결하기 위한 과정을 끊임없이 거치면서 그 나라만의 특색을 갖추고 있기 때문입니다. 사실은 서양철학이나 기독교도 이런 길을 거쳐야 할 것이라고 생각합니다.

백종현 : 실제로 미국도 분석철학이 형성된 이후에야 미국철학이 생겼다고 보는 것이지 그 이전에는 대학에서 모두 독일철학을 가르쳤습니다. 듀이도 철학적 면에서보다 거의 교육학에서 다루어졌습니다. 우리나라에서도 교육학 전공자들이 듀이를 다루었지, 철학자들은 듀이를 거의 다루지 않았습니다.

학문의 수입에 관해서도 말씀드리면, 사실 우리가 쓰고 있는 학술 용어의 90퍼센트는 일본어라 해도 과언이 아닙니다. 일본 사람들이 서양 문물을 접하고 그것을 번역한 것인데, 옛날에도 이런 상황이었지만, 제가 보기엔 최근 포스트모더니즘을 전공하는 사람들 역시 일본 용어를 쓴다는 점이 놀랍습니다. 왜 직접 번역하지 않고, 또 일본의 번역을 이용하는 것일까요? 예전의 용어들은 어쩔 수 없다고 치더라도, 새로운 용어조차 일본어를 따라하는 모습을 보면 답답합니다.

1990년대 이후의 상황은 또 다르다고 생각합니다. 지금 한국문화가 많이 수출되고 있는데, 한국 가요라든지 드라마 같은 것은 대단하지 않습니까. 중국 것이지만 중국 사람보다 한국 사람들이 더 열광하는 것이 유교이고, 한국 것이지만 한국 사람보다 중국 사람들이 더 열광하는 것이 한국 드라마라고 홍콩대학 교수인 제 친구가 연전에 저한테 말하더라고요. 다 우리가 수입했던 것이지만, 우리 것으로 소화해서 수출을 하고 있는 것 아니겠습니까? 미국문화의 한국 유입도 사실 미국철학보다는 팝송이 더 넓게 들어왔습니다. 이런 맥락에서 저는 이렇게 생각합니다. 내용이 있으면 수출할 것도 있습니다. 그런데 그 내용이란 무엇인가? 저는 그것이 교육이라고 생각합니다. 저는 학생들에게 이런 이야기를 하곤 합니다. 플라톤을 하버드에서 전공한 사람이 있고, 서울대에서 연구한 사람이 있다고 칩시다. 그러면, 서울대에서 플라톤에 대한 하버드의 교육과정을 따라한다면, 계속해서 '아류'라는 소리를 들을 공산이 큽니다. 그런데 만약 한국문화를 배경으로 플라톤을 연구할 수 있다면, 만약 하버드에서 하버드 출신 플라톤 전공자 다섯 명을 채용해야 할 상황이 오면, 네 명을 하버드 출신으로 하고, 한 명을 서울대 출신으로 하는 것이 하버드 대학 발전에 더 좋을 수 있습니다. 왜냐하면, 하버드 출신의 경우는 플라톤을 아리스토텔레스와 비교하고 소크라테스와 비교하겠지만, 공자, 순자, 율곡 등과 비교할 수는 없을 것입니다. 하지만 한국의 학생은 그렇게 할 수 있습니다.

인문학에서 적어도 80퍼센트는 문화의 전승이라고 생각합니다. 그리고 나머지 20퍼센트 정도나 천재들이 보태가는 것이라고 생각합니다. 전승은 언어를 통해 이루어지기 때문에, 한국의 대학에서는 서양철학을 전공하더라도 한문을 충분히 익혀야 한다는 점을 강조하고 싶습니다. 율곡도 읽을 줄 알고, 논어도 읽을 줄 알아야 한다는 것입니다. 그렇지 못한 상태에서는 칸트 전공을 해도 독일의 칸트 전공하는 사람한테 거의 언제나 밀릴 수밖에 없습니다. 한국에서 서양철학을 연구할 때, 적극적으로 한국문화의 지평 위에서 함으로써, 서양 문헌 해석에서는 밀릴지 몰라도 전체적으로는 더 앞설 수 있어야 한다고 생각합니다. 그런 내용을 만들게 되면 수출품이 나올 수 있다고 생각합니다.

윤평중 : 수입 철학과 자생 철학 논란은 계속 진행되어 왔고, 저는 총론에 대한 문제 제기는 이미 충분히 되었다고 봅니다. 따라서 각자가, 그리고 각 학문공동체가 이제 자기 영역에서 각론을 하면 될 것 같습니다. 백종현 선생님의 방식으로 개별적으로 자생 철학을 하면 되는 것이라 생각합니다. 이미 한국 철학계의 몇몇 분들이 현대 학문론의 관점에서도 훌륭한 자생 철학을 하고 있다고 생각합니다.

그 다음에 우리말 문제는 제가 약간 다른 생각을 가지고 있습니다. 수입의 문제에서 방금 공간적 수입뿐만 아니라 시간적 수입의 문제도 있다고 말씀하셨는데, 잘 아시는 것처럼 이미 선구적 작업들이 진행되고 있습니다. 하지만 동시에 유념해야 할 것은 순수한 기원에 대한 집착에 대해서도 비판적 거리를 유지하는 것이라고 생각합니다. 유홍준 씨가 문화재청장을 하면서 광화문 재건축 작업을 하고 있기도 하지만, 저는 그런 것들에 대해 비판적입니다. 사실상의 진짜 광화문은 임진왜란 때 이미 다 타서 없어졌지요. 그렇다면 복원한다는 원형의 모델은 어디에서 찾아야 하지요? 저는 이것을 원형 강박증이라고 부르는데, 현대 한국어 사전에 20만 단어 이상이 수록되어 있다고 말합니다만, 철학이라는 것이 개념을 중심으로 진행이 되는데, 개념어의 99퍼센트 이상은 한자에서 온 것입니다. 그렇다면 그것은 한자가 원형이기 때문에 우리말이 아닌가요? 저는 그렇게 생각하지 않습니다. 일본인들이 오랜 시간 번역해서 우리가 일본 표현을 차용하고 있지만, 그것이 단지 일본에서 왔기 때문이라는 이유로 배척해야 한다고는 생각하지 않습니다. 그들이 오랜 시간 많은 투자를 거쳐서 적절한 개념어를 찾아낸 것이기 때문입니다. 그래서 저는 글을 쓸 때도 일부러 한자어를 많이 사용하는데, 저는 한자어도 넓은 범위에서 우리말이라고 생각하기 때문입니다. 따라서 일본에서 유래된 번역어도 우리 생활세계에서 친숙하게 사용되고 있고, 의사소통하는 데 문제가 없고, 원래의 개념을 충실하게 담아낼 수 있다면 써야 한다고 생각합니다.

백종현 : 물론 일본어, 한자를 다 빼고 나면 남는 것이 거의 없죠. 제가 주장하는 바가 그 용어들이 일본어이기 때문에 빼자는 말은 아닙니다. 그렇게 되면 남는 것이 10퍼센트도 안 되겠죠. 철학 용어는 우리말로 표현하기 어렵기 때문에 그런 것인데, 한글 자체도 소리글자이기 때문에 소리 연관성의 개념 묶음이 있어야 하는데, 우리말에서는 그 부분이 뚝뚝 떨어지는 경우가 있습니다. 예를 들어, '지식'의 경우 거기에 상응하는 동사가 없습니다. 결국 '안다'라는 용어를 써야 하는데, 여기서 소리 연관성이 사라집니다. 그래서 일상에서는 '인식'이라는 말을 잘 쓰지 않지만, '인식하다'라는 동사도 함께 있기 때문에, 우리는 '인식론'이라는 말을 자연스럽게 쓰지요. 그래서 인식론은 지식에 대한 학문인데, 왜 이것을 지식론이라고 하지 않고 인식론이라고 하는가에 대한 물음이 이해되는 것입니다.
이런 어려움과 더불어, 일본 사람들이 한자를 쓸 때의 어감과, 한국 사람들이 한자를 쓸 때의 어감이 다른 경우가 적지 않습니다. 저는 이런 부분은 바뀌어야 한다고 봅니다. 도저히 한국 사람으로서는 받아들일 수 없는 부분을 바꾸자는 것이지, 모든 것을 다 폐기하자는 것은 아닙니다.

윤평중 : 김상봉 선생님께서도 주목하고 계시는 함석헌 선생님에 있어서도, 굉장히 중요한 것이 사상의 자원입니다. 그 부분에 국한시켜서 이야기를 해보면, 함석헌 선생님의 텍스트를 읽을 때, 어떤 거대한 통찰, 문명사적 비전 등은 충분히 있다고 생각합니다. 그러나 현대사에 있어서의 학문공동체의 전문성의 잣대로 볼 때는 낯설다는 느낌을

가질 수밖에 없다고 생각합니다. 그런 선구자적 작업을 하는 분들을 우리가 존중해야 하고, 해석하고, 재창조해야 하는 것은 맞습니다. 하지만 언어는 살아 있는 생명체이기 때문에, 현재 한국어를 쓰는 다수의 사람에게 익숙하게 받아들여져야 한다고 생각합니다. 평균적 시민 공동체에 받아들여지지 않고, 일부 소수의 학자들에게만 받아들여진다면, 지극히 공허한 이야기가 될 수도 있을 것입니다. 그런 작업을 하실 때, 특히 소장학자들, 즉 젊은 학자들과의 만남과 일반 대중과의 소통을 가장 중요한 작업으로 삼아야 할 듯합니다.

김상봉 : 저는 번역을 할 때 그런 점에서 원칙으로 삼고 있는 것이 있는데, 번역을 잘한다 못한다는 것보다는, 텍스트 내에서 '해석학적 순환'이 되어야 한다고 생각합니다. 동시대인들이 그 책에 대한 사전 지식이 없어도, 두 번 세 번 계속 읽다 보면 알 수 있게끔 되어야 하는 것이지요.

백종현 : 한마디만 더 보태자면, 지금 사람들이 쉽게 소통할 수 있는 말을 사용하는 것도 중요한 것은 사실입니다. 그러나 지금 우리 용어 자체도 부족한 형편입니다. 생각이나 느낌이 좀 더 많이 펼쳐지면 어휘가 늘어날 것이고, 그렇다면 어휘를 늘려야 하는데, 어휘를 늘리는 방법으로 새로운 말을 만들어내는 것으로 충분한가? 그렇지 않습니다. 옛말을 쓰지 않으면 표현만 바뀔 뿐이지 어휘가 늘지 않습니다. 비록 옛말이고 지금은 잘 쓰지 않지만 그것이 좋은 표현이면 다시 끌어내어 쓰도록 만들어야 합니다. 내용도 없는데 말만 새로 만들면 아무도 사용하지 않겠지만, 내용이 갖춰지면, 처음에는 생소하더라도 내용을 알기 위해서 그 언어를 익히게 됩니다. 말하자면 창조적 학자가 나오면 어휘가 늘어납니다. 그러고 보면, 창조성이 생명이지 어휘는 사실 부차적이라고 볼 수도 있습니다.

이진우 : 한국의 칸트와 하이데거가 나타나면 한국 언어는 확 늘어날 것입니다. 그런데 그 여건이 참 힘든 상황이지요.

김상봉 : 그게 철학자의 사명이라 생각합니다. 자기 모국어, 즉 시인만이 자기 모국어의 파수꾼이 아니고, 철학자들이야말로 다른 의미에서 그렇게 해야 한다고 생각합니다.

백종현 : 저는 그 부분이 가능하다고 봅니다. 다만 우리 교육의 방향이 바로잡혀야 합니다. 우리는 사실 참 다양한 것을 받아들이지만 지금 혼융하는 데 있어서는 부족하다고 봅니다. 어떤 물건이 한 가지만 있기보다는 여러 가지가 있는 것이 낫습니다. 잡화상 같은 상태가 나쁜 게 아니고, 잘 정리만 되면 되는데, 그게 그렇지 못한 상태일 때가 문제이지요. 우리 2세대 학자들이 교육을 통해서 시범을 보이면, 3세대에서는 충분히 그 소양이 갖춰지리라 봅니다.

홍윤기 : 언어에 대한 자의식의 심화, 즉 언어학적 전회(linguistic turn)가 20세기 철학의 형성에 있어 원천적 계기를 가진다는 철학사의 상식을 들먹거리지 않는다고 하더라도 한국철학에서 한국어 자체의 생산력과 생동성에 대한 성찰이 부족한 것은 현재의 논의 상황에서도 그대로 드러난다고 생각됩니다. 흔히 한국철학(corean philosophy)을 하겠다는 좋은 생각을 가진 분들은 '한국적' 철학을 곧 '한국말로 하는' 철학으로부터 출발해야 한다는 생각에 강한 집착을 보입니다. 그런데 아까 여러 선생님들이 지적하셨지만 '한국말을 써서' 실제 우리 학계에서 발간되는 철학 학회지에 논문을 쓰려고 하면 잘 되지 않는 것이 현실입니다. 대화 상황은 더 말할 것도 없습니다. 하지만 현재 상황에서 한국말로 철학적인 글이나 말을 제대로 쓰거나 말하지 못한다는 사태가 곧 한국말이 철학에 부적합하다고 속단하는 근거가 되면

안 됩니다. 어느 면에서 심지어 이미 토착화된 한자어까지 포함하여 '순수하지 않은' — 좀 이상한 말이기는 합니다만 — 우리말을 일체 배제하고 '그야말로 순도 백 퍼센트의 순수한' 우리말이 철학적 사고에서 획득한 성찰을 더 잘 표현할 수 있다는 것은 외국 철학의 번역 때 번번이 실감하는 일입니다. 그 가장 전형적인 사례가 하이데거 번역인데요, 그의 『존재와 시간』 중에 인간의 현존재를 표현하는 유명한 개념에 'Geworfenheit'라는 것이 있다는 것은 다 아실 것입니다. 이것을 우리 선대들은 일본어 번역을 그대로 따와서 '피투성'으로 옮겼지요. 당연히 우리 인간존재는 '피투성이'의 고난스러운 삶이지만, 그것이 '피투성이'가 아니라 '被投性', 즉 내던져진 상태를 가리킨다는 것을 아는 데 상당히 오랜 시간이 걸렸습니다. 이 점은 나중 나온 번역본에서 현격하게 개선되었습니다만, 결국 우리말의 표현 가능성에 대한 철학적 관심이 선행되지 않은 우리말 국수주의는 우리들 사이의 철학적 대화를 상당히 어색하게 만들 소지가 있습니다. 철학이 발생한 역사적 원초 상황에서는 개념어들이 현재와 같이 추상화되어 있지 않다는 것을 고려하지 않은 채 그리스 고대철학이나 중국 고대, 심지어 인도 고대의 철학을 번역하면 정말 생경한 인상을 주어 단지 전공자들뿐만 아니라 학문 후속세대, 나아가 일반 인문학 독자들에게 큰 진입 장벽을 치는 결과를 빚어냅니다.

그리고 언어철학 문제에서 유감스러운 것으로, 영미의 언어분석철학이 마치 유일한 언어철학인 것처럼 되어 있는 것은 이 측면에 관한 한 우리 철학계의 인식이 굉장히 협소하다는 것을 알려줍니다. 언어분석철학은 명백히 언어철학의 한 분파일 뿐이지 언어철학 전체를 대변하지는 않습니다. 언어철학에는 언어분석철학보다 훨씬 먼저 시작된 해석학(hermeneutics)을 필두로, 언어분석철학보다 한 세대 앞서 활동을 시작한 기호학(semiotics)이 큰 흐름을 형성하면서, 그 외에도 언어철학적 영향력을 행사하는 수다한 조류들이 있습니다. 이런 점을 고려하면 한국철학은 적어도 메타철학 분야에서는 아직 충분한 언어철학적 전회가 이루어지지 않았다고 보입니다.

어쨌든 김상봉 선생님 말처럼 우리가 현대적인 방식과 비평에서 이루어지는 철학의 훈련기가, 길게는 조선 말 북경의 서적시장을 통해 서양철학의 번역서들을 접하게 된 19세기 중엽에서부터, 짧게는 식민지 시절 몇몇 사립 전문학교와 경성제대, 그리고 산발적인 외국 유학 등 현대적 고등교육을 통해 철학교육을 받은 시점부터 치더라도, 얼추 백 년이 넘어가고 있는 이 시점에 한국철학이라고 할 수 있는 그 무엇인가가 나와야 한다는 것은 분명합니다. 이 경우 저는 오래전부터 단지 한국철학(corean philosophy)이 아니라 한국'현대'철학(corean modern philosophy)이라는 말을 사용해 왔습니다만, 우선은 현대 이전 한국 역사에서 출현했던 다종다양의 사고들을 비판적으로 해석하고 전승하는 작업이 시급하고, 그 다음에는 이런 비판적 성과 위에서 또는 그것과 병행하여 진정 우리 삶에서 고민해야 하는 문제가 무엇인지를 정립하는 작업을 시급하게 시행해야 합니다. 다시 말해서 '철학의 현실 개입 능력'을 어떻든 제고해야 하는 것이 범철학계적으로 시급한 일입니다.

그런데 여기에 아주 중요한 장애 요인이 있는데요, 바로 대학의 학과 체제를 근간으로 한 강단철학을 중심으로 돌아가는 우리 철학계의 학습 풍토입니다. 지금 이 좌담의 참석자분들도 모두 대학의 교수들입니다만, 많이 개선되기는 했지만, 철학의 현안 문제들보다 자기가 전공한 분야에서 정착된 학설이나 고전을 강의하는 것으로 대학에서의 철학교육을 때우는 경향은 아직도 문제입니다. 철학교수로서 우리는 물론 개인으로서 실존적 고민이 있어 철학 공부를 시작했습니다만, 사회의 공적 자원을 사용하는 교수로서 우리 자신의 고민에만 몰입해서는 안 되는 아주 특수한 위치에 있습니다. 이런 점에 대한 범학계적 동의가 성립되지 않으면 결국 한국현대철학 또는 한국철학은 말만 무성하고 실체는 없는 공허한 구호가 되고 말 것입니다.

김종욱 : 우리말과 관련해서도, 제가 아까 일본 에도시대의 일본 번역도 말씀을 드렸지만, 그에 비하면 우리말 번역은 아직 멀었죠. 제대로 학술 논문 한 줄도 쓰기 어려운 형편입니다. 제가 관심을 갖는 것은 한자에 있어서의 번역 과정을 추적하면, 결국은 동양철학과 서양철학이 만나는 지점이 있다는 점입니다. 지금 교육을 말씀하셨지만, 똑같은 개념 설명을 할 때에도 우리가 '이성'을 'reason' 혹은 라틴어로는 설명을 잘할 수 있습니다. 사실 그 '이성'이라는 용어는 성리학에서 차용한 것입니다. 일본 사람들은 거의 인문, 철학 용어를 두 자로 끊는데, 중국철학에서는 두 자로 된 용어가 거의 없고 대부분 외자입니다. 이런 단계들이 분명히 있기 때문에 이런 부분을 잘 연구하면 동서 철학이 하나의 문제 속에서 꿰는 형국이 될 수 있을 것입니다. 예를 들어 '의식' 같은 경우, 영어에서는 'consciousness'라고 하겠지만, 원래는 이것이 불교 용어입니다. '의' 자와 '식' 자는 분명히 다름에도 불구하고, 일본 사람들은 결합을 시켜버리니까, 그것조차 또 하나의 개념이 됩니다. 미국 사람이 'consciousness'에 대해서 설명할지는 모르지만 우리같이 '의' 자, '식' 자에 대해서는 모를 것입니다. 교육하는 방식에 있어서 이런 점을 잘 종합하는 방향으로 나아가야 할 것으로 봅니다.

백종현 : 제가 용어 정리를 하면서도 앞에서 말씀하신 부분들을 고려했습니다. 우리가 윤리를 탐구함에 있어서도 '윤리'의 한자 어원이 무엇인가를 따져보면 모두 중국 고사에서 나온 것입니다. 그런데 일본 사람들이 만든 용어가 충분히 유행될 가치가 있는 이유는, 그게 대개 원래는 일본어가 아니라는 점입니다. 중국 고전에 근거를 두었기 때문에 한국과 중국 사람도 쉽게 받아들일 수 있지요. 이것은 일본만 그

런 것이 아니라, 미국 사람도 마찬가지입니다. 그들이 새로운 용어를 만들 때, 많은 경우 라틴어나 그리스어에 그 근거를 둡니다. 앵글로-색슨어로 말을 만들지 않습니다. 그렇기 때문에 독일이나 프랑스 사람들이 쉽게 받아들일 수 있는 것이지요. 이런 의미에서 한글만이 우리말이라고 생각하지는 않습니다. 우리 한국 사람들의 생각이나 정서가 그 용어를 통해 잘 드러날 수 있다면, 어떤 말을 써도 좋다고 생각합니다.

상생적 소통과 창의적 말 걸기

이상훈 : 철학계 내에서 기피하는 경향이 있지만, 어떤 면에서 인지철학을 하는 사람이 전통철학에 대해서도 언급할 수 있어야 하고, 충효에 대해서도 현대화된 이해를 제안하는 것이 자연스러워야 한다고 봅니다. 이제 우리 내부의 칸막이를 어떻게 앞으로 철학에서 걷어낼 것인가에 대한 방안들에 대해 좀 말씀해 주시죠.

이승종 : 철학과 인접 학문 간의 대화도 어렵지만 사실 그보다 더 어려운 것이 철학 안에서의 소통입니다. 이것은 결국 제도의 문제라고 생각합니다. 철학 안에서의 대화가 어려운 것은 전공이라는 전문성 때문인 것 같습니다. 서로의 영역이 있고, 그 영역에 안주하다 보니 근본주의, 교조주의에 빠지기가 쉽습니다. 영역을 조금이라도 크로스오버하면 자기 검열의 빨간 신호등이 켜지기 때문에 각자 조심하게 되는 것입니다. 위험성을 몸으로 아는 것이지요.
이러한 문제에 대한 답은 가까이 있다고 생각합니다. 제도나 전공, 소속이 중요한 것이 아닙니다. 철학은 사태를 다루는 학문이므로 사태 적합적인 탐구를 지향하여 사태에 천착할 때 칸막이의 문제는 해소됩니다. 전통적인 것을 현대적인 관점에서 접근하는 것도 바람직한 일

이겠지만, 사태가 드러나기 위해서 다양하고 입체적인 시도를 해보는 것이 더 중요합니다. 방법론을 배워서 적용하는 것만으로는 부족합니다. 철학은 응용학문이 아니기 때문입니다.
오히려 고전이야말로 진정한 학제적 작업의 산물이라고 생각합니다. 고전이 쓰이던 당시는 학문이 분과되기 이전이기 때문에 여러 분야를 넘나드는 것이 당연시되었습니다. 문사철(文史哲)이 하나로 통합되어 있던 때였죠. 이러한 흐름에서 나온 고전이 지향하는 사태 적합적 탐구 정신을 배워야 한다고 봅니다. 반면 현대의 철학적 작품들은 자기 분야에서는 전문적 깊이를 보여주기도 하지만, 사태 적합성이라는 측면에서 사태의 풍성함을 드러내는 데에는 아쉬움이 있고 그 울림도 작은 편이라고 생각합니다.

김교빈 : 제 경험에서도 가령, 한의학 하는 사람들과 『동의보감』을 같이 본다고 할 때 서로 용어도 다르기 때문에 의사소통이 잘 안 됩니다. 하지만 저의 주 관심사 중 하나가 '기' 문제였는데, '기'를 다루면 의학과 천문학, 예술, 문학, 다 만날 수 있습니다. 그것을 고전적 텍스트로 풀어내는 것이죠. 고전이 가지고 있는 풍부함은 단순한 회고 차원이 아니라, 거기로부터 지식의 재생산이 가능하기 때문에 중요한 것입니다. 그런 작업으로 돌아가면 동양철학과 서양철학도 서로 만날 수 있을 것입니다. 가령 의철학회가 발표를 하는데, 서양 고전철학 하는 사람들은 히포크라테스를 들고 나와서 이야기를 하고요, 동양철학 하는 사람은 『황제내경』을 들고 나와서 이야기를 하는데, 그렇게 고대로 올라가면 오늘날 동양의학과 서양의학도 만나게 되지요. 실제로 그렇게 만나는 지점들을 어떻게 찾아낼 것인가, 그리고 그 안에서 어떤 구조를 가지고 다시 오늘날에 필요한 지식으로 재생산해 낼 것인가, 저는 그런 지점이 철학 내부가 서로 만날 수 있는 지점이라고 봅니다. 그리고 분과학문으로 나누어진 오늘날에도 장기적으로 전망을

내놓을 수 있는 방법이 아닌가 생각합니다.

그 밖에 동양철학과 한국철학에는 앞으로 다루어야 할 공백이 굉장히 많은 상황입니다. 그래서 여러 차례 한국연구재단이나 한국학중앙연구원에도 로드맵이 필요하다는 말을 했습니다. 특히 한국철학 같은 경우에, 전체적으로 연구자들의 분포나 연구된 부분에 대한 분석부터 해야 하고, 비어 있는 지점들이 어딘지, 우선적으로 심화 연구해야 할 부분은 어딘지 밝혀야 한다는 제안을 했습니다. 그랬을 때, 인물이나 주제에서, 그리고 텍스트에서 비어 있는 부분을 찾아낼 수 있을 것입니다. 특히 텍스트 같은 경우는, 텍스트들이 수합되지 않은 경우도 많습니다. 안동의 국학진흥원이 그런 점에서 모범적입니다. 안동을 중심으로 한 경상도 지역의 자료를 모아 놓는 아카이브 역할을 하고 있습니다. 그런 것들을 토대로 한 기초 연구들이 필요합니다. 이게 결국 아까 말씀하셨던 것처럼 배고플 수밖에 없는 학문인 부분이기도 하구요. 한 번은 이런 경험이 있었습니다. 일본의 경우 전통철학 연구의 토대가 탄탄합니다. 한의학 하는 사람들과 같이 공동 연구를 하던 팀에서 일본의 야마다 게이지를 만나러 간 적이 있었습니다. 그쪽에서는 한국의 이름도 별로 없는 젊은 학자들이 온다니 한 10분 정도 만나는 것으로 생각을 했던 모양입니다. 그런데 이야기를 하다가 최근 무슨 책을 읽고 있는지 물어서 방이지의 『물리소지』라는 책을 보고 있다고 대답했답니다. 그랬더니 그거 어렵지 않냐고 하면서 자신도 제자들과 함께 그 책을 보고 있는데 많이 힘들다고 하더랍니다. 그리고는 세 시간을 할애해 가면서 이야기를 나누었답니다. 기초 연구를 하는 사람들이라는 점에서 통했던 것이지요. 하지만 우리는 아직도 기초 연구가 탄탄하게 이루어져 있지 않습니다. 그런 것이 앞으로 해나가야 할 부분이 아닌가 생각합니다.

이승종 : 분석철학이 철학의 과학화를 목표로 수학자들에 의해 만들

어진 학문이어서 과학과의 밀접한 연관 하에 흘러오다 보니 과학의 이념이 여전히 맹신되고 있습니다. 진보의 이념이 그것입니다. 진보는 계속 발전한다는 뜻입니다. 저는 과학보다는 기술이 진보에 더 적합한 분야라고 생각합니다. 기술 분야에서는 하루가 멀다 하고 새 상품이 쏟아져 나오고 새것이 나올 때마다 옛것들이 퇴물이 되어 버립니다. 이러한 상황이 점점 현대인들로 하여금 진보를 맹신하게 만듭니다. 진보에 대한 맹신은 옛것이 틀리거나 나쁘고 새것이 맞거나 좋다는 생각을 초래합니다. 이로 말미암아 역사는 하찮은 것으로 희화화(戲畫化)됩니다. 역사성 자체가 사장되고 있는 것입니다.

철학은 공시적으로는 사태를 파악하는 학문이고 통시적으로는 흐름을 파악하는 학문입니다. 흐름을 보고 그 흐름을 잡아내는 것이 동양에서나 서양에서나 철학의 본령입니다. 그런데 진보의 이념을 전제로 새것만을 좇다 보면 흐름을 놓치게 됩니다. 이것이 우리가 현대 학문을 할 때 경계해야 할 모더니티의 그늘이라고 생각합니다. 하이데거는 진리의 그리스 어원이 알레테이아(aletheia)임에 주목합니다. 망각을 의미하는 'lethe'에 부정어 'a'가 붙어 있는 'aletheia'의 축자적 의미는 탈망각입니다. 진리는 망각한 역사의 흐름을 회복하고 그 흐름에 대한 기억을 호출하는 것입니다. 그것이 진리의 본령이고 철학의 터전이라고 생각합니다. 진보에 대한 반성과 역사성의 회복이 우리에게 요구되는 과제입니다.

김교빈 : 인접 학문과의 소통 부분에서, 저는 철학을 하는 사람들이 움츠려 있다고 봅니다. 조금 더 한 걸음 내딛어야 한다고 봅니다. 그래서 자신이 가지고 있었던 철학의 일부를 수정하거나 깨더라도 오히려 그렇게 한 걸음 더 나아가는 용기가 필요하지 않은가 생각합니다. 2010년에 철학연구회에서 준비하고 있는 심포지엄의 주제가 '문화 컨텐츠와 철학'으로 알고 있습니다. 실제 저도 계획을 세우는 데 부분적

으로 도와드리면서 보니까, 문화 컨텐츠라는 말이 굉장히 회자됨에도 불구하고, 철학 쪽에서 발표자를 찾기가 쉽지 않더군요. 발표할 수 있는 사람들이 별로 없고, 하겠다고 나오는 사람도 별로 없습니다. 내가 하는 철학이 이런 것인데 문화 콘텐츠에 대해서 무슨 말을 할 수 있을까? 대부분 이런 생각을 하십니다. 언젠가 한 번 대학에서 가르치는 여러 학문 분야들을 살펴본 적이 있는데, 체육에서는 체육철학을 가르치고, 경영에서는 경영철학을 가르칩니다. 미학은 말할 필요도 없고, 정치철학 등등 실제 철학이 관련되지 않은 분야는 없지요, 그래서 철학을 만학의 왕이라고 표현하면서도, 구체적인 현실에 대해서는 답을 못 주는, 또는 한 걸음 더 깨고 나아가서 만나려고 하는 노력 자체가 별로 없는 이런 모습이 지금 우리 철학계의 모습이라고 생각됩니다. 철학자들 스스로가 좀 더 열고 나가려는 자세를 보여야 합니다. 그게 현실에서 철학이 감당해야 할 일 아닌가 하는 생각입니다. 사실 밖에서는 철학에 대한 요구가 굉장히 많습니다. 철학이 뭔가 답을 줄 수 있겠거니 하는 기대가 오히려 철학하는 사람들에게 굉장한 부담이 될 수는 있지만, 실제 그렇게 만나서 같이 발표하고 다른 관점에서의 질문도 듣고 하는 과정이 철학의 새로운 패러다임을 만들어내는 하나의 돌파구가 되기도 하고, 스스로의 역할을 공고히 하는 기회가 되기도 할 것입니다.

또 저도 여전히 짊어진 과제이지만, 후배들에게 다루라고 할 만한 주제 중 하나는, 통일문제, 분단의 문제입니다. 저는 2008년에 세계철학대회를 할 때, 이런 생각을 했습니다. 세계철학대회가 한 번도 유럽 밖을 벗어난 적이 없다가 처음으로 한국에 왔는데, 그렇다면 세계 철학자들이 한국에 대해 무얼 궁금해 할까? 저는 굉장히 궁금해 할 문제 중 하나가 남북의 분단 상황에 대해서 한국의 철학자들이 무슨 고민을 해왔고, 어떤 노력을 해왔는지라고 생각했습니다. 또 하나는 세계적으로 문제가 됐던 황우석 사태에 대해 한국에서 철학자들이 무슨 대답, 어떤 생각을 하는지가 굉장히 궁금해 할 문제가 아니었을까요? 그렇다면 우리가 이런 고민을 하고 있고, 또는 이런 분야로 더 진화시켜 가려고 한다는 점을 보여주어야 할 필요가 있다고 생각했습니다. 그래서 제가 그 두 개가 섹션으로 만들어졌으면 좋겠다고 말씀드린 적이 있었습니다. 분단문제를 놓고서 개별적으로 생각해 보면, 예멘 같은 경우는 북이 남을 통일했고, 베트남도 그렇고, 독일 같은 경우는 서가 동을 통합했는데, 저 나라들이 과연 통일 이전에는 어떤 철학을 얘기했고, 통일 이후에는 어떤 모습인지를 보는 것이 앞으로 우리가 결국 분단을 넘어서고 통일로 갔을 때 대비할 수 있는 중요한 작업이라고 봅니다. 또는 철학계에서 보면 재밌는 것이, 북에서 남으로 온 철학자도 있고, 남에서 북으로 간 철학자도 있고, 남북을 다 오간 철학자도 있습니다. 도대체 어떤 고민들을 가지고 그런 실천을 했는지를 보는 것도 미래를 준비하는 토대가 될 수 있겠다고 생각합니다. 저는 분단의 문제를 고민하고, 통일을 대비하는 한국 철학계의 연구가 필요하다고 봅니다. 또 다른 측면에서는 세계철학대회를 보면서 이런 생각을 했습니다. 세계철학대회를 여는 것도 좋지만, 한국 철학자들의 눈으로 세계철학사를 써보면 어떨까? 세계철학사가 구소련에서 나온 것도 있고, 유럽에서 나온 것도 있습니다. 그렇다면 한국인의 눈으로 세계철학사를 쓴다면 우리는 어떤 시각을 가지고 쓰게 될 것인가? 이런 작업은 철학계 내의 여러 분과학회들이 만날 수 있는 기회가 될 것입니다. 결국 제가 세계철학사 이야기를 한 것은 방법일 수도 있습니다. 우리의 눈을 갖는 하나의 모티브 작업으로서 세계철학사 같은 성과물이 나오면 어떨까 생각합니다.

이승종 : 우리의 관점에서 세계철학사를 써보자는 김교빈 교수님의 제안에 최남선 선생의 선구적인 시도가 생각납니다. 1925년에 최남선 선생이 저술한 『불함문화론』은 우리 역사의 시원(始原)이 동북아를

중심으로 중동과 유럽에까지 그 영향을 미친 불함문화 권역에서 비롯되었다는 대담한 가설을 펼쳐 보이고 있습니다.
우리의 관점에서 세계를 이해하고, 우리를 중심에 놓고 세상을 설명하고 해석하려는 시도가 언젠가부터 우리 학계에서 실종되었습니다. 우리의 과거는 중국에 의존해 있고 우리의 현재나 미래는 서구에 의존해 있다는 사대주의 콤플렉스에서 빨리 헤어나는 게 중요한 과제입니다. 그러기 위해서는 말씀하신 대로 우리의 입장에서 세계철학사를 쓰는 등 다양한 시도가 필요합니다. 우리의 역사의 뿌리로 소급해 가면서 거기에서 세계문화에 기여할 수 있는 원류를 발굴하고 파악하는 작업에 신경을 써야 한다고 생각합니다.

김교빈 : 본받을 만한 예는 많지요. 조동일 교수님 같은 경우는 『우리 학문의 길』을 쓰셨습니다. 문학사상의 입장에서 본 것이지만, 조동일 선생님 관점은 서구적인 세계가 한계에 달했다는 것입니다. 그리고 그것을 대체하는 것으로 동양적인 세계관으로 한번 해보자, 그런데 전통철학에서 '리'로 얘기하는 세계관은 이미 서구에 먹혀버린 현실에서 비주류였던 '기'를 가지고 새로운 패러다임을 만들어보자, 이게 논의 구조입니다. 이런 패러다임을 바꾸겠다는 시도를 저는 굉장히 유의미한 문제 제기라고 봅니다. 또 백낙청 선생님 역시, 『분단체제 변혁의 공부길』이라는 책을 쓰셨습니다. 분단문제를 고민하면서 한국 전통사상에서 답을 찾으려고 동학을 끌어들였습니다. 다른 학문 분야라도 이런 시도들, 또는 현실의 문제에서 굉장한 고민을 거쳐 답을 내놓으려고 하는 노력들을 배워야 한다고 생각합니다.

이승종 : 하이데거에 따르면 철학은 '반시대적'입니다. 친(親)시대적인 학문은 철학일 수 없다는 그의 말에 저는 동의합니다. 철학과 현실이 맞아떨어질 수가 없습니다. 각자 길이 다르기 때문입니다. 우리 시대

에는 '자본'이 모든 것을 장악하고 있고 현실은 자본의 흐름대로 흘러가게 되어 있습니다. 이것이 이 시대의 역운(歷運)입니다. 하지만 철학은 다릅니다. 철학은 시대의 역운과 같이 갈 수 없는 것이라고 생각합니다.

셰익스피어는 『햄릿』에서 "시대가 탈구(脫臼)되어 있다."는 말을 한 적이 있습니다. 저는 햄릿의 그 명제가 우리 시대에도 유효하다고 봅니다. 자본이 모든 권역을 지배하는 중심에 자리하고 있는 것은 사실이지만, 그것의 표면 효과로서의 문화와 학문은 지리멸렬하게 파편화되어 가고 있습니다. 우리 시대의 대표적 코드인 문화 다양성이나 포스트모더니티 같은 이념도 그러한 파편화를 부추기는 역할을 하고 있습니다. 사유의 표현인 문화와 학문이 파편화되는 것에 대해서는 철학도 책임이 있습니다. 철학은 탈구된 것을 제자리로 돌려 맞추는 역할을 해야 한다고 봅니다. 철학은 시대의 흐름에 영합하거나 그 요구에 부응하기보다는 시대를 비판하고 선도해야 한다고 생각합니다.

물론 시대나 대중이 철학에 요구하는 것 중에 철학의 입장에서 들어주어야 할 것이 있기는 합니다. 철학이 시대를 등져서는 안 되고 필요하다면 시대의 갈증을 풀어주어야 합니다. 하지만 많은 경우 시대나 대중들은 철학으로부터 자기가 듣고 싶은 이야기만을 들으려 할 뿐입니다. 이러한 요구에 순응하는 철학은 결과적으로 기존의 틀을 인정하고 그것에 자신을 맞추게 됩니다. 그러나 진정으로 철학이 해야 할 일은 잘못된 틀을 비판하고 다른 비전을 제시하는 것입니다.

김교빈 : 철학이 사회로부터 제대로 역할을 못한다고 무시되는 전통은 일제강점기부터 시작된 게 아닌가 생각합니다. 현실로 못 들어오고 관념에서 헤매는, 그래서 그때 철학을 비하해서 이야기할 때 데칸쇼 철학이라고 하지 않았습니까? 하지만 철학이 현실에서 할 수 있는 역할은 과거보다 무진장 많다고 봅니다. 그리고 그렇게 할 수 있는 토

대도 훨씬 많이 만들어져 있습니다. 그런 현실로 돌아오는 작업을 하는 후배들을 보면 성공적인 사례들이 많습니다. 노숙자를 위한 인문학이 그런 좋은 예지요. 거기에서 철학을 강의한 후배들 이야기를 듣고 놀랐습니다. 어떤 후배는 노숙자들에게 『논어』를 읽히기도 했지요. 본래 이 프로그램은 수원 성공회 교회에서 시작해서 상계동과 난곡으로 퍼졌습니다. 강좌를 들은 노숙자들끼리 동창을 조직해서 다시 노숙자가 되지 않도록 붙들고, 심화된 강의를 더 해달라는 요청을 했다고 합니다. 『논어』를 강의했던 후배는 자기가 한 강의 중 그 강의가 가장 기억에 남는다고 하더군요. 또는 아예 교도소에서 철학만 강의하는 프로그램도 있었습니다. 맨 처음에는 의정부 교도소에서 시작했다는데 그 강의를 담당한 조광제 선생님 이야기를 들어보면 3개월 동안 참 막막했다고 하더군요. 모두 무지막지한 죄수들인데, 이 사람들에게 철학을 어떻게 이야기해야 할지…. (웃음) 그런데 3개월 뒤에 나타난 효과는 놀라웠다는 것이지요. 교도소 안에서 폭력이 줄었답니다. 그래서 그 강의를 처음 시작한 의정부 교도소장이 목포 교도소로 가자마자 철학 강의를 개설했고 이제는 전남 지역 후배들이 그쪽 강의를 맡고 있답니다. 외국의 예로는 미국의 'with people' 프로그램과 같은 것이지요. 그뿐만 아니라 근자에는 지자체들이 인문학 강좌를 열기도 합니다. 그리고 그 안에는 핵심적으로 철학 강좌가 들어갑니다. 실제 이런 변화를 보면 철학이 할 수 있는 역할이 점점 커져 간다는 생각입니다. 한국연구재단에서 하는 인문학 강좌 가운데 철학 강좌의 인기도 대단하다고 들었습니다. 들어본 사람들 반응은 철학이라 하면 자기들과 다른 사람들이 하는 거라고 생각했는데, 들어보니 아니라는 것이지요. 아까 말씀하신 철학과 현실의 문제, 철학과 실천의 문제를 좀 더 열어갈 수 있는 사회적 지반은 점점 넓혀져 가고 있다고 봅니다. 그런 속에 철학하는 사람들이 한 걸음 더 과감하게 들어가는 것이 필요하다고 생각합니다.

전통철학의 경우 예로부터 사림파와 훈구파를 나누었습니다. 위암 장지연 선생이 쓴 『조선유교연원』이라는 책을 보면 신라의 설총부터 많은 사람들을 다루고 있는데, 뒤로 오면 조선 후기에는 제가 한국철학 전공자임에도 저도 모르는 사람들도 나옵니다. 하지만 조선 초기 많은 활약을 보인 권근, 정도전 같은 사람들은 이름도 안 나오지요. 그 사람들은 학자가 아니라고 본 것입니다. 그 사람들은 현실에 영합한 사람이고, 자신의 학문과 실천이 괴리된 사람이었다는 것이죠. 이게 사림 정신이었습니다. 그리고 그 밑바닥에는 시대에 대한 비판의식, 시대정신이 담겨 있는 것이고요. 우리의 전통적인 생각을 바탕으로 해서 오늘날 우리 철학계는 실천을 향해 한 걸음 더 나오는 것이 중요하다고 생각합니다.

그런 점과 연관해서 볼 때 고전 또한 오늘날에도 매우 중요한 역할을 할 수 있는 텍스트입니다. 고전은 그야말로 바닥없는 우물이지요. 퍼내도 퍼내도 끝없이 새 물이 샘솟는 우물 말입니다. 동양철학의 한 분야에 경학사가 있습니다. 경전을 해석해 온 역사를 가리키지요. 똑같은 『논어』를 다산은 이렇게 해석했고, 퇴계는 이렇게 해석했다는 것을 다루는 학문입니다. 그러한 해석의 차이는 시대가 달라지게 한 것입니다. 시대의 요구를 제대로 깨닫고 해석을 제대로 해낸 사람들이 오늘날 사상가로 남은 것입니다. 시대마다 다른 요구를 경전에 했고, 거기서 답을 얻은 것입니다. 지금 서울대 HK 사업단이 핵심으로 잡고 있는 것도 고전입니다. 여담이지만, HK 사업단 심사를 하는데, 김남두 교수님이 책임자로 답변하셨습니다. 김남두 교수님께 심사위원들이 "10년 동안 정부 지원금이 150억인데 조직이 굉장히 느슨하다. 계획도 치밀하지 못하고. 이렇게 해서 목표에 어떻게 도달할 거냐?"고 지적했지요. 그러니까 김남두 선생님께서 열변을 토하시면서 고전이 왜 중요한지, 인문학에서 고전이 어떤 의미가 있는지를 말씀하셨어요. 면담 심사가 끝나고 김남두 선생님이 나가고 난 뒤 심사위원 가운데 사회학을 전공하는 분이 그러더군요. "저런 게 인문학 아닙니까? 저러다가 답 내는 것이 인문학 아니에요? 처음부터 답을 걸어놓고 하라고 하면 인문학 아닌 것 아니에요?" 그 말을 듣고 인문학 전공자들이 오히려 머쓱해졌지요. 정말 고전에 대한 탐구는 나중에 답이 얻어지겠지만, 처음부터 답을 정하고 들어가는 게 아니라, 다만 답을 얻기 위해서 시대가 무엇을 요구하는지 알고 그런 관점을 가지고 들어가는 것이라고 생각합니다. 그러면 얼마든지 시대마다 다른 답을 줄 수 있는, 그야말로 바닥없는 우물 같은 것. 그런 것이 고전이지요. 동양철학의 경우 고전으로 돌아가기 위해서는 한문 공부가 필수입니다. 저는 가끔 전통철학을 하는 후배들에게 이런 이야기를 합니다. "한문은 도구이다. 하지만 전통철학을 연구하기 위한 반드시 필요한 도구이다." 그런데 요즘 후배들을 보면 저도 여전히 부족하지만, 한문 공부를 별로 중요하게 여기지 않는 것 같습니다. 그러면 원서를 읽어낼 수 있는 능력이 떨어지는데, 그렇게 해서는 제대로 된 공부가 어렵다고 생각합니다.

홍윤기 : 여기에서 한 가지만 지적하고 넘어가지요. 지금 이승종 선생님이나 김교빈 선생님이 말씀하신 대로 인문학 그리고 철학은 명백하게 현실적 효능과 감동력, 다시 말해 실질적 효과를 발휘할 수 있습니다. 문제는 고전에 담긴 이런 해석학적 영향력을 계속적으로 당대에 공급하기 위해서는 고전에 대해 인문학적으로 훈련된 인력이 일정 정도 필요하다는 것입니다. 지금 인문한국(HK) 사업을 빌려 대학원 수준에서 이미 양성된 인력을 응급처방 식으로 붙잡았습니다만, 이래서는 이 사회에 인문학적 소양을 전문적으로 공급할 기반이 아주 불안정해집니다. 어느 면에서 범철학계적으로, 단지 어떤 특정 대학의 철학과가 아니라, '21세기 한국 사회의 철학 능력'이라는 화두로 철학 후속세대의 양성 문제를 좀 더 체계적으로 고민해야 할 시기가 다가

오고 있습니다. 여기에는 전문적인 철학 연구자의 양성도 고민되어야 하겠지만, 철학의 문명사적 성과와 현재 사회의 인문적 욕구를 연결시키는 중간 벨트로서 국가 공교육에서 철학교육을 실시하고 시민사회에서 민주시민을 평생교육 시키는 인문교양의 전달 체계도 고려되어야 합니다.

시작된 여성주의 및 녹색 담론

이상훈 : 이제는 페미니즘에 관해서도 말해 보았으면 합니다. 사실 페미니즘은 그간 우리 사회에서의 철학이 실천철학이나 현상학, 분석철학 등 주류 철학에 경도되어 있다가, 주변적 시각이나 소수자의 시각에서 사유를 전개하기 시작했다는 점에서 의미가 컸다고 생각합니다. 가부장적인 전통사회 풍토 속에서 소외되어 있던 여성의 관점을 통해 세계를 바라봄으로써 오히려 다자적이고 다문화적인 사유와 실천 활동에 많은 관심을 계발할 수 있는 계기가 되었다는 점에서 페미니즘 담론이 중요했다고 봅니다. 그 점을 김상봉 선생님께서 먼저 말씀해 주시면 어떨까요?

김상봉 : 저는 사유에도 역사가 있다고 보는데, 지금까지의 철학이 남성의 철학이었다고 한다면, 다음 시대의 철학은 여성의 철학으로 건너갈 수밖에 없다는 생각을 하고 있습니다. 아리스토텔레스나 플라톤이 다시 나올 것이라고 기대하지 않는 것처럼, 전체로서 서양정신이 보여줄 수 있는 가능성은 정점에 도달했다고 생각합니다. 서양철학에 대해서만 문제가 있다고 보는 것이 아니고, 철학사를 전체로서 보았을 때, 남성의 철학이었다고 봅니다. 남성의 자기의식, 거기에 입각한 세계관, 세계상을 그려 보였던 것이 지금까지의 철학이었다고 봅니다. 하지만 이건 이제 고갈되었습니다. 남자로서 철학을 하는 저 자신은

남성의 철학과 여성의 철학 사이에 다리의 역할을 해야 한다고 생각합니다. 남성철학의 마지막, 여성철학의 시작, 그 사이의 일을 하고 싶은 것이지요. 독일 유학 시절, 옆방에 살던 여고생이 어느 날 저에게 논문 주제가 뭔지 묻더군요. 그래서 칸트의 자기의식을 주제로 논문을 쓴다고 했더니, 자신은 칸트에 대해서는 잘 모르지만, 여자로서 자기에게 가장 중요한 자기의식은 자기가 언젠가 임신할 거라는 사실이라고 말하더군요. 당시 저는 굉장한 충격을 받았습니다. 이는 마치 "나는 임신한다. 그러므로 나는 존재한다." 같은 명제잖아요? 그러나 이런 생각은 데카르트도, 후설도 해본 적이 없는 이야기입니다. 그런데 이 말을 좀 더 추상화시키면, 임신한다는 것은 결국, 내가 내 속의 너를 통해 내가 된다는 의미가 됩니다. 임신한다는 것은 실체적인 타자를 자기 내면에 받아들이는 것이고, 또한 자신의 일부로서 가지고 있는 것이니까요. 그런데 자기 일부이지만, 또 다른 타자이기도 합니다. 내면성과 타자성이 공존하는 것이어서, 그 관계가 무차별적인 동일성 속에 들어가는 것은 아닙니다. 동일성과 비동일성의 동일성이라는 헤겔의 말을 우리가 알고 있지만, 이 상황은 그것으로 환원될 수 없는 것이지요. 그때 저는 여성적 주체성이야말로 지금까지 철학자들이 마치 유일하고 보편적인 것인 양 무차별적으로 말해 온 주체성과는 다른 주체성이겠구나 하는 생각을 자연스럽게 하게 되었습니다. 그리고 비서양인으로서 나 역시 어떤 다른 주체성의 개념을 결국은 생각하지 않을 수 없으리라는 것을 명확하게 깨닫는 계기가 되었습니다. 삶의 문맥에 따라 주체성의 결이 달라지겠지만 그렇게 다른 주체성들 가운데서도 무언가 보편성을 주장할 수 있는 주체성이 있다면 결국은 여성적인 주체성이 아닐까 하는 생각도 하게 되었습니다. 남성적인 주체성의 명제가 '나는 나다.'라는 자기동일성의 명제라면, 여성적인 주체성은 내가 너를 통해서만 내가 된다는 타자매개적인 주체성의 명제라고 표현할 수 있겠지요. 이 둘 사이의 관계를 생각하면서 저는 '나는 나다.'라는 명제가 결국은 '나는 너를 통해 내가 된다.'는 명제의 추상화되고 퇴화된 형태라고 생각하게 되었습니다. 제가 지금까지 서로주체성에 대해 말한 것도 결국 이런 생각들을 발전시킨 것입니다. 즉, 어떤 의미에서 나는 오직 너를 통해서만 내가 되는가를 해명하는 것이 과제였던 것이지요. 나중에 저는 이 문제가 한국인의 주체성의 문제와도 겹쳐 있다는 것을 깨닫게 되었습니다. 한국의 정신사는 타자 속에서의 자기 상실의 역사라고 할 수 있습니다. 즉 우리 역사 속에서 고유 사상이 불교에 의해서 자신을 상실하게 되고, 그 다음은 성리학, 그리고 다시 기독교와 온갖 서양철학 속에서 자기를 상실해 온 역사인 것이지요. 이런 정신적 단절과 타자 속에서의 자기 상실의 역사를 살아온 겨레에게도 주체성이라는 것이 가능한가 하는 것이 저의 오랜 고민이었는데, 임신의 자기의식이라는 것이 이 문제에 대한 해결의 실마리가 되었습니다. 즉 우리의 타자적 정신 속에서 자기를 상실해 온 역사는 단순한 단절이나 일면적인 자기 상실이 아니라 동시에 정신의 임신이라는 것이지요. 정신의 임신은 자기 속에 타자를 받아들이는 것입니다. 타자의 DNA가 나에게 들어와서 나의 정체성을 교란시켜서 입덧을 하게 되는데, 오늘날 우리가 겪는 사상적 혼란도 정신의 입덧이라 할 수 있습니다. 현대 한국인의 정신적 분열상을 함석헌은 "나는 남편이 다섯인 사마리아 여인"이라는 말로 표현했습니다. 내 속에 유불선 그리고 기독교 등 모든 것들이 나의 주인이 되기를 주장하고, 그래서 나는 남편이 다섯인 사마리아 여인과 같다는 것이죠. 그런데 만약 그 정신의 분열상과 타자 속에서의 자기 상실이 정신의 임신이라면, 우리의 정신적 분열상과 혼돈은 도리어 새로운 생명을 잉태한 결과일 수 있다는 것입니다. 그에 비하면 행복하게도 타자 속에서 자기를 상실하지 않았던 정신은 도리어 임신하지 않는 정신, 그리하여 새로운 생명을 잉태하지도 못하는 정신이라고도 할 수 있겠지요. 그런 의미에서 저는 한국의 정신사와 여성적 주체성이 '임신의 주체성' 속에서 만난다고 생각합니다. 그리고 타자와의 만남 속에서 새로운 정신을 잉태하고 산출한다는 의미에서 여성적 자기의식이 미래의 자기인식, 또는 세계관의 기초가 될 것이라고 생각합니다. 지금까지 자기의 언어를 빼앗겨왔던 여성들이, 자기에 대해, 세계에 대해 말하기 시작할 때, 궁극적으로 이전까지의 철학의 패러다임을 근원적으로 극복할 수 있으리라는 희망을 가지고 있습니다. 지금은 그 준비 단계입니다. 그런 의미에서 저는 거기 디딤돌이 되고 싶은 마음입니다. 지금까지 남성적인 척도가 완전한 것이고 여성적인 것은 그 결핍이라는 도식이 통용되어 왔으나, 이제부터는 이 위계가 전도되리라고 생각합니다. 완전한 것은 여성적인 것이고 남성적인 것은 도리어 그것의 전락이거나 돌출이라는 것이지요. 앞으로 한국의 철학은 앞서 말씀드린 두 가지 가능성이 같이 맞물려 있다고 생각합니다. 즉 여성성도 역사와 맞물릴 수밖에 없는데, 한국의 정신사와 여성성이 다른 어떤 나라에서보다도 좋은 의미에서 결합하여 이상적인 여성적 주체성을 보여줄 수 있지 않은가 생각합니다. 개인적인 편견일 수도 있지만 제가 유럽에서 본 여성성은 남성의 '거울 표상'이었습니다. 제가 한국의 여성성에서 본 것은 그것과는 다른 여성성, 즉 아테네 여신처럼 남성적인 여성이 아니라 남성성으로 환원되지 않으면서도 가장 이상적인 인간으로서 탁월함을 보여주는 여성성이었습니다. 그것이 철학적으로 해명되길 바랍니다. 여성철학을 말씀하시니, '여성성'을 포괄적으로 생각하되, 한국의 삶 속에서 여성성에 대해서 연구가 되었으면 좋겠습니다.

한정선 : 제가 잘 이해했다면, 김상봉 선생님께서는 최소한 네 가지 요점을 말씀하셨습니다. 첫 번째로, 여성성이라는 것이 '임신의 의식'으로 은유될 수 있다고 하셨습니다. 두 번째로, 학문사적으로 기존의 남성의 철학에서 여성의 철학으로 이행되어 갈 것이라고 말씀하셨고,

그 이유가 서양철학이 고갈되었고 남성의 머릿속에서 나올 사상이 다 나왔기 때문이라고 주장하셨는데, 그런 진단에 대해서 저는 반대하고 싶습니다. 물론 선생님께서 말씀하신 것은 우리가 진지하게 생각해 보아야 할 좋은 지적입니다. 그럼에도 불구하고 저는 다른 시각을 가지고 있습니다. 새로운 역사는 새로운 문제를 낳습니다. 그렇기 때문에 저는 소위 '남성의 사유'라고 하는 것도 고갈될 수 없다고 생각합니다. 물론 '제작(ergon)'의 정신이 쉽게 '생명'의 정신으로 대치될 수도 없을 것입니다. 분명한 것은 '제작'의 담론도 '생명'의 담론과 경쟁하면서 계속 진척된다는 것이겠지요. 사회가 점점 더 다원화되고 유연화되고 더 많은 여성들이 사회로 진출하는 21세기에는 과거 어느 때보다도 풍부한 여성의 담론들이 남성의 담론들과 경쟁하며 역동적으로 진척될 것입니다.

세 번째로, 한국의 지성사를 진단하실 때, 선생님께서 외래사상, 서양사상, 불교, 기독교 등등을 한국이 엉뚱하게 임신을 했으며, 그 임신에 대한 자기의식도 갖지 못한 채 지금까지 이어온 측면이 있다고 말씀하시는 것이라면, 저는 거기에 동의하지 않습니다. 어차피 인간의 문명과 역사, 민족들의 삶이라는 것은 결국 우리와 타자의 혼합의 산물입니다. 선생님의 은유로 표현하자면, 저는 이미 언제나 타자(유교, 불교, 기독교, 서양사상 등등)를 임신함으로써 우리 민족이 되었다고 보고 싶습니다. 다른 민족들도 마찬가지겠지요. 정신사적으로 볼 때, 우리의 삶은 반성적인 술어화된 차원과 비반성적인 생활세계적 차원이 있습니다. 비반성적인 생활세계적 차원에서는 우리는 이미 언제나 타자와 융합되면서 우리로서 자연스럽게 살아왔지만, 반성적인 술어화된 차원에서는 오히려 우리는 그런 우리 자신이 타자 속에서 자신을 상실한 것이라고 인위적, 지성적으로 진단할 수도 있을 것입니다. 물론 그런 진단에 저는 동의하지 않습니다.

네 번째로, 한국적 여성성을 사유해 주기를 당부하셨는데, 이것은 이미 여성철학, 여성학, 여성신학을 비롯하여, 문화과학, 정신분석학, 생물학, 인류학 등등의 담론에서 끊임없이 시도되고 있습니다. 그럼에도 불구하고 선생님의 말씀은 한국의 여성들이 좀 더 깊이를 더하면서 한국적 여성성에 대한 담론을 발전시켜야 한다는 좋은 충고로 새겨집니다. 저의 생각으로는 한국 여성들의 담론이 활성화되고 현실의 삶을 개선할 수 있는 힘을 갖기 위해서는 제도적인 뒷받침도 반드시 필요하다고 생각합니다. 여성들의 모임에 가보면 아직은 대부분 비정규직이거나 소위 '권력 없는' 분들이 대다수인데, 어떻게 여성들의 담론이 우리 사회를 변화시킬 수 있는 힘을 가질 수 있겠습니까? 대학기관과 다양한 사회적, 공적 기관에 유능한 여성들이 더 많이 자리 잡고, 그들의 담론이 힘을 얻을 수 있는 사회적, 공적 여건을 모든 방법을 동원하여 만들어주어야 합니다.

최인숙 : 저는 한정선 선생님의 마지막 말에 반론을 제기하고 싶습니다. 세계 역사를 강자와 약자의 역사라고 볼 때, 여성철학 하는 주체들이 결국 인프라를 만들어가는 것이지, 누가 만들어주는 게 아니라고 생각합니다. 위의 논의에서 약자·강자 문제가 빠졌다고 봅니다. 저는 김상봉 선생님이 말한 임신 문제도 완전히 다른 각도로 생각해 왔습니다. 여자가 약자가 된 이유 중 매우 커다란 요인을 저는 임신으로 봅니다. 남자는 임신하지 않으니까요. 만일에 남자가 임신을 하는 존재로 만들어졌다면 남자가 약자였을 것입니다. 김상봉 선생님의 관점은 은유로서는 나름의 의미가 있다고 봅니다. 하지만 현실에서는 임신하는 존재는 약자의 상황에 처합니다. 저는 남녀문제를 약자·강자 관계의 문제로 보는데, 이 문제는 다양한 국면에서 벌어집니다. 제가 여성철학 이론을 새로운 이론으로써 만들어내지는 못했지만, 여성의 문제는 많은 경우 약자 문제로 나아가게 된다고 봅니다. 그런데 약자·강자 관계는 남녀문제 외에도 다양한 분야에서 벌어집니다. 이

문제를 어떻게 엮어내는가 하는 데 관건이 있다고 봅니다.
그리고 철학을 전공하는 사람들로서 우리가 우선적으로 관심을 기울여야 할 약자들이 있습니다. 아직 전임이 되지 못한 동학들을 말합니다. 이들은 우리 학계에서 약자입니다. 개인적으로 저는 한국철학회가 종래 보수적(사회의 약자들에 대해 적극적으로 해결하려는 의지를 보이지 않았다는 점에서)이었다고 봅니다. 사회의 어려운 문젯거리가 발생할 경우에는 도움이 될 수 있어야 하는데, 더욱이 동일하게 철학 공부하는 사람들에 대해 전임으로 있는 사람들이 굉장히 무력했습니다. 제가 전임이 되기 전에는 어떤 역할을 할 수 있을 거라고 생각했습니다. 저는 시간강사 문제로 글도 쓰고 문제점을 짚은 적이 있습니다. 하지만 전임이 되고 나서 동료 교수들과 더불어 그런 문제를 해소해 나가려 하는 게 쉽지 않은 일이라는 걸 알게 되었습니다. 전임과 똑같은 대우를 할 수는 없다고 할지라도 약자에게 기본적인 생존권을 보장해 주려는 노력을 해야 한다고 생각합니다. 한국철학회가 우리 사회의 모든 문제를 해결하고자 할 수는 없겠지만, 적어도 철학 전공하는 사람들의 문제는 해결해 주려고 노력해야 한다고 봅니다. 그리고 단지 소수의 사람들이 이 문제를 추진하기보다는 한국철학회 차원에서 이야기를 해야 합니다. 그래야 철학하는 동지들(철학이라는 학문을 하는 데 뜻을 같이하는 이들)이 서로 신뢰를 가질 수 있을 것입니다.

김상봉 : 최인숙 선생님의 말씀에 동의를 표합니다. 그리고 한편으로 한국철학회가 보수적이도록 방치한 점에 대해서 반성을 해야 하겠고요, 다른 한편으로는 이런 말을 할 수 있게 되었다는 것 자체가 진보거든요. 저는 그 점에서 철학하시는 분들에 대한 신뢰와 존경심이 있습니다. 한국철학회와 전국대학철학과연합이 함께 시간강사 처우에 관한 것을 논의했으면 합니다. 정부에 무언가 요구를 할 때는 '한국철학회' 이름으로 하는 것이 효과적일 것이고, 구체적인 사항에 대해서

는 전국대학철학과연합 차원에서 일을 시작해야 합니다. 이를테면, 학과 차원에서 해야 할 일, 학교 차원, 전국에서 할 일이 다르다는 것입니다. 이런 것들을 나눠서 정리를 해야 합니다. 예를 들어, 학과 차원에서 할 수 있는 것의 하나는 강사들에게 동등하게 강의를 주는 것이라고 생각합니다. 그게 돈 문제보다도 먼저라고 생각합니다. 지금의 문제는 강사들에게 강의를 주어도 자기 연구 개발과는 동떨어진 강의를 준다는 점입니다. 강의를 맡고 있는 강사들이 자기 전공을 고려해서 '비록 내가 전임은 아니지만, 이것을 통해서 학문적인 발전을 이룰 수 있다'는 점을 고려해서 강의가 주어져야 하는데, 이를테면 아무 개성 없이 어쩔 수 없이 할 수밖에 없는 강의밖에 주지 않는 것이 문제입니다. 하지만 학과에서 그런 사람들에게 대학원 강의, 전공 강의를 더 줄 수 있습니다. 연구 공간도 만들어줄 수 있겠고요. 학과에서 할 수 있는 것부터 시작하는 것이 중요합니다. 학교에서 할 수 있는 것으로는, 강사들에게 총장 선출권을 부여하는 것입니다. 이게 가능하다면 처우 개선은 시간문제입니다. 그러나 지금 이것은 완벽히 의사 결정에서 배제되어 있습니다.

최인숙 : 그건 국립대에서는 가능할지 모르지만, 사립대에서는 상상도 할 수 없는 거예요. (웃음)

김상봉 : (웃음) 예에 불과합니다. 또한 학교에서 할 수 있는 것으로는 예산 문제가 있겠습니다. 강의는 강사에게 30-40퍼센트를 맡기고 있으면서, 그들에게 지급하는 인건비 예산은 4-5퍼센트밖에 안 되는 것이 문제입니다. 이런 불균형에 대한 개선을 요구할 수 있겠습니다.

최인숙 : 장기간에 걸쳐 말을 해도 그리 쉬운 문제가 아닙니다. 물론 오늘내일 이루어지지는 않더라도, 이런 문제에 대해 대응하는 모습을

보여준다면, 후학들이 큰 힘을 얻을 수 있다는 것이 제 요지입니다.

김상봉 : 마지막으로 말을 끝맺겠습니다. 정부에서 할 수 있는 일은 교원의 법적 지위 보장입니다. 예전에는 있었지만, 박정희 정권 말기 때 없어졌죠. 이것을 철학계가 앞장서서 해야 합니다. 이런 운동을 올해부터 바로 했으면 합니다.

최인숙 : 저도 몇 년간 계속 그런 운동을 하고자 했습니다.

이상훈 : 제가 올여름 전국대학교무처장협의회에 가서 정진곤 전 청와대 교육과학문화수석과 이야기하면서, "학문공동체는 지속성이 중요하다. 시간강사 처우에 대해서 알고 있느냐? 시간강사 4대 보험만이라도 보장해 달라. 그런다면 사립학교에서도 더 나은 처우를 위한 방안을 만들도록 하겠다."라고 제안했는데도 잘 먹히지 않더군요. 그런데 사실 제가 오늘 좌담을 통해 짚고 싶었던 부분은 한국철학의 차기 과제로서 어떻게 융합 학문적인 방향을 찾아 나갈 것인가였습니다. 여성철학도 사실 융합 학문의 전형일 수 있거든요.

최인숙 : 저 자신 여성철학회장직을 맡아 일을 수행했지만, 여성철학의 문제를 어떻게 논의해야 할 것인가에 대해서는 저는 실질적으로 기여한 바가 적습니다. 그러나 이 문제에서 약자・강자 문제에 대한 의식 내지 이론화가 중요하다고 봅니다. 저는 이 문제를 약자 중심으로 봐야 한다고 생각하는데, 약자가 항상 옳기 때문이 아니라 약자는 자신의 마음대로 자유로이 할 수 있는 여건에 있지 않기 때문입니다. 국제문제를 볼 때도, 세계를 주도적으로 할 수 있는 측보다 약자들이 연대하는 것이 중요한데, 여성문제도 이런 문제에 해당합니다. 사회 내 구성원의 문제를 풀려고 할 때, 약자들이 연대해서 문제를 해결해

나가려고 하는 것이 정당하다고 봅니다. 이런 점에서 볼 때 부시 정권도 실패했다고 보는데, 강자의 입장에서 할 수 있는 것 위주로 세상을 보니, 자기들이 해결하고자 하는 문제에 있어서도 막다른 곳에 부딪혔다고 봅니다. 그런데 여성의 문제를 어떻게 보편적인 강자 · 약자의 문제에서 분리하여 독립적으로 이론화할 것인가는 저에게 있어서도 문제입니다. 여성의 문제는 다른 약자의 문제와 어떻게 다른가 하는 점 말입니다.

한정선 : 선생님께서는 '권력관계에서 여성이라는 약자가 어떻게 자신의 상황을 극복해 나갈 수 있을까?'를 고민하고 계시는 것 같습니다. 그런데 저는 '강자'와 '약자'를 공적 권력의 영역과 생활세계적 삶의 영역을 구분해서 재정의해 보고 싶습니다. 물론 지금까지 공적 권력의 역사에서 여성은 약자였지만, 생활세계적, 인격적 삶의 영역에서는, 즉 생명을 출산하고 아이를 키우고 가족들을 먹이고 입히며 민족의 생명을 이어오게 한 삶의 영역에서는, 여성은 자신의 삶을 타자를 위해 사는 삶으로 내어줌으로써 역설적으로 항상 강자였다고 생각합니다. 오늘날의 생물학자들이 생물학적으로는 여성이야말로 제1의 성이라는 것을 언급하고 있듯이, 저는 생활세계적, 인격적, 생명적 삶의 영역에서는 여성이야말로 항상 강자였다고 생각합니다. 거기에서 강자였기 때문에 공적 권력의 영역에서는 약자가 될 수밖에 없는 상황에 처하게 된 측면도 인정해야 하겠지요. 어쨌든 생활세계적, 인격적, 생명적 삶의 영역에서의 여성의 강자성에 대한 여성의 자기 인식과 위상을 재평가해야 한다고 생각합니다.

허인숙 : 한정선 선생님은 강약의 의미를 권력의 담론이 아니라, 내부에 지니고 있는 본질에서 봐야 한다고 말씀하시는 것 같아요.

한정선 : 여성성의 본질 같은 것이 있다고 주장하기보다 실제로 삶의 현장에서 여성들이 창출해 온 생명의 가치를 언급하고 싶을 뿐입니다. 한국의 여성성을 사유해 보아야 된다는 이야기도 우리들의 대화에서 이미 나왔지만, 한국인의 생활세계적 삶의 역사에서 '어머니의 힘', '할머니의 힘', '아줌마의 힘' 등은 결국 생명의 가치에서의 강자성을 표현하는 말이라고 생각합니다. 여성이 가진 이런 강인한 힘들이 재평가되고, 공적 권력의 영역에서도 이런 생명적 가치의 힘을 가진 여성 인력 자원을 편입시켜 남성과 함께 공존하며 역사의 수레바퀴를 돌리는 존재가 되어야 한다고 생각합니다.

최인숙 : 실질적인 사회적 위치와 내면에 가지고 있는 강점을 어떻게 엮느냐…. 어느 한쪽만 부각시키면 여성들에게도 굉장히 공허하게 됩니다(예를 들어, 어머니의 힘, 할머니의 힘, 아줌마의 힘 등의 의미만을 부각시키면). 사회구조와 여성의 본래적인 강점을 어떻게 엮을 것인지가 문제입니다. 결국 여성 스스로 노력하는 것이 매우 중요합니다. 약자가 아닌 경우에는 그걸 이해한다고 해도, 본인들만큼 절절하진 않습니다. 그래서 여성 스스로 노력할 태세를 취해야 합니다. 다른 사람들이 자각하는 것도 중요하지만, 약자들이 스스로 연대하려고 해야 한다고 봅니다.

한정선 : 오늘날 학문의 풍토는 학문간 칸막이를 허물고 학제간, 학문간 연구를 활성화시키는 방향으로 역동적으로 나아가고 있습니다. 이를테면 여성철학, 여성학, 여성신학을 비롯하여, 문화과학, 정신분석학, 생물학, 인류학 등과 같은 여타 학문 분야에서의 페미니즘이 학제간, 학문간 연구를 활성화시키면, 시너지 효과는 물론 포괄적이고 입체적인 학문적 결실을 얻을 수 있으리라 생각합니다. 현재 한국연구재단의 연구 지원 정책도 학제간, 학문간 연구를 매우 장려하고 있으

므로, 여성을 주제를 다루는 학제간, 학문간 연구도 중점적으로 지원을 받아 연구의 결실을 집약하고, 우리 사회에서의 여성정책을 선진화하는 계기가 되었으면 좋겠습니다.

최인숙 : 우리의 전통적인 사회에서 한국 여성의 심리는 다른 나라의 여성과 조금 달랐던 것 같습니다. 예를 들어, 가난한 가정에서 딸들은 자기를 희생해서라도 아들들 교육시키는 데 도움이 되는 역할을 해야 한다고 생각하는 것이 우리 사회의 대체적인 사고였습니다. 이런 점에서 여성들은 억압적인 조건에 놓여 있었습니다. 남자 형제에 비해 여성들은 분노, 억울함 등의 심정을 지니고 성장하는 경우가 많았다고 봅니다. 남자 형제들은 다 대학 다니더라도, 딸들은 공장에서 일하는 등, 이런 현상은 한국 사회에서 유독 당연시되었던 현상입니다.

한정선 : 가정과 생활세계의 문화에 뿌리를 내리고 있는 여성에 대한 차별은 당연히 극복되어야 할 과제입니다. 더 나아가 공적, 제도적인 영역에서의 여성정책에 대해 언급하자면, 한국의 대학기관과 공공기관에서 여성 인력을 가동시키는 것은 중요한 과제입니다. 좁게는 우리 철학계에서도, 인문학의 핵심 주제인 참된 인간성(humanitas)의 문제를 고민하는 '철학과 교수들이 어느 정도 여성 철학자들을 자신의 동등한 파트너로 인정했는가?'도 생각해 볼 문제입니다. 대학기관뿐만 아니라 공공기관에서 여성 인력을 적극적으로 가동시키는 해법은 우선은 인위적이더라도 쿼터제를 도입하는 것입니다. 저는 두 가지 사항을 요청하고 싶습니다. 첫째, 쿼터제를 도입하려는 의지를 가지고 여성정책을 지속적으로 연구하고, 둘째, 쿼터제를 실행하여 능력 있는 여성 인력을 채용해 달라는 것입니다. 한편 대학기관이나 공공기관 안에서 이미 일하고 있는 소수의 여성들도 차별받고 있습니다. 중요보직과 행정 요직에서의 소외 등등…. 이런 여러 문제들에 대한 의식

의 각성과 제도적인 개선이 요청되고 있습니다.

이상훈 : 그런 게 아직 제도화되지는 못한 것으로 알고 있습니다. 물론 국립대에서는 권장 지침 정도로 활용되기도 하지만, 사립대에는 확산되지 않고 있는 것으로 알고 있습니다. 제도화되지 않은 채로 선의에만 의존한다면 지금의 관행을 넘어서기 어려울 것입니다. 대개 아시다시피 교원 인사는 학과의 의견이 상당 정도 영향력을 발휘하기 마련인데, 기존의 남성지배적인 풍토 속에서 여성 연구자가 교수로 발탁되기는 쉽지 않은 일이지요.

최인숙 : 예를 들어 우리 학교 국문과 같은 경우에도 불합리한 점이 있습니다. 교수가 열 명이 넘고 학생들 중 여학생이 과반수인데 여자 교수가 한 명도 없습니다. 이런 상태가 지속된다면 나중에는 학생들에게조차 신뢰를 잃을 수 있습니다.

홍윤기 : 현재 이야기의 초점이 여성에 있습니다만, 20세기 여성 담론의 특징은 이 사회의 필수불가결한 일부이지만 사회적 약자 내지 배제당한 자로서의 여성의 상황을 전면적으로 문제 삼음으로써, 한편으로는 지금까지의 인간성 논의가 남성, 패권자, 특정 인종 중심으로 되었다는 것을 폭로함으로써 문명사에서 성립된 인간상이 여전히 불완전하다는 것을 밝힌 것이지요. 그리고 다른 한편으로 여성 담론은 프롤레타리아트 말고도 여성이라는 소수자, 피압박자가 있다는 점을 밝힘으로써 현대사회의 각종 소수자 그룹들, 즉 장애인, 아동, 노령자, 비주류 인종, 이주민, 동성애자 등 그야말로 인간의 다양한 실존 양식에 대한 관심을 선도했습니다. 저는 이런 인간들을 우리가 안고 갈 수 있느냐 없느냐가 우리나라뿐만 아니라 우리 인류 전체가 과연 인간으로서 살아갈 가치가 있느냐를 결정한다고 믿고 있습니다. 아마 이런

점에서 철학은 인간의 인격, 그 존엄성에 대한 최후의 관리자 역할을 해야 하지 않을까요? 어떤 상태에 있는 인간이라도, 그/녀가 찌그러지고 모자라더라도 안고 가야 한다는 것을 얘기해 줄 수 있는 인류 최후의 앎, 그런 것이 철학이라는 학문이 아닐까 생각합니다.

이상훈 : 이제 국제화와 관련된 논의를 조금 했으면 합니다. 저는 개인적으로 유네스코도 주목하듯이, DMZ 같은 생태환경은 전 세계적으로 유일한 것인 만큼 철학계에서도 환경철학적 관점에서건 평화주의의 관점에서건 주목할 필요가 있고, 이런 생태적 관심은 우리들의 철학적 사유를 세계화, 국제화하는 하나의 기틀이 될 수 있다고 생각합니다. 한때 1990년대 후반에 환경철학을 중심으로 그런 논의가 있다가 사그라진 것이 안타깝습니다.

최인숙 : 저는 안양 지역에 사는데, 의왕-안양천이 매우 깁니다. 저는 시간이 나는 날에는 두 시간 내외로 걷곤 합니다. 그러면서 주변 환경을 통해서, 이게 삶이구나 하는 것을 느끼곤 합니다. 안양천에는 물고기도 많고, 왜가리, 오리도 날아옵니다. 이것들이 도대체 어떻게 알고 여기까지 찾아왔을까 하는 생각을 하곤 합니다. 물, 풀, 이끼, 버드나무가 있는 풍경은 시골에서는 당연했지만, 도시 속에 그런 것이 있으니, 새삼스레 이게 문화구나 하는 감흥을 느낍니다. 요즈음 늪이나 갯벌이 사람 사는 데 중요하다는 것 또한 새로이 의식된 시대가 되었습니다. 그렇다면 이런 현상들을 엮어서 이론화하는 것이 중요하겠지요. 차 많이 다니는 쪽이 비문화라면, 생태를 조성하는 것이 문화입니다. 제가 1980년대 독일에서 부러워하던 것이 지금은 우리 사회에서도 그 수준으로 되어 가고 있다는 것을 느낍니다. 마냥 두세 시간을 개울 길에서 걸을 생각을 한다는 것, 이것 자체가 문화라고 생각합니다. 예전에 이러한 것은 일을 하지 않고 시간을 낭비하는 일이었다면, 이제는

문화가 되었습니다. 이런 것을 묶어서 개념화해서, 개발하지 않는 것은 자연을 방치하는 것이 아니라는 이론으로 전개할 수 있을 것이라고 생각합니다. 그게 미래의 우리 문화의 중요한 특징이 될 수도 있겠지요.

한정선 : 저는 지금까지 우리 철학공동체가 더 나은 삶을 위한 녹색환경, 인간, 생명, 빈곤, 부의 분배, 질병, 여성, 인권, 폭력, 인종차별, 정의, 평화, 보편적 가치, 역사 등등에 대한 글로벌하면서도 지역적인 담론을 개발하고 고민하는 역할을 나름대로 해왔다고 생각합니다. 과거와 달라진 점이 있다면, 지금은 그런 담론에 대해서 융합 학문적인 방법으로 연구할 수 있게 되었다는 것입니다. 어떻게 하천을 살리는 일을 이야기하면서, 환경 전문가, 도시설계 전공자, 환경철학자, 관련 행정기관 등이 함께 참여하지 않을 수 있겠습니까? 인간의 의식을 설명하기 위하여, 뇌과학자, 철학자, 심리학자 등등이 함께하는 '신경심리학'과 같은 새로운 융합 학문도 탄생되고 있습니다.

제가 이해한 바에 따르면, 한국연구재단의 주요 정책 가운데 하나는 학문 영역 간 융·복합 연구를 지원함으로써 21세기적 지적 동력을 창출하는 것입니다. 사실 철학은 환경철학, 건축철학, 심리철학, 자연철학, 생명철학 등등 어느 학문이나 학문 영역과도 융합될 수 있는 특성을 가지고 있는 학문입니다. 인문과학, 사회과학, 자연과학, 공학, 의약학, 예술 등등의 경계를 넘나들면서 각종 융·복합 연구에 철학자들이 적극적으로 참여해야 합니다. 철학자들도 타 학문의 영역으로 가서 학제간 연구와 융·복합 연구에 참여해야 되겠지만, 타 학문 영역의 학자들을 철학계로 이끌어 들여 학제간 연구와 융·복합 연구를 하는 것도 오늘날 중요한 과제가 되었습니다. 철학이 21세기의 지식이 창조되는 변화하는 현장에 적응하며, 철학의 힘과 인문학의 힘을 펼칠 수 있어야 할 것입니다.

교육과 철학, 현장에서 보기

이상훈 : 이제 2000년대 이후 철학계의 쟁점들을 마저 짚어보았으면 합니다. 특히 중등교육에서 도덕, 윤리를 철학 바깥으로 보던 교육계 일부의 시각에 대해 철학계의 강력한 문제 제기가 있었습니다. 그래서 2000년 3월 28일에는 '윤리교육, 제대로 해야 나라가 바로 선다'는 제목으로 한국철학회(회장 이초식 고려대 교수), 철학교육연구회 및 사회윤리학회(회장 황경식 서울대 교수), 전국대학철학과학과장협의회(대표 손동현 성균관대 교수), 도덕윤리교원정책비상대책위원회(대표 유초하 충북대 교수) 공동 명의로, 교육학과에도 '도덕윤리 교직과정'을 설치할 수 있게 한 교육부의 조치에 대해 강력한 반대 성명서를 내기도 했습니다. 이런 운동들에 대한 견해와 그 연장선상에서 앞으로의 지속적인 대처 방안들에 대해 의견을 나누어보았으면 합니다.

백종현 : 지난 철학계의 운동 중 윤리교사 자격증 제도에 관한 운동은 다소 아쉬웠던 점이 있었다고 봅니다. 기본적으로 중등교육이 무너진 이유 중 하나는 교사들의 실력 부족이라고 봅니다. 그게 무슨 의미인가를 빗대어 말하면, 중고등학교 교사들의 경우만 해방 이후에 학력의 변화가 없는 것을 들 수 있을 것입니다. 초등학교 교사의 학력도 고등학교에 상응하는 사범학교에서, 2년제 교육대학, 4년제 교육대학 수준으로 향상되었고, 대학교수도 박사학위 없이도 입도선매 되다가 이제는 박사학위 취득 후 수년간 박사후과정까지 밟고도 취업이 어려울 정도로 학력이 늘었지만, 중고등학교 교사의 학력은 그대로입니다. 현재의 사범대학 교육과정을 보면 마치 국어를 잘 모르는 사람이 국어교육 방법론을 익히는 양상입니다.

저는 현재 사범대학 4년 교육과정이 너무 짧다고 생각합니다. 학문은 점점 깊어지는데, 현대 물리학을 모르는 사람이 물리학을 어떻게 가르치겠습니까? 지금은 대학의 철학개론도 잘 못 가르쳐서 흥미 유발을 못하는데, 4년제 철학과 졸업한 학생이 철학을 가르친다면, 오히려 일반인들에게 철학에 대한 흥미를 잃게 할 우려가 있습니다. 제 생각에 철학은 최소한 석사 정도는 되어야 가르칠 수 있다고 봅니다. 정말로 윤리교사가 필요하다면, 대학 윤리교육과에 철학 부분 커리큘럼을 강화하든지, 교사 양성은 '사범대학원'에서 하고 철학과를 졸업한 사람이 사범대학원 윤리교육학과에 진학하게 한다든지 해야 하는데, 4년제 철학과 졸업자에게 윤리교사 자격을 준다는 것 자체가 어쩌면 짧은 안목일 수도 있다고 생각합니다.

김상봉 : 저는 그 문제들이 서로 배타적인 일은 아니라고 생각합니다. 백종현 선생님께서 하시는 우려는 저도 하고 있는데, 사실 엄밀한 의미에서 석사도 철학이나 윤리 교사 자격으로는 충분하지 않습니다. 하지만 그것은 원론적인 말이고 현실에서 이 문제가 제기됐던 까닭은 윤리교사 양성 제도가 너무나 폐쇄적이고 배타적으로 되어 있다는 점입니다. 선생님이 말씀하신 대로 철학이나 윤리를 학부 4년 철학 공부하고 가르치는 것이 어려운 일이라면, 하물며 사범대 윤리교육과에서 쥐꼬리만큼 배운 철학 지식을 가지고 중고등학교에서 윤리와 도덕을 가르치는 지금 현실은 아예 어불성설인 것이지요. 그런데도 윤리교육과에서는 완강하게 철학을 윤리교육에서 배제하려 하니 문제가 되는 것이고, 저희는 이런 부분을 기본적인 부분에서 바꾸길 원하는 것입니다. 요컨대 윤리학은 엄연히 철학의 일부이며, 사범교육에서든 중등교육에서든 철학을 배제하고 윤리를 교육한다는 것은 있을 수 없다는 것을 말하려 했던 것이지요.

백종현 : 사실 그 운동 덕택에 지금 윤리교육과에 철학과 교수들이 많이 들어가고 있잖아요? 저는 그런 방향의 운동이 더 효과적이라고 생

각하는데, 마치 우리 졸업생들 일자리 주기 위해서 하는 것처럼 보이면, 보기에도 좋지 않지만, 실제로 그 사람들이 강단에서 효과적인 교육을 할 수 있을까 하는 의문이 듭니다. 따라서 좀 더 근본적인 대책을 강구해야 한다고 생각합니다.

김상봉 : 우리의 운동이 철학과 출신들에게 일자리를 주기 위한 것이라는 말씀은 전혀 맞지 않습니다. 그 말씀을 나누려면, 우리가 왜 그런 운동을 전개하게 되었는가 하는 전제에서부터 출발해야 하는데, 여기서 그런 얘기까지 해야 하는지 모르겠군요.

홍윤기 : 백종현 선생님의 말씀은 근본적으로 맞는 말씀이지만, 저희는 근본주의자가 아닙니다. 그리고 그 얘기는 윤리 선생님들도 우리에게 감히 하지 못한 이야기인데 그런 얘기가 꼭 철학계에서 우리를 향해 먼저 나와야 하는지 회의적입니다. 4년 겨우 가르치고 어떻게 학생들을 윤리교육을 위한 강단에 세우느냐 하는 말씀은 오히려 윤리교육과 선생님들께 먼저 하셔야 한다고 봅니다.

김상봉 : 제가 말씀드리고 싶은 것은, 이것이 철학의 무슨 이해관계와 관련된 문제가 아니라는 점입니다. 제 경우는 그 운동에 참여하게 된 것이 오히려 도덕교사들의 요청 때문이었습니다. 한편에서는 중고등학교 윤리라는 것이 태반이 철학인데, 철학을 제대로 공부한 적이 없는 교사들이 도저히 감당할 수 없다는 것이고, 다른 한편에서는 도덕교과가 지배 이데올로기를 주입하는 도구적 과목으로 이용당하는 것이 참기 어렵다는 것이지요. 그러니까 홍윤기 선생님 말씀이 맞는 점은, 윤리교육과나 교육부에서는 철학과 윤리가 무관하다고 우기지만 정작 수업을 하면 철학 모르고서는 수업이 진행이 안 된다는 점입니다. 이런 상황에서 백 선생님처럼 철학 4년 공부해서 고등학교에서

철학이나 윤리를 가르칠 수 있겠느냐는 물음을 묻고 있는 것은 현실 상황과 전혀 동떨어진 공리공담일 뿐인 것이지요.

홍윤기 : 고등학생들이 칸트를 철학자로 안다고 생각하십니까? 고등학생들은 칸트를 윤리학자로 알고 있습니다. 그런데 윤리 선생님들이 칸트를 가르칠 때, 칸트가 철학자라는 말을 한마디도 하지 않습니다. 문제는, 백종현 선생님의 비판이 옳지만, 지금은 상황이 아니라고 생각합니다. 철학과 출신의 윤리 선생님들이 사립 고등학교에 철학교사로 가서 윤리를 잘 가르치고 있습니다. 그 선생님들은 지금 매우 실력이 뛰어납니다. 반면 윤리교육과를 나와서 윤리를 가르치는 사람들이 그 부분을 감당을 못하는 것입니다. 그렇기 때문에 윤리를 배운 학생들은 칸트가 철학자라는 것을 대학교 철학개론에서 배우는 것입니다. 그래서 양식 있는 교수들 사이에서는 기본적으로 사범대학을 폐지해야 한다는 이야기까지 나온 것입니다. 그런데 그 이야기를 왜 철학계에서 이런 잘못된 현실을 바로 잡으려고 운동하는 사람에게만 하는 것입니까? 철학과 출신의 윤리교사 자격증 취득운동의 방향이 조금 잘못되었다고 하셨는데, 그런 비판은 이 자리에서 하실 것이 아니라고 생각합니다. 그것은 교육 전체에 관한 이야기입니다.

백종현 : 사범대학장들의 모임에 가면 제가 하는 이야기가, 사범대학 이대로는 안 된다는 이야기입니다. 예전에는 윤리교사 자격증을 교육학과 출신에게도 주었습니다. 그런데 현직 교사들이 와서 한탄한다는 거죠. 자신이 대학 때 배우지도 못한 것을 가르쳐야 한다고…. 또 사범대학장들을 만나면, 그들은 저를 위협합니다. 제가 사범대학을 폐지하자는 입장이기 때문이지요. 또 하나는, 지금 현재 상태로 많은 대학들이 변화했지만, 고등학교 교과서가 군사정권 때는 지금과 같지 않았죠. 당시 윤리는 사관학교의 윤리 과목을 일반화시킨 것입니다. 그

래서 ‘한국의 정치’, ‘한국의 경제’, ‘공산주의 비판’, 그리고 ‘한국의 윤리’로 편성돼 있었습니다. 그 내용을 국민윤리라는 이름으로 일반화시킨 것이지요. 그래서 윤리교육과의 교수님들이 각 전공으로 나눠 4분의 1씩 가르쳤던 것이죠. 지금은 그 교재가 폐기되고 새로운 교재가 나왔지요. 하지만 윤리교육과의 경우 상당 기간 예전 그 체제가 계속되었기에 문제가 생긴 것이지요. 따라서 지금과 같이 윤리교육이 정치경제학이나 이념 중심이 아니라 철학 중심으로 변화된 상황에서는 최소한 윤리교육과에 철학 전공 교수들이 절반 이상을 차지해야 하고, 커리큘럼도 절반 이상을 차지해야 한다고 생각합니다.

이진우 : 제가 보기엔 복잡한 문제가 아니라고 봅니다. 근본주의란 한국적인 현실에서 교과내용으로 봐서는 철학과 출신들이 윤리교육 자격을 받는 것이 근본주의라고 생각합니다. 문제는 4년 학부를 나와서 과연 윤리 혹은 철학을 가르치는 것이 합당한가인데, 저는 이것은 다른 문제라고 생각합니다. 이것은 철학 혹은 윤리에만 해당되는 문제가 아니지요. 결국 문제는 교육계에서 교육전문대학원 이야기를 하지만, 그것은 아직 요원하다고 봅니다. 제가 보기엔 그냥 내버려두면 윤리교육과는 점차 철학과 출신들이 차지하리라 봅니다.

홍윤기 : 실질적으로 7차 교육과정으로 개정을 할 때, 손동현 선생님과 제가 매일 교육과학기술부로 출근하다시피해서 압박을 했습니다. 문제는 방금 백종현 선생님께서 말씀하신 육사 교과서의 확대판인 윤리 교과서가 사회 교과서와 80퍼센트가 중복됩니다. 그래서 정권이 바뀔 때마다, 학생들 교과를 폐지하려고 할 때는 주로 윤리와 가정 교과가 문제가 되었습니다. 인위적으로 만든 것이기 때문에, 결과적으로 이 교과들이 문제가 되었던 것이죠. 상시적으로 윤리 교과가 정체성 위기를 20년 이상 지속적으로 감내하다 보니, 거기에 대해 계속 지적

을 많이 받습니다. 이 점에 대해 윤리교육과 출신들이 어떻게 반응하느냐 하면, 처음엔 인정을 안 하다가, 사회 교과와 80퍼센트, 그리고 가정 교과와 10퍼센트가 겹친다는 것을 나중에는 결국 인정했습니다. 말하자면 10퍼센트만이 윤리 독자적인 내용이라는 것이지요. 이건 황당하지 않습니까? 가정 교과에서는 교과 정체성이 문제가 되자 어떻게 바꾸었냐 하면, 사회학적, 철학적으로 바꾸었습니다. 즉, 가정 교과 내에 포함된 '가정윤리'에서 쓰는 윤리 컨셉이 국민윤리 교과에서 받아들인 컨셉보다 훨씬 진보적인 것이죠. 하버마스의 소통이론까지 나옵니다.

백종현 : 제 이야기는 사범대학 전체를 대학원화해야 한다는 것입니다.

김상봉 : 문제는, 그렇게 되더라도 철학과 출신들이 윤리를 가르칠 자격이 없다는 점입니다. 왜냐하면 윤리는 교육부에서 철학과 아무 상관이 없는 학문으로 취급을 하거든요.

이진우 : 두 가지 문제가 있다고 생각합니다. 한편으로는 교육학과 출신들이 교육전문대학원을 만들기 위한 로비를 하고 있습니다. 그건 교사 양성 체제에 커다란 변혁을 가져오기 때문에 반대 세력이 또 있게 됩니다. 제가 생각하기엔 조만간 실현되기는 어렵다고 봅니다. 교육부에서는 철학과 윤리학은 별개입니다. 제가 보기에는 원론적으로는 분명하다고 생각합니다. 도덕윤리과는 있어야 하죠. 서양에서는 종교를 가르치는데, 우리는 종교가 없으므로 도덕윤리 교과가 있어야 합니다. 누가 윤리를 담당하는가는 문제가 아닌데, 지금까지는 이상한 학문이 들어와서 그것을 엉망진창으로 만들어놨다고 한다면, 그들의 기득권은 인정한다 하더라도, 철학과 출신들이 거기에 편입될 수 있

어야 한다는 점입니다. 그 나머지는 부차적이라고 생각합니다.

백종현 : 이건 또 다른 이야기인데, 국문과를 졸업했다고 모두 국어 교사가 되는 것은 아니지 않습니까? 국문과 입장에서는 국문과 학생들이 국어교육과 학생들보다 국어를 더 잘 가르칠 것이라고 말할 수 있을 것입니다. 그러나 유사한 과가 사범대에 있는데도, 그 외의 학과 출신 모두에게 교사 자격증을 주는 것은 새로운 문제를 유발할 것입니다.

김상봉 : 그것도 문제이지만, 윤리교육 전체의 틀을 결정함에 있어서 철학교수들이 배제된다는 점도 문제입니다. 철학교수들이 물론 국민윤리과에 간접적으로 들어갈 수는 있습니다. 하지만 그게 이상적인 것은 아니지 않습니까? 무엇보다도, 윤리 교과가 철학이라고 하는 학문 안에 있다는 생각을 일반적으로 받아들이고 있지 않기 때문에 큰 문제입니다.

백종현 : 일반인들에게 철학은 익숙한 영역은 아닐 것입니다. 그래서 일반인들에게 있어서 철학은 사실상 윤리일 것입니다. 따라서 연구중심 대학이 아니라면 일반적으로 철학과 교수진 중 절반은 윤리학을 해도 무관하다고 봐야겠지요. 하지만 현실은 전국 대학의 철학과들이 모두 다 학문 후속 양성을 책임지는 구조로 되어 있지 않습니까? 실제로 이것 또한 문제이지요.

이진우 : 이건 좀 다른 이야기인데, 서양의 경우 자기의 본래 전공들을 다 가지고 있습니다. 예를 들어, 독일 관념론을 전공하는 사람들이 형이상학과 인식론만을 탐구하는가? 그렇지 않습니다. 그들은 그 안에서의 현실적인 문제에 대한 자기의 입장을 표명합니다. 반면 우리

나라는 학문간의 경계를 허물지 않는 것이 문제입니다. 인식론 담당, 고전 담당, 윤리학 담당을 뽑았다고 치면, 다른 사람이 자신의 영역을 다루면 왜 내 밥그릇을 건드리느냐 하고 발끈하게 되는 상황이 문제입니다. 윤리학적인 문제를 가지고 사회에 호응을 한다는 것은 윤리학 전공자가 늘어난다는 문제를 말하는 것은 아니라고 생각합니다.

홍윤기 : 철학과 교육만으로 교사를 배출하기가 교육 내용상 부족한 것은 사실입니다. 하지만 그런 기준으로 보면, 윤리교육과라고 이름 붙인 것은 더 한심한 속사정입니다. 5년 전까지만 하더라도, 서울대 국민윤리교육과에 윤리 전공이 한 명도 없었습니다. 이런 상황이 정말 문제인 것이죠. 한때는 독문과가 독일보다 더 많고, 철학과가 독일보다 더 많았던 상황이 있었습니다. 지금은 그게 줄어들고 있는 과정이 인문학의 위기라고 불리고 있는데, 기본적으로 국문학이나 역사학은 별 문제가 없습니다. 그 위기도 과마다 다른 것이지요. 철학과는 이게 진짜 위기인 것이, 지방대나 중위권 대학의 경우 학생들이 철학과에 오지 않게 됩니다. 장기적으로는 철학을 고등학교에서 가르칠 수 있는 분위기가 되어야 합니다. 고등학교 저학년 때는 도덕윤리로 하더라도, 고학년 때는 철학을 가르쳐야 하는 것이지요. 그러나 이렇게 할 수 있는 여건이 되지 않는 것이지요.

백종현 : 현재 사범대학도, 졸업생의 10분의 1 정도만이 교사가 됩니다. 그래서 저는 사범대학 정원을 교사의 2배수 정도만 뽑아야 한다고 생각합니다. 이런 상황에 철학과 학생들에게 길을 터준다고 해서 그게 얼마나 도움이 될지는….

김상봉 : 그건 좀 다른 이야기라고 생각합니다. 몇 명이 되느냐의 문제와, 철학의 교육학적인 그리고 공적인 위상의 문제는 별개라고 생

각합니다. 두 번째 문제인 근본주의적인 염려에 있어서는 전체적으로 동의합니다. 하지만 현장에서 보면, 철학과 출신 교사들은 굉장히 뛰어납니다. 그 이유 중 하나는, 대학에서 철학을 가르치는 것과 중고등학교에서 철학을 가르치는 것은 매우 다르다는 점입니다. 우리는 4년이든 6년이든 그 과정에 대해 불만이 있을 수 있겠지만, 철학을 중고등학교에서 가르치는 것부터 시작한다면, 거기에서 우리가 생각한 것보다는 굉장히 의미 있는 교육의 혁신이 시작된다고 생각합니다. 그 바로미터가 대안학교입니다. 대안학교에서는 점점 철학교사를 원하고 있습니다. 여러 가지가 복합적으로 관련이 되어 있는데, 그동안 논술을 통해서도 철학의 중요성이 발견되기도 했고, 고등학교가 많이 계몽되기도 했습니다. 그리고 이런 주입식 교육으로 안 된다는 점에서 대안학교를 간 교사들은 더욱더 철학의 중요성에 동의합니다. 하지만 오히려 철학교수들이 그러한 분위기를 감지하고 있지 못한 듯 보입니다.

이진우 : 지금 우리나라의 대학 진학률은 83퍼센트입니다. 반면 선진국이 45퍼센트 수준입니다. 우리나라가 고등교육에 너무 많이 매달리고 있는 상황입니다. 하지만 산업구조는 선진화되어, 4년제 대학을 나와서는 일을 할 수 있는 자리는 없습니다. 이들은 구조적인 실업자이지요. 이걸 나쁘다고만 봐야 하는가…? 저는 그렇지만은 않다고 봅니다. 하버드 대학의 마이클 샌들이 정의론 강의를 10여 년째 하고 있는데, 수강생이 천 2백 명입니다. 천 명이 넘는 학생들이 철학 전공자냐…? 그렇지는 않습니다. 제가 바라는 것은 철학이 사회에서 담당해야 할 역할이 있다는 점입니다. 일반인들에 대해서는 철학이 윤리로서 접근하는 것이 좋다고 생각합니다. 옳고 그름을 판단하고, 가치관을 설정해야 하기 때문이죠. 윤리는 철학의 한 분과라는 것이 우선 교육에 각인되는 것이 좋겠다고 생각합니다. 지금까지는 이데올로기 교

육에 치중했다면, 바람직한 윤리교육으로 전환해야 한다고 생각합니다. 그 일환으로 저는 철학과 출신이 윤리교육을 담당해야 한다고 생각합니다. 이러한 내용과 철학과 출신에게 윤리교사 자격을 준다고 해서 얼마나 강단에 설 수 있을까 하는 문제와는 다르다고 생각합니다.

백종현 : 제 걱정은, 거시적인 국가 차원에서의 교사 수급 문제를 염두에 두지 않고, 너무 많은 수에게 자격증을 주자는 정책 제안이 과연 합당한가 하는 점입니다.

홍윤기 : 제 생각엔 진입 장벽이 문제입니다. 어떤 진입 장벽이 있냐 하면, 철학과 출신이 윤리교사가 되고자 할 때, 반드시 철학교사 자격을 딴 상태에서 윤리 교직과정을 복수전공 해야 합니다. 이것은 부당한 것이죠. 그래서 제가 내건 대안은 철학 교직자가 바로 임용시험을 치를 수 있게 하든지, 두 가지를 동일하게 인정하든지, 아니면 철학윤리 교직으로 표시과목을 통일해 주든지 하는 것이었습니다. 하지만 그 어떤 것도 받아들여지지 않았습니다. 이 결정의 차이는 결국 공립학교에서 윤리교사를 뽑을 때는 철학과 출신으로는 응시할 수가 없다는 것입니다.

이상훈 : 근원적인 문제 제기를 하지 않는다 하더라도 형평상 일단 교원 자격에 있는 부당한 진입 장벽은 철폐되어야 한다고 생각합니다. 교원 양성에 필요한 교육과정상 철학이 어떻게 확대되고 강화되어야 하는가에 대해서 좀 더 이야기를 나눴으면 합니다.

홍윤기 : 그것은 확대가 되었습니다. 재작년에 교직과목에 대해 요구되는 강좌의 수가 36학점에서 48점으로 늘었습니다.

이진우 : 재미있는 점은, 제가 독일에서 공부하고 지방에 내려가서 느끼는 점은, 서울에 있는 분들은 지역의 문제를 잘 모른다는 것입니다. 상황이 어떤가 하면, 전남대나 계명대 같은 경우는 아직 학생들이 있습니다. 하지만 이 학생들의 취업에 관련해서는 저희가 해줄 수 있는 것이 없습니다. 그러나 의외로 철학 공부를 계속했으면 하는 진지한 학생들이 있어요. 중요한 것은, 저희 세대가 그들에게 철학을 할 수 있는 환경을 만들어주어야 한다는 점입니다. 사회가 철학을 많이 필요로 하는 환경을 우리가 만들어주어야 합니다. 동시에 철학을 전달할 수 있는, 교사가 됐든 교수가 됐든 간에, 철학을 가르칠 수 있는 사회적 수요를 증대시켜야 합니다. 그런 환경이 조성되면, 그것이 전체적으로 인문학이 사회에 기여할 수 있는 계기도 되고 지금의 인문학 위기 상황을 벗어날 수 있는 계기도 될 것입니다. 제가 보기에 많은 사람들이 대학을 가고자 하는 지금의 분위기는 고치기 힘듭니다. 그렇다면 이 상황에 맞추어 바람직한 길을 모색해야 한다는 것이지요.

백종현 : 서울대학교의 철학과 학부 학생은 전체가 35명 정도에 불과하지만, 철학 교과목 수강생은 연 4천에서 5천 명이 됩니다. 철학은 이와 같은 의미에서 기초학문으로서의 역할을 수행할 수 있는 것이지요.

홍윤기 : 서울대학교는 굉장히 좋은 상황입니다. 하지만 다른 대학에서는 그렇지 못합니다.

이진우 : 전국 대부분의 대학에는 철학과 학생이 없는 현실입니다. 대학별로 차이는 있습니다. 교양에 대한 욕구를 충족시켜 줄 수 있는 다른 과가 있으면 철학과가 죽고, 그러나 우연히 철학과에서 그런 역할을 해줄 수 있으면 사는 상황인 거죠.

홍윤기 : 기본적으로 교사들에 대해서 교수들이 자기 뜻을 펼 수 없게끔 공격을 하고 있는 것이 사실입니다. 장기적으로 해결 방법을 모색해야 합니다.

김상봉 : 아까 백 선생님이 서울대의 철학교육 상황에 대해 말씀해 주셨는데, 전남대 역시 복수전공이나 부전공 또는 그와 무관하게도 철학과목을 수강하는 학생들이 서울대 이상으로 많습니다. 저희는 학부의 철학 전공과목을 두세 반으로 분반을 해서 가르쳐야 할 정도로 수강생이 넘쳐납니다. 하지만 한두 대학에서 철학과가 잘되고 있다 해서 그것만으로 철학계 전체의 문제에 대해 나와 상관없다는 식으로 생각한다면 문제입니다. 서울대 철학과에서는 나만 잘되면 다른 것은 내 알 바 아니라 생각하는 모양이지만, 모두가 잘되어야 나도 잘될 수 있습니다. 이런 의미에서 철학의 미래를 위해서는 모든 대학의 철학과들이 같이 잘되도록 노력하고, 전체적으로 학문 후속세대를 양성하는 문제에 대해 고민할 때입니다.

김교빈 : 본래 HK 사업도 문학 후속세대들에게 활로를 열어주기 위해 기획된 사업입니다. 얼마 전에도 젊은 층들을 중심으로 시간강사 처우 문제를 가지고 성명서를 냈습니다만 별로 나아질 기미가 보이지 않습니다. 그리고 이런 현실은 대학원생들의 부족으로 이어지고 있지요. 이러다가는 중간 세대가 거의 없어지는 상황까지 가지 않을까 우려됩니다. 그런 점에 대해 현재 철학계의 원로급부터 중진들까지 고민하고 책임의식도 느끼고 해서, 어떻게든 활로를 만들 수 있는 방안을 고민해야 하지 않을까 합니다.

이상훈 : 이승종 선생님께서 연세대의 경우만 보더라도 40대에 이르는 연구자까지 결혼을 못한 상황이란 말씀을 해주셨습니다. 나름대로

학문을 성실히 진지하게 탐구해 왔음에도 불구하고. 연구 인력 수요면에서 굉장히 협소한 시장을 돌파해야 합니다. 대학이라는 학문기관에서부터 철학의 효용성과 필요에 대한 관심이 줄어들고 있는 현실에 대해 우리 중진들이 적극적인 역할을 통해서 돌파해 나가야 한다는 제안을 해주셨습니다.

김교빈 : 예전에 제가 한국연구재단에 이런 제안을 한 적이 있습니다. 요즘은 지방 같은 경우도 지자체가 살기 위해 업체들을 유치하고, 세금을 감면해 주고 해서 대기업들을 불러 모으고 있습니다. 그런데 회사만 덩그마니 있을 뿐 문화적인 인프라가 하나도 없습니다. 그런 점을 개선하기 위해서라도 업체가 30퍼센트쯤 부담하고 정부가 70퍼센트쯤 부담해서 인문학 강좌를 열고, 그 강좌를 통해 연구자들이 기본적인 생활도 하고 계속 연구도 할 수 있는 그런 사업을 하자고 제안했습니다. 이런 일들은 아무래도 대학에 자리 잡고 있는 선배 교수들이 풀어야 할 몫이라고 생각합니다.

이상훈 : 철학이 시장과 만나는 것도 주저하지 말자는 것이군요. 문화컨텐츠와 관련해서 사업적인 일을 이루어내는 것도 우리 중진들이 해야 할 역할인 것 같습니다.

김교빈 : 그동안에 철학하는 사람들이 많이 들어가 있었던 곳은 논술학원 아니겠습니까?

이상훈 : 비판적 사고와 논술에 대해서 이승종 교수님께서 할 말이 많으실 것 같은데요.

이승종 : 비판적 사고와 논술이 철학계 외부에서 주어진 주제라는 점

에 유의해야 합니다. 대학 입시와 관련해서 철학계에 논술이라는 화두가 주어졌고 로스쿨과 관련해서 비판적 사고라는 화두가 주어진 것입니다. 외부의 이러한 주문에 철학이 응답한다는 것은 기존의 제도와 체제를 인정하고 공고히 하는 역할을 한다는 것이지요. 그런 역할을 하는 순간 철학이 제도와 체제에 대한 비판의 목소리를 내는 데 한계가 있기 마련이라는 점을 명심해야 할 것입니다.

비판적 사고와 논술이 중요하기는 합니다. 특히 미국에서는 그 중요성에 일찍이 눈을 떠서 이에 대한 교육이 일반화되어 있습니다. 왜 그럴까요? 미국은 다인종사회입니다. 너무나 다양한 인종들이 모여 살기 때문에 서로가 서로를 완전히 알 수 없습니다. 서로의 이질적인 배경을 이해할 기회도 많지 않고요. 그래서 아예 서로의 배경에 대한 고려 없이(무지의 베일) 오로지 서로의 말에 초점을 맞추어 논의를 풀어가려는 프로그램을 강구하게 됩니다. 논리적 관점에서 말의 타당성 여부에 합리성의 척도가 자리매김 되는 것입니다.

합리성이라는 것은 여러 방식으로 자리매김이 가능하다고 생각합니다. 예컨대 한국에서는 한 사람을 이해하려 할 때 그의 부모님은 무얼 하시는지, 어디 사람인지 등 그 사람의 배경과 지금까지의 삶의 궤적을 먼저 묻습니다. 반면 미국에서는 그 사람의 현재 능력이 중요합니다. 교육에서도 그 능력을 표현할 수 있는 말과 글의 정확성과 타당성이 강조됩니다.

비판적 사고나 논리 논술의 실제는 논리라는 게임의 규칙을 익히는 것입니다. 비판적으로 혹은 논리적으로 사고하고 말하려면 일단 그 게임의 규칙을 따라야 합니다. 그것을 어기면 그 사고나 말은 불합리하고 비논리적인 것으로 비난받게 됩니다. 이러한 게임은 이상적 시민사회를 전제로 하고 있습니다. 서로가 백지 상태에서 평등하게 만났을 때 상대를 말로 설득하는 논리를 익히는 것이 시민사회 성원의 덕목입니다. 재판장에서 검사와 변호사 사이의 공개 토론도 이러한 게임의 한 유형이기 때문에 로스쿨에서 논리교육이 중시되는 것입니다.

그러나 논리와 비판적 사고는 다른 한편으로 말과 사고가 어떠한 궤적에서 제기된 것인지에 대한 통시적 고찰을 거세하고 말해진 바, 생각한 바의 공시성만을 강조하는 폐단을 안고 있습니다. 시간성에서 보아야 할 말과 사고를 공간화할 우려가 있다는 것입니다. 공시성의 차원에서도 말과 사고가 놓여 있는 위상, 즉 문맥이 말과 사고의 논리에 배경을 이루고 있다는 점이 충분히 고려되지 않고 있습니다. 이는 인간의 사고를, 다른 조건이 일정하다는(ceteris paribus) 반사실적 가정, 즉 반문맥적이고 비통시적인 가정 하에 전개되는 과학적 사고에 끼워 맞추려는 현대의 자연주의적 경향을 반영하고 있습니다.

김교빈 : 옳습니다. 관련해서 최근 로스쿨 같은 것을 준비하는 학과를 대학들이 만들고 있습니다. 자유전공이라고 명칭을 짓기도 하고, 한양대 같은 경우는 인문수행학과라고 했다지요? 또 다른 대학 경우는 행정정책학과를 만들어서 어떻게 보면 사회과학이 주축이 되는 것처럼 보이기도 합니다. 하지만 대부분은 인문학 중심이고 특히 비판적 사고, 논리적 사고를 중심으로 교육을 해나가고 있습니다. 그런 경우들을 저희가 그냥 놓고 볼 것이 아니라, 그렇게 만들어지는 학과들 안에서 철학이 중요한 역할을 할 수 있게끔 자리를 잡게 하는 것, 이것 또한 철학계가 해내야 할 역할인 것 같습니다.

이상훈 : 마치 도덕윤리 교과목이 철학 중심으로 재구성되기를 요청해 왔듯이, 그와 같은 움직임들을 우리 철학계가 구체적으로 할 필요가 있다는 점에 전적으로 동의합니다.

김교빈 : 이번 새로운 교육과정 기획 일에서 저도 도덕윤리 책 기획

부분에 검토 의견을 내기도 했는데, 많이 나아지긴 했어도, 지금도 여전히 동양철학인 부분을 보다가 시민의식이나 의시의 사유 같은 부분을 보면 서로 다른 이야기를 하는 것 같습니다. 거의 부분 작업을 하고 붙여놓는 방식이기 때문에 그런 것이겠지요. 시민이라는 개념의 형성까지는 아니었더라도 전통사회에서 사회 구성원이라는 개념이 어떻게 이어져 왔고, 그 이후에 서구적인 영향력 속에서 어떻게 바뀌었고, 앞으로 바람직한 것은 어떤 모습이다. 이렇게 이야기가 전개되는 방식이 어떨까 생각합니다. 이런 점은 여러 가지 도덕 덕목의 경우도 마찬가지입니다.

이상훈 : 그런 문제의식을 갖고 있음에도 불구하고, 실제로는 검토의 막바지 단계에서야 참여하게 되니까 거의 바꿀 수가 없습니다. 그래서 고등교육뿐만 아니라 중등교육의 기초 원리 형성 과정에도 철학계 중진들이 과감하게 적극적으로 헌신적인 노력을 해야 할 것 같습니다. 아까 시간강사 대책에 대한 언급이 있었는데, 사실 어느 학문이든 학문 후속세대를 튼튼하게 키운다는 것이 굉장히 중요한데, 지금은 이른바 잘나가는 몇몇 학문 분야를 빼고는 어느 학문 할 것 없이 후속세대가 위기에 처해 있는 것이 일반적입니다. 물론 그 이유 중 하나는 과잉 공급도 있겠지만, 여전히 대학의 많은 강좌들이 시간강사들에 의해 유지되는 구조 속에서는 어쩔 수 없습니다. 이러한 학문적인 현실에 대해서 중진들이 다른 학문 영역과 공동 노력을 본격적으로 하는 움직임이 앞으로 더 많아져야 하지 않겠는가 하는 생각도 듭니다. 최근 들어서 한국철학사상연구회 중심으로 시간강사의 법적 지위를 교원으로 보장하기 위한 움직임도 있는데, 우리 철학계 전체적인 중진교수들의 적극적인 참여와 노력이 뒷받침되는 것이 바람직하다고 봅니다. 각 전공 영역별로 편차는 있어도, 그런 현상은 대개 분석철학도 마찬가지죠? 심지어 해외에서 박사를 하고 오신 분들도 지금 상당

수 적체되었습니다. 인문학 쪽은 연구소도 많지 않기 때문에, 실질적으로 학문 연구에 전념하기 어렵습니다. 이런 부분은 사회구조와 연관되어 있기 때문에, 우리만 나서서는 별 의미가 없을 것이고, 고등교육의 사회적 관행 자체가 과감하게 바뀌도록 중진들이 강력히 요청할 필요가 있다고 생각합니다. 사립대학이 주축을 이루고 있는 대한민국 현실에서, 대학에 대한 정부 지원금이 아직 미미합니다. 고등교육의 질적 향상을 위해서는 고등교육법 내의 재정 확립을 위한 근거를 마련하고, 이를 통해 지역을 기반으로 활성화되고 있는 사립대학교에 대해서 중점적인 지원들이 이루어질 필요가 있다고 생각합니다. 이런 일에 철학교수들이 나서서 다른 분야, 다른 학회들과 연대해서 공동 노력을 활발하게 하는 이른바 철학의 정치화 영역도 좀 더 활성화되어야 하고, 이것이 중진들의 일이 아닌가 생각합니다.

이승종 : 모든 일에는 양면성이 있는 것 같습니다. 저는 후속세대를 위해서 철학의 발전을 위해서 정부 차원에서 더 많은 관심과 지원이 있어야 한다는 점에 원칙적으로 동의합니다. 그러나 그 지원의 방향에 대한 숙고가 필요합니다. 자본주의 사회에서 지원은 곧 돈을 의미합니다. 저는 돈이 철학을 망쳐놓고 있다고 생각합니다. 철학에 돈이 돌기 시작하면서 돌아올 수 없는 강을 건넌 것입니다. 철학은 사실 연구자의 생계만 보장된다면 돈 없이도 연구할 수 있는 학문입니다. 그러나 지금은 대다수의 철학 연구자가 생계를 보장받지 못하는 상황에서 철학 연구에는 돈이 풀리고 있는 이상한 상황이 전개되고 있습니다. 돈은 자기 나름의 고유한 논리가 있는데 그 논리에 철학이 종속되어 철학 연구의 방향이 돈에 의해 달라지고 있습니다.

어떤 철학적 주제가 왜 중요한가에 대한 심도 있는 논의보다는 어떻게 사업단을 만들고 그 사업단의 사업이 어떻게 하면 연구비를 지원받을 수 있는지, 어떻게 마감 기한에 맞춰서 계획서와 보고서를 작성해야 하는지, 연구비는 어떻게 정산해야 하는지가 더 중요한 일이 되어 가고 있습니다. 철학자가 자신이 비난했던 일차원적 인간을 닮아가는 것은 아닌지요. 철학하는 활동이 진리 탐구의 즐거움이 아니라 생계를 위해 돈을 버는 노동으로 바뀌고 철학자가 생존의 벼랑 끝으로 내몰리는 노동자가 되는 살풍경이 이 시대의 모습이고 우리의 서글픈 자화상입니다. 돈 없이는 살 수 없지만 돈이 들어오면 모든 것이 돈에 따라 달라진다는 사실에는 철학과 철학자도 더 이상 예외가 아닙니다.

김교빈 : 듣고 보니 예전과 지금이 크게 달라진 것은 없다는 생각도 듭니다. 저희가 1970년대 초반에 철학과를 갈 때에도, 졸업하면 뭘 먹고살지 걱정하면서도 철학과를 택했지요. 그러고는 다들 졸업 후 은행도 가고, 회사도 가고, 공부할 사람들은 더 남아서 대학원으로 갔지요. 하지만 대학에 자리가 많지 않아서 교수가 될 것을 기대하면서 공부 길에 남았던 것도 아니었는데…. 그렇게 따지면 공부하는 길이 어려운 것은 예나 지금이나 마찬가지라는 생각입니다. 아마도 중간 과정에서 대학이 많이 늘어나고 그래서 조금 풍요로워졌던 것, 그게 지금 오히려 상대적으로 더욱 박탈감을 느끼게 하는 과정이었다고 봅니다. 달라진 것이 있다면 전에는 여전히 먹고사는 문제를 해결할 뾰족한 수가 없으면서도 대학원에 오는 학생들이 상당수 있었는데, 지금은 거의 안 온다는 것이 달라진 점이지요. 하지만 전에 많이 오던 것이 오히려 이상한 것 아니었을까요? 적은 숫자가 오는 방향으로 자리를 잡아가는 게 오히려 바람직한 것이 아닌가 생각합니다. 전처럼 양산해서 학생을 배출하기보다는….

이상훈 : 그런 맥락에서 호서대가 철학과를 '문화기획학과'로 바꾼 배경과 그것이 갖는 충격이나 의미를 한 번 짚어주실 수 있는지요?

김교빈 : 저희가 제일 먼저 바꿔서 욕도 많이 먹었습니다. 맨 처음 바꾸자는 고민을 시작한 것은 1997년입니다. 별 고민이 다 나왔습니다. 서울대로 옮겨 가시기 전 박찬국 교수님 같은 경우는 "우리 전부 신문방송 쪽에서 박사학위를 하나 더 해올까요?" 같은 제안을 하기도 했습니다. (웃음) 학부제를 하면서 철학과가 어려워졌을 때 처음 바꿨던 과 이름은 '대중문화와 철학'이었습니다. 그래도 학생들이 오지 않아서, 다시 이름을 '철학과'로 환원시켰지요. (웃음) 정말 학부제 하에서 철학과로 한 명이 오거나 아예 지원자가 없거나 했는데, 굉장히 곤혹스러웠습니다. 학생들이 점수로 밀려서 우리 과에 들어오고 나면, 2년 정도만 있다가 타과로 전과해 버리는 것이었습니다. 그래서 내가 개인적으로 철학을 공부하는 것과 내가 먹고살기 위해서 철학을 공부하는 것은 별개의 문제인 것 같다는 생각이 들었습니다. 마치 내가 먹고살기 위해서 학생들을 구차하게 붙들고 있는 것이 아닌가 하는 생각이 나 자신을 제일 곤혹스럽게 만들었습니다. 그래서 마침내 바꾸자는 결정을 내렸습니다. 어떻게 바꿀 거냐. 철학이 갈 수 있는 제일 좋은 길은 문화이다. 문화로 가자. 문화예술 계통을 보면, 가끔 철학을 전공한 영화감독도 있지 않습니까? 그분들이 만드는 영화를 보면 다른 사람들이 만든 영화보다 훨씬 나은 것 같고, 철학한 사람이 분야는 어떻든 문화판의 기획자가 될 수 있다면 어떨까? 그런 생각을 가지고 학과를 바꾸었지요. 저희 커리큘럼을 보면 문화라는 명칭을 붙은 이론 관련 과목이 3분의 1 정도 됩니다. 그리고 학생들에게는 제대로 된 기획자가 되려면 세계관이 있어야 하고 그 세계관은 철학이 만들어준다고 가르칩니다. 그런데 학과를 바꾸면서 저희는 한 걸음 더 내딛어 버린 것이죠. 학과를 인문대학에 두지 말고 예술대로 가자고…. 인문학을 휴매니티즈라고도 하지만 'Liberal Arts'라고도 하지 않습니까? 예술도 본래 인문학이다. 그러니까 예체능대학으로 가자. 그래야 끼가 있는 학생들이 오고 학과도 성공할 수 있다. 그래서 소속

을 예체능대학에 두었습니다. 하지만 여전히 인문계열 학생들을 뽑습니다. 예체능대 진체에서 인문계열 학생을 뽑는 것은 우리 과뿐이지요. 올해가 지나면 4회 졸업생까지 나오는데, 공영방송에 취직한 학생들도 있고, 공연이나 축제, 이벤트 등을 하는 기획사에 취업들이 되었습니다. 취직이 잘되는 편이어서 적어도 철학과 때 졸업생을 배출하면서 학생들에게 미안했던 것은 없어졌습니다. 이번에도 32명 졸업에 절반 이상이 중간고사 이전 취업을 나갔습니다. 제 개인적으로는 한쪽으로는 문화 관련 논문도 쓰고 그쪽 일도 보게 되었고, 여전히 철학 논문도 쓰고 이 분야 일도 하니까 어찌 보면 공부하기 좀 더 힘들어졌을 수는 있지만, 다루는 시야는 더 넓어진 것 같습니다. 물론 이렇게 되는 동안 저희 교수들의 고민이나 바뀌기 위한 노력은 컸습니다. 특히 과연 바뀐 학과가 제대로 자리를 잡을 것인가가 제일 고민이었습니다. 하지만 지금 생각하면 철학이 갈 수 있는 길은 무진장 많다고 생각합니다.

마무리: 비전을 찾아서

이상훈 : 이제 우리 중진들이 한국철학의 미래를 개척하기 위해 어떤 역할들을 해야 할 것인가 하는 논의로 좌담회를 마무리하고자 합니다. 사회 현실과 철학을 연결하기 위해 적극적으로 참여하고 논의를 발전시키는 데 정작 중진들이 오히려 소극적이지 않았나 하는 자성도 듭니다. 실제로 소장학자들은 인접 학문과의 연관 속에서 실천적 논의를 심도 있게 전개시켜 가는 반면에, 중진들은 몇몇 분의 경우는 열심히 하시지만, 많은 분들이 침잠되어 있는 것이 아닐까요?

백종현 : 제가 1999년에 21세기 철학의 전망을 했는데, 당시 어렴풋이 느끼던 것이 이제 분명해졌습니다. 지금 이 좌담도 왜 1990년대를

기준으로 나누었는가를 생각해 보면, 외면적으로는 어느 시기에 어떤 이슈들이 나올 수 있을 텐데, 대개 사람들은 학창 시절에 생각의 기초가 세워지는 것 같습니다. 저는 한국 철학계에서 2세대에 속한다고 생각합니다. 우리가 백 년을 말하지만, 문헌적으로 한국어로 쓰인 철학책이 처음 나온 것은 1930년대입니다. 그전에는 주로 한문이나 일본어로 쓰였습니다. 그래서 현대 한국어 사용을 기준으로 볼 때 저는 1950년대부터 자유당 시대까지를 1세대로 봅니다. 이 세대는 일본어를 일상 언어로 알고 학교 공부를 시작한 사람들입니다. 그래서 그분들은 기초 개념이 일본어로 정리가 되어 있습니다. 그리고 1960년대 학번부터 1980년대 학번까지가 초등학교부터 한국어로 공부를 시작한 사람들입니다. 이 사람들이 2세대입니다. 크게 보면 군정시대, 즉 5 · 16부터 노태우 정부 때까지죠. 그 이후 1992년 문민정부 시절부터를 3세대로 생각합니다. 대학 재학 시절 철학 공부를 한 사회적 배경과 방식이 사람들의 사상을 크게 결정하는 것 같습니다.

2세대는 저부터가 우리말에 예민하게 반응하는 것 같습니다. 왜냐하면 제가 어렸을 때는 몰랐지만, 나중에 알고 보니 우리 철학 선생님들이 저에게 대부분 일본식의 철학 이해를 한국어로 바꾸어 전해 주었습니다. 이것을 깨닫게 되자, 좀 기분이 그랬습니다. 독일어를 일본어로 번역한 것을 또다시 한국어로 옮긴 것을 생각하니 그게 영 마땅하지가 않더라고요. 어떻게 보면 그 때문에 독일어의 원래 의미와는 상당히 멀어졌다고 볼 수 있는 경우가 많거든요. 이런 문제의식을 기본적으로 깔고 있는 것이 우리 세대입니다. 칸트 이전 사람들은 모두 라틴어로 철학했지만, 칸트는 의식적으로 독일어로 철학한 사람입니다. 물론 지금의 독일 사람들은 이런 식의 이야기를 하지 않습니다만, 그 당시에는 중요한 문제였던 것이죠. 우리가 지금 혹시 서재필의 글, 혹은 한용운의 책을 읽고자 한다면 아마도 번역하지 않으면 아무도 이해 못할 것입니다. 그 사람들이 조선 사람이긴 하지만 이미 그 당시의 글은 문체 자체가 한글식이 아니기에, 어떤 의미에서는 현대 한국어로 글을 썼다고 볼 수 없는 것이지요. 해방 이후에야 비로소 한국어로 의사소통을 하게 되었다고 보아야 할 것입니다. 앞으로도 한국어로 철학하기가 더욱 발전해 가기 바랍니다.

이진우 : 저는 개인적으로 한국 사회에서 철학하면서 이렇게 표현했으면 좋겠다 하는 희망과 기대 같은 것이 있습니다. 제가 1990년대 들어와서 포스트모더니즘 철학을 많이 했습니다. 하게 된 이유 중 하나는 우리나라에 거대담론이 너무 팽배해 있다고 보고, 그걸 깨뜨리려고 전략적인 차원에서 도입을 했습니다. 그러다 보니, 저는 수입상이라는 비난도 많이 받았습니다. 한때는 저도 그에 대한 알레르기 반응을 보이다가, 이제는 그런 데 연연할 필요가 없다고 생각하게 되었습니다. 제가 보기에는, 우리나라는 아직까지는 전통이 강해서 서구가 가진 역사의 길이가 우리나라에서는 단절되어 있었기 때문에 문제의 출발점이 좀 다르다고 생각합니다. 한국은 제가 보기에 철학자가 아니라 철학에 대한 기대는 굉장히 높은 것 같습니다. 철학이 어떤 역할을 해주기를 바라지만 거기에 부합하지는 못하고 있습니다. 전문가가 많이 나온다고 해서 사회가 요구하는 철학에 대한 욕구를 다 충족시킬 거라고는 생각하지 않습니다. 그것은 다른 문제입니다. 지금 현재는 철학자들이 사회적 지위를 가지고 있지만, 그게 이어질 것인가에 대해서는 회의적입니다. 사회가 분화되고, 우리가 서양 사회가 걸었던 길을 어쩔 수 없이 가고 있는 상황에서 거기서 수반되는 문제들을 해결해야 하기 때문에, 사회적 영향력은 철학자들에서 전문가 집단으로 옮겨가게 됩니다. 그럼에도 불구하고, 철학이 어떤 것을 해주기를 바라는 기대는 앞으로 있을 것으로 봅니다. 때문에 철학자들이 앞으로는 사회적으로 분출되는 욕구를 충족시킬 수 있는 자세가 되어 있어야 한다고 봅니다. 상황에 맞추어 글을 쓰고, 강연을 하는 등….

지금 상황에 수입 이론으로만은 해결할 수 없는 우리만의 고유한 문제가 있다는 데는 동의합니다. 그러나 제가 바라는 점은 수입 이론 또는 담론으로 해결할 수 없는 문제가 정확히 무엇인가에 대해 저술 활동을 통해 보여주어야 한다고 생각합니다. 이 분야에 있어서 재미있는 현상이 함석헌 등 한국 사상가들로부터 우리만의 패러다임을 찾으려는 시도들이 있습니다. 그러나 거기에 대해 거부감을 가진 사람들도 많습니다. 여기에서 누가 옳고 그름을 따짐이 아니라, 어떤 이론을 가지고 풀 수 없는 문제가 있고, 그 문제를 풀 수 있는 새로운 패러다임이 있다고 명확히 보여주면 끝날 문제라고 생각합니다. 그리고 저는 동시에 우리가 새로운 사회로 진입하고, 새로운 사회로 발전해 가고 있기 때문에, 아까 말씀하신 우리 고유의 사유로 해결할 수 없는 문제도 분명 존재한다고 생각합니다. 이런 문제들을 수입 이론이 되었든, 아니면 우리 전통에서 차용을 하든, 아니면 자신만의 패러다임이든 간에 그것을 아주 치열하게 해결하려고 하는 노력이 있었으면 합니다. 어떤 이론이든 끌어들여서 문제를 해결하려는 이런 흐름이 한국 철학계에 생겼으면 좋겠습니다.

최인숙 : 저는 그러한 시도들이 싹트고 있다고 봅니다. 담론 간의 경쟁이 앞으로 어떻게 전개될지에 대해 생각해 보는 시기가 되었다고 봅니다.

김상봉 : 저는 지금 한국 철학계에 중요한 과제가 주어졌다고 봅니다. 앞으로도 철학에 대한 요구가 없어지지 않을 거라는 전망에 저는 매우 동감하는 것이, 아무리 사회가 분화되어도, 그럴수록 거꾸로 총체성이 필요해진다고 생각합니다. 그것 때문에 요구는 계속되겠지만, 전체로서의 인문학의 상황은 과거와 비교하면 좋지 않습니다. 우리가 반독재를 외칠 시기에 그것을 이끌었던 인문학은 '문학'이었습니다.

저는 그것을 제일 처음 견인한 것은 백낙청 선생님으로 상징되는 문인들과 문학이론가들이 역사적인 사명을 다한 것이라고 생각합니다. 예술, 특히 문학예술의 본질이라는 것이 철학과는 또 다른 의미에서의 비판이거든요. 부정적으로 말하면, 예술가들은 '형성'할 필요가 없습니다. 전복을 위해서는 예술이 최고입니다. 그러나 우리의 과제는 1987년 이후로 무언가 '형성'을 해야 할 시기인데, 우리가 제대로 그러지 못했다고 생각합니다. 철학이 나름대로 그 준비과정에서 노력은 했다고 생각하지만 사회적 요구에 비추어 한 발짝 늦었다고 생각합니다. 지금까지는 비판을 해왔는데, 앞으로는 어떻게 형성할 것인가 하는 것이 과제이기 때문에 문제가 조금 더 어려워진 것입니다. 따라서 큰 틀에서 새로운 사회를 형성하기 위한 눈에 보이지 않는 총체성에 대한 사유가 필요한 단계라고 생각합니다. 이것은 비판을 주도적으로 수행하는 문학자들로서는 불가능한 일입니다. 오직 철학자들만이 개념적 사유 속에서 새로운 세계의 이념을 보여줄 수 있는 것이지요. 이를 통해 철학이 세계의 형성에 개입할 때만 시대의 새로운 변화가 일어난다고 생각합니다. 저는 바로 이 점이 한국 사회가 철학에게 요구하는 것이라고 생각합니다.

한 말씀만 덧붙이자면, 저는 지금 우리에게 궁극적인 형성의 과제가 통일문제라고 생각합니다. 분단 상황에 있어서의 남북의 관계를 어떻게 풀어나가고 또 통일을 이룰 수 있겠는가에 대해서는 서양 철학자들이 우리 대신 대답해 줄 수 없습니다. 하지만 이 문제에 대답하는 것은 한국사적인 문맥을 넘어 세계사적인 일이라고 생각합니다. 남북한의 상황은 각자 굉장히 극단적입니다. 한쪽은 자본주의의 극단이고, 다른 한쪽은 개인의 주체성이라는 것이 조금도 용납되지 않는 사회인데, 이런 극단을 지양하고 새로운 사회를 형성한다는 것은 단순히 한반도의 통일을 넘어 자본주의와 사회주의의 세계사적인 대립을 극복하는 것이기도 합니다. 저는 이런 의미에서 한반도의 통일문제는 세계사의 미래가 걸려 있는 문제라고 생각합니다.

홍윤기 : 저는 지금 우리 한국 철학계가 그야말로 한국에서 철학할 수 있는 역량을 현대 역사상 처음으로 제대로 갖추는 과정을 완료했다는 생각이 듭니다. 그런데 참 운 나쁘게도 그 역량을 제대로 발휘할 장이 없어지게 된 형세와 맞부딪친 것입니다. 그 옛날 해방 직후부터 1990년대 초까지, 대학 들어오자마자 바로 철학개론이나 철학원론, 철학입문을 가르치던 그 좋았던 45년을 우리 철학계는 그대로 낭비하고, 그때 이 사회에 박힌 철학에 대한 선입관으로 그 후속세대가 저주받은 것처럼 고통받고, 또 독재정권 때 급조된 국민윤리로 인해 국가 공교육 안에도 진입하는 정상적인 경로가 당시 철학계의 잘못된 행태로 인해 봉쇄되기도 했는데, 어떤 방식이나 형태로든 우리는 이 이중의 저주를 풀어야 합니다. 그리고 철학적 역량이 점차 극대화되어 가는 이 시점에 인문학에 아주 불리한 조류가 우리를 옥죄고 있기도 합니다. 어느 면에서 철학적 천재나 영웅이 나와야 하기도 합니다만 더 큰 문제는 이렇게 자기 역량은 극대화되고 자기 환경은 극히 열악한 이런 미묘한 시점에 '철학하는 인간'으로서 중지를 모아 철학 능력을 입증받기도 해야 합니다. 바로 그런 점에서 철학의 현실 개입을 심화하고 확대하는 것, 철학 후속세대의 양성에 대한 범철학계적 관심의 구체화, 그리고 철학교육의 내실화와 제도화에 역량을 모아야 한다고 생각합니다.

이상훈 : 칸트는 혁명 와중에 있던 프랑스와 프러시아 사이에서 '바젤조약'이 체결되는 것을 보면서 1795년 『영구평화론』을 썼습니다. 유럽 열강이 인도를 침탈하고 통상단을 보내 일본과 중국을 넘보기 시작했던 제국주의 침탈 초기의 시대였습니다. 그와 같은 약육강식의 시대에 칸트는 철학적 보편성이라는 관점에서 세계사적 영구평화를

어떻게 끌어낼 수 있겠는가 하는 주제를 고민했으며, 시대적 문제에 대한 보편적 시각에서의 응답으로 『영구평화론』을 썼다고 볼 수 있겠지요. 이 『영구평화론』과 같은 것이 구체적 문제에 대한 보편적 비전을 제시하는 대표적인 예가 아닐까요?

이승종 : 철학자는 철학을 해야 합니다. 철학은 사유의 작업이고, 사유의 작업은 정신적인 것입니다. 그런데 지금은 물질만능의 시대입니다. 그것이 근대성이라는 이념의 귀결입니다. 모든 것이 물질과 자본에 종속되고 그것이 합리성이라는 이름으로 재생산되는 시대에도 정신문명이 가능하다는 것을 철학자가 사유의 이름으로 보여주어야 합니다. 정신문명의 계승이라는 철학의 사명은 예나 지금이나 달라지지 않았습니다. 근대 이후로 단절된 지성사를 다시 이어주고, 굽힌 것을 펴고, 막힌 부분을 뚫어야 합니다.

동양에서도 상황은 크게 다르지 않다고 봅니다. 유교가 문명의 패러다임으로 군림하기 전까지는 다양한 흐름들이 공존했는데 예컨대 우리의 경우 조선왕조가 성립되면서 유교 이외의 다른 흐름들이 절맥되거나 억압되었습니다. 유교적 합리성이라는 하나의 질서로 문물의 틀이 잡히면서 정신문명이 고갈되기 시작한 것입니다. 결국 그러한 자기 소진의 끝자락에서 밀려드는 서구의 물질문명에 무릎을 꿇고 거기에 쉽게 동화되어 버렸습니다.

우리는 서양과 동양에서 각각 사유의 소진을 초래한 서구적 근대성과 유교적 합리성으로부터 그보다 더 오랜 사유의 시원으로 돌아가 볼 필요가 있습니다. 조지프 캠벨은 『신의 가면』에서 흥미로운 주장을 합니다. 신화는 인간 사유의 가장 오래된 형태의 하나인데 비록 여러 문명마다 다양한 옷을 입고 나타나기는 하지만 그 원형은 하나라는 것이죠. 같은 것이 계속 다양한 방식으로 재생산되는 것이 신화의 역사라는 것입니다. 니체가 말한 동일자의 영겁회귀를 연상케 하는 그의 주장을 저는 일리 있는 작업가설로 받아들이고자 합니다. 사유의 시원으로 소급해 들어갈수록 지금의 잡다하고 파편화된 사유의 원천을 만나고 그 풍성함을 체험할 수 있지 않을까 생각합니다.

사유의 원천에서 비롯되어 그것을 간직하고 기록한 것으로 신화 말고도 고전(古典)이 있습니다. 철학은 그 고전에서 자신의 생명력을 얻을 수 있다고 생각합니다. 물론 근대 이후의 탁월한 현전(現典)들도 많이 있지만 우리는 근대성의 세례를 받기 이전의 고전들을 통해 과거의 사람들이 무엇을 어떻게 보고 이해했는지에 대해서도 더 많은 관심을 기울여야 합니다. 고전과 현전의 흐름을 이어주고 그것들을 서로 소통시키는 온고이지신(溫故而知新)의 과제가 공자의 시대나 지금의 우리 시대나 마찬가지로 요청되고 있다고 생각합니다.

김교빈 : 아까 얘기했던 것처럼 우리 학교에서 철학과를 문화기획학과로 바꿀 당시도 어려웠지만, 지금은 그보다 더 어려운 상황인 것 같습니다. 우리 학과의 경우는 언론에서도 다루고 소리도 많이 났지만 지금은 소리도 없이 과가 해체되는 상황도 있다고 들었습니다. 우리 학교에서 학과가 바뀔 때 제가 전체 교수회의에서 "우리 학과가 바뀌지만 나는 여전히 철학하는 사람이다. 나는 다시 태어나도 철학을 할 것이다."라고 했습니다. 저는 무슨 철학을 하느냐가 중요하다고 생각하지 않습니다. 왜 철학을 하느냐가 중요하다고 생각합니다. '처음처럼'이라는 소주가 있죠? 제가 처음에 철학하겠다고 철모르던 시절에 마음먹었던 것, 그래서 처음 철학을 시작했던 것, 1학년 때 『대학』을 배우면서 고전을 접하기 시작했던 것, 그러면서 제가 가졌던 철학에 대한 처음 자세, 그것을 일생 각오가 엷어질 때마다 잊지 않고 되돌아보면서 살 수 있으면 좋겠습니다. 지금 대학원생들이 점점 적어지지만 그나마 공부하겠다고 오는 사람들이 어려움을 겪더라도 저처럼 살 수 있었으면 좋겠습니다. 살아가면서 끊임없이 되돌아봐야 할 것이고,

되돌아보는 작업 자체도 철학이라고 생각합니다. 끊임없이 내가 왜 철학을 시작했는지, 뭘 위해서 철학을 시작했는지를 되돌아보고, 잃지 않는, 그것이 공부하는 사람에게 제일 필요한 자세가 아닐까 생각합니다.

한정선 : 한국철학회가 2009년 가을에 『철학』 100집을 출간하게 된 것을 기념하면서, 한국철학을 회고하고 전망하는 좌담회를 마련한 것 자체가 매우 건설적이라고 생각합니다. 부족하나마 좌담회에서 언급된 여러 문제의식들과 과제들이 원로 철학자에서 소장 철학자에 이르기까지, 또한 학회를 이끌어가는 임원들과 회원들에 이르기까지, 한국의 철학적 역량을 키워가는 실마리가 되었으면 좋겠습니다.

이상훈 : 장시간 토론에 감사합니다. 앞으로 『철학』 지가 150집이 나오고 200집이 나올 때, 그때에도 다시 한 번 이런 중진, 원로 좌담회를 통해 우리가 전망했던 부분들에 대해서 다시금 반성도 하고, 새로운 전망도 담아보는 기회를 가졌으면 하는 생각합니다. 학기 준비에 여러모로 바쁘실 텐데도 불구하고 좌담에 참여해 주셔서 대단히 감사합니다.

한국철학회 분과학회

회고와 전망

서양근대철학회
한국공자학회
한국과학철학회
한국기독교철학회
한국니체학회
한국도가철학회
한국동양철학회
한국분석철학회
한국사회와철학연구회
한국생명윤리학회
한국야스퍼스학회
한국여성철학회
한국역사철학회
한국윤리학회
한국중세철학회
한국칸트학회
한국하이데거학회
한국현상학회
한국환경철학회

서양근대철학회

윤선구(서양근대철학회 회장)

서양 근대철학은 플라톤과 아리스토텔레스의 서양 고대철학과 중세 스콜라철학의 전통을 이어받으면서도 근대 과학혁명 및 시민혁명으로 사회와 인류의 의식이 근본적으로 변함에 따라 새롭게 등장한 철학이다. 근대철학은 근대에 새롭게 등장한 자연과학과 시민사회의 원리와 도덕을 정당화하는 중요한 역할을 하였을 뿐만 아니라 현대철학을 위한 징검다리로서도 중요한 역할을 하였다. 따라서 근대철학은 철학사의 줄기에 해당한다고 할 정도로 중요한 부분인데, 그동안 우리나라의 철학계는 현대철학을 중심으로 수입, 연구되어 왔기 때문에 근대철학에 대한 관심이나 연구가 등한시되어 왔다. 이러한 사정에는 물론 우리 철학계의 편협한 시각에도 원인이 있지만, 일제 식민지 지배를 받으며 우리 사회의 근대화가 파행을 겪게 된 데에도 중요한 원인이 있을 것이다. 전근대사회에서 근대화를 거치는 둥 마는 둥 하고 현대를 겪게 되면서 근대사회의 다양한 문제들에 대하여 근본적으로 성찰할 기회를 상실하였기 때문이다. 이러한 이유들로 우리의 근대철학계는 매우 취약하기 짝이 없는데, 그 중에서도 가장 큰 어려움은 연구자 층이 취약하다는 사실이다. 특히 근대 초기의 철학자들은 매우 다양하며 그 수가 많고, 따라서 데카르트와 같은 한 특정의 철학자를 전공하는 연구자들의 수는 매우 적을 수밖에 없다. 이와 같은 사정에서 칸트 이전 근대 초기의 다양한 철학자들을 전공한 국내의 여러 연구자들이 한자리에 모이게 되었다.

이들 근대 초기 철학 연구자들은 두 차례의 예비 모임을 가진 뒤 1998년 2월 21일 서울대학교 교수회관에서 서양근대철학회 창립총회를 개최하였다. 창립총회에서 회칙을 정하고 임원을 선출했다. 학회의 명칭은 창립 당시에 '서양근세철학회'로 정했으나 2001년 2월 3일 정기총회에서 '서양근대철학회'로 개칭하였다. 초대 임원단으로 회장에 김효명(서울대) 교수, 부회장에 김국태(호서대), 이재영(조선대) 교수가 선출되었다. 총무는 김상환(서울대) 교수가 맡기로 하였으며, 이 임원단이 초대와 2대를 연임하였다.

2002년 2월 22일과 23일 1박 2일에 걸쳐 우이동 봉도 청소년 수련원에서 가진 정기총회에서 3대 임원진이 선출되었다. 회장으로는 김용환(한남대) 교수, 부회장으로는 김국태(호서대) 교수, 윤선구 박사가 선출되었고, 총무는 김성환(대진대) 교수가 맡기로 하였다.

2004년 2월 14일에 열린 정기총회에서 4대 임원진이 선출되었다. 회장으로는 김국태(호서대) 교수, 부회장으로는 정병훈(경상대) 교수, 윤선구 박사가 선출되었고, 총무는 맹주만(중앙대) 교수가 맡기로 하였다.

2005년 12월 23일에 열린 정기총회에서 5대 임원진이 선출되었다. 회장으로는 이재영(조선대) 교수, 부회장으로는 이준호 박사, 황수영 박사가 선출되었고, 총무는 최희봉(강원대) 교수가 맡기로 하였다.

2008년 3월 15일에 열린 정기총회에서 6대 임원진이 선출되었다. 회장으로는 윤선구(서울대) BK교수, 부회장으로는 양선이(서울대) 박사, 이중원(시립대) 교수가 선출되었고 총무는 김성호(고려대) 박사가 맡기로 하였다.

본 학회는 격월로 정기 학술발표회를 개최하고 있으며, 2005년부터는 매년 가을에 열리는 한국철학자연합대회에 2000년도부터 참가하여 분과학회 발표를 해왔다. 여름방학 기간인 8월에는 특별히 학회의 공동 관심 주제나 사회적으로 관심이 높은 주제를 선정하여 심포지엄을 개최해 오고 있다. 하계 심포지엄의 의의는, 정기 학술발표회가 회원들이 임의로 쓴 논문들을 발표하는 자리이기 때문에 주제 결정에 있어 학회가 수동적일 수밖에 없고, 근대철학 고전 텍스트의 분석이 주류를 이루기 때문에 현실적인 문제와 관련하여 회원들의 공동의 관심과 일치시키기 어려운 점이 있기 때문에, 회원들이 현재의 사회적 상황이나 학문적 상황과 관련하여 근대철학에서 다뤄 보고 싶은 주제를 선정하고 최소 6개월 전에 논문을 공모하여 발표하도록 한다는 데에 있다.

본 학회는 창립 초기에 국내의 근대철학 분야 교육 여건이 취약함에 주목하여 우선 교육에 활용할 근대철학 교재를 편찬하는 일을 학회의 1차 중심 사업으로 정하였다. 창립 초기에는 두 달에 한 번씩 정례모임을 갖고 주로 공저 집필 문제를 논의하였다. 이후 1999년 8월까지 여덟 차례에 걸쳐 집필자들의 발표와 토론이 이루어졌고, 모임은 처음에는 서울대학교 철학사상연구소에서 갖다가 대우재단 세미나실로 변경하였다. 학회는 근대철학 교재 집필이 어느 정도 이루어졌다고 판단하고 1999년 가을 학기부터는 원래 학회의 목적인 학술발표회와 병행하기로 하였다. 2001년 3월 10일 그동안 집필한 공저가 『서양근대철학』이란 이름으로 창작과비평사에서 출간되었으며, 이 책은 '학술원 선정 2003년 우수학술도서'로 선정되었다.

2002년 2월 22일과 23일 1박 2일에 걸쳐 우이동 봉도 청소년 수련원에서 가진 정기총회에서 3대 임원진이 출범하면서, 학회는 2차 중심 사업으로 『서양근대철학의 열 가지 쟁점』을 공동 집필하기로 하고 학술발표회와 병행하기로 했다. 2004년 9월 20일 『서양근대철학의 열 가지 쟁점』이 창작과비평사에서 출간되었다. 이 책은 '학술원 선정 2006년 우수학술도서'로 선정되었다.

2008년 3월 15일에 열린 정기총회에서 6대 임원단이 출범하면서 세 번째 공저 발행을 기획하였다. 첫 번째 공저가 근대철학을 철학자 중심으로 서술하였고, 두 번째 공저가 근대철학의 주요 쟁점별로 서술하였다면, 근대철학에 공통되는 근본문제와 특징을 보여줄 수 있는 체계적인 저작이 필요하다고 생각되었기 때문이다. 그리고 그동안 두 저작이 꾸준히 판매 호조를 보여 학회 재정에 기여한 점을 감안하여 세 번째 공저는 인세 전액을 앞으로 제정될 근대철학 우수논문상을 위한 재정으로 사용하기로 하였다. 세 번째 체계적인 저술은 근대철학의 체계적 내용인 진, 선, 미, 성에 대응하여 인식론 및 과학철학, 윤리학 및 사회철학, 미학 및 예술철학, 종교철학 등으로 나누어 집필하기로 하고, 근대윤리학 및 사회철학에 관한 저작을 먼저 출간하기로 하여 2008년 1월 19일에 첫 번째 집필자 모임을 가진 이래 두 달마다 학회 발표회 전에 모여 원고를 검토하고 있다. 이 책은 2010년 8월에 발간될 예정이다.

본 학회는 설립 초기부터 공저 저술 작업과 함께 한국연구재단의 기초학문육성지원사업에 참여하여 공동 연구하는 데 역점을 두었다. 2002년에 첫 번째 공동 연구과제가 선정되어 2002년 12월에서 2003년 11월까지 '서양 근대 과학의 철학적 기초 연구'라는 주제로 9명이 참여하여 연구를 하였고(연구 책임자 김효명 교수), 약 2억 3천만 원의 연구비를 지원받았다. 두 번째 공동 연구는 2003년 8월에 선정되어 2005년 7월까지 '근대적 개인의 형성에 관한 철학적 기초 연구'라는 주제로 10명의 회원들이 참여하여(연구 책임자 이재영 교수) 2년 동안 연간 약 2억 원의 연구비 지원을 받았으며, 3차 공동 연구는

2008년 7월부터 2009년 6월까지 '스피노자와 니체의 생태철학'에 대한 연구로 4명의 회원이 참여하고 있고(연구 책임자 강용수 박사) 약 1억 원의 연구비를 지원받고 있다.

2002년도 지원사업의 결과물은 『근대 과학의 철학적 조명』이라는 제목으로 2006년 11월 15일 철학과현실사에서 출간되었다. 이러한 세 차례의 공동 연구는 본 학회가 발표하는 학회로서 뿐만 아니라 공동으로 연구하는 학회의 기반을 조성하는 데 많은 도움이 되었으며, 본 학회는 현재 20평 정도의 학회 공동 연구실을 마련하는 한편, 학회 장서도 150여 권에 이르고 있다.

본 학회는 2008년 2월에 창립 10주년을 맞아 3월 15일 창립 10주년 기념 학술대회를 개최하였다. 그동안 본 학회의 활동이 주로 근대철학 연구자 층의 결속을 다지고 기본적인 과제를 수행해 왔다면 10주년 이후의 과제는 근대철학의 연구 질을 높이는 일이라 할 것이다. 이를 위해 회원들의 우수한 연구 학술 활동을 독려하고 국제학술교류를 시작하기로 하였다. 회원들의 학술 활동을 독려하기 위한 방안으로는 우선 매년 말에 근대철학회 우수학술활동상을 시상하여, 근대철학 관련 각종 학술 활동을 활발하게 한 회원 1인을 선정하여 격려금 20만 원씩을 지급하고, 추천된 회원 중에서 우수한 회원들의 업적을 발표하고 회원들이 다 같이 격려하고 본받는 계기로 삼고 있다. 제1회 근대철학회 우수학술활동상은 현재 부회장으로 있는 양선이 박사가 수상하였다.

또한 본 학회는 근대철학 우수논문상의 제정을 추진하고 있다. 양적으로 뿐만 아니라 질적으로 우수한 연구실적을 선정하여 이를 학회가 인정해 주는 것은 연구의 질적 성장을 위해 매우 중요한 일이라 생각하기 때문이다. 우수논문상 시상을 위한 재정으로는 그동안 집필한 공저의 재판 발행 및 현재 집필 중인 책의 인세, 공동 연구 선정시 한국연구재단으로부터 받은 간접경비의 이자와 기타 모금 등을 통해 충당할 예정이다.

본 학회에서 추진하고 있는 국제학술교류 사업으로는 개인 회원 차원에서의 활발한 국제학술대회 발표뿐만 아니라, 해외 저명학자의 초청 강연, 그리고 더 장기적으로는 일본이나 중국과 같은 이웃나라의 근대철학회와 공동 세미나 또는 공동 학술발표회를 개최하는 일이다. 이러한 사업의 일환으로 2009년 7월 18일에 영국 옥스퍼드 대학의 피터 밀리칸(Peter Millican) 교수를 초청하여 "Humes Old and New: Four Fashionable Falsehoods, and One Unfashionable Truth"란 제목으로 초청 강연회를 가졌다. 본 학회에서는 논평자로 김성환(대진대) 교수, 최희봉(강원대) 교수, 원석영(성균관대) 박사가 참여하였다. 근대철학회는 다른 학회와 달리 데카르트, 로크 등 다양한 철학자들을 전공하는 학자들의 모임이므로, 한 특정 철학자를 전공하는 연구자층이 두텁지 않아 외국학자 초청 강연을 개최하기가 쉽지 않은데, 이러한 사정에도 불구하고, 30명 이상의 회원들이 모여 열띤 토론을 벌여 앞으로 근대철학회의 국제학술교류 사업의 성공 가능성을 보여주었다.

일본이나 중국 등 다른 나라와 공동 학술모임을 기획하는 이유는 우리나라에서는 근대철학의 중요성에 대한 학계나 사회적 인식이 부족하지만, 일본만 해도 근대철학의 연구가 활발하기 때문에, 학술교류를 통하여 학문 연구의 질적 수준을 높이는 계기로 삼을 뿐만 아니라. 사회 인식을 바꾸는 계기로 삼기 위해서이다. 같은 동아시아 국가로서 처한 형편이 비슷하기 때문에 서로의 경험을 교류하면서 상호 발전을 도모할 수 있을 것이다.

학문이 발전하기 위해서는 학문 후속세대를 육성하는 것이 무엇보다 중요하다. 근대철학 분야는 원래 연구자 수도 적은 편이지만, 대학원 석사과정에서 근대철학을 전공하다가도 박사과정에 진입하면 전공을 취직에 유리한 분야로 변경하는 예가 많이 있다. 따라서 본 학회에서는 우수한 석사 논문을 발굴하여 본 학회에서 초청하여 발표하도록 하는 한편, 계속 근대철학을 전공하도록 격려하는 기회를 만들고자 한다. 앞으로는 근대철학회 우수논문상과 함께 근대철학 우수 석사논문상도 제정하게 될 것이다. 그리고 이러한 발전을 통하여 기형적인 국내 철학계에 균형 있는 학문 발전을 도모하도록 할 수 있을 뿐만 아니라, 뒤늦은 성찰이기는 하지만, 한국 사회의 근대성에 대해서도 진지한 논의를 할 수 있는 공론의 장을 제공할 수 있게 될 것이다.

한국공자학회

이희재(한국공자학회 회장)

1. 학회 태동의 배경

한국철학회를 중심으로 활동하던 동양철학자들이 한국공자학회를 창립하게 된 계기는 한국철학회 내에서 동서양 철학의 각 분야에 걸친 분과활동의 당위성을 인정하고 이를 권장하는 단계로 나아간 데서 출발한다. 더 구체적으로 말하자면 배종호(1919-1990) 교수가 동양철학 분과회를 이끌 당시에 '분과회'라는 한정된 명칭과 활동범위의 제약으로부터 벗어나기 위해 명실 공히 독자적 모임을 가질 필요가 있음을 제안하고 분과회의 회원들이 이를 찬성함으로써 '동양철학회'라는 별칭이 나오게 되었으며 1982년 한국동양철학회가 창립되고 배종호 교수가 초대 회장으로 선출되었다.[1]

한편 동양철학회와는 별도로 한국공자학회 역시 1980년 6월 정종, 이을호(1910-1998), 유정동(1921-1984) 3명의 만남을 통해 학회의 밑그림이 그려졌고, 발기인으로 성낙서, 이을호, 송지영, 유정동, 윤사순, 박세영, 배종호, 이남영 그리고 정종 등 9명이 참여하였으며 초대 회

1) 한국공자학회, 『공자사상과 현대 2』, 사사연, 1990, 3쪽. 정종 교수의 공자학 창립의 경위 설명 가운데 기록됨.

장은 성균관장을 역임한 성낙서(1905-1988) 박사가 추대되고 1980년 11월 22일 창립되었다. 당시의 발기문은 다음과 같다.

오늘날 우리는 극심한 思想的 혼돈의 소용돌이 속에 처해 있다. 동양 내지 한국 전통사상의 後退와, 무분별하게 받아들인 서구의 外來思想이 무질서하게 共棲하면서 우리의 意識世界를 황량하게 만들어놓았다. 사상적. 정신적 고향을 상실한 우리네 생활공간의 荒廢化는 날로 더해 가고만 있는 것이다.

여기에 있어서 전통사상을 현대적 시각을 통하여 재조명하고, 이를 알차게 계승 발전시킴으로써, 사상의 바람직한 방향을 모색하며, 이를 위하여 동양사상의 근원을 찾아 소급하려는 洙泗學的 입장을 재정립하는 일이야말로 우리의 시대적 책무가 아닐 수 없다.

이처럼 간절한 歸鄕意志에 밑받침된 사상적 엑소도스는, 비단 서양사상과의 대결 면에서 뿐 아니라, 같은 동양사상의 테두리 안의 갖가지 流派的 특성을 뛰어넘어, 동양적 및 한국적인 사상의 本然相을 더듬고 가꾸어 드러나게 해야 할 시대적 요청 앞에서도, 亦然히 절실한 과제라고 할 수 있을 것이다.

오늘날 우리가 설령 어떠한 學流를 타고 노를 젓고 있다고 할지라도 時空을 초월하여 그 源流에의 回歸를 망각할 수는 없는 터이므로, 이에 우리 同學들은 한갓된 方向으로 뜻을 모아, 서로 연찬하고, 나아가서는 韓國儒學을 위시하여 중국 및 일본의 그것에 걸친 汎東洋的인 전통에 대한 再認識과 그 淵源에 대한 再檢討를 기도함으로써, 현대적 계승의 참된 의미를 살리고, 그 共同 目標 달성을 위한 노력을 효율적으로 기울이기 위하여 韓國孔子學會의 창립을 보게 된 것이다.

이러한 우리의 意圖와 그것의 올바른 전개를 위하여 學界諸賢은 물론이려니와, 人間 孔子의 好學과 崇德의 정신을 흠모하고, 인류의 大敎師로서의 仁慈한 人間的인 모습을 사모하며, 나아가서는 70 有餘 평생을 溫故知新의 정신에 입각하여, 항상 새로운 문화의 창달에 힘쓰며, 항상 民의 편에 서서 그들을 옹호 대변하고 계몽하려는 安百姓에의 길을 염원, 궁행하여 마지않았던 그 聖스러운 모습을 배워, 求道者

的 眞實性을 찾아보려는 江湖諸位의 많은 同參과 聲援이 있으시기를 바라 마지않는 바이다.

창립 발기문 그대로 공자학회는 선진유학적(先秦儒學的), 근본유학적 또는 수사학(洙泗學) 입장 일탈을 견제한 유학의 근본정신으로의 귀향을 추구함으로써 진로를 수정하고, 방향을 제사하는 데 그치지 않고, 동양철학의 총체적인 발전에 꾸준히 이바지하게 할 수 있는 활동을 제시했다.

이러한 학회 창립의 견인차는 동국대학교 철학과의 정종 교수가 주축이 되었는데, 정 교수는 본래 현대 실존철학을 전공하여 오다 1970년대부터 「공자사상의 인간학적 연구」를 통해 초인적 공자가 아닌 인간 공자에 주목하였으며, 다른 발기인들은 이런 점에 동의했다.

왕조사회에서 봉건체제를 지탱시켜 주는 위계질서 속의 초인적 성인으로서의 공자의 모습이 아니라, 본래의 인간적이고 예술적이며 수사학적(洙泗學的) 정신이야말로 공자학회가 추구하는 근본 창립정신이었다고 할 수 있다.

2. 학회 활동

한국공자학회는 1980년 창립 이래 쉼 없이 정기적인 학술대회와 월례발표 그리고 출판 활동을 지속해 오고 있다. 30년에 걸친 공자학회의 학술 활동을 살펴보자면 크게 다섯 가지로 요약된다.

첫째, 공자사상을 오늘의 문제를 해결하는 바탕으로 삼는다는 점에 있다. 이것이 곧 '공자사상과 현대'라는 주제로 학회에서 집요한 관심을 가졌다.

둘째, '공자사상과 신실학'의 탐구로서 '신실학'이라는 명칭이 시사하듯 근본유학에 근원한 실학을 모색한다는 점이다.

셋째, 공자사상의 역사적 전개를 추적하는 것으로, 특히 중국에서의 성리학과 양명학 등 신유학을 공자사상의 연장선에서 파악하고 그 역사를 연구하였다.

넷째, 월례발표를 통해 새로운 공자학 연구방법론을 모색하였다.

다섯째, 한국에서의 공자학을 개척한 선학을 재조명하는 사업이었다.

1) 공자사상과 현대의 재조명

한국공자학회는 창립한 1980년부터 1990년까지는 1년에 2회의 정기 학술발표회를 춘추로 전개해 왔다. 여기에서는 주로 (1) 공자학과 선진유학, (2) 공자학과 중국 유학, (3) 공자학과 한국 유학, (4) 공자학과 응용윤리 등이 주요한 주제로 채택되었다. 정종 교수가 주축이 되어 주로 동국대학교에서 개최되었던 시기라고 할 수 있다.

초기 공자학회의 성과를 출판하고 나서 송재운 교수는 이러한 성과를 거둔 것은 정종 교수의 리더십에 기인한다고 하면서 이렇게 소회를 밝혔다. "한국공자학회는 지구촌 유일의 학회다. 이 학회를 창립하고 오늘에 이르기까지 이끌어 오신 분은 정종 교수이시다. 정종 교수는 50대 이후 공자학에 심취하시면서 「공자사상의 인간학적 연구」로 박사학위를 받으셨고, 그 학문의 끝 여정을 공자학 연구로 회향하여 가고 계시다. 자신의 아호 '온버림(去百)' 그대로 하심과 겸양의 덕으로써 학회 유영을 거의 단독으로 맡다시피 하면서도 공을 모두 회원에게 돌림으로써 일체의 상을 드러내지 않고 계시다."[2]

10년 동안 쉼 없이 진행된 학회 활동이 학회지를 통해서 나오지 않았던 것은 유감스러운 일이지만 『공자사상과 현대』라는 두 권의 단행본으로 출간된 것이 학회의 성과라고 할 것이다.

---

2) 같은 책, 6쪽.

2) 공자사상과 신실학의 탐구

정종 교수를 이어 학회장을 맡은 윤사순 교수는 그동안 2-3명의 발표자로 동국대학교에서 아기자기하게 진행되었던 학회의 분위기를 일신시켜 유림의 본산인 성균관대학교로 확대하였고, 학회의 규모를 대규모로 만들었다.

1991년 5월에 이틀 동안 열린 제20회 춘계학술대회는 성균관 유림회관에서 진행되었는데, 당시의 주제는 '유교의 가치관과 현대사회'였다.

이러한 대규모의 학술대회는 관련학자들만이 아니라 유교에 관심 있는 일반인들까지 참여함으로써 대성황을 이루고 학회의 위상을 크게 높였다고 할 수 있다. 1991년 제22회 추계학술대회는 고려대학교 인촌기념관에서 열렸는데, 그 규모가 컸으며 주제 역시 '유학의 신실학적 역할'로서 새로운 시대에 적합한 유교사상을 모색하는 학회의 면모를 잘 보여주었다.

1992년 제23회 춘계학술대회의 주제는 '현대 한국 사회와 한국 유학의 신실학적 과제'로서 현대사회에 유교의 역할을 모색하는 대규모 학회가 되었고, 학회의 장소도 성균관 유림회관에서 거행되어 일반인의 참여를 유도하였으며 호응을 받았다.

이 해 가을에 있었던 제25회 추계학술대회도 역시 성균관 유림회관에서 같은 규모로 진행되어 강호의 절찬을 받았으며 전례가 없는 유교사상의 연구 붐을 조성했고 관련학자들이 운집했다.

'유학사상과 오늘의 한국 문제'라는 신실학적 주제는 전남대학교 안진오 교수로 회장이 인계된 이후에도 계속되었고, 학술대회는 계속 대규모로 진행되었다. 1993년 10월 제27회 추계학술대회는 회장 재직 학교인 전남대학교 도서관 시청각실에서 광주광역시의 후원으로 거행되었다.

이 전남대학교에서 진행된 학술대회에서는 그동안의 형식과 달리

공자학회 최초로 토론이 등장했는데 그때 참여한 토론자는 김주성, 김기현, 이해준, 황의동, 허권수, 이애희였다. 윤사순 교수가 일신시킨 공자학회의 활동은 학계의 큰 바람을 일으켰고 많은 자극을 주었다. 동시에 일반인들까지 참여하고 외부의 후원을 받는 대규모 학회에 대한 비판 등, 새로운 신실학적 논의에 대한 견제가 은연중 나타나기도 했다.

3) 공자사상과 역사적 전개 연구

공자학회에서는 선진유학만을 연구하는 데 그치지 않고 신유학 또한 공자사상의 연장선상에서 연구되어야 한다고 보고 공자학과 무관한 신유학이 아닌 공자학의 계승 차원의 신유학에 대해 본격적인 연구 활동을 하였다.

1994년의 제28회 춘계학술대회는 대우재단빌딩 강연실에서 있었는데, 당시의 주제는 '공자사상과 북송 유학'이었다. 이때는 서울대학교의 이남영 교수가 이끌었고 이전과는 약간의 궤도 수정이 있었는데, 일반인의 참여보다는 교수 중심의 학술회의로 전환했으며 진지한 토론이 활발하게 이루어지게 되었다.

북송 유학으로부터 시작된 학술회의는 1994년 가을의 추계학술대회의 주제인 '공자사상과 송학의 발전: 남송 유학'으로 확대되었다.

이 주제는 1995년에도 지속되어 제30회 추계학술대회에서는 '원·명대 공자사상의 계승과 그 전개'라는 주제로 확대되었으며, 중국 유교철학 전반을 깊이 있게 다루는 학술모임으로 학회가 정착되어 갔다.

1996년 제31회 추계학술대회의 주제는 중국 청대로 이어져 공자사상의 전개라는 주제를 계속해서 추적해 갔으며 동시에 월례발표도 지속되어 공자학회는 전문가 집단으로서의 역할을 충실히 했다. 1996년 가을학회의 주제는 '명·청대에서 공자사상의 계승과 그 전개'로 한국방송통신대학교 강당에서 한국연구재단의 후원을 받고 진행되었다.

1997년 제33회 추계학술대회 역시 공자사상의 계승과 전개라는 화두는 지속되었고, 주제는 '청대 후기 공자사상의 계승과 그 전개'로 동국대학교에서 진행되었으며 한국연구재단의 후원을 받았다.

공자학회는 해를 이어가며 동양철학자들을 중심으로 하는 학술대회를 통해 학자들 간의 교류를 진흥시켰고 한국 유학의 발전에 기여했으며, 이를 학회지와 단행본을 통해 발간하였다. 특히 토론을 도입함으로써 그 오류를 걸러낼 수 있는 장치를 마련하고 학술발표의 질을 향상시켰던 것도 한국 철학계의 새로운 문화로 일반화되었다.

4) 새로운 공자사상 연구방법론의 모색

공자학회에서 매월 모임을 갖게 된 것은 이남영 회장 시기 때부터였다. 1995부터 시작한 월례발표회의 주제는 '공자사상 연구방법론'이었다. 이 월례발표는 공자학회가 이룩한 업적 중의 하나라고 할 수 있을 것이다. 정기적으로 매월 진행된 월례발표는 1996년에도 계속되었고 주제 역시 같은 '공자사상 연구방법론'으로 이어져 진행되었다.

이후 월례발표의 주제는 '유교의 현대화'로 변화되었지만 중국을 비롯한 서양에서 공자사상 연구방법에 대해 면밀히 분석하는 이런 방법론 연구는 공자학회 특유의 학술 활동 가운데 하나였다.

5) 현대 한국에서의 공자학을 개척한 선학의 재조명

2005년 제43회 춘계학술대회에서는 타 학회에서 보기 힘든 주제로 학술회의가 열렸는데, 다름 아닌 한국 동양철학의 선구자들의 업적을 기리는 행사였다. 최초의 인물은 한국의 동양철학을 개척한 이상은 교수에 대한 연구였다. 이 학술회의의 주제는 '경로 이상은 선생의 동양철학과 그 위상'으로 고려대학교 문과대학에서 진행되었다.

이 학술회의의 성과를 토대로 미발굴의 다른 자료를 보완하여 단행본으로 출판했다.

2006년 제47회 추계학술대회에서도 한국 동양철학계의 선구자인 김경탁 교수에 대한 조명이 있었는데, 당시의 주제는 '김경탁 선생의 학문과 사상'이었다. 고려대학교 철학과와 철학연구소에서 공동 주최했다.

현대 동양철학자 탐구의 세 번째 인물은 현상윤 교수였으며, 2008년 제50회 춘계학술대회에서는 '기당 현상윤 선생의 학문과 사상'이라는 주제로 학술회의를 개최했다.

공교롭게도 공자학회에서 주제로 삼은 선학들은 고려대학교 철학과에서 재직했던 분들이어서 특정 대학에 편향된 것처럼 오해를 받을 만하지만, 당시의 학회장은 전주대학교 오종일 교수였고 이 주제를 소신 있게 추진하였다. 선배학자들이 한국철학의 역사 특히 동양철학 분야에서 지울 수 없는 자취를 남겼다는 데 이의가 없을 것이다. 앞으로도 특정 대학을 불문하고 현대 한국철학의 선학들에 대한 연구는 지속될 것이다.

공자학회는 현대에 생존하여 후학을 이끌어 주었던 선학들의 업적을 재조명함으로써 단지 인물만이 아닌 공자사상과 동양철학에 대한 역사적 흐름과 의의를 다시 확인할 수 있었다.

3. 공자학회의 출판물

(1) 『공자사상과 현대』(사사연, 1985. 12)

이 책은 남촌 박세영 박사의 고희 기념 논문집으로 사사연(思社硏)에서 1985년 12월에 간행되었다. 한국공자학회의 창립총회를 겸한 제1회 연구발표회 이래 제10회까지의 발표 논문 22편을 한 권의 책으로 엮어 낸 것이다. 이 가운데 공자나 논어에 관한 연구가 15편이니 치지해 공자학회의 최초의 간행물로서의 면모를 여실히 보여준 저술이라고 할 수 있다.

(2) 『공자사상과 현대 2』(사사연, 1990. 6)

1986년부터 1990년까지 춘추 학술대회에서 발표되었던 논문을 모아 출판한 것이다. 이 책에는 모두 26편의 연구논문이 실려 있으며 공자에 관한 것은 9편이다. 제1집이 공자사상의 현대적 재조명에 초점을 둔 것이라면, 제2집은 공자를 원류로 하는 유학 및 동양정신의 새로운 탐구와 동서의 타 사상과의 비교 고찰에 더 중점을 두고 있음을 알 수 있다. 이 책은 대우재단에서 출판비 전액을 지원받았다.

(3) 『공자사상의 발견: 본원 유학과 신실학』(민음사, 1992. 3)

1991년 제21회 춘계학술대회와 제22회 추계학술대회에서 발표된 논문들로 구성된 책이다. 성균관 유림회관에서 있었던 춘계학술대회의 주제는 '유교의 가치관과 현대사회'였으며, 윤사순 교수의 「공자사상에로 돌아가 보는 이유」를 비롯해서 14편의 논문을 집대성한 것이다.

(4) 『정도전 사상 연구』(유림문화사, 1993. 1)

1992년 6월 19일 삼봉기념사업회 후원으로 성균관 유림회관에서 개최된 학술대회에서 발표된 논문들을 출판한 것이다. 주제는 '삼봉 정도전 선생의 학문과 사상'이었다.

(5) 『신실학의 탐구』(열린책들, 1993. 5)

1992년도 제22회 춘계학술대회에서 발표된 논문과 기타 논문이 함께 수록되어 발간되었다. '유학의 신실학적 과제'라는 주제로 고려대학교 인촌기념관에서 있었던 제22회 추계학술대회의 논문과 '현대 한국 사회와 한국 유학의 신실학적 과제'라는 주제로 열린 제23회 춘계학술대회에서 발표된 6편의 논문이 이 책의 주요 내용을 이루고 있다. 신실학이라는 제목으로는 두 번째가 되는 출판물이다.

(6)『현대 한국 사회와 한국 유학의 신실학적 과제』(전남대, 1994. 2)

1992년 4월 2일 춘계학술대회 발표 논문으로 한국연구재단 학술연구조성비로 출간되었다.

(7)『공자사상의 계승: 戰國에서 漢唐까지』(열린책들, 1995. 4)

1992년과 1993년 학술회의에서 발표된 논문집으로 열린책들에서 간행했다. 1992년 제25회 학술대회는 성균관 유림회관에서 열렸고, 선진 유가사상과 관련된 논문이 8편 발표되었다. 이어서 1993년 성균관 유림회관에서 열린 춘계학술대회에서는 '공자사상과 한당 유학'을 주제로 6편의 논문이 발표되었는데 이를 모아 만든 책이다.

(8)『현대사상가 이상은 선생과 한국 신유학』(한울, 2006. 10)

2005년 7월 고려대학교에서 거행되었던 '이상은 선생 탄생 100주년 기념 학술대회'의 내용을 출판한 것이다.

(9)『김경탁 선생의 생성철학』(한울, 2007. 6)

2006년 10월 고려대학교에서 거행되었던 '우암 김경탁 선생 탄생 100주년 기념 학술대회'의 내용을 출판한 것이다.

(10)『기당 현상윤 연구』(한울, 2009. 6)

2008년 제50회 춘계학술대회에서 고려대학교 철학과 현상윤 교수를 재조명하는 주제를 다룬 '기당 현상윤 선생의 학문과 사상'을 출판한 것이다.

공자학회가 1980년 창립 이래 꾸준히 학회 활동을 하고 출판을 했으면서도 정작 학회지는 발간하지 않았던 것은 유감스러운 일이다. 창립 16년째가 되던 1995년에야 비로소 학술지『공자학』창간호가 나와 16호를 발행하였고 그동안에 거행된 정기 학술회의의 성과를 충실히 기록하고 있으며, 뒤늦게 한국연구재단 등재지 신청을 준비하고 있는 중이다.

4. 전망

한국공자학회는 그 태동에 있어서 한국철학회 분과에 속하였던 이을호, 정종, 배종호, 이남영, 윤사순 교수 등이 주축이 되어 한국동양철학회와 같은 시기에 창립되었으니 한 뿌리에서 나온 두 가지(同根二枝)라고 할 수 있다.

창립 이후 30년이 되어 가는 시점에서 회고해 보자면 공자학회가 이룬 성과와 가치는 지대한 것이며 후학들을 위한 동양철학 연구방법이나 연구주제에 관련하여 풍성한 토대를 구축했다고 할 수 있다. 그동안 이루어놓은 다섯 가지의 성과, 곧 공자학과 현대의 문제, 공자학과 신실학의 창조, 공자학의 역사적 전개에 대한 탐구, 공자사상 연구방법론의 새로운 개발, 그리고 현대 한국에서의 동양철학을 개척한 선학에 대한 재조명 등은 차후의 과제이기도 하다.

이와 같이 그동안의 성과를 단절시키지 않고 꾸준히 계승함과 동시에 점차 좁아지는 지구화 시대에 부응하여 중국, 일본을 비롯해서 서구 학자들과의 교류를 통해 한국에서의 유교 연구의 성과를 세계적으로 확대할 계획이다. 이것은 이미 한국철학회가 서울에서 주도했던 세계철학대회에서 첫걸음을 시작했으며, 2009년 9월에 북경에서 거행된 국제유학연합(International Confucianism Association)에서 한국공자학회, 한국동양철학회, 한국유교학회의 대표들이 참여하여 국제적 교류를 시작했다.

한국공자학회는 다른 학회와 달리 정년을 한 원로교수들의 참여가 활발한 것이 하나의 특징이라고 할 수 있다. 창립의 기틀을 만든 정종, 윤사순, 이남영 교수 등을 비롯해서 70세 이상의 원로교수들이 호학의 정신으로 학회에 꾸준히 참여하고 있다. 이런 공자학회다운 풍토와 더불어 앞으로는 동양철학 분야의 많은 신진 연구자들이 활발히 모일 수 있는 장을 마련하는 것이 학회의 하나의 중요한 과제이다.

한국과학철학회

송상용(한국과학철학회 2대 회장)

한국 대학에 과학철학 강의가 처음 등장한 것은 1940년대 말이었다. 연희대에서는 1920년 중국에서 독립운동을 하다가 유법검학회(留法儉學會)의 일원으로 파리에 건너가 뷔르츠부르크와 베를린에서 사회과학을 공부한 다음 파리 대학에서 브렁슈빅, 랄랑드, 레이에게 철학을 배우고 졸업한 정석해(1899-1996)가 과학철학을 강의했다. 고려대에는 1937년 미시건 대학에서 「주관주의와 직관(Subjectivism and Intuition)」으로 박사학위를 받은 박희성(1901-1988)이 있었다. 그들은 저서는 내지 않았고 강의에 열중했다. 정석해는 러셀과 무어의 책들을 번역했으며 1989년 90회 탄신일에 제자 박상규가 구술을 받아 정리한 전기 『서산(西山) 정석해(鄭錫海). 그 인간과 사상』(연세대 출판부, 1989)을 냈다. 박희성의 『회의와 진리(*Skepticism and Truth*)』는 1989년에 사후 출판되었다. 연희대에서는 오영환, 박상규, 박영식, 박동환, 김영진, 송병옥, 고려대에서는 김영철, 신일철, 여훈근, 정대현 등이 그 제자들이다.

한국철학회가 출범한 1953년 컬럼비아 대학에서 변증법적 방법에 관한 논문으로 박사학위를 받고 귀국한 김준섭(1913-1998)은 과학철학을 표방하고 몇몇 대학에서 기호논리학과 과학철학을 강의하기 시작했다. 이듬해 서울대학교 문리과대학에 부임한 그는 1961-1977년에 과학철학을 전공한 석사 11명(이초식, 윤병대, 곽노진, 송상용, 이명현, 서철원, 백종현, 조승옥, 이좌용, 이훈, 조인래)을 길러냈다. 그는 『논리학』 개정판(1954)에서 처음으로 기호논리학을 소개했고, 『현대철학』(1958), 『과학철학 서설(序說)』(1963), 『철학과 논리 연구』(1975)를 냈다. 과학철학의 세 선구자들은 모두 연희전문학교 문과 출신이다. 정석해는 수물과에 들어갔다가 전과했다.

독일관념론이 지배하고 있던 한국 풍토에서 과학철학은 20년 동안 지지부진을 면치 못했다. 1960년대부터 과학철학에 관심 있는 젊은이들은 미국으로 유학을 떠났다. 이들이 돌아오기 시작하면서 차츰 변화가 일어났다. 1972년 김준섭의 제안에 따라 이한조(서강대), 선우남(강남대), 이초식(서울교대), 송상용(서울대 강사)은 과학철학 세미나를 시작했는데 이 모임은 2년 동안 계속되었다. 이 무렵 송현주(전북대), 김용정(동국대)도 과학철학 교육에 열중했다. 과학철학 전공자들이 늘어남에 따라 1970년대 후반에 급격한 변화가 일어났다.

1976년 한국철학회 안에 10개의 분과학회가 조직되었는데 미국에서 돌아온 과학철학자들이 분석철학회와 논리학회를 만들었다. 이를 주도한 학자들은 박영식(에모리 대학), 김여수(하버드, 본 대학), 소흥렬(미시건 대학), 정대현(템플 대학), 엄정식(미시건 주립대학), 이명현(브라운 대학), 김광수(캘리포니아 대학[샌타바버라]) 등이었고 소장으로는 이종권, 이좌용, 조인래 등이 참여했다. 중견 학자들은 분석철학의 기본 논문들을 읽는 세미나를 통해 대학원생들을 훈련했다. 이 분과학회들의 활동은 철학 전반에 충격을 주었고 다른 분야의 학자들도 가담했다. 그 결과 1980년대에는 영미철학 논문이 독일철학을 앞서는 이변이 일어났다. 미국에 정착한 한국 과학철학자 가운데 브라운 대학 석좌교수 김재권은 심리철학의 세계적인 권위로서 1980년대 이후 자주 귀국해 강의했고 미국과 한국에서 많은 제자들을 길러내 한국의 과학철학에 크게 이바지했다. 한편 화학자 김용준과 물리학자 장회익 등이 1988년에 만든 과학사상연구회는 독회와 기관지 『과학과 철학』 발간을 통해 과학철학 연구에 한몫을 했다.

1987년 케임브리지 대학 과학사·과학철학과 객원 연구원으로 있던 송상용은 중국 과학철학자 추런종(邱仁宗)의 소개를 받아 구 유고슬라비아 두브로브니크에서 해마다 열리는 과학철학 세미나에 참석했다. 이 세미나는 자본주의권과 사회주의권의 과학철학자들이 교류하는 기회였는데 이듬해 세미나에는 서울에서 소흥렬과 장회익이 참여했다. 1995년 피렌체에서 열린 국제과학철학회의에서는 동아시아의 과학철학 세션이 마련되었다. 여기에서 송상용은 「한국의 과학철학, 1950-1995(Philosophy of Science in Korea, 1950-1995)」를 발표했고 이 보고는 논문집에 포함되어 1997년 출판되었다(M. L. Dalla Chiara et al., eds., *Structures and Norms in Science*, Kluwer, 1997, pp.481-485). 거기에는 한국과학철학회가 곧 발족하리라는 예고가 나오는데 그때 콘스탄츠 대학 학생이었던 고인석(인하대)도 토론에 참여했다.

이런 고무적인 분위기에서 1990년대에는 한국과학철학회가 태어날 여건이 익어가고 있었다. 1990년을 전후해 소흥렬, 송상용이 철학연구회장을 맡아 잇달아 '과학철학의 문제들', '동서철학의 자연관', '과학철학과 과학사' 등의 발표회를 하면서 다양한 젊은 과학철학자들이 어울리게 되었다. 1993년에 처음 나온 새 학회를 만들자는 얘기는 연구 모임을 계속한 끝에 1995년 구체화 단계에 들어갔다. 드디어 11월 25일 19명의 창립 준비위원의 이름으로 다음과 같은 초청장이 120명의 발기인 후보들에게 발송되었다.

이 땅에 과학철학이 상륙한 지 어느덧 반세기가 가까워 옵니다. 오랫동안 황무지나 다름없던 한국의 과학철학은 최근 눈에 띄게 달라져 가고 있습니다.

그동안 여러분의 헌신적인 노력이 있었습니다. 특히 한국분석철학회와 한국논리학회는 활발한 토론으로 철학계에 활력을 불어넣었습니다. 한국인지과학회의 발족은 과학철학의 새 지평을 열었습니다.

한국철학회와 철학연구회는 여러 차례 과학철학의 문제들을 토론하는 기회를 만들었습니다. 분석적 전통 밖에서도 과학철학 연구는 활발했습니다. 한국철학사상연구회 안의 '자연철학 분과'와 '기철학 분과'는 1980년대 말 이후 꾸준한 연구 활동을 해왔습니다. 『과학과 철학』을 내고 있는 과학사상연구회와 계간 『과학사상』의 발행도 중요한 진전입니다.

프랑스 과학철학 연구가 나오는가 하면 의료윤리, 환경윤리 등 과학기술윤리학 관계 논문도 늘어나고 있습니다. 기술철학에 대한 관심도 높아지고 있으며 과학사, 과학사회학에서 기여하는 학자들도 꽤 있습니다.

뜻있는 과학철학자들이 이 모든 모임을 한데 묶어 과학철학회를 만들자는 이야기를 시작한 것이 1993년 말의 일입니다. 그 준비단계로 작년에 과학철학연구회를 만들어 연구 모임을 가져왔습니다. 이제 독립학회를 출범시킬 때가 무르익었다고 생각합니다.

한국과학철학회는 과학철학의 모든 유파, 분야를 망라하는 연구의 마당입니다. 과학에 관심 있는 모든 철학자들, 철학에 관심이 있는 모든 과학자들을 모십니다.

한국과학철학회 창립 준비위원
김국태, 김기윤, 김기현, 김유신, 김형철, 박우석, 박은진, 신중섭, 윤용택, 이봉재, 이승종, 이필렬, 이훈, 임경순, 정광수, 정병훈, 정인교, 조인래, 최종덕

1995년 12월 9일 서울시립대학교에서 열린 한국과학철학회 창립총회에는 70여 명이 모였고 초대 회장 장회익(서울대)을 뽑았다. 추후 선임된 임원은 부회장 김위성(부산대), 이한구(성균관대), 이사 김국태, 김유신, 박은진, 소흥렬, 송병옥, 송상용, 우정규, 이봉재, 이초식,

정광수, 조인래, 감사 윤용택, 최종덕, 간사 최성호였다. 학회 첫 행사는 1996년 1월 21-23일 대덕에서 한국과학저술인협회, 한국과학사학회와 공동 주최한 '과학기술과 문화 국제회의(International Conference on Science, Technology and Culture)'였다. 한국에서 처음 열린 이 회의에는 일본과학철학회장 사카모토(坂本百大, 니혼대학), 전 미국 과학사학회장 웨스트폴(Richard S. Westfall, 인디애나 대학) 등이 초청 연사로 참여했다.

학회는 해마다 이화여자대학교 고사리수련원과 호서대학교에서 여름 심포지엄을 가졌다. 주제는 '과학의 합리성', '동양사상의 과학성 및 서양과학의 접목 가능성', '생명을 위한 두 가지 접근방식'(초청 강연), '동아시아 과학의 업적을 서양과학의 기준으로 평가할 수 있는가'(초청 강연)였다. 가을에 열리는 전국철학자연합학술대회와 한민족 철학자대회에서는 과학철학 분과를 맡아 회원들의 다양한 발표를 하게 했다. 학회지 『과학철학』은 반 연간으로 1998년 가을 창간호가 나왔다. 초대 편집인은 김광수(한신대), 편집위원은 정병훈, 조인래, 최무영이었고 소흥렬(이화여대)이 편집인을 이어받아 창간호를 냈다. 부편집인 조인래, 편집위원 이초식, 정광수, 정병훈, 정상모, 최무영, 간사 박석정이었다.

장회익이 한 번 연임해 4년 봉사한 다음 1999년에는 송상용(한림대)이 2대 회장으로 선출되었다. 부회장은 세대교체가 이루어져 이종권(중앙대), 김유신(부산대)이 맡았고 상임이사 이봉재(총무), 정병훈(편집), 김국태, 신중섭, 정광수(연구), 고인석(섭외), 감사 박영태, 이충열, 간사 배식한이었다. 대폭 늘어난 이사에는 공용현, 곽강제, 구승회, 김교빈, 김기윤, 김남두, 김동식, 김동원, 김성환, 박우석, 박은진, 백도형, 소준노, 이정우, 이종찬, 이중원, 이훈, 전영삼, 정계섭, 정상모, 정우열, 정인교, 조용현, 조인래, 최경희, 최정식, 현남규, 황희숙이 선임되었다. 중임한 편집인 소흥렬(포항공대)은 김유신, 박우석, 설헌영, 안세권, 이정원, 임경순, 정광수, 정병훈, 최무영, 최종덕, 황희숙을 편집위원으로 위촉했고 간사는 최재성이었다.

2000년 봄 심포지엄은 4월 1일 동국대학교에서 '과학문화의 철학적 기초'를 주제로 열렸다. 이어 5월 3일에는 프레드릭 처칠(Frederick B. Churchill, 인디애나 대학) 교수 초청 한미 진화생물학 세미나(Korea-US Seminar on Evolutionary Biology)가 한국과학사학회, 서울대학교 과학사·과학철학 협동과정과 공동 주최로 서울대학교에서 '진화: 그 역사와 철학(Evolution: Its History and Philosophy)'을 주제로 있었다. 여름 모임은 7월 6-7일 호서대에서 '과학적 합리성의 재조명'을 주제로 진행되었다. 2001년 2월 24일 광운대에서 봄 심포지엄이 있었는데 주제는 '기술철학의 문제들'이었다. 4월 27-28일에는 한림대에서 대토론회 '과학전쟁'이 열렸다. 7명의 발표자와 33명의 토론자가 참여한 열띤 토론이었다. 5월 11-13일에는 연세대에서 동아시아 STS 네트워크, 한국과학사학회와 함께 '동아시아의 과학기술과 환경(Science, Technology and Environment in East Asia)'을 주제로 제2회 동아시아 STS 국제회의(2nd East Asian Conference on STS)를 공동 주최했다. 5월 19일에는 부산대 전자전기정보통신공학부, 과학·기술의 역사와 철학 협동과정과 공동으로 춘계 학술 심포지엄 '실재론과 Meta-Science'를 가졌다. 6월 29-30일에는 원광대 임해수련원에서 '과학철학의 최근 주제들'을 가지고 여름 모임을 가졌다. 9월 28일에는 인문사회연구회, 한국생명윤리학회와 공동으로 성균관대에서 '생명윤리의 문제들'을 다루었다. 한민족철학자연합학술대회까지 합해 11번 연구 모임을 2년 동안에 강행했다. 내부에서 불만도 나왔지만 과학철학의 폭이 얼마나 넓은가를 보여준 것이다.

이 기간에는 학회가 연구과제 두 건을 수행했다. 학술협의회의 '21세기 과학철학의 주제들'은 연구원이 이봉재, 고인석, 이지훈, 김성동이었고 연구비는 2천만 원이었다. 국가과학기술자문회의의 '생명과학 관련 연구윤리 확립방안에 관한 연구'는 송상용 외 20명이었고 4천 9백만 원이었다. 학회는 2000년 총회에서 과학철학의 오늘이 있도록 공로가 큰 원로들 14명을 명예회원으로 추대하기로 결의했다. 명예회원은 다음과 같다.

김용정(동국대), 김용준(고려대), 김재권(브라운 대학), 김태길(서울대), 박영식(연세대), 박이문(시몬스 대학), 박익수(국가과기자문위), 신일철(고려대), 송현주(전북대), 오영환(연세대), 이광세(켄트 주립대학), 이동식(동북의원), 이한조(서강대), 이헌조(LG그룹)

학회는 김태길, 김용준, 이헌조 명예회원들을 초청해 선배의 말씀을 듣기도 했다. 학회는 또한 한국과학기술단체연합회에 회원 가입 신청을 했지만 가입조건이 강화되어 실패했고 IUHPS DLMPS(국제과학사 · 과학철학연합 논리학 · 방법론 · 과학철학 분회)에도 가입하려 다각적인 접촉을 했으나 안팎의 여건이 성숙하지 않아 과제로 남기게 되었다.

2001년 소흥렬(포항공대)이 3대 회장에 취임했다. 소흥렬은 부회장을 조인래(연구), 김유신(섭외)으로 나누었고 편집인 장회익, 감사 이봉재, 상임이사 박영태(총무), 정병훈(편집), 정광수(연구), 이중원(섭외) 아래 편집위원(김유신, 박우석, 박은진, 설헌영, 신중섭, 안세권, 이정원, 임경순, 정광수, 최무영, 최종덕, 황희숙) 외에 연구위원(조인래, 신중섭, 김국태, 고인석, 이봉재, 이상욱, 조용현, 정상모)을 새로 위촉했다. 총무간사는 장대익, 홈페이지 관리는 정재은이었다.

2002년 하계 합숙 세미나(무주 리조트)는 '과학철학의 어제, 오늘, 그리고 내일'이 주제였다. 때마침 정부가 과학문화를 적극 지원한 때여서 이와 관련된 활동이 두드러졌다. 자연스럽게 '한국 교육에서의 과학문화와 과학철학'이라는 제목으로 학회장 특강이 있었다. 경상대에서 열린 한국철학자연합대회에서는 화이트헤드학회와 공동으로 분과 발표를 가졌다. 2003년에는 서울대 과학사 및 과학철학 협동과정과 공동 주최로 장하석(런던 대학) 교수 초청 콜로키엄을 가졌다. 하계 합숙 세미나(무주 리조트)는 회장 강연(자연주의 철학과 과학)에 이어 현대물리학, 현대생물학과 철학의 만남을 주제로 나누어 진행했다.

학회는 2002년 2월부터 『한국과학철학회 소식지』를 내기 시작했다. 소식지는 석 달에 한 번 2006년 12월 11호까지 나왔고 박영태 총무가 수고해 회원들의 공론의 마당으로 큰 몫을 했다. 소흥렬 회장은 소식지 창간호에 실린 「과학문화와 과학철학」에서 고전적 과학철학이라고 할 방법론적 과학철학의 한계를 넘어서 존재론, 가치론 및 인식론의 과학철학으로 넓어져야 한다고 주장했다.

2003년 김유신(부산대)이 4대 회장에 선출됨으로써 학회의 세대교체가 이루어졌다. 부회장은 김국태(호서대), 신중섭(강원대), 상임이사는 박영태(총무), 이중원(편집), 정병훈(연구), 최종덕(섭외), 감사는 정인교, 이봉재였다. 편집인은 조인래(서울대), 부편집인은 이중원, 정상모, 편집위원은 백도형, 윤용택, 정광수, 정병훈, 최무영, 최종덕, 연구위원은 신중섭, 정광수, 정상모, 이상욱, 박은진, 최무영, 홍성욱, 고인석, 최성호, 이상하, 여영서였다. 1970년대 이전 학번은 임원에 포함되지 않았다.

2003년 말 부산대에서는 학회가 한국과학사학회와 공동 주최하고 부산대 과학학 협동과정, 철학과, 사학과가 주관한 심포지엄 '현대문명과 과학기술학'이 열렸다. 2004년 무주 리조트에서 있은 여름 합숙 세미나의 주제는 '과학 · 공학교육과 철학'이었다. 2005년 여름 합숙 세미나의 제1주제는 'STS와 과학철학', 제2주제는 '현대과학의 존재론적 토대'였다. 김유신 회장은 제1주제의 특별강연을 했다. 코넬 대학 과학기술학과에서 과학철학 박사학위를 받은 김유신 회장은 과학철학의 기초적 측면뿐 아니라 STS와 관련된 측면에도 관심을 가져야 한다고 하면서 STS와 연합하자고 주장해 왔는데 임기 중 소신을 실천에 옮긴 것이다.

2005년 총회에서는 조인래(서울대)가 5대 회장에 뽑혔다. 부회장은 박영태(동아대), 정병훈(경상대), 감사는 이봉재, 최훈, 상임이사는 이중원(총무), 이영의(연구), 정광수(편집), 박은진(섭외), 이사는 고인석, 신중섭, 이상욱, 조용현, 최종덕, 황희숙, 연구위원은 정병훈, 이영의, 고인석, 이상욱, 이중원, 최종덕이 선임되었다. 편집인은 정상모(신라대)로 바뀌었으며 부편집인은 이봉재, 정광수, 편집위원은 강신익, 백도형, 고인석, 윤용택, 이중원, 최무영이었다.

때마침 학회 창립 열 돌을 맞아 조인래 회장은 한국과학철학회의 분야적 소임을 다하기 위해 주력할 과제를 제시했다. 과학철학이 경험과학과 밀접한 관계를 맺어야 하며, 과학 활동의 건설적 제어장치의 역할을 할 수 있다는 것이었다. 2006년 서울대에서 열린 연례학술대회는 '21세기 과학철학의 과제와 전망: 새로운 10년을 준비하며'를 내걸고 회장 강연 「철학 속의 과학주의: 과학철학의 자연화」에 이어 8개 분과를 둘씩 동시 진행했다. 이 대회에서는 과학철학의 주요 문제들 외에 황우석 사건의 여파로 과학과 윤리가 첫 번째 분과로 떠올랐고 박사과정 학생들의 논문 발표가 처음으로 포함되었다. 발표는 2배, 참석자는 1.5배 늘어나는 진전을 보였다.

'특수 과학의 철학적 분석'을 주제로 한 2007년 학술대회(서울대)는 물리과학, 생명과학, 심리학과 인지과학, 화학의 철학을 다루었고 문제 중심 분과도 있었다. 이 모임에서는 일본과학철학회 탄지 노부하루(丹治信春, 도쿄수도대학) 회장의 초청 강연이 있었다. 이것은 그 전해 일본과학철학회 연례학술대회(홋카이도 대학)에서 조 회장이 초청 강연을 한 데 대한 답례의 성격을 띤 것이다. 1996년 학회가 공동주최한 국제회의에서 일본과학철학회장의 초청 발표가 있었지만 두 나라 학회의 정식 교류였다는 점에서 뜻이 깊다.

2007년에는 정병훈(경상대)이 6대 회장에 취임했다. 부회장은 정광수(전북대), 이봉재(서울산업대), 감사는 조용현, 최훈, 상임이사는 이영의(총무), 이상욱(연구), 윤용택(편집), 백도형(섭외), 이사는 강신익, 박은진, 신중섭, 안세권, 이재영, 이중원, 정상모, 최종덕, 홍성욱, 연구위원은 이상욱, 고인석, 김명석, 김준성, 박준호, 여영서, 심혜련, 최훈이었다. 편집인은 박영태(동아대) 전 부회장이 맡았고 편집위원은 강신익, 이종왕, 박준호, 이상욱, 고인석, 최무영으로 짰다.

그동안 해마다 가을에 있던 한국철학자대회 분과 발표회가 격년으로 됨에 따라 이 해에는 경상대에서 동계 논문 발표회를 가졌다. 4편의 논문 발표와 처음으로 북 워크숍이 있었다. 또한 학회는 과학기술부의 요청에 따라 11월 서울 팰러스 호텔에서 한국과학기술학회, 한국과학사학회, 한국생명윤리학회, 서울대 과학문화연구센터와 공동으로 과학기술계의 연구윤리 정립 노력 활성화를 위한 범 학회 심포지엄을 주최했다.

2008년 정기학술대회는 '과학철학의 새로운 지평'이란 제목으로 제주대에서 있었다. 이 모임은 제주대를 비롯해 남애장학재단, 한양대 STS 교과내용 개발 연구팀이 후원했다. 여기서는 미국 사우스캐롤라이나 대학 마이클 딕슨(Michael Dickson)과 타이완 칭화대학 푸다위(傅大爲)의 초청 강연을 마련해 국제교류가 대만, 미국으로 확대되었다. 5개 분과 발표와 북 워크숍이 있었다. 동계 학술발표회는 한국여성철학회와 함께 '여성주의 과학철학의 가능성과 한계'란 주제로 덕성여대에서 있었다. 이 연합학술대회는 2009년에도 '여성과 기술, 여성과 과학기술'이란 주제로 연세대에서 계속했다. 학회간 협력의 모범사례라 할 만하다. 단순한 공동 주최가 아니라 공동의 주제를 기획하려 고심한 흔적이 뚜렷하다.

이 해 7월 30일-8월 5일에는 동아시아에서 처음으로 서울대에서 '오늘의 철학을 다시 생각한다'를 주제로 제22차 세계철학대회가 열렸다. 김재권 명예회원이 전체강연을 했고 심리철학, 인식론, 의철학

특별 세션이 있었다. 생명윤리와 의료윤리, 논리와 논리철학, 환경철학, 인지과학철학, 정보통신철학, 수리철학, 심리철학, 자연과학철학, 자연철학, 기술철학, 지식론 등 분과 발표와 21세기 과학철학, 기후윤리 등 라운드테이블에 회원들이 적극 참여했다.

2009년은 다윈 탄생 200주년, 『종의 기원』 150주년 기념행사가 온 세계에 풍성했다. 국내에서도 많은 학술회의가 있었는데 학회는 대한의사학회, 한국분석철학회, 한국근대철학회, 한국과학기술학회, 한국과학사학회, 한국동물분류학회, 한국생명윤리학회, 한국유전학회, 한국의철학회, 국립과천과학관과 공동으로 '다윈 진화론과 인간-과학-철학'이라는 주제를 가지고 다윈 탄생 200주년 기념 연합학술대회를 주최해 큰 반향을 일으켰다. 특히 정병훈 회장은 조직위원장, 최종덕 회원은 프로그램위원장으로 대회를 주도했다. 대회가 끝난 다음 정병훈, 최종덕, 강신익, 여인석 회원은 케임브리지 대학에서 열린 다윈 페스티벌에 참석했다. 2009년은 또한 갈릴레이의 망원경 관측과 케플러의 『새 천문학』 400주년이기도 한데 학회가 기념행사를 만들지 못한 것은 아쉬움으로 남는다. 정 회장은 일찍이 "과학철학의 문을 활짝 열자."고 주장한 바도 있지만 짧은 재임기간 다른 분야의 학회들과 가장 협력을 잘함으로써 눈에 띄는 성과를 낸 회장으로 기억될 것이다.

2009년 새 한국과학철학회장은 신중섭(강원대)이다. 부회장은 윤용택(제주대), 정상모(신라대), 감사는 백성혜, 조용현, 상임이사는 이영의(총무), 이상욱(연구), 고인석(편집), 김준성(섭외), 이사는 강신익, 김국태, 박영태, 박은진, 안세권, 이재영, 정광수, 최종덕, 홍성욱, 연구위원은 김준성, 김효은, 박승배, 박일호, 박준호, 심혜련, 여영서, 장대익이다. 편집인은 이중원(서울시립대)이고 편집위원은 김유신, 박준호, 여영서, 이상욱, 이종왕, 최무영, 최종덕, 최훈이다. 총무간사는 신광복이다.

신중섭 회장은 취임 인사 「공론의 장이 활성화되는 학문공동체」에서 한국과학철학회는 그동안 발전에 발전을 거듭해 왔다고 긍정적인 평가를 하고 있다. 정기 학술발표회는 다양한 주제의 논문들이 발표되는 지적 향연의 자리로 안착되었고 『과학철학』은 수준 높은 학회지로 사회적 위상을 획득하게 되었다는 것이다. 특히 전임 정병훈 회장이 개별과학과의 소통, 철학의 다른 분야와의 소통, 과학학의 다른 분야들과의 소통을 위해 많은 노력을 경주했고 실제로 큰 결실을 거두었다고 하면서 '소통'의 정신을 이어받아 학회가 활발한 소통의 장이 될 수 있도록 최선을 다하겠다고 다짐한다. 특히 신 회장이 과학철학자일 뿐 아니라 사회철학자이기도 하다는 점에서 사회과학철학, 사회철학, 사회과학과의 대화를 기대해 본다.

김유신 회장의 임기가 끝나가는 2005년 10월 8일 학회 이사회는 기금 3천만 원으로 한국과학철학회 논문상을 제정하기로 결의하고 전 회장들, 회장, 편집인, 총무 등 7명으로 이루어진 논문상위원회를 만들기로 결정했다. 논문상위원회는 장회익을 위원장, 이중원을 간사로 뽑고 논문상 운영규정을 만들어 2년에 한 번 시상하기로 했다. 2006년 첫 논문상 수상자는 최성호(경희대)로 결정되었다. 수상 논문은 "The Conserved Quantity Theory of Causation and Closed Systems" (*Philosophy of Science*, 70, 2003, pp.510-530)이었다. 2008년 두 번째 수상자는 이상원(연세대)이었고 수상 논문은 "Interpretive Praxis and Theory-Networks"(*Pacific Philosophical Quarterly*, 87, 2006, pp. 213-230)이었다. 국내 학술지에 게재된 논문으로 수상한 경우는 아직 없어 유감이다.

학회지 『과학철학』은 오랜 진통 끝에 창립 3년 만에 태어났다. 중진들이 편집인을 맡은 것은 질 높은 학회지를 만들기 위해서였다. 편집인이 편집위원회를 주관해 엄격한 논문 심사를 거쳤고 편집이사와 편집간사가 실무를 맡아 제작했다. 4·6판 아담한 체제의 『과학철학』은 124-274쪽(평균 170쪽)으로 적당한 분량이었다. 논문 4, 5편에 서평, 서평 논문, 토론 논문 2, 3편을 실었다. 한국연구재단의 학술지 평가에서 『과학철학』이 등재후보 학술지를 거쳐 등재학술지가 된 것은 2005년 8권 1호부터였고 2008년 9권 2호부터는 논문이 8편으로 곱절 늘어났다. 『과학철학』에 실린 논문들은 통상 과학철학의 주요 문제들을 다루고 있으나 과학기술윤리(환경윤리, 생명윤리, 공학윤리, 연구윤리), 과학사, 과학기술과 예술, 과학교육, 과학기술학(STS), 자연철학, 몸의 철학, 여성주의 철학 논문도 섞여 있는 것이 특색이다. 그러나 기술철학, 과학기술사회학은 아직 눈에 띄지 않는다. 학회는 지난 15년 동안 다양한 모임들을 주최했는데 발표된 논문이 학회지에 실린 비율은 매우 낮다. 발표 수준을 올려 게재율을 높이는 것이 중요하다.

학회가 출발할 당시 입회원서를 낸 회원은 40명이었다. 3년 뒤인 1998년 회원은 99명으로 늘어났다. 그 뒤 회원은 조금씩 늘어 2009년 현재 회원은 140명이다. 회원들을 전공별로 나누어 보면 철학 안의 다른 분야들은 서양 고대철학을 포함해 10명이 안 되고 동양철학은 1명뿐이다. 철학 밖에서는 과학, 공학 15명, 과학사 10명, 과학기술윤리 5명, 과학교육 4명, 한의학 2명 등 45명이다. 과학철학을 주 전공으로 내세우는 회원은 90명 정도이다. 분석철학, 논리학, 인지과학 등 가장 가까운 학회 회원들의 참여가 저조한 것을 알 수 있다. 해외에서 활동하는 한국 과학철학자들도 거의 보이지 않는다. 회원 확장에 적극 나설 필요가 절실하다. 최근 40대의 런던 대학 장하석 교수가 케임브리지 대학 과학사 · 과학철학과의 한스 라우싱 석좌교수에 취임한 것이 큰 자극을 주기를 바란다.

한국과학철학회는 2010년에 15돌을 맞게 된다. 그동안 내실을 다졌으니 도약을 위해 장기계획을 세우고 착실히 전진할 때다. 과학기술의 발전은 20세기 후반부터 가속화되어 예상을 뛰어넘고 있다. 과학기술이 무섭게 세계를 바꾸고 있는데 바람직한 방향으로 가는지는 의심스럽다. 뇌과학, 나노기술 등 새 과학기술은 불확실성 때문에 잠재적 위험이 크다. 21세기로 들어와 세계는 기후변화라는 절박한 문제로 사투를 벌이고 있다. 이 위기를 극복할 수 있을지, 지구 최후의 날이 올지, 아무도 자신 있게 예측할 수 없는 상황이다. 과학기술을 분석, 비판하고 선도하는 것은 철학, 특히 과학철학의 몫이다. 유럽, 미국, 중국, 일본에서는 1980년대 이후 많은 과학철학자들이 위험분석, 기술영향평가, 생명윤리 등에 진출했다. 한국은 이런 깨달음에서 한 세대는 뒤진 것 같다. 한국과학철학회가 응용 과학철학에 각별한 관심을 갖기를 기대한다.

한국기독교철학회

김영한(한국기독교철학회 회장)

1. 역사

한국기독교철학회는 이제 11년의 전통을 가지고 있는 젊은 학회이다. 이 학회는 대체로 서양철학을 전공하는 학자들 가운데 기독교 신앙을 가진 자들이 모여서 기독교 신앙과 철학적 사유를 연결시키면서, 2천 년 서구의 학문적 전통을 통하여 내려온 기독교 학문 및 기독교 철학사상을 수용하면서 일반 철학과 기독교를 연결시키며, 신앙과 학문을 통합하기 위하여 시작되었다.

한국기독교철학회는 1998년 4월 25일 서강대학교 다산관 304호에서 회원 20여 명이 참석한 가운데 창립되었다. 손봉호(서울대), 김영한(숭실대), 강영안(서강대) 등이 창립 멤버로 활동하였고, 김성진(한림대), 신상형(안동대), 박창균(서경대), 최태연(백석대), 정기철(호남신대), 하종호(고려대), 신국원(총신대), 양성만(우석대), 주광순(부산대) 등이 초창기 멤버로 활동하였다.

1998년 창립 때부터 2005년까지 8년 동안 손봉호가 회장, 김영한이 부회장으로 연임하여 봉직하면서 학회의 기초를 닦았다. 2005년 6월 15일에는 한국기독교철학회 주관으로 『하나님을 사랑한 철학자 9인』

(IVP)이 출간되었다. 그리고 2005년 12월 31일 한국기독교철학회의 학술지 『기독교 철학』(UCN) 창간호가 출간되었다.

2006년 3월 18일 5대 회장으로 김영한(숭실대)이, 부회장으로 김성진(한림대), 감사로 장동민(백석대)이 선출되었다. 2006년 10월 2일 한국기독교철학회 홈페이지(www.chrisophy.org)가 개설되었다. 2008년 6대 회장으로 김영한이 연임되었고, 부회장으로 김성진(한림대), 총무이사로 정기철(호남신대)이 한국기독교철학회를 섬기고 있다.

한국기독교철학회는 두 가지 이념적 방향을 설정하고 있다

첫째, 기독교적 사유(思惟)를 하되 그 준거(準據)를 "절대적인 하나님과 신앙과 생활의 표준인 성경을 기본으로" 한다.[1] 한국기독교철학회의 특징은 개신교의 종교개혁주의 전통(Reformation tradition)을 이어받는 학자들이 중심이 되었다는 것이다. 그래서 강성위(한국외대)를 중심으로 천주교 신자들이 모여서 연구하는 그리스도교철학회와는 사유의 방향에 있어서 차이가 있다. 천주교 신자의 그리스도교철학회는 주로 토마스 아퀴나스의 전통을 이어받았다. 여기에는 한국 토마스 철학의 대부(大父)인 김규영의 영향력이 크다. 이에 대조하여 한국기독교철학회는 개신교의 종교개혁적 전통을 이어받는 학자들이 중심이 된 것이다. 한국철학의 기초를 닦은 박종홍, 세계적인 현상학자 조가경 등은 개신교 신자였으나 기독교와 철학을 연결시키는 작업은 하지 않았던 것으로 사료된다. 한국기독교철학회는 개신교 가운데서도 장로교 복음주의 교회에 속하는 학자들이 중심이 되어 있다.

둘째, 기독교적 사유를 하되 공공성과 보편성을 지향한다. 기독교적 사유가 단지 신자 개인의 생각이 된다면 그것은 사사로운 개인의 사색이 되어 버리기 때문이다. 그러므로 기독교 철학은 기독교 신앙이 갖는 공공성(publicity)을 철저히 추구한다. "신앙이 사적인 영역에만

1) 『기독교 철학』 창간호, 한국기독교철학회, 2005, 7쪽.

작용하고 삶의 주업인 학문 활동에는 아무 영향을 끼칠 수 없다면 기독교 신앙은 그런 학자들에게 한복과 같은 가치만 갖게 된다."[2]

학회지인 『기독교 철학』은 현재 제1호(2005)에서 제8호(2009)까지 발간되었다. 기독교철학회는 학회 활동 및 학회지를 통해서 두 가지 구체적인 학문적인 실천을 시도하고 있다.

첫째, 일반 학문적 및 일상적 삶의 다양한 이슈에 대해 기독교적 해석을 가하는 것이다. 이를 위하여 기독교 철학은 오늘날의 철학이나 윤리 및 문학, 예술, 자연과학, 특히 유전공학, 지구학, 우주학과의 학문적인 대화를 기독교적 시각에서 나누고자 한다.

둘째, 기독교 철학의 체계를 학문적으로 정립하는 것이다. 이를 위하여 선진 미국 기독교 철학의 현황과 이론을 소개하고 이들과 토의하고자 한다. 본 학회에서는 이를 위한 계기를 마련하기 위하여 2006년에 니콜라스 월터스토프(Nicholas Wolterstorff), 2008년에 홈스 롤스턴 3세(Holmes Rolston III), 알빈 플란팅가(Alvin Plantinga) 등 세계적인 학자들을 초청하여 강연을 실행하였다.

2. 현황: 기독교 철학 연구 분야

1) 기독교 세계관

기독교 세계관은 넓은 의미에서 기독교 철학이라고 말할 수 있다. 이것은 한국에서 복음주의 학자들을 중심으로 일어난 기독교 학문운동의 일환이다. 기독교 철학은 "기독교적인 관점에서 세상의 다양한 사물과 존재의 본질에 대해 합리적으로 사고하는 학문"이라고 말할 수 있을 것이다.

손봉호는 2005년 기독교철학회 학회지 『기독교 철학』 창간사에서

2) 같은 책, 8쪽.

다음과 같이 기독교 세계관에 대한 방향을 제시하고 있다: "그러나 우리 학회는 그런 상황을 극복하고 진정하게 기독교 철학을 하는 것을 목적으로 하고 있다. 기독교 신앙이 우리의 주업인 철학 활동을 지배하고, 기독교적 관점에서 철학하려는 것이다. '너희는 먹든지 마시든지 무엇을 하든지 다 하나님의 영광을 위하여 하라.'(고전 10:31)란 명령을 순전하게 순종해 보려는 것이다."[3)]

김영한은 『기독교 철학』 제3호의 「기독교 세계관의 독특성」, 『기독교 철학』 제8호의 「세계관에 대한 철학적 성찰」 등의 논문을 통해 기독교 세계관을 좀 더 구체적으로 규정하고 있다. 황은영은 『기독교 철학』 제6호에서 「기독교 관점에서 본 기독교 세계관의 모색」을 시도하고 있다.

2) 유신론 논증

플란팅가는 『신과 타자의 마음(*God and Other Minds*)』(1967), 『필연성의 본질(*The Nature of Necessity*)』(1974) 같은 수작(秀作)을 출판하여 유신론 논증을 전개하는 데 크게 기여하였다. 플란팅가는 그의 저서 『하나님, 자유와 악(*God, Freedom and Evil*)』(1974)에서 악의 문제가 신의 존재를 부정하는 무신론에 대하여 인간의 자유의지를 도입함으로써 악은 신의 창조가 아니라 인간의 자유의지의 오용으로 인한 것이 되었다고 변증한다. 플란팅가는 악의 문제로부터 유신론을 방어하는 자세에서 한 걸음 더 나아가서 악의 문제가 신의 존재를 입증하는 근거라고 주장한다. 선과 악이라고 할 때 가치판단의 기준을 전제한다. 그 전제는 하나님에 절대적 진리를 두지 않는 한 모든 가치기준은 상대적일 수밖에 없다.[4)]

---

3) 같은 책, 8쪽.

4) 하종호, 「알빈 플란팅가」, 『하나님을 사랑한 철학자 9인』, IVP, 2005, 263쪽.

3) 신앙과 학문의 통합

월터스토프는 인식 활동에 있어서 근대적 인식론의 이념이었던 정초주의가 무너진 포스트모던 시대라는 위기 상황을 전제한다. 학문이 종교적으로 사회정치적으로 중립적일 수 없다는 점을 제시한다.[5] 그는 학문과 신앙을 분리시키는 학문의 중립성을 신화라고 비판한다.

그는 신앙과 학문을 통합한 기독교 학문이 부진한 이유를 두 가지로 지적한다.[6]

첫째, 기독교인조차도 기독교적 관점에서 세상을 보지 못한다. 기독교인들은 과학적 세계관으로 세상을 보는 것에 익숙해 있으나 신학적 지식이 빈곤하다. 그리하여 신앙이 학문 전체에 미치는 전체적 연관성을 보지 못한다. 둘째, 상상력이 부족하다. 기독교 학문의 발전을 위해서는 뛰어난 창조성이 필요하다.

이러한 미국 개혁주의 인식론을 수용하면서 한국기독교학문연구회는 신앙과 학문의 통합을 위하여 노력하면서 학회지로 『신앙과 학문(*Faith and Scholarship*)』(1997년 창간)을 발행하고 있다.[7] 기독교학문연구회에는 일반 학문을 하는 학자들이 전국적으로 다양하게 참여하고 있다. 취급되는 영역은 철학과 신학만이 아니라, 경제학, 교육학, 역사학, 상담학, 문학, 사회복지학, 자연과학, 예술 등 거의 모든 학문 분야에 걸쳐 있다. 여기에 참여하는 학자들 가운데 철학과 신학을 전공한 자들이 한국기독교철학회를 구성하고 있다.

---

5) Nicholas Wolterstorff, "Introduction", in: Hart, Hoeven, Wolterstorff eds., *Rationality in the Cartesian Tradition*, Lanham: University Press of America, 1983, v-vii.

6) 신국원, 「니콜라스 월터스토프」, 『하나님을 사랑한 철학자 9인』, 237-238쪽.

7) 1997년 이래 매년 두 차례 발간.

4) 생명공학에 대한 기독교 관점

2005년 『기독교 철학』 창간호에 실린 「생명공학과 기독교 윤리」에서 김영한은 오늘날의 생명공학기술 윤리에 대한 기독교적 관점을 제시한다. 즉, 생명공학기술이 상업논리가 아닌 휴머니즘의 길을 가야 하며, 그것의 윤리는 신중심주의에 근거해야 함을 제안하고 있다.[8] 생명공학기술은 암이나 당뇨병, 심장병, 에이즈 등의 질병으로 죽어가는 환자들에게 이들을 죽음에서 건져주려는 인도주의적 청사진을 제시하고 있다. 이 가운데 배아복제 시행은 공리적 동기가 있음도 불구하고 그 자체로 성인 인간이 될 수 있는 배아를 파괴할 수밖에 없다. 그러므로 모든 배아 줄기세포의 복제 및 연구는 비윤리적임이 지적되어야 한다. 성경은 난자와 정자가 만나 수정란이 되는 순간부터 생명이 시작한다고 가르치기 때문이다. 생명의 신성함이란 인간에 의한 것이 아니라 신으로부터 주어졌기 때문이다.

5) 현대 기독교 심리철학 제시

2005년 『기독교 철학』에 실린 「심신(心身) 논쟁: 기독교와 현대 심리철학」[9]에 대한 이경직의 연구는 다른 학회의 논문에서 찾아볼 수 없는 심신 논쟁에 대한 기독교적 관점의 독특성을 제시해 준다. 모든 종류의 물리주의(physicalism)는 정신을 실체로 인정하지 않고 물질만 실재로 인정하려는 결정론을 받아들여야 하기 때문에 철저한 자유주의적(libertarinistic) 자유의지는 부정한다. 물리주의는 그러므로 도덕적 선택과 책임을 설명하는 데 어려움을 겪는다. 그리고 물리주의는 자아의 단일성을 설명하는 데 어려움을 겪는다. 자아의 연속성을 부정하는 물리주의는 우리의 건전한 상식과 일치하지 않는다.

---

8) 김영한, 「생명공학과 기독교 윤리」, 『기독교 철학』 창간호, 2005, 13-45쪽.

9) 이경직, 「심신 논쟁: 기독교와 현대 심리철학」, 『기독교 철학』 창간호, 2005, 125-150쪽.

여기서 이경직은 스윈번(Richard Swinburne)의 시도, 즉 부드러운 이원론(soft dualism)을 소개한다. 스윈번은 아우구스티누스와 데카르트의 전통을 따라 영혼과 신체가 두 가지 다른 실체라는 것을 인정한다. 영혼과 신체는 서로 인과적으로 상호작용하나, 각기 복잡하여, 상호복잡하게 작용한다. 스윈번은 유신론적 진화를 받아들이지만 창발론자는 아니다. 그는 하나님이 인간의 영혼을 창조하시고 그것을 우리에게 주입하셨다고 믿는다.[10] 영혼의 존재는 신체에 의존하지 않지만 영혼의 기능은 신체에 의존한다. 영혼의 기능은 몸의 기능에 의존하기에 몸이 더 이상 기능하지 못하는 죽음을 맞이했을 때 영혼도 더 이상 기능하지 못한다. 이를 통해서 스윈번은 기독교의 부활교리를 뒷받침하는 심리철학 이론을 내놓는다. 동시에 그는 죽은 후 인격의 생존도 설명하기 위하여 인간이 죽은 후에도 새로운 육체 없이 영혼의 기능이 다시 작동할 수 있는 것을 하나님이 만드실 가능성이 있다고 주장한다.[11] 이러한 스윈번의 이원론은 데카르트의 딱딱한 이원론(hard dualism)에 비하여 부드러운 이원론이다. 이러한 스윈번의 시도는 현대 자연과학의 발전이라는 상황 속에서 기독교 교리와 모순되지 않는 심신이론을 제시하려 하는 점에서 기독교 심리철학의 중요한 시도라고 말할 수 있다.

6) 포스트모던 시대에 대한 기독교 담론

『기독교 철학』 창간호의 「포스트모던 시대의 종교언어를 위한 시론」에서 김기현은, 불트만의 종교 언어관은 현대를 비판했는데 과연

---

10) Richard Swinburne, *The Evolution of the Soul*(Revised edition), Oxford University Press, 1997.

11) Richard Swinburne, "Body and Soul", in: Richard Warner, Tadeusz Szubka (eds.), *The Mind-Body Problem, A Guide to the Current Debate*, Oxford/Cambridge, Blackwell, 1994.

현대를 극복했으며, 언어 사용 규칙에 적합했으며, 종교공동체의 삶의 양식에 일치하는지 질문한다. 이에 대하여 김기현은 그렇지 못하다고 평가하고, 그 이유를 다음과 같이 제시한다.[12] 첫째, 불트만은 현대의 주객도식의 이분법을 극복하려고 했으나 현대를 넘어서기는커녕 현대적 전제에 충실했다. 둘째, 실존적 종교 언어 방식은 일반 언어 사용 방식과는 상이하게 다르다. 종교를 위한 주관적인 의미의 실존은 언어가 전제하는 규칙을 임의로 벗어나게 한다. 그리하여 신앙공동체와 괴리하게 된다. 셋째, 실존적 언어는 신앙적 고백의 자리인 역사와 공동체를 망각하고 말았다. 이러한 김기현의 불트만 종교 언어관 비판은 올바른 것이다. 그는 불트만의 종교 언어관이 실존의 의미성에 치우쳐서 구체적인 역사와 신앙공동체를 상실한 측면을 바로 지적하고 있다.

『기독교 철학』 제7호에서 김영한은 「포스트모던 시대의 기독교 세계관」을 제시하고 있다.[13] 그는 포스트모던 세계관의 특징을 다원주의적 사고, 타종교에 대한 기독교의 지배 한계, 기계기술화에 의한 세속화 촉진, 이에 따른 그리스도인의 신앙 상실, 과학주의의 문화적 지배 종식, 성경언어의 일식, 탈전통과 탈권위 확산으로 규정한다. 그는 개혁신학의 관점에서 포스트모던 세계관의 대안으로서 기독교 세계관을 제시하고자 한다. 그는 후기 현대에서 개혁신학이 제시하는 기독교 세계관의 방향을 다음과 같이 특징짓는다. 첫째, 하나님 절대 주권의 세계관이다. 둘째, 삼위일체론적 유일신론적 일원론의 세계관이다. 셋째, 창조론적 세계관이다. 넷째, 문화명령의 세계관이다. 다섯째, 구속사적 세계관이다. 여섯째, 변혁주의 세계관이다. 일곱째, 종말론적

12) 김기현, 「포스트모던 시대의 종교언어를 위한 시론」, 『기독교 철학』 창간호, 2005, 215-241쪽.

13) 김영한, 「포스트모던 시대의 기독교 세계관」, 『기독교 철학』 7호, 2008, 59-87쪽.

세계관이다. 기독교는 영원불변하는 하나님 말씀에 근거하여 현대의 여러 사상과 대화하면서 성경적이고 기독교적인 세계관을 후기 현대를 사는 시대인들에게 제시해야 한다. 하나님 절대 주권의 세계관은 열린 유신론의 세계관에 대한 대안이다. 삼위일체론적 유신론적 일원론의 세계관은 이슬람 세계관에 대한 대안이다. 창조론적 세계관은 과학기술주의 세계관에 대한 대안이다. 문화명령의 세계관은 근본주의 세계관에 대한 대안이다. 구속사적 세계관은 인본주의 세계관에 대한 대안이다. 변혁주의 세계관은 운명론적 세계관에 대한 대안이다. 종말론적 세계관은 환생 신드롬, 과정신론의 세계관, 그리고 과학기술주의 세계관에 대한 대안이다.

7) 우주의 시작과 생명 기원에 대한 기독교적 담론

한국기독교철학회는 2009년 5월 16일 환경철학회와 같이 숭실대학교 벤처관 강의실에서 '빅뱅 이론과 종교(The Big Bang Theory and Religion)'에 관하여 홈스 롤스턴 3세의 강연을 듣고 학문적 대화를 가졌다. 그는 생명의 기원에 대한 연구를 통하여 필연적으로 종교적 질문 및 기독교 철학적 질문으로 나아간 학자이다. 목사이면서도 생물학 연구에 깊은 조예를 지니고 진화론을 수용하는 롤스턴의 깊이 있는 강연과 해박한 지식은 참석자들에게 감명을 주었다. 국내학자들은 개인적으로는 진화론을 수용하는 것은 아니나, 목사이자 학자인 롤스턴의 솔직한 학문적 태도에 깊은 인상을 받았다.

『기독교 철학』 창간호에 게재된 「희랍철학의 우주론과 초기 기독교철학」이란 논문에서 김요한은 5세기경 그리스 철학의 자연신학은 초기 기독교 철학에서 계시신학으로 대치되었다고 결론지으며 그 함의(含意)를 다음과 같이 피력한다.[14] 첫째, 신학과 자연과학은 고유한

14) 김요한, 「희랍철학의 우주론과 초기 기독교철학」, 『기독교 철학』 창간호, 2005, 187-214쪽.

독자 영역을 가진다. 둘째, 자연과학의 연구는 영을 다루는 신학과 대비할 때 최소한의 가치를 갖는다.

『기독교 철학』 제3호에 실린 「창조와 시간에 대한 어거스틴의 해석」이라는 논문에서 이종환은 아우구스티누스가 창세기에 대한 문자적 해석을 시도했으며, 하나님의 창조를 네 단계로 나누어 설명했다고 한다. 첫째 단계로, 하나님은 말씀 안에 모든 것의 형상을 영원히 가지고 계심으로써 만물을 창조할 계획을 가지고 계셨다. 둘째 단계로, 하나님은 천지를 지으심으로써 창조에 필요한 영적, 물질적 질료들을 만드셨다. 셋째 단계로, 하나님은 영적인 피조물들과 물질적 피조물들의 보편자로서의 종(種)을 창조하셨다. 넷째 단계로 하나님은 물질적 피조물들의 개체를 창조하시고 이들을 섭리로 번성하게 하심으로써 지금까지 창조 안에서 사역하고 계신다. 이종환의 논문은 기독교 신앙과 자연과학과의 대화에 좋은 자료를 제시하고 있다.

『기독교 철학』 제6호에 게재된 「세계창조에 대한 신학적 이해」에서 김영한은 창세기의 이야기는 준시적(準詩的)인 산문(semi-poetic prose)으로 이해할 것을 제시한다.[15] 이러한 이해는 자연의 메커니즘만을 유일한 해석의 과정으로 보는 자유주의자의 균일론(uniformed theory), 성경의 기록과 자연의 메커니즘 사이의 연관을 발견하려는 근본주의자들의 일치론(consistency theory), 본문과는 무관한 개념(진화)을 성경 본문에 억지로 삽입시키는 신정통주의자들의 타협이론(compromise theory)과 구분된다. 과학은 잠정성과 한계성을 지니고 있다. 그는 과학은 이러한 자기의 독특성을 겸허히 인정할 때 신학과 연결될 수 있다고 제시하고 있다.

15) 김영한, 「세계창조에 대한 신학적 이해」, 『기독교 철학』 6호, 2008, 1-28쪽.

8) 현대 기독교 철학자들에 대한 소개

학회가 편저한 단행본 『하나님을 사랑한 철학자 9인』에서는 현대 기독교 철학에서 비중 있는 학자 9인이 선정되어 한국 기독교 철학자들에 의하여 소개되었다. 이 9인은 "변혁적 철학으로서의 기독교 철학의 성격을 확립한 철학자" 헤르만 도이에베르트(필자 최용준), "신학과 변증학을 통해 철저함을 추구한 기독교 철학자" 코르넬리우스 반틸(필자 이승구), "순전한 복음전도자로서 남고 싶어 한 기독교 철학자" 프랜시스 셰퍼(필자 양성만), "철학적 신학을 추구했던 기독교 철학자" 폴 리쾨르(필자 정기철), "철학을 절대화하지 않는 기독교 철학자" 코넬리우스 반 퍼슨(필자 강영안), "신학을 공공의 학문으로 규명한 기독교 철학자" 볼파르트 판넨베르그(필자 김영한), "샬롬을 위한 테오리아를 지향하는 기독교 철학자" 니콜라스 월터스토프(필자 신국원), "현대 기독교 철학의 패러다임을 제시한 기독교 철학자" 알빈 플란팅가(필자 하종호), "통합적인 복음주의 철학을 제시한 기독교 철학자" 로날드 내쉬(필자 이경직)이다. 이 단행본은 오늘날 구미의 기독교 철학자의 사상을 국내에 소개하는 데 중요한 역할을 하고 있다.

한편, 『기독교 철학』 제6호에서 최용준은 「다르크 블렌호븐의 생애와 사상」을 소개하였다. 또한 『기독교 철학』 창간호에서 송영진은 「베르그송과 레비나스 철학에 나타난 현대 기독교 철학의 두 경향」을 소개하고 있다. 송영진은 서구의 두 가지 이질적 전통, 즉 헤브라이즘과 헬레니즘에서 출발한다.[16] 전자는 모순과 기적을 현실적인 것으로 이해하고 신앙하는 전통이며, 후자는 이성에 의한 존재론적 전통을 이루는 합리적 사고의 전통이다. 그는 이 두 가지 전통을 유대교적 정신에서 결합하고 통합한 사상가로서 베르그송과 레비나스를 소개한다.

16) 송영진, 「베르그송과 레비나스 철학에 나타난 현대 기독교 철학의 두 경향」, 『기독교 철학』 창간호, 2005, 47-86쪽.

앙리 베르그송은 서로 다른 이질적 전통을 창조적 진화라는 개념과 정서적 직관으로 결합하고 존재론적으로 통합하려고 하였다. 임마누엘 레비나스는 플라톤 이래의 전통적인 존재론적 사고를 탈무드를 토대로 한 유대이즘에 기초하여 타자 윤리학으로 환원하고자 하였다. 송영진은 이러한 베르그송과 레비나스의 사상을 현대 기독교 철학의 두 경향으로 보고 있다. 이러한 현대 기독교 철학자들의 새로운 착상의 소개는 한국 기독교 철학의 지평을 넓게 여는 것이다.

『기독교 철학』 창간호에 실린 「하이데거 사유의 종교철학적 지평」에서 강학순은 하이데거에 있어서 기독교 철학의 가능성 여부를 해명해 보고자 한다.17) 강학순에 의하면 하이데거는 철학적이고 형이상학적 신을 비판하면서도 그의 존재사유의 지평에서 사유해 낸 '사적(私的)인 신' 이해와 일종의 '범재신론'에 머무르고 있다. 이러한 하이데거의 신관 및 종교관은 전통적 기독교 교리와 제도와 신앙 고백적 신앙에 도전과 위협이 될 수 있다고 본다. 그러나 하이데거는 스스로 생기하는 존재진리를 사유하는 철학자로서 머무르고자 한다. 하이데거는 신학, 종교, 기독교 철학에 대한 논의에서 철학의 한계를 분명히 했고, 철학적 시원(始原)의 영역 속에 자리 잡고 있는 종교의 차원을 사유하였다. 그럼으로써 강학순은 하이데거가 역설적으로 새로운 기독교 철학의 근원 지평을 노정시키고 있다고 본다.

9) 기독교 철학의 공공성

2006년 6월 21일 백석대학교(서울) 교육연구동에서 니콜라스 월터스토프(예일 대학 명예교수)의 강연회가 있었다. 주제는 '인권의 세속적 토대가 가능한가?(Is a Secular Grounding of Human Rights Possible?)'였다. 그에 의하면 인권의 진정한 토대는 인간의 신 형상성이다.

17) 강학순, 「하이데거 사유의 종교철학적 지평」, 『기독교 철학』 창간호, 2005, 87-124쪽.

신의 창조의 토대에서 인권은 비로소 그 근거를 얻을 수 있다. 신의 존재를 인정하지 않는 세속적 사유에서 인권은 스스로의 존엄성을 주장할 수 없다. 월터스토프는 이 사실을 철학적으로 변증하고 있다. 여기서 기독교 철학은 보편적 이성을 인정한다. 이것은 기독교 철학의 공공성을 천명하는 작업이기도 하다.

2008년 6월 12일에는 서강대학교 철학연구소(소장 강영안)와 공동으로 미국의 저명한 기독교 철학자 알빈 플란팅가를 초청하여 서강대에서 '기독교 철학의 공공성(Publicity of Christian Philosophy)'이라는 제목으로 유익한 대화를 가졌다. 플란팅가는 세계적으로 알려진 개혁교회의 전통을 이어받는 기독교 철학자로서 이미 우리들에게 저서를 통하여 알려져 있는 학자다. 그는 강연을 통해서 기독교 철학이 진화(evolution)라는 자연현상과는 모순되지 않으나 '진화론(evolutionism)'이라는 닫힌 이데올로기와는 학문적으로 화합할 수 없다는 것을 분석철학적으로 설명하였다. 강연이 끝난 후에는 기독교철학회 회원들과 식사를 하면서 개인적인 대화의 시간을 가졌는데, 학문적인 엄밀성을 넘어서서 인간적인 소박함과 매우 호감 있는 인격을 지닌 플란팅가의 모습을 볼 수 있었다.

3. 전망

『기독교 철학』 창간호에 손봉호는 다음과 같이 감회를 드러내었다. "세계 기독교 철학의 주류가 한국에서 형성되지 않아야 할 이유가 없다. 오히려 한국은 미국과 더불어 가장 큰 가능성을 가지고 있다 볼 수 있다. 전 세계에서 철학하는 기독교인들의 수로 따지자면 한국은 미국 다음이 될 것이다. 그리고 최근 기독교 세계관을 심각하게 생각하는 개혁주의에 대한 관심이 상대적으로 커서 기독교적으로 심각하게 생각하는 숫자도 늘어나고 있다. 그리고 그런 학자들의 학문적 수준도 다른 철학자들에게 결코 뒤떨어지지 않는다. 그러므로 우리 학회가 세계 기독교 철학계를 선도할 가능성이 전혀 없는 것이 아니다."[18]

손봉호가 제시하는 바와 같이, 앞으로 기독교 철학 연구의 방향은 다음의 과제라고 생각된다.

(1) 일반 철학에 대한 더 깊은 대화와 기독교적 관점 제시

기독교 철학이라고 해서 일반 철학을 무시하거나 등한시해서는 오늘날 세계철학계의 흐름에서 소외되거나 고립될 것이다. 오히려 기독교 철학은 오늘날 철학의 흐름을 잘 알고 이 철학을 충분히 소화한 후에 그 한계를 지적하고, 또는 그 좋은 방향을 제시하는 방향으로 나아가야 한다. 손봉호, 김영한, 김성진, 강영안, 신상형, 박창균, 최태연, 정기철, 신국원, 하종호, 주광순, 양성만[19] 등 오늘날 한국의 기독교 철학자들은 모두 일반 철학의 전공을 가지고 있다. 이들 대부분은 일반 철학과에서 일반 철학을 가르치고 있다.

우리는 기독교 세계관이나 기독교 철학이란 방법이 일반 세계관이나 일반 철학의 방법과 전혀 다른 것이라고 말할 수는 없다. 우리는 공동의 세계상 속에서 공동의 경험과 필요에서 나오는 세계에서 살고 있기 때문이다. 기독교 철학을 하는 이들도 일반 철학을 하는 이들과 마찬가지로 이성을 사용하고, 이 지구와 우주라는 삶의 기반 속에서 살며, 일반적인 상식(common sense)과 지식을 사용하기 때문이다. 유신론의 전제는 무신론의 전제와는 근본적으로 다르다고 말할 수 있다. 그러나 기독교 철학은 현상학적으로 일상세계와 일반 학문에서 주어지는 경험과 지식을 결단코 무시할 수 없으며 무시해서는 안 된다.

---

18) 손봉호, 『기독교철학』 창간호, 2005, 7쪽.

19) 손봉호, 강영안은 칸트 철학, 김영한은 후설의 현상학, 김성진은 그리스 철학, 신상형은 분석철학, 최태연, 정기철은 리쾨르의 해석학, 하종호는 분석철학, 박창균은 수리철학, 신국원은 가다머의 해석학 등을 주 전공으로 하고 있다.

(2) 한국의 기독교 세계관 및 기독교 철학의 체계 제시

여태까지 한국에서 기독교 세계관은 미국의 휘턴 대학(Wheaton College)에서 은퇴한 기독교 철학자 아서 홈스(Arthur Holmes)의 『기독교 세계관(*Contours of a World View*)』(1983)이 번역되어(이승구 옮김, 1985) 그것이 주로 대학에서 기독교 세계관의 교재로 사용되어 왔다. 또한 월터스(Albert M. Wolters)의 기독교 세계관이 번역되었고,[20] 왈쉬와 미들턴(Brian J. Walsh and J. Richard Middelton)의 세계관 저서가 황영철에 의하여 우리말로 번역되어 우리 학계에 많이 소개되었다.[21]

2003년에 이승구는 『기독교 세계관이란 무엇인가?』(SFC)를 출판하였다. 그의 저서는 개혁주의적 성격을 지니면서도 복음주의적으로 서술한 기독교 세계관 저술이다. 2009년에 김영한이 출판한 『포스트모던 시대의 세계관』은 오늘날 요청되는 바른 개혁신학적 세계관을 제시하고 있다. 그는 진리와 가치의 해체를 말하는 포스트모더니티(postmodernity)에서 기독교 세계관을 제시한다. 이 책은 기독교 세계관을 규정함에 있어서 오늘날 도전하고 있는 가이아, 뉴에이지, 종교다원주의, 포스트구조주의, 해체주의, 이슬람, 생태주의 등과 관련하여 성경적이고 종교개혁 전통에 충실하며, 복음주의적 관점에서 이들 세계관들을 비판적으로 서술하고 포스트모던 시대의 기독교 세계관을 제시하고 있다.[22]

---

20) Albert M. Wolters, *Creation Regained: Biblical Basics for a Reformational Worldview*, Grand Rapids: Eerdmans, 1985, 양성만 옮김, 『창조, 타락, 구속』, 한국기독교학문연구회 출판부, 1992.

21) Brian J. Walsh and J. Richard Middelton, *The Transforming Vision: Shaping a Christian Worldview*, Downers Grover, Ill.: IVP, 1981, 황영철 옮김, 『그리스도인의 비전』, 한국기독학생회 출판부, 1987.

22) 김영한, 『포스트모던 시대의 세계관』, 숭실대 출판부, 2009, 서문.

(3) 기독교 철학에 대한 집중적 연구(전공)

한국기독교철학회는 앞서 언급한 바와 같이 2005년에 『하나님을 사랑한 철학자 9인』[23]이라는 제목으로 현대의 구미에서 큰 영향력을 지닌 기독교 철학자 9명의 생애와 사상을 소개하였다. 이 단행본은 한국기독교철학회가 펴낸 저서로서 현재 숭실대, 백석대 등에서 기독교 철학 강의시간에 교재로서 쓰이고 있으며, 독자들에게 기독교 철학의 다양한 모습을 제시하고 있다. 앞으로는 각 주제(인식론, 세계관, 가치론, 인간론, 윤리론, 방법론, 하나님론, 시간론, 종교론, 과학론)별로 기독교적 관점으로 연구하는 단행본을 발행하여 강의시간에 교재나 참고로 사용하는 것이 요청된다.

앞으로 기독교 철학만을 전공으로 하는 더 심층적이고 전문화된 연구가 요망된다. 숭실대에서는 1998년 세워진 기독교학 대학원 안에서 기독교 철학이라는 교과목이 생겼고, 2005년부터 생긴 일반 대학원의 석박사 과정에서 기독교 철학이라는 전공이 생겼으며, 이에 대한 세부 교과목이 편성되어 진행되고 있다. 최근에는 백석대학교의 기독교학부 안에 기독교 철학을 전공하는 과가 생겼다. 최태연, 이경직, 송태현, 이경재, 오유석 등 젊은 학자들이 기독교 철학 연구를 집중적으로 시행하고 있다. 앞으로는 기독교 관점에서 철학하는 기독교 철학 전공이 더 심화되어야 할 필요가 있다. 그리하여 기독교 관점에서 일반 철학과 대화할 뿐 아니라 기독교 세계관의 관점에서 오늘날 출현하고 있는 다양한 세계관들과 학문적으로 대화하며, 그리고 기독교적 인식론을 좀 더 섬세히 전개하는 연구가 요청된다.

---

23) 손봉호 외, 『하나님을 사랑한 철학자 9인』, IVP, 2005. 이 단행본에서는 최용준이 헤르만 도이에베르트, 이승구가 코르넬리우스 반틸, 양성민이 프랜시스 셰퍼, 정기철이 폴 리쾨르, 강영안이 코넬리우스 반 퍼슨, 김영한이 볼파르트 판넨베르그, 신국원이 니콜라스 월터스토프, 하종호가 알빈 플란팅가, 이경직이 로날드 내쉬를 다루었다.

(4) 획일성이 아닌 다양한 방향을 향하여 연구되어야 한다.

홈스가 그의 『기독교 세계관』에서 제시한 것처럼 단지 하나의 유일한 기독교 세계관이나 기독교 인식체계가 있는 것은 아니다.[24] 우리의 기독교 세계관 제안은 상대적이어서 우리는 여러 다양한 모델 가운데 하나를 제시할 수 있을 뿐이다. 그러나 기독교 학자들은 하나의 기독교 세계관의 틀에는 어느 정도 공감하고 있다. 그것은 창조-타락-구속이라는 거대한 세계관의 도식이다. 이에 상응하면서 기독교 인식론의 틀에 가톨릭에서는 토마스의 도식이, 개신교에서는 아우구스티누스의 도식이 있다. 그리고 알빈 플란팅가가 제시하는 토마스-칼뱅 도식이 있다. 이러한 여러 도식을 참고로 하여 좀 더 적합한 기독교 세계관 모델과 기독교 인식론 모델을 세련되게 발전시켜야 할 것이다.

(5) 구체적인 다섯 가지 영역의 과제

플란팅가는 21세기 기독교 철학이 헤쳐 나가야 할 반(反)기독교적 사조로서 물리주의(physicalism)와 반실재주의(anti-realism)를 든다. 그는 이러한 사조 속에서 기독교 철학의 독자적인 영역을 구축할 다섯 가지 방안을 제시한다.[25] 첫째, 소극적 변증이다. 이것은 반기독교적 공격과 도전으로부터 기독교의 진리와 믿음을 옹호하는 논변을 만드는 작업이다. 둘째, 적극적 변증이다. 선과 악, 도덕적 의무의 존재에서 하나님의 존재를 입증한다든지, 악의 존재, 지향성, 집합과 수의 본질, 반(反)사실문, 우주의 조화 등에서 하나님의 존재를 논증하는 일이다. 셋째, 철학적 신학의 정립이다. 기독교 신앙의 교리, 말하자면 삼위일체에 대해서, 하나님의 속성에 대해서, 하나님의 영원성에 대해서 이해를 더 깊이 하기 위하여 철학적으로 고찰하는 것이다. 넷째,

24) Arthur Holmes, *Contours of a World View*, 이승구 옮김, 『기독교 세계관』, 엠마오, 1985, 8쪽.

25) 하종호, 「알빈 플란팅가」, 『하나님을 사랑한 철학자 9인』, 257-260쪽.

기독교적이면서도 철학적 비판을 하는 일이다. 철학계에서 진행되고 있는 심리철학, 생명윤리 같은 연구 프로젝트를 기독교적 관점에서 진행하는 것이다. 다섯째, 구성적 기독교 철학이다. 이것은 지향성의 문제, 도덕성의 문제, 지식의 문제, 의미의 문제, 인간의 자유 문제 등에 대하여 기독교적인 관점에서 해결을 제시하는 것이다.

이것은 한국 기독교 철학이 알빈 플란팅가가 시도하는 분석철학의 관점에서만이 아니라 현상학적 관점, 해석학적 관점, 그리고 한국적 철학의 관점에서 수행해야 할 작업이다.

4. 맺음말

기독교 철학은 한편으로는 전공 학문 영역으로서 기독교 철학이기도 하지만, 다른 한편으로는 독특하게 실재와 세계와 우주와 인간과 사회를 기독교적 관점에서 해석하고자 한다. 기독교 철학은 한편으로는 기독교적 인식론을 추구하지만 궁극적으로는 신앙과 학문을 통합시키고자 한다. 그러기 위해서는 기독교 철학은 오늘날의 현대철학의 성과를 바탕으로 해야 할 뿐 아니라, 기독교적 세계관을 제시하고, 오늘날 새롭게 제기되는 모든 이슈에 대한 기독교적 해석을 가하고, 오늘날의 모든 학문과의 대화를 통하여 신앙과 학문의 통합을 추구해야 한다. 기독교 철학은 단지 사사로운 기독교 신자의 사유놀이로 머무는 것이 되지 않고 다른 여러 학문과 대화를 할 수 있도록, 공공성과 보편성을 갖도록 부단히 힘써야 한다. 그러나 그 사유의 기본 전제는 성경에 기초해야 한다. 그래야만 단지 종교철학이 아니라 기독교 철학일 수 있다.

한국니체학회

강용수(한국니체학회 연구이사)

1. 니체 철학의 발전과 수용의 역사

니체학회의 설립과 발전은 서양철학의 한국수용사와 밀접한 관련을 맺고 한국철학이 걸어온 길과 궤를 같이한다고 할 수 있다. 니체학회의 연혁을 간단하게 살펴보면, 1989년 11월 20일 박준택(중앙대), 최준성(충남대), 정동호(충북대) 교수가 "국내의 니체 연구의 현주소를 확인하고, 동학들의 연구에 깊이를 더하는가 하면, 후학들에게 길잡이가 되어 기왕의 니체 연구에 새로운 힘을 불어넣자."라는 취지로 한국니체학회를 발기하였다. 같은 해 11월 25일 중앙대학교에서 창립총회를 개최하고 회칙을 통과시키고 임원진을 구성하여 학회를 출범시켰다. 회원 자격에 학구적 관심과 연구의 전문성을 그 기준으로 제한을 두었으며 매년 정기총회와 더불어 연구발표회를 열어 연구 성과를 축적해 가기로 하였다. 이후 연례 연구발표회를 통하여 매해 다수의 논문들을 발표하여 왔다. 발표회에 외국학자를 초빙하기도 하였으며, 독일 베를린에서 연간으로 나오는 *Nietzsche-Studien* 관계 학자 등 외국학자들과의 교류를 다각화하여 왔다. 1994년 학회의 역량이 얼마만큼 축적되었다고 본 임원진은 학회지를 연간으로 내기로 하고, 편집위원회를 구성, 창간준비에 들어갔다. 1995년 학회지 『니체연구』의 창간호를 냈고, 2009년 현재 『니체연구』는 15집까지 출간되었으며 한국연구재단 등재지로 선정되었다. 한국니체학회 학술발표회는 1990년 12월 1일 중앙대학교를 시작으로 2009년 5월 29일 서울교육대학교에서 한국환경철학회와 공동으로 제29차 대회를 성공적으로 마쳤다. 현재 회원 수는 전국에 걸쳐 니체 철학을 전공하거나 관심이 있는 대학교수를 중심으로 200여 명에 이른다.1)

프리드리히 니체는 현대철학에서 빼놓을 수 없는 학자이자 포스트모더니즘의 선구자로 평가받고 있다.2) 서양철학이 한국에 소개된 지 100여 년이 넘으며 니체가 한국에 소개된 지도 90년이 지났다. 처음에 서양철학이 칸트와 헤겔의 관념론, 하이데거의 존재론과 야스퍼스의 실존철학, 현상학 등 독일철학을 중심으로 연구되고 분석철학과 메타윤리학 등 영미철학이 도입되면서 한국 철학계가 점차 활성화되는 발판이 마련되었는데, 니체 철학은 1960년 이후부터 생철학과 함께 논의되었지만 1980년대를 거쳐 1990년대에 이르러서야 비로소 '르네상스' 시대를 맞게 된다. 근대성과 주체 비판에 대한 논의가 푸코, 들뢰즈, 리오타르, 라캉, 데리다 등을 중심으로 심도 있게 다루어지면서 니체 철학이 주도적인 철학담론으로 주목받게 된다.

서양철학이 한국에 정착된 100년의 역사는 해방 이후, 1950-60년대, 1970년대, 1980년대로 나눌 수 있다. 니체 사상은 1920년 이후 독일과 일본에서 유학한 학자들에게 처음 조금씩 소개되었는데 1930년대와 1940년대를 거쳐 니체 철학의 개념에 대한 해석이 시도되었다.

1) 한국니체학회 홈페이지 참고 http://www.nietzschekorea.net/

2) 니체 수용사에 대해 다음 논문을 참고하여 재구성하였음을 밝혀둔다. 김미기, 「한국 니체철학연구의 발전과 수용: 니체연구의 성과와 세계표준판 니체전집의 완역」, 정동호 외, 『오늘 우리는 왜 니체를 읽는가』, 책세상, 2006, 513-537쪽.

1960년대 실존주의의 영향으로 니체의 대표 저서들이 단행본으로 번역되기 시작했다. 한국 철학계의 학회 조직이 전문화된 후 분과별로 연구와 발표가 활발해지면서 독일의 생철학자 가운데 니체에 대한 관심이 생겨나기 시작했다. 1970년대에 들어서 학술적인 논문이 나왔지만 피상적인 해석과 통속적인 경향에 치우친 것이 많았다. 1980년대에 니체전집이 청하출판사에서 번역되면서 전문성을 갖춘 니체 연구들이 여러 저서와 논문, 그리고 단행본으로 출간되었다. 이 당시 한국 철학계의 논의는 현상학, 해석학, 비판이론, 분석철학, 과학철학뿐만 아니라 해체론과 탈근대를 중심으로 뜨거웠는데, 이러한 해체적 담론은 니체의 '주체의 죽음'에 대한 언급에서 촉발되었다. 서구의 이성중심주의 비판을 앞세운 니체 철학이 '르네상스'를 맞이하는 데 한국니체학회의 창립이 결정적인 역할을 했다. 무엇보다도 니체에 대한 학문적 열정이 한국니체학회를 통해 제도적으로 수렴되고 결집되는 효과가 컸다.

우리나라에 니체가 처음 소개된 시기는 『남북학회월보』 12호에 「톨스토이주의와 니-체주의」로 작자 미상의 글이 발표된 1909년 무렵으로 추측된다. 그 후 니체의 삶을 소개하고 사상을 개괄하는 글들이 잇달아 잡지나 신문 등에 실렸다. 당시 니체 소개에 앞장선 1세대 해외 유학생들, 특히 일본 유학생들은 니체를 주체적으로 수용하지 못하고 일부분을 문자 그대로 따온 데 그쳤다. 이렇게 시작된 우리나라 니체 철학의 수용사는 크게 접촉기, 수용기, 성장기의 세 단계로 나눌 수 있다.[3] 니체 사상을 처음 접하고 그 사상을 탐색해 온 해방 이전의 시기를 접촉기, 그 사상이 대학에서의 강의와 연구, 출판을 통해 점차 뿌리를 내리기 시작한 해방 이후 1979년까지를 수용기, 이를 발판으

3) 정동호, 「니체 저작의 한글번역: 역사와 실태」, 『철학연구』 제40집, 철학연구회, 1997년 봄, 180-192쪽은 1990년 초까지의 니체 수용사의 상황을 담고 있는데, 논자는 이 논문을 참고하여 재구성하였다.

로 연구와 출판이 본격화된 1980년 이후 오늘에 이르기까지를 성장기로 나눌 수 있다.

니체 번역의 역사는 수용기를 기점으로 시작된다. 이 시기에 체계적인 니체 연구가 대학을 중심으로 이루어지기 시작했고, 그의 사상을 다룬 개설서가 출판되었으며, 니체 전공자도 여럿 배출되었다. 성장기에 이르러 국내외에서 니체 연구로 박사학위를 받은 젊은 학자들이 다수 나왔고, 이들의 활동에 힘입어 전문적 논문이 많이 발표되었다. 단행본과 연구서도 여러 권 나왔으며 저작의 번역도 활기를 띠었던 무렵 유럽에서 이른바 '니체 르네상스'가 열렸고 국내에서도 관심의 고조와 연구 인력의 보강에 힘입어 1987년에 처음으로 전국 규모의 학회가 열렸으며, 1989년 60여 명의 학자들이 '한국니체학회'를 발족하였다.

2. 한국니체학회의 성립과 '니체 르네상스'

1960년대에 들어 이탈리아, 독일, 프랑스를 비롯한 유럽에서 니체 사상과 나치즘 관련성에 대한 재조명의 물결이 일었다. 국내에서는 1980년대를 기점으로 니체 연구가 질적으로 양적으로 증가하였고 1990년에 들어와 니체를 주제로 한 박사학위 논문이 꾸준히 늘어났다. 그동안의 축적된 연구 성과를 바탕으로 1980년 후반부터 니체 연구가 르네상스라는 전환기에 들어서게 되면서 1989년 한국니체학회의 설립에 대한 필요성이 제기되었다.

한국니체학회는 다년간의 준비 기간을 거쳐, 박준택 교수를 초대 회장으로 1989년 11월 25일에 창립되었다. 중앙대학교에서 열린 창립총회에서는 박준택, 최준성, 정동호 3명의 발기인과 창립회원 25명, 그리고 여러 교수들과 대학원생들이 참여해 총 23조로 이루어진 회칙을 통과시키고 임원을 선출했다. 한국니체학회 회장으로는 초대 회장과 2대 회장으로 박준택(중앙대), 3-4대 최준성(충남대), 5대 성진기(전남대), 6대 정영도(동아대), 7대 정동호(충북대), 8대 강영계(건국대)에 이어 9대 이진우(계명대)가 맡았다.

한국니체학회는 1990년부터 연구발표회를 정기적으로 마련하여 니체 연구를 위한 공적인 공간을 제공했다. 국내와 국외에서 니체를 주제로 박사학위를 받은 학자의 수가 늘어났다. 국내에서 니체를 주제로 쓴 박사 논문의 수가 16편[4])이 넘고 독일어권에서 철학박사학위를 받은 정동호, 김진석, 이진우, 김기선, 김정현, 김미기, 백승영, 이상엽, 강용수, 정낙림, 홍사현을 중심으로 더 다양하고 전문화된 니체 연구가 이루어졌다. 한국니체학회가 연 2회 발간하는 학술지 『니체연구』는 1995년 2월 창간호가 간행된 이래 니체와 관련된 논문만을 게재하는 학술지로 자리 잡았다.

2000년 이후 『니체연구』에 발표된 주제를 정리하면 니체와 포스트모더니즘, 니체와 해체의 문제에 대한 연구, 니체의 문화철학에 관련된 논문, 니체와 종교에 관한 연구 등으로 나눌 수 있는데, 그 분야가

---

4) 연대순으로 나열하면 다음과 같다. 최준성, 「니체연구」(영남대, 1974); 김진환, 「불교의 윤회전생과 영겁회귀에 대한 고찰」(건국대, 1980); 성진기, 「니체의 영원회귀 사상에 관한 연구」(전북대, 1986); 유명걸, 「의지와 표상과 원근적 가치 평가 연구: 쇼펜하우어와 니이체를 중심으로」(중앙대, 1987); 박운, 「니체에 있어서 양극성에 관한 연구」(전남대, 1992); 이창재, 「도덕의 기원에 대한 탈이분법적 고찰: 니체의 가치관을 중심으로」(원광대, 1993); 주현철, 「독일 문학의 인도 수용에 관한 사적 고찰: 헤르더에서 니체까지」(중앙대, 1996); 심의식, 「근대적 이성의 해체와 디오니소스적 이성, 예술」(동아대, 1997); 노인화, 「독일 표현주의 영화연구: 니체 사상과 '이중자아' 개념을 중심으로」(중앙대, 1998); 권의섭, 「니체의 예술론과 학문론」(계명대, 2000); 홍일희, 「니체 철학에서 생의 개념 연구」(전남대, 2000); 임윤혁, 「니체의 예술철학에 관한 하이데거의 존재론적 해석과 진리론」(충남대, 2001); 이경희, 「F. Nietzsche의 도덕철학: 주인도덕을 중심으로」(대구가톨릭대, 2002); 김은진, 「니체의 관점주의를 통해 본 G. 데 키리코의 다시점 원근법 연구」(성신여대, 2005); 진은영, 「니체와 차이의 철학」(이화여대, 2005); 임건태, 「니체의 비극적 인식과 형이상학 비판: 힘에의 의지에 대한 하이데거의 해석과 관련하여」(고려대, 2005).

점차 확대되고 있다. 통계자료를 보면, 1940년부터 1960년까지 연구주제는 제한적이었으며 다소 통속적인 경향을 띠며 가치, 허무주의, 초인(위버멘쉬), 종교비판이 주된 주제였다. 그러나 1980년에 들어 연구주제가 다양해졌으며 무엇보다 다른 철학자와 비교하는 연구들이 눈에 띈다. 예를 들면, 쇼펜하우어, 헤라클레이토스, 소크라테스, 톨스토이, 도스토예프스키, 키에르케고르 등의 관계에 대한 연구가 많았다.

니체 철학은 다른 학술지에도 많이 실렸는데, 니체와 문학, 니체와 동양철학, 니체와 페미니즘, 니체와 포스트모더니즘 등 다양한 문제의식을 담고 있다. 일일이 나열할 수 없지만 『니이체 연구』(정동호 지음, 탐구당, 1983)를 필두로 많은 단행본들이 출판되었다.[5] 1980년대 후반부터 시작된 철학의 대중화에 힘입어 1990년 초부터 니체 연구가 급증하는데 이러한 시대적 변화를 반영하여 새롭게 출간된 니체유고집을 계기로 연구의 학술적 수준이 더욱 높아질 것으로 기대된다.

3. 한국판 니체전집 완간

니체 사후 100년이 되는 2000년 8월 25일에 첫 번째 책을 출간한 책세상 니체전집이 2005년 가을 전21권으로 완간되었다. 1999년 니체편집위원회(정동호, 이진우, 김정현, 백승영)가 구성되어 니체의 철학적 개념과 번역상의 오류를 바로잡고 통일안을 마련하는 등의 준비작업을 진행한 이후 7년의 행보 끝에 이룬 결실이다. 이로써 우리는 현대철학의 새 지평을 연 철학자 니체의 사상을 우리의 언어로 꼼꼼하게 번역한 니체전집의 탄생을 바라보게 되었다.

책세상 니체전집은 국제적인 니체 연구 환경의 성과와 변화를 반영

5) 1980년까지의 연구 성과에 대한 분석은 정동호, 「한국에서의 니이체 철학의 수용역사」, 『인문학지』, 충북대 인문학연구소, 1986, 153-170쪽을 참조 바람.

하고 기존 번역본의 한계를 뛰어넘어 니체 사상을 온전하게 국내 독자들에게 전달하기 위해 야심 차게 기획되었다.

니체 연구의 혁명으로 평가받는 니체비평전집의 발간은 니체 해석의 새로운 전환점을 마련했다. 니체의 저작은 1950년대 후반부터 번역되기 시작했는데, 처음부터 '통속 니체주의자'라고 할 수 있는 비전문가들과 철학을 전공한 전문가들의 두 진영으로 나뉘어 진행되었다. 1980년에 들어 한글세대가 학계에 진출하면서 니체의 저작의 번역도 더욱 활발해졌다. 『차라투스트라는 이렇게 말했다』가 가장 많이 번역되었고 『인간적인 너무나 인간적인』과 『비극의 탄생』이 그 뒤를 이었지만, 일본어의 번역에 따른 출판을 답습했다. 따라서 니체 철학의 대중화가 1960년부터 시작되었지만 편역서의 폐해가 해결되지 않으면 근본적인 문제점은 해결될 수 없었다. 단편들을 짜깁기 식으로 펴내면서 정확한 출처도 밝히지 않아서 전문적인 연구서로서 요건을 갖추지 못한 것이다.

비전문가는 기독교 비판, 여성 비하, 사회주의와 공산주의에 대한 경멸, 서구문화 진단 같은 주제를 갖고 대중의 관심을 끌었고, 후자는 형이상학에 비판적인 철학자로 니체에 접근했다. 주로 대학 밖에서 활동한 비전문가들은 통속 니체주의적 역서나 편역서를 선보였다. 처음부터 대중의 관심에 영합해 자극적이고 통속적인 제목을 붙여 수필집이나 수상록 형식으로 출판되었다. 그러나 자의적으로 발췌한 일본어식 번역은 니체 사상을 올바르게 풀이하는 데 방해가 되었다. 한편 대학에서는 니체 철학을 강의하는 전공자들이 니체의 저작을 번역하기 시작했다. 1959년부터 부분적인 번역서가 나오다가 1969년에 다섯 권으로 구성된 우리나라 최초의 니체전집인 『니이체전집』(휘문출판사)이 나와 학계의 주목을 받고 대중적으로도 큰 호응을 얻었지만, 니체 철학에 대한 엄밀성과 정확성이 부족했다. 청하출판사가 1982년부터 간행한 10권짜리 두 번째 전집은 '한글세대에 의한 기획, 번역, 편집'을 내세웠지만 원본 선택의 무원칙, 유고의 편집 오류, 중역, 번역진의 비전문성, 체제상의 문제점 등 여러 면에서 아쉬움을 남겼다. 당시 유럽에서 이루어진 유고의 진위를 둘러싼 논쟁을 제대로 반영하지 못하였을 뿐만 아니라 개념의 번역에서도 미숙함을 드러냈기 때문이다.

1970년에 들어와 개별 작품의 번역이 줄을 이었고 대학의 니체 연구도 활기를 띠었으나 번역서의 문제점은 개선되지 않았다. 니체비평전집이 나올 때까지 번역과 출판을 통한 니체 철학의 통속화는 니체 해석의 발전을 저해하고 정체와 퇴행에서 벗어나지 못하는 환경이 되었다. 변화된 국제적 연구의 환경에 대한 인식 부족은 국내 니체 연구의 낙후성을 단적으로 보여준다.

니체 해석에서 중요한 변수는 니체의 여동생 엘리자베트 푀르스터와 편집인 페터 가스트가 니체 유고를 임의로 발췌 편집한『힘에의 의지』를 둘러싼 격렬한 유고 논쟁과 새로운『니체비평전집(*Nietzsche Werke Kritische Gesamtausgabe*)』(KGW)의 출간이었다. 주제별로 나눠 임의로 편집한『힘에의 의지』라는 책에 대해 국제적으로 비판이 일었던 이유는 내용의 많은 부분이 누락되고 차례도 조작된 483개의 단편들에 번호를 붙여 편집되었기 때문이다. 유고를 모은『힘에의 의지』는 수록된 원고의 선정과 편집에서 나타난 전문성 부족, 원본 훼손 등의 결함을 갖고 있지만 오랫동안 니체의 유일한 유고집으로 군림하면서 니체의 상을 크게 왜곡하였다.

1956년에 카를 슐레히타에 의해 재편집된 유고집이 출간되면서 니체 유고의 조작 가능성과 변조 가능성에 대한 문제 제기가 거센 논쟁을 가져왔다. 유고들을 재정리한 3권짜리 전집은 단편들을 연대별로 재배열했지만 내용까지 수정하지는 않았다. 따라서 유고를 순서대로 정확하게 쓰인 순서대로 정확하게 재편집하자는 목소리가 높아지게 되면서 독일 발터 데 그루이터 출판사는 기존의 유고집을 모두 해체한 후 니체가 남긴 모든 유고를 쓰인 순서와 니체가 남긴 원형 그대로 복원해 『니체비평전집』을 출간했다.

1967년 첫 출간한 발터 데 그루이터 출판사의 『고증판 니체전집』은 이탈리아 학자 콜리와 몬티나리가 편집자가 되어 기존의 유고집을 완전히 해체한 후 니체의 모든 유고를 쓰인 순서대로 분류해 놓은 것이다. 유고 전체를 연대별로 정리하고 일부 위조된 부분들을 수정하고 나서야 우리는 진정한 니체의 글들을 읽을 수 있게 되었고 완벽하게 수정된 방대하고 정확한 이 유고집이 모든 니체 연구자의 지침서로 읽히게 된 것이다. 니체전집의 완역을 통해 유고를 둘러싼 논쟁은 일단락되었고, 니체는 사망한 지 70여 년이 지난 후에야 비로소 독자 앞에 본래의 모습으로 서게 되었다.

니체학회를 중심으로 세계표준판 니체전집 번역의 필요성이 강력하게 대두되었는데 새로운 니체 번역은 니체 유고 논쟁에 대한 종지부를 찍는 작업이었다. 1999년 4월, 니체 서거 100주년인 2000년을 맞아 세계표준판 니체전집을 번역하기 위해 정동호 교수를 편집위원장으로 책세상 니체전집 편집위원회가 구성되었다. 방대한 '고증판 전집'을 번역하기 위해 독일에서 니체 혹은 니체 관련 분야의 연구로 박사학위를 취득한 연구자들을 중심으로 역자를 선정했다. 그동안의 편역과 오역의 역사를 딛고 이제 독일어 독해 능력이 뛰어난 니체 전공자들이 원본에 대한 책임감을 갖고서 전집을 번역하게 되었다.

책세상의 니체전집은 바로 이 『니체비평전집』의 철학적 저작만을 번역 대상으로 삼아 21권으로 구성하였고 새로운 번역어 정립과 전문 번역진의 상세한 해설이 장점으로 돋보였다. 책세상 니체전집은 번역진의 구성과 번역 방식에서도 새로운 전략을 세워 기존의 번역이 갖는 모든 문제점을 뛰어넘어 니체의 본모습을 살려내고자 했다. 우선 니체를 전공한 학자들을 중심으로 구성된 14명의 번역팀은 그동안 국내학계에서 문제가 된 용어와 개념들을 재규정하여 니체 번역의 표준을 제시하고, 니체의 비유와 상징들이 나타내는 바를 독자들에게 온전하게 전달하고자 했다. 또한 니체 사상에 대한 기본적인 설명과 더불어 텍스트의 탄생 배경, 각각의 저작들 간의 관계 등에 대한 자세한 해설을 덧붙여 독자들의 이해를 도왔다. 이러한 원칙 위에서 전체 21권 중 12권을 국내 초역하여 정본 니체전집을 완간한 책세상 니체전집은 국내 니체 수용 100여 년의 연구 성과를 결집한 성과로 평가된다.

책세상 니체전집 21권 중 11권은 유고집이며 그 내용을 이루는 것은 메모, 초고, 계획 등으로 표시된 수많은 사유의 단상과 단편들이다. 니체 연구자들은 수고 형태로 남아 있는 이 유고들이야말로 니체의 저작과 사상을 이해하는 중요한 단서라고 말한다. 출간된 저작과 달리 유고는 니체의 심층적 의도를 숨기고 있으면서도 생전에 출판된 책의 의미를 보완하면서 니체 사상의 전체적인 모습에 접근할 수 있도록 도와준다는 점에서 중요하다. 따라서 출판된 저서에 못지않게 파편적이고 개별적인 메모와 기록, 출간 계획과 집필 구상으로 이루어진 유고는 체계적인 니체 읽기의 중요한 방식이자 니체의 세계로 들어가는 다른 문이 된다.

번역의 원칙이나 문제점을 논의하는 과정에서 논란의 여지가 있는 니체 철학의 주요 개념어를 어떻게 번역할지를 지속적으로 논의했다. 무엇보다도 제목과 용어의 통일을 시도했다. 또한 독자들의 이해를 돕기 위해 각 권마다 거기 담긴 글이 쓰인 시대적 배경이나 니체 사상의 전개 과정을 소개하고 그 중심 사상을 설명하는 해제를 덧붙이기로 했다. 새로운 편집으로 니체 저서 중 가장 유명한 『차라투스트라는 이렇게 말했다』가 2000년 8월에 처음 번역된 것을 시작으로 5년에 걸쳐 유고집까지 총 21권을 완역해 낸 책세상 세계표준판 니체전집은 2005년에 '한국출판문화상'을 수상했다.[6]

독특한 세계이해와 언어구사 방식을 갖고 정형화된 글쓰기를 거부하는 니체의 작품을 읽어내는 데는 세밀한 주의가 필요하다. 대부분은 번역자의 역량에 맡겼지만 핵심개념의 번역은 통일될 필요가 있다. 왜냐하면 개념의 의미에 대한 엄밀한 검토가 없다면 잘못된 번역서에 바탕을 둔 연구 결과물이 오류투성이가 될 수밖에 없기 때문이다. 따라서 편집위원회가 가장 역점을 둔 부분이 바로 주요 개념의 번역에 대한 합의였다.

니체 철학이 우리나라에 처음 수용된 일제 치하에 일본식 번역어가 마구잡이로 들어왔다. 처음 번역이 졸속으로 이루어졌기 때문에 오류가 많았다. 특히 니체의 '위버멘쉬(Übermensch)'가 초월적인 이상을 실현하는 권력의 주체로 왜곡되었고 영어로는 'overman', 'superman'으로 번역되곤 했는데 니체학회에서는 '위버멘쉬'를 그대로 쓰는 것을 최선의 선택으로 보았다. '권력의지'도 히틀러의 정치적 이념에 이용되었다는 오해를 불식시키기 위해 '힘에의 의지'로 통일하였다. 이로써 위버멘쉬에 덧씌워진 초월적 의미나 정치적 함의가 제거될 수 있었다. 또한 시간은 무한하고 공간은 유한하므로 에너지의 총량은 불변하다는 물리학에 근거한 '영구회귀'나 '영겁회귀'도 '영원회귀'로 바로잡았다. 선(gut)과 악(böse)의 구별은 노예도덕의 본질로 하는 반면 선(gut)과 나쁨(schlecht)의 구별이 강자의 도덕에 근거하는데, 기존의 '우량'과 '열악'이라는 번역을 '좋음'과 '나쁨'으로 고쳤다. 바로잡고 다듬은 제목을 예로 들면 『즐거운 지식』은 『즐거운 학문』으로, 『선악의 피안』은 『선악의 저편』으로, 『도덕계보학』은 『도덕의 계보』로 바꾸었다. 어려운 한자어는 우리말로 쉽게 풀어썼다. 『서광』 혹은 『여명』은 『아침놀』로, 『적그리스도』 또는 『반그리스도』는 『안티크리스트』로 대신했다.

발음상 문제가 되던 인명 표기도 일관성 있게 수정을 했는데, 그 대

---

6) 『니체읽기』, 책세상, 2005 참조.

표적인 예가 '니체'와 '차라투스트라'다. '니체'는 '니이체'로, '차라투스트라'는 대부분 '짜라투스트라'로 표기되었다. 원래 한국니체학회의 발족과 함께 니체의 원어 표기는 독일어의 음역에 따라 '니이체'로 사용했지만 니체전집을 번역하면서 '니체'로 표기법을 바꾸었다. 경음으로 표기되었던 '짜라투스트라'를 독일어 음역에 가깝게 통일한 것이 '차라투스트라'다. 이처럼 의미 해독의 엄밀성과 정합성 그리고 일관성을 위해 니체학회가 제시한 번역의 대안이 독자들에게 니체 원전을 이해하는 데 훌륭한 지침이 될 수 있었다.

4. 한국니체학회의 과제와 미래

니체학회의 과거를 돌아보면 국내 최초의 '세계 표준판 니체전집 완역'이 책세상 출판사와 한국의 니체 연구자들이 함께 이루어 낸 2005년의 자랑스러운 성과다. 니체학회를 중심으로 한 니체 번역은 주요 개념들을 바로잡고 이전의 번역에서 발생한 오역이나 누락된 부분들을 바로잡음으로써, 니체 연구는 다시 한 번 도약의 장으로 접어들게 된다. 2005년이야말로 한국 니체 연구의 지평을 여는 기점이 된 것이다.

번역은 내용을 다른 언어로 옮기는 기술적인 단순작업이 아니라 해석을 수반해야 되는 과정이다. 원저자의 사상과 철학을 정확히 이해하고 글의 의도를 전달할 의무가 중요하기 때문에 저자가 표현하고자 하는 의미가 왜곡되지 않도록 세밀하고도 엄밀한 원칙을 세울 필요가 있었다. 세계 표준판 니체전집과 유고의 새로운 번역, 그리고 그동안 축적된 연구들의 성과에 힘입어 앞으로 더욱 비판적이고 창조적인 연구들이 나올 수 있을 것으로 기대된다. 니체 저작의 새로운 한글 번역은 한국에서의 서양철학의 정착과 발전에 디딤돌이 될 것이다.

현대철학자로서 니체의 사상이 오랫동안 오해받아 온 것이 사실이다. 자유정신을 외친 니체를 나치즘의 이론가로 왜곡하기도 했고 전체적인 조망 대신에 예술가로서의 생애에만 치중했기 때문이다. 그만큼 니체의 철학은 모순된 표현이 공존하여 온전한 이해가 불가능하였다는 의미가 된다.

니체 연구의 흐름을 주제별로 나눠 보면 국내의 니체 연구는 독일, 프랑스, 미국 등의 연구 경향을 비판적으로 소개하면서 수용되었다. 국가사회주의에 의한 정치적인 악용을 극복하면서 니체를 철학자로 복원한 사람은 바로 하이데거다. 니체가 서양 형이상학을 완성한다는 그의 주장은 니체를 형이상학의 해체를 주도한 학자로 보는 포스트모더니즘과는 상반된 해석이지만 여전히 중요한 이론으로 자리 잡고 있다. 하이데거에서 가다마로 이어지는 해석학적 존재론의 입장은 바티모와 카울바흐, 아벨 등에 의해 철학적 이론으로 이어지고 있다. 1950년에 들어와 니체 철학을 생리학적, 생물학적, 물리학적으로 읽으려는 문헌학적 작업을 미타슈(A. Mittasch)가 선보여 니체 철학에 대한 자연과학적 접근이 가능해졌다. 1960년대 이후부터는 니체 철학에 대한 총체적이고 역사적이며 비판적인 연구가 진행되었는데, 1980년 이후 『니체비평전집』 독일어판의 출간이라는 문헌학적 성과는 '니체 르네상스'의 붐을 일으키는 촉발제가 되었다.

니체는 독일 좌파 사상가에게도 큰 영향을 미쳤다. 프랑크푸르트학파의 비판이론 1세대인 아도르노와 호르크하이머는 니체를 계몽의 변증법에서 긍정적으로 규정하지만 비판이론 2세대인 하버마스는 '포스트모던으로의 전환점'일 뿐이라고 비판적 거리를 둔다. 힘에의 의지를 내세워 이성의 해방적 기능을 무시한 니체를 반(反)계몽주의자로 하버마스가 거부했기 때문이다.

프랑스에서 니체에 대한 관심은 형이상학 비판, 도덕 비판, 실존주의 등을 거쳐 탈구조주의의 논의로 연결된다. 국내에서도 프랑스 철학과 니체 철학을 아우르는 비교 연구가 많다. 예를 들면, 들뢰즈는 니체 철학을 반(反)헤겔적 반(反)변증법으로 규정하고 존재의 일의성 개념과 차이와 반복이라는 자신의 사상의 유래를 니체 철학에서 찾는다. 데리다는 기호의 자의성에 주목하면서 형이상학의 건물을 해체하는 데 은유와 환유에 대한 니체의 초기 언어철학을 받아들이고 니체의 글쓰기 방식인 문체를 분석한다. 푸코는 프랑스 철학에서 니체의 영향을 가장 많이 받은 철학자로서 니체의 계보학을 수용해 이성과 비이성의 구획, 격리, 치유와 훈육을 본질로 하는 정상화 기획에 숨겨진 '지식과 권력의 연계'를 파헤친다.

영미철학 쪽에서는 단토의 *Nietzsche as Philosopher*, 카우프만의 *Nietzsche, Philosopher, Psychologist, Antichrist*, 네하마스의 *Nietzsche, Life as Literature* 등이 잘 알려진 편이다. 미국의 신실용주의 철학자 로티는 상대주의 입장에서 기본적으로 니체의 노선을 따르고 있어서 그의 '아이러니스트'는 니체의 다원주의와 크게 다르지 않다.

니체가 20세기 심리학에 끼친 지대한 영향도 빠뜨릴 수 없다. 프로이트 자신은 부정하지만, 그와 니체의 영향사에 대한 연구가 이루어지고 있고 적어도 많은 자극을 받은 것은 분명한 사실로 밝혀졌다. 그의 쾌락 원리, 콤플렉스와 도덕, 죄와 양심의 가책 개념 혹은 충동의 부정과 승화 개념 등은 니체의 충동이론과 비교할 때 많은 유사성이 발견된다. 프로이트와는 반대로 융은 니체에게 영향을 받았음을 솔직하게 인정하고 니체의 저작에서 발견되는 문제의식을 심층심리학과 20세기 인본주의 심리학으로 발전시키려고 한다. 심리학뿐만 아니라 문학, 음악, 무용에 등에 미친 니체의 영향은 폭넓다. 특히 니체는 인상주의, 입체파, 미래파, 사실주의와 밀접한 관계를 맺고 있다.[7]

영향사에서 알 수 있듯이 니체의 철학의 주제는 중층적이며 다면적인 만큼 앞으로 연구해야 할 분야는 무한하다. 니체의 본래 의도뿐만

---

7) 한국니체학회는 2006년 '니체와 현대예술의 탄생'을 주제로 한국연구재단 프로젝트를 1년간 수행한 바 있다.

아니라 그것을 이해하기 위한 지평의 형성은 니체학회 연구자들이 공감하는 문제의식의 발전을 통해 가능할 것이다. 니체 저작과 유고의 번역을 통해 앞으로 니체 사상의 전개과정과 철학적 연관성을 더 정확하게 파악하고 새로운 해석의 가능성을 열게 되었다. 니체전집의 번역의 방향에서 나타났듯이 독일어 원전에 입각한 철저한 고증작업 못지않게 한국의 상황에 맞는 재해석이 니체학회가 짊어질 과제가 될 것이다.

니체는 대중이 자신이 누구인지 알아차리기 어렵다고 보고, "백 년만 기다리면 인간을 탁월하게 이해하는 천재가 나타나서 니체라는 이를 무덤에서 발굴할 것"이라고 '문고판 서간집'에서 말하고 있다. 니체를 무덤에서 발굴하는 일은 고고학자의 일만이 아니라 계보학자의 일이다. 니체는 '계보학자'의 역할을 '쟁기날(Pflugschar)'에 비유한다. 땅을 파헤칠 때 니체를 둘러싼 지층의 다양한 층위의 굴곡, 접힘, 단절에 대한 '수직적' 연구뿐만 아니라 인접하고 있는 여러 사상적 영토의 지형에 대한 '수평적' 연구가 이루어져야 할 것이다.

니체 연구자가 함께 일구어 낸 니체 원전의 번역이라는 성과를 바탕으로 그동안 연구의 손길이 닿지 않은 니체 사유의 '원석'을 캐내고 그것을 '보석'으로 다듬는 후속작업이 필요할 것이다. 니체를 그대로 복원하는 일 못지않게 죽어 있는 문자에 생명력을 불어넣는 해석이 요구된다고 하겠다.

이제 한국니체학회는 니체 자신의 100년 후에나 제대로 평가받을 것이라는 예언을 새기고 니체가 서구지성사에 뿌려 놓은 씨앗의 열매를 거두어야 할 과제를 안게 된 것이다. 니체 사후 100년이자 한국에 서양철학이 수용된 지 100년을 맞은 오늘날 현 시대의 변화와 흐름을 예고한 니체의 사상을 깊고 폭넓게 전문가의 입장에서 연구하여 독자의 이해의 지평을 넓히는 데 기여해야 할 것이다.

한국도가철학회

박원재(한국도가철학회 회장)

1. 창립

한국도가철학회(韓國道家哲學會)는 1997년 3월에 발족하였다. 기존에 한국도교학회와 한국도교문화학회라는 유관 학회가 활동하고 있었음에도 불구하고 새롭게 한국도가철학회가 결성된 배경은 도가철학 전공자들을 중심으로 도가 관련 학술적 전통을 철학적으로 접근하고 조명하는 작업이 좀 더 활성화될 필요성이 제기되었기 때문이다.

이와 같은 문제의식에서 도가철학 연구자들은 1997년 3월 22일 성균관대학교에서 발기 모임을 갖고, 그동안의 방외적(方外的) 자세를 반성하고 급변하는 삶의 환경과 대면하면서 현실과 소통하는 도가철학 연구라는 취지를 구현하기 위한 새로운 도가철학 전문 학회의 창립을 결의하였다. 아래는 당시 모임에서 채택된 발기문 전문이다.

發起文

複製羊이 탄생되는 시대에 우리는 살고 있습니다. 이대로 가면 100명의 孔子가 탄생할 수도 있고, 100명의 盜跖이 탄생할 수도 있겠지요.

混沌의 寓話를 상기하고, 물 긷는 기계의 편리함을 알지만 그것을 사용하지 않는 農夫의 지혜를 배울 때라고 생각합니다.

그동안 학문의 중요성에 비해 너무나 方外者의 자세를 취했던 것 같습니다. 老莊哲學과 관련하여 포스트모더니즘, 新科學, 環境 문제 등 논의거리가 많습니다. 이제 많은 연구자가 나왔습니다. 보다 더 다양한 방법에서 老莊哲學을 이해해 보도록 합시다. 그리고 未來社會에 老莊哲學이 어떤 役割을 할 수 있을지에 대해서도 고민해 보도록 합시다. 하지만 이런 것 저런 것 상관없이 그저 無何有之鄕에서 노닐 수 있는 기회를 만들어 봅시다.

發起人

代表 : 송항룡(성균관대)

김갑수(성균관대), 김동수(성균관대), 김득만(경북대), 김백현(강릉대),
김용섭(경산대), 김학목(건국대), 김항배(동국대), 박원재(고려대),
신동호(충남대), 오진탁(한림대), 원정근(고려대), 유병래(동국대),
윤찬원(인천대), 윤천근(안동대), 이강수(연세대), 이규상(충남대),
이동철(용인대), 이재권(충남대), 이한상(호서대), 이효걸(안동대),
임수무(계명대), 임채우(연세대), 정세근(충북대), 조윤래(대전대),
조민환(성균관대), 한흥섭(홍익대). 이상 가나다순

2. 집행부

발기 모임에서는 학회 창립 결의에 이어 전문 13조로 된 회칙을 심의, 통과시킨 후 이에 입각하여 초대 집행부를 구성하였다. 이에 따라 발기인 대표를 맡은 송항룡 교수를 초대 회장으로 추대하고 집행부 구성을 의뢰함으로써 도가철학회가 첫걸음을 내딛었다. 그렇게 하여 구성된 초대 집행부를 필두로 지금까지 모두 7기의 집행부가 차례대로 구성되어 학회를 성공적으로 이끌어 오고 있다. 지면 관계상 고문, 회장, 부회장만 밝히면 다음과 같다.

제1기

고문 : 신동호(충남대)

회장 : 송항룡(성균관대)

부회장 : 김항배(동국대), 임수무(계명대), 김동수(성균관대)

제2기

고문 : 신동호(충남대), 송항룡(성균관대)

회장 : 김항배(동국대)

부회장 : 임수무(계명대), 김동수(성균관대)

제3기

고문 : 송항룡(성균관대), 김항배(동국대)

회장 : 이강수(연세대)

부회장 : 임수무(계명대), 김동수(성균관대), 김백현(강릉대)

제4기

고문 : 송항룡(성균관대), 김항배(동국대), 이강수(연세대)

회장 : 임수무(계명대)

부회장 : 김백현(강릉대), 윤찬원(인천대), 최일범(성균관대),
조윤래(대전대)

제5기

고문 : 송항룡(성균관대), 김항배(동국대), 이강수(연세대),
임수무(계명대)

회장 : 김백현(강릉대)

부회장 : 조민환(춘천교대), 박원재(한국국학진흥원), 이재권(충북대),
최진석(서강대)

제6기

고문 : 송항룡(성균관대), 김항배(동국대), 이강수(연세대),
임수무(계명대), 김백현(강릉대)

회장 : 조민환(춘천교대)

부회장 : 박원재(한국국학진흥원), 오상무(고려대), 이재권(충북대),
최진석(서강대)

제7기

고문 : 송항룡(성균관대), 김항배(동국대), 이강수(연세대),
임수무(계명대), 김백현(강릉원주대), 조민환(춘천교대)

회장 : 박원재(한국국학진흥원)

부회장 : 오상무(고려대), 이재권(충북대), 최진석(서강대)

3. 학술대회

학회 발족 후 1997년 추계학술발표회를 시작으로 2008년까지 그동안 모두 24회의 학술대회를 개최하였다. 주제는 초반에는 도가철학에 대한 개괄적인 접근과 시대별 흐름을 정리하는 데 주로 방향이 맞추어졌으며, 후반에는 도가철학의 개별 주제들에 대한 천착과 비교철학적 소재의 발굴에 비중이 놓였다. 그동안 개최된 학술대회의 주제를 연도별로 정리하면 다음과 같다.

제 1 회(1997년 추계) : 도(道)란 무엇인가

제 2 회(1998년 춘계) : 노자의 도란 무엇인가

제 3 회(1998년 하계) : 황노도가(黃老道家)의 형성과 전개

제 4 회(1998년 추계) : 장자 철학의 세계

제 5 회(1999년 춘계, 한국도가철학회 · 한국도교학회 연합학술발표

회) : 위진현학(魏晉玄學)의 세계

제 6 회(1999년 추계) : 도가 철학과 서양 철학

제 7 회(2000년 춘계) : 도가철학과 미래사회

제 8 회(2000년 추계) : 곽점초간본(郭店楚簡本) 도가 자료 연구

제 9 회(2001년 춘계) : 도가철학의 쟁점들(1)

제10회(2001년 추계) : 도가철학의 쟁점들(2)

제11회(2002년 춘계) : 위진현학

제12회(2002년 추계) : 도가와 신화

제13회(2003년 춘계) : 도가와 제가(諸家)와의 교섭(I)

제14회(2004년 춘계) : 도가와 삶

제15회(2004년 추계, 제1차 도가철학 국제학술대회) : 도가철학과 생명사상

제16회(2005년 춘계, 동양철학 연합학술대회) : 동양철학, 과거와 미래

제17회(2005년 추계) : 현대 신유가와 도가

제18회(2006년 춘계, 한국도가철학회 · 한국주역학회 연합학술회의) : 주역과 도가철학

제19회(2006년 추계, 한중국제학술대회) : 율곡과 도가

제20회(2007년 춘계, 한국도가철학회 · 한국서예문화학회 공동 학술대회) : 도가철학과 동양서화미학

제21회(2007년 추계) : 도가철학과 지금, 바로, 여기

제22회(2008년 춘계) : 중국 역대 노자 주석서 연구(1)

제23회(2008년 추계) : 중국 역대 노자 주석서 연구(2)

제24회(2009년 추계, '제1회 선(仙)&도(道) 국제학술대회'로 대체) : 새 시대를 여는 동아시아 토착문화의 학제간 연구: 전통문화/생명사상/환경생태/건강양생/동양예술

4. 수련회

도가철학회는 학술대회와 더불어 회원 상호간의 친목과 전공지식에 대한 토론을 활성화하기 위하여 창립 초기에 동계 및 하계 수련회를 개최해 왔다. 모두 4차에 걸쳐 이루어진 수련회의 내용은 다음과 같다.

제1차(1997년 하계)
주제 : 『노자』 1장에 관한 한국과 중국의 유명한 주석서 약 20여 종 윤독
일시 : 1997년 7월 3-4일
장소 : 경기도 가평군 설악면 송지영기념관

제2차(1998년 동계)
주제 : 박사학위 취득 회원 학위논문 발표
일시 : 1998년 1월 15-16일
장소 : 경상북도 예천군 용문면 직동 마을회관

제3차(1999년 하계)
주제 : 『노자』·『장자』에 관한 전통적 주석서의 서문 윤독
일시 : 1999년 8월 13-14일
장소 : 경기도 양평군 서종면 수입리 85번지 최수봉 가(家)

제4차(2000년 하계)
주제 : 박사학위 취득 회원 학위논문 발표
일시 : 2000년 7월 7-8일
장소 : 강원도 양양군 오색리 오색그린야드호텔

5. 학회지

도가철학회는 창립 직후부터 정기 학회지를 발간하기 위한 노력을 꾸준히 경주하여 왔다. 회원 규모나 재정적인 여건을 감안할 때 중소 학회에 불과한 도가철학회로서는 학회지를 창간하여 정기적으로 발간한다는 것이 능력에 부치는 일이었지만, 학회지는 곧 학회의 존재 이유와도 같다는 소명의식으로 회원들이 합심하여 노력한 결과 학회 창립 2년 후인 1999년 2월 28일 『도가철학』이란 제호로 창간호를 발간하기에 이르렀다. 당시 도가철학회 제2대 회장이었던 김항배 동국대학교 교수가 창간을 자축하며 실은 창간사를 소개하면 다음과 같다.

창간사

韓國道家哲學會에서는 이제야 창간호를 발간하게 되어 여러 선생님들께 인사 말씀 올리며, 아울러 본 학회를 결성하기 위해서 모든 私心을 버리고 헌신적으로 노력해 주신 분들에게도 이 기회를 빌려 심심한 감사의 말씀을 드립니다.

韓國道家哲學會는 오랜 동안 강단에서 도가철학과 관련된 강의를 해오신 선생님들을 주축으로 하여 구성되었으며, 이 분야에 관심을 지니신 분들의 적극적인 호응을 얻어 날로 발전하고 있음을 매우 기쁘게 생각합니다.

그동안 네 차례의 학술발표회를 통해서 발표된 논문과 새로이 연구된 논문을 한데 모아서 한 권의 책을 만들게 되었습니다. 道家의 철학사상을 이해하기 위해서는 老子와 莊子의 사상을 根幹으로 할 수밖에 없습니다. 그래서 먼저 老子哲學의 핵심 개념인 '道'란 무엇인가를 집중적으로 照明해 보았으며, 두 번째로 莊子思想이 함축하고 있는 人間觀, 認識論, 自由論 등의 의미를 입체적으로 살펴보는 데 주력하였고, 세 번째로는 黃老道家의 사상에 관해서도 일부 살펴보았습니다. 그리고 금년에는 魏晉玄學의 哲學的 意義와 文學, 藝術, 中國佛敎와의 관계도 아울러 살펴보려고 계획하고 있습니다. 앞으로는 폭을 좀 더 넓혀서 道家의 철학사상과 서구 사상과의 비교, 특히 生命科學과의 관계도 보다 심층적으로 照明해 보려고 합니다. 본 학회의 이런 방향과 목적이 소기의 성과를 거두기 위해서는 회원 여러분들의 보다 적극적인 참여 의식과 분발은 물론이고, 서구 철학을 전공하는 분들과 자연과학을 전공하는 분들의 열성적인 호응이 절실히 요망됩니다.

주지하시는 바와 같이, 현대 세계는 열린 세계이며 지구촌 어디에서 일어나는 일이라도 우리와 무관한 일은 하나도 없습니다. 이는 단지 정치, 경제, 사회 등에 국한된 일만이 아닙니다. 오히려 보다 중요한 것은 우리들의 정신 또는 마음의 문제입니다. 겉으로 드러난 모든 것들은 결국 우리들 인간의 속으로부터 나타난 것들이며, 우리들로부터 나타난 것이 결국 우리들 자신에게 되돌아오고 있음을 실감하지 않을 수 없는 시대에 우리들은 함께 살고 있습니다.

이제는 다른 문화권에서 우리와는 전혀 다른 전통을 지니고 사는 사람들의 생각과 가치관, 그리고 이에 따른 행위들이 더 이상 우리와 무관한 것일 수 없습니다. 뿐만 아니라 인간 이외의 수많은 생물들의 존속과 안위가 우리 자신의 생존과 결코 무관하지 않을 뿐만 아니라, 불가분의 관계를 가지고 있음을 우리는 깨닫고 있습니다. 이런 때를 당해서 자연과 인간 그리고 超越의 境地까지를 統一的이며 力動的으로 이해하고 있는 道家의 철학사상에 대한 깊이 있고 폭넓은 탐구는 더욱 절실히 요청된다고 하겠습니다.

시작이 반이라는 말이 있습니다. 이제 연약한 새싹이 막 돋아 나왔습니다. 아직 그 힘은 그리 흡족하지는 못하나, 여러분들의 願力이 한데 모여 변함없이 나아가면 길 잃고 지친 모든 이들이 쉴 수 있는 커다란 그늘이 될 수 있으리라 기대합니다.

끝으로 어려운 경제 현실 속에서도 흔쾌히 『道家哲學』을 출판해 주신 도서출판 '제3의 눈'의 鄭相國 사장님 그리고 이 학회지가 나오기까지 애쓰신 여러분들께 심심한 사의를 표합니다.

檀紀 4332년 2월 24일

韓國道家哲學會 會長 金恒培

여타 학회의 학회지와 마찬가지로 『도가철학』 역시 학술대회에서 발표된 논문들과 일반 투고 논문을 주로 게재하였다. 하지만 또 나름의 특징도 지녔는데, 그것은 자료집으로서의 기능도 충실히 수행했다는 점이다. 창간호에 부록으로 실린 「도가철학 관련 철학과 학위논문 목록」을 필두로 『도가철학』은 5집까지 도가철학 연구자들의 연구 성과를 종합적으로 정리, 소개함으로써 도가철학 연구의 훌륭한 길잡이 역할을 톡톡히 하였다. 이 밖에도 6집에서는 우리 학계의 도가철학에서 선구적인 위상을 점하는 이강수, 송항룡, 김항배 선생의 연구 업적도 정리함으로써 후학들에게 참고가 되도록 하였다.

그러나 이처럼 국내 도가철학 연구의 구심점 역할을 하던 『도가철학』은 2006년에 발간된 7집을 끝으로 추가 발간이 무기한 중단되고 말았다. 이는 '등재(후보)지'로 상징되는 한국연구재단의 학술지 관리 정책으로 말미암아 『도가철학』처럼 관련 연구자층이 얇은 군소 학술지는 게재 논문을 확보해 나가는 일이 어려워졌기 때문이다. 앞으로 한국연구재단의 학술지 관련 사업이 의미 있는 '소수'를 보호, 육성하는 데에도 정책적인 지원이 이루어지기를 기대해 본다.

6. 기타

도가철학 연구의 저변 확대 차원에서 제6회(1999년 추계) 학술대회의 성과와 기타 관련 연구물들을 수합하여 2001년 도가철학과 서양철학을 비교철학적 관심에서 연구한 단행본 『노자에서 데리다까지: 도가철학과 서양철학의 만남』(예문서원, 2001)을 출간하였다.

한국동양철학회

이동희(한국동양철학회 15대 회장)

1. 학회 28년의 역사(1982-2009)

1982년 2월 5일 전남 장성 필암서원에서 창립총회를 개최하였다. 이보다 앞서 1979년 3월 한국철학회에서 '중국철학'과 '한국철학' 분과가 분파되어 나왔는데, 양 분과회 회원들 30여 명이 발기하였다. 전문 10조의 회칙을 통과시키고, 다음과 같이 임원진을 구성하였다.

초대(1982. 2. 5-1984. 2. 28) 및 제2대(1984. 3. 1-1986. 2. 28)
회장 : 배종호(연세대)
부회장 : 윤사순(고려대), 이운구(성균관대)
감사 : 김길락(충남대), 최도희(건국대)
이사 : 유명종(동아대), 채수한(영남대), 김규영(서강대),
유정동(성균관대), 이을호(광주박물관), 정종(원광대),
유남상(충남대), 회장과 부회장 3인(당연직)
간사 : 류인희(연세대), 송석구(동국대)

이날 회의에서 '월례발표회'를 매월 개최하기로 하고, 또 하계와 동계 방학에는 서원이나 사찰에서 수련회 겸 학술발표회를 갖기로 하였다. 또한 『동양철학의 본체론과 인성론』을 간행하기로 하였다.

제3대부터는 지면 관계상 회장과 부회장만 소개한다.

제3대(1986. 3. 1-1988. 2. 28)
회장 : 유명종(동아대)
부회장 : 윤사순(고려대), 한종만(원광대), 최근덕(성균관대)

제4대(1988. 3. 1-1990. 2. 28)
회장 : 김충렬(고려대)
부회장 : 이완재(영남대), 한종만(원광대), 송석구(동국대),

제5대(1990. 3. 1-1992. 2. 28)
회장 : 한종만(원광대)
부회장 : 김길락(충남대), 조준하(동덕여대), 이강수(연세대)

제6대(1992. 3. 1-1994. 2. 28)
회장 : 윤사순(고려대)
부회장 : 김길락(충남대), 송하경(성균관대), 송석구(동국대)

제7대(1994. 3. 1-1996. 2. 28)
회장 : 송석구(동국대)
부회장 : 김길락(충남대), 송하경(성균관대), 이강수(연세대)

제8대(1996. 3. 1-1998. 2. 28)
회장 : 이강수(연세대)
부회장 : 송재운(동국대), 양승무(중앙대), 오종일(오종일)

제9대(1998. 3. 1-2000. 2. 28)

회장 : 양승무(중앙대)

부회장 : 송영배(서울대), 김병채(한양대), 임수무(계명대),
남명진(충남대), 정병련(전남대)

제10대(2000. 3. 1-2002. 2. 28)

회장 : 정병련(전남대)

부회장 : 류인희(연세대, 수석), 김필수(동국대, 경주),
허창무(전문연, 교류담당), 임수무(계명대),
서경요(성균관대)

제11대(2002. 3. 1-2004. 2. 28)

회장 : 송재운(동국대)

부회장 : 송영배(서울대), 이애희(강원대), 황준연(전북대), 송인창
(대전대), 이동희(계명대)

제12대(2004. 3. 1-2006. 2. 28)

회장 : 송영배(서울대)

부회장 : 박양자(강릉대), 송인창(대전대), 이광호(연세대),
이승환(고려대), 이애희(고려대), 이동희(계명대),
최영찬(전북대), 최영진(성균관대)

제13대(2006. 3. 1-2008. 2. 28)

회장 : 송인창(대전대)

부회장 : 김낙필(원광대), 박양자(강릉대), 이광호(연세대),
이동희(계명대), 이승환(고려대), 이애희(강원대),
최영진(성균관대)

제14대(2008. 3. 1-2009. 2. 28)
회장 : 박양자(강릉대)
차기회장 : 이동희(계명대)
부회장 : 김학권(원광대), 오이환(경상대), 이광호(연세대),
이동희(계명대), 이승환(고려대), 이애희(강원대),
최영진(성균관대)

제15대(2009. 3. 1-2010. 2. 28)
회장 : 이동희(계명대)
차기회장 : 이광호(연세대)
부회장 : 김학권(원광대), 오이환(경상대), 이승환(고려대),
최영진(성균관대)

2. 학술 활동

학술 활동은 학술발표회가 대표적이고, 그 외 학회지와 단행본 간행을 들 수 있다.

학술발표회는 (1) 월례발표회(定例발표회), (2) 하계 · 동계 방학 중 수련회를 겸하여 발표회를 갖는 '동 · 하계 수련회', (3) 기획 학술대회(보통 춘계 · 추계), (4) 본 학회가 주관하고 국내 여타 동양철학 관련 학회가 참가하여 공동으로 개최하는 '동양철학 연합학술대회', (5) 외국 학자 참여의 국제학술대회, 그리고 (6) 전국철학자대회 참가, (7) 국제학술대회 참가 등을 들 수 있다.

발표에 참가한 연인원을 통계로 내어 보면 다음 표와 같다.

(1) 월례발표회	142회, 약 246명
(2) 동 · 하계 수련회	46회, 156명
(3) 기획 발표	11회, 98명
(4) 국제학술대회	1990, 1993년 2회, 25명
(5) 연합학술대회	2005, 2009, 2010년(예정) 3회, 27명
(6) 국내철학대회 참가	6회, 32명
(7) 국제철학대회 참가	2009년 1회, 11명

위의 표에서 보듯이 연인원 약 600여 명이 참여하였다. 이는 28년이란 학회 역사의 결과이기도 하지만, 회원들이 열정을 갖고 활발한 학술 활동을 하였음을 말하여 준다. 주요 논문은 다음과 같다.

-- 김철범, 「서학의 중세철학사상과 조선 지식계의 수용」
-- 안종수, 「유교와 독일 계몽주의」
-- 성해준, 「서양어로 번역된 최초의 한문서적 『명심보감』」

출판 활동으로는 대표적으로 다음과 같은 저서가 있다.

-- 『동양철학』 연 2회 간행(7월과 12월). 제32집(예정)까지 발행되었으며, '교보 스콜라'에서 사이버상으로 내용을 유료 제공한다.
-- 『동양철학의 본체론과 인성론』(회원 공저, 연세대 출판부, 1982)

3. 앞으로의 과제

중요한 과제로 다음 세 가지를 들 수 있다.

첫째, 동양철학 관계 여러 학회들이 분파하여 각각의 특색을 가지고 학회를 운영하고 있기 때문에 명분상 본 학회가 대표성을 갖고 있으나, 명분이 너무 커서 상대적으로 정체성이 오히려 희미하고 세력도 약하다. 동양철학연구회, 한국유교학회, 한국양명학회, 한국철학사연구회, 퇴계학회, 도교문화학회, 그 외 불교학회 등이 안정된 기반을 이미 구축하고, 충분한 재정을 바탕으로 활발한 활동을 벌이고 있다. 최근 신장세를 보이고 있는 율곡학회, 충남대학교 유교연구소 등도 재정적 뒷받침이 비교적 양호하여 앞으로의 활동이 기대된다. 다만 주역학회, 한국도가철학회는 약세를 면치 못하고 있다. 이들의 활동이 뛰어난 것은 재정적 뒷받침이 있기 때문인데, 그것은 문중 지원, 지방자치단체 지원 등이 있기 때문이다. 그러나 퇴계학회가 퇴계학 이외의 논문을 받은 지 오래되었고, 양명학회 역시 문호를 넓히고 있다. 이것은 그 학회들이 재정적으로는 안정되어 있어도 역시 학회 명칭이 협소하여 논문 주제에 제약이 있기 때문이다. 이들의 약진과 경쟁해야 하는 대표성을 가진 본 학회는 우선 재정적 문제가 가장 크다. 회원들의 참여도도 타 학회보다 더 높은 것도 아니다. 이는 회원들의 소속이 분과학회와 겹치기 때문이기도 하다. 여기에 각 대학의 부설 연구소도 등재지를 내고 있고, 동서 철학을 아우르는 각 철학회의 존재도 무시할 수 없다.

둘째, 이러한 점을 타개하기 위해서는 주도권을 가지고 분과학회와 협력, 연합하면서 리더십을 발휘하여, 전체 동양철학계를 이끌어가는 노력이 필요하다. 본 학회의 위치와 역할을 확고히 하기 위해서는 학회 운영을 잘하여 학계나 사회에서 (문중에서) 그 대표성을 인정받는 일이 중요하다. 그러나 현재 학회 형편으로 보아서는 배전의 노력이 필요하리라 본다.

셋째, 한국의 여러 동양철학회 관계 학회는 문중의 지원을 받는 경우가 많다. 이는 재정이 빈약하기 때문인데, 잘못하면 문중 사업(문중 선현 현창 사업)이 될 위험이 많다. 별로 연구할 만한 가치가 없는데도 억지로 연구해야 하는 부작용이 생긴다. 또 요즈음 지방자치단체의 지원을 받아 학회를 운영하는 경우가 많은데, 이것 역시 어용성이 있을 수 있고 또 오래가지 못한다. 지방자치단체 예산은 국민의 세금이고, 그 사용 목적이 자치단체장 업적 쌓기나 다음 선거를 의식한 것이므로 국민 편에서 보면 이의를 제기할 수 있다. 이 점은 문중 지원의 경우와 그 부작용 면이나 명분 면에서 마찬가지다. 학회 운영은 역시 회원들의 자발적 참여가 정도(正道)라고 할 수 있다. 문중 중에는 재산이 많은 문중이 있는데, 이것을 공적으로 사회에 기부하는 방안을 마련하는 것이 바람직하다. 최근 문중연합회, 서원연합회 등이 결성되어 있는데, 이런 공적 단체를 통하여 문중 사업을 하는 것이 바람직하리라 본다. 이런 곳에서 돈을 받으면서 한국연구재단에서 또 지원을 받는 경우도 있다. 국제학술대회를 한답시고 외국 학자를 불러 돈을 물 쓰듯 하는 경우가 많다. 한국 사상 연구나 문중 선현 연구를 위해 외국 학자를 부르는데, 별로 효과 없이 허명만 쌓는 경우가 태반이다. 이는 국고의 낭비이고 학문의 윤리성에도 어긋난다. 이런 비정상적인 학술 연구 분위기는 불식되어야 하리라 본다. 한국연구재단도 이런 지원금을 받는 학회는 보조금을 주지 않는 것이 질서를 바로잡고 연구 풍토를 개선하는 데 도움이 될 것이다. 이러한 일을 하는 데 한국동양철학회가 앞장서야 하지 않을까 한다.

한국분석철학회

손병홍(한국분석철학회 회장)

1. 분석철학

철학은 메타적인 성격이 강한 대표적인 학문일 것이다. 제반 학문 분야에서 수행되고 있는 어떠한 주제나 이론에 대해서도 철학적 탐구가 가능할 것이기 때문이다.[1] 분석철학은 현대에 가장 영향력 있는 대표적인 철학사조라 할 수 있다. 따라서 분석철학도 근본적으로 메타적 성격을 가지고 있다. 철학이 메타적 성격이 강한 학문이라는 것과 분석철학자들이 다루는 주제들의 다양성들을 고려하면 다루어지는 주제에 의해 분석철학을 규정하는 것은 불가능할 것이다. 최근의 분석철학자들이 다루는 주제들은 너무 다양하여 모든 전통 철학에서의 주제들이 분석철학자들에 의해 다루어지고 있다고 해도 과언이 아니다.

프레게의 논리주의를 위한 작업으로부터 계산해도 150년이 안 되

---

1) 호스퍼스는 철학자들이 수행하는 대부분의 철학적 탐구를 망라할 수 있는 철학의 정의로 "철학은 정당화에 대한 연구이다."라고 주장하고 있다. 정당화에 대한 연구는 어떤 학문 분야의 이론이나 주장에도 적용될 수 있다. 따라서 이 정의는 철학의 메타적인 성격을 잘 드러내고 있다고 할 수 있다. J. Hospers, *Introduction to Philosophical Analysis*, Prentice Hall, 1988 참조.

는 분석철학의 역사를 그로스는 다섯 단계로 구분하여 설명하고 있다.[2] 첫째는 무어(G. E. Moore)와 러셀(B. Russell) 등에 의해 수행된 분석철학의 정초 단계로서 철학적 문제나 명제들을 명확하게 재구성함으로써 그것들의 의미를 확실히 파악하고 명확한 답을 얻으려 한 단계이다. 둘째는 진리함수적으로 해석될 수 있는 이상적인 형식언어를 구성하여 이 형식언어에 대한 환원적 분석을 통해 세계의 모습을 이해해 보고자 시도한 논리원자주의의 단계이다. 셋째는 형이상학을 배제하고 동시에 과학을 설명하는 데 적합한 이상언어를 건설하려 시도한 논리실증주의의 단계이다. 넷째는 라일(G. Ryle)과 초기 비트겐슈타인에 의해 주도된 단계로서 철학적 문제를 본질적 문제가 아니라 언어를 요용한 데서 파생된 것으로 보고 철학적 문제에 대한 이론화 작업을 통한 해결에 반대한 단계이다. 다섯째는 오스틴(J. L. Austin) 등에 의해 주도된 일상언어분석의 단계이다.

그로스의 구분은 분석철학자들에 의해 수행된 중요한 작업들은 열거하고 있으나 분석철학의 변천 과정에 대한 정확한 구획이라 할 수 없다. 술어논리의 기본적인 틀을 완성하고 실질적으로 분석철학적 작업을 수행한 프레게(G. Frege)를 거론하지 않은 것은 논외로 하더라도 그로스의 구분에서는 각 단계들이 시기적으로 중첩되어 있고 최근의 분석철학적 작업들과 루이스(C. I. Lewis)와 같은 중요한 일부 분석철학자들의 작업이 생략되어 있으며, 한 단계에 속한다고 할 수 있는 분석철학자들 사이에서도 동일한 주제에 대해 심각한 의견 차이들이 나타나곤 했기 때문이다.[3] 따라서 분석철학자들에게 일반적으로

2) B. R. Gross, *Analytic Philosophy*, New York, Pegasus, 1970, pp.13-14.

3) 한 예로 초기 논리실증주의에서는 대응규칙(C-Rule)에 입각하여 이론용어를 관찰용어로 환원시키고자 하는 경향이 뚜렷이 나타나고 있지만 동시대의 노이라트(O. Neurath)와 같은 논리실증주의자는 이러한 환원주의에 대해 명백한 반대 의견을 개진하고 있다.

받아들여지는 신조나 신념체계에 입각하여 분석철학을 규정하는 것도 어려울 것이다. 엄격히 말해서 분석철학의 어느 시기에도 분석철학자들이 공유하는 신조나 신념체계는 없었던 것으로 보인다. 이러한 어려움 때문에 일부의 철학자들은, 분석철학은 러셀과 무어와 같은 초기의 대표적 분석철학자들에게서 직접 혹은 간접으로 영향을 받은 철학자들이 수행하는 철학이라는 피상적인 정의를 내리고 있다.4)

1993년에 '철학의 방법과 그 성과'란 주제로 열린 철학연구 발표회에서 필자는 다른 철학과 구별되는 분석철학의 특징은 다루어지는 주제나 공유되는 신조나 신념체계가 아닌 분석철학자들이 철학적 문제에 접근하는 태도나 방식에서 드러날 수 있다고 주장하였다.5) 필자가 파악한 철학적 문제를 다루는 데 있어서 나타나는 분석철학자들의 특징은 세 가지이다. 첫째, 분석철학자들은 철학적 문제를 다룰 때 문제의 핵심이 드러날 수 있도록 엄밀하고 명료하게 표현하고 분석하고자 하는 경향이 있다. 둘째, 분석철학자들은 대체로 20세기 초에 그 기초가 확립된 기호논리학의 영향을 받았고 그 결과로 논리적 분석이나 논리적 사고를 중시하는 경향을 보인다. 셋째, 분석철학자들은 세계의 모습 등에 대해 상식적인 직관이나 과학에서의 설명들을 비교적 중시하고 이를 합리적이고 체계적으로 설명하려는 경향을 보인다. 물론 모든 분석철학자들의 작업에서 이러한 세 가지 특징이 분명하게 드러나는 것은 아닐 것이다. 그러나 적어도 대부분의 분석철학자들의 철학적 문제에 접근하는 방식에서 이러한 특징들이 나타나고 있다고 할 수 있다. 이렇게 보면 분석철학자들이란 엄밀성과 명료성을 추구하고 정합성과 같은 논리적 사고와 논리적 치밀성을 중시하는 철학적 문제를 다루는 접근방식을 공유하는 철학자들이라 할 수도 있을 것이다.6)

---

4) 대부분의 철학 입문 서적이나 그로스(B. R. Gross)나 스트롤(A. Stroll) 같은 철학자들에게서 분석철학에 대한 이러한 정의를 찾아볼 수 있다.

5) 손병홍, 「언어분석과 분석철학의 위상」, 『철학연구』 32집, 1993.

2. 한국분석철학회의 구성과 활동

한국분석철학회는 분석철학의 연구를 대표하는 전문학회로서 해외에서 활동하는 일부의 학자들을 포함하여 현재 약 200여 명의 회원을 보유하고 있다. 1976년 12월 11일에 서울 종로서적 5층 회의실에서 창립모임을 가진 후 2009년 현재 15대 회장단이 운영을 맡고 있다.

전현직 회장단의 명단은 아래와 같다.

(1) 1976. 12-1982. 2 : 4인 운영위원. 김여수(서울대), 박영식(연세대), 소흥렬(이화여대), 이명현(서울대)
(2) 1982. 3-1984. 2 : 김여수(서울대)
(3) 1984. 3-1987. 2 : 이명현(서울대)
(4) 1987. 3-1989. 2 : 조승옥(육사)
(5) 1989. 3-1991. 2 : 엄정식(서강대)
(6) 1991. 3-1993. 2 : 정대현(이화여대)
(7) 1993. 3-1995. 2 : 이한구(성균관대)
(8) 1995. 3-1997. 2 : 김효명(서울대)
(9) 1997. 3-1999. 2 : 이종권(중앙대)
(10) 1999. 3-2001. 2 : 김영진(인하대)
(11) 2001. 3-2003. 2 : 남경희(이화여대)
(12) 2003. 3-2005. 2 : 이좌용(성균관대)
(13) 2005. 3-2007. 2 : 조인래(서울대)
(14) 2007. 3-2009. 2 : 김혜숙(이화여대)
(15) 2009. 3-현재 : 손병홍(한림대)

---

6) M. Corrado는 *The Analytic Tradition in Philosophy: Background and Issues* (Chicago: American Library Association, 1975)에서 이와 유사하게 분석철학을 정의하고 있다.

창립 초기 한국분석철학회는 독회 형식의 세미나를 정기적으로 열었다. 이 당시 초대 회장단인 4인 운영위원들을 포함한 분석철학자들은 1976년부터 1979년까지 19회에 걸쳐 세미나를 갖는 등 매우 활발한 활동을 했던 것으로 보인다. 또한 본격적으로 분석철학을 전공한 이들의 학문 활동은 국내 철학계에 신선한 바람을 불러일으켰다. 이들이 국내 철학계에 끼친 영향력은 아래의 조요한의 글에서 찾아볼 수 있다.7)

> 이상의 한국철학회 분과연구회 활동에서 우리는 전문적 집중토의와 세대교체를 볼 수 있다. 너무 좁은 전문적인 영역에 머물게 됨으로써 한편에 치우칠 우려가 있다고 여겨질지 몰라도 개설 단계의 우리 학계가 이제부터 본격화되어 간다고 보아야 할 것이다. 국도에서 근대화된 고속도로로 변한 것 같은 느낌이 든다. 세대교체는 분석철학계의 학자들이 몰고 온 하나의 바람이기도 하다. 분석철학과 현상학은 대립 또는 반목 관계이기도 하지만 후설의 후기철학과 비트겐슈타인의 후기철학과의 공통점 등으로 인해서 이 양자의 비교연구에 관심을 갖는 학자들이 늘어나면서 상반된 분과의 관련을 맺는가 하면, 또 분석철학적 방법에 의한 종교철학과 예술철학이 근자에 크게 문제되기 때문에 분석철학 전공자들이 여러 분야에 걸치게 된다.
>
> 따지고 캐고 드는 분석철학의 성격상 어느 토론에서도 이들은 기성학자들을 제치고 발언한다. 그런 분위기는 우리 학계에 새 바람을 일으켰다고 볼 수 있다. 단, 여기에서 문제되는 것은 인문과학, 특히, 철학이란 연륜을 요구하는 학문이기 때문에 철학적 토론 참가만으로 철학 행위가 이루어지는 것은 아니다. 70년대 이후 철학계에서 분석철학의 지나친 자기 확대를 우려하는 학자들도 있다. 그러나 지나친 독일 관념론의 병폐를 절감했던 우리는 분석철학의 진출을 미래의 한국철학을 위해서 경하해야 할 것이다.

---

7) 조요한, 「철학」, 변형윤 외, 『한국의 학파와 학풍』, 우석, 1982.

1979년에 한국분석철학회는 본격적인 학회의 모습을 갖추게 된다. 1979년 6월 5일에 열린 20회 모임부터 기존의 독회 형식에서 벗어나 연구논문 발표와 이에 대한 심도 있는 토론이 병행되는 월례 연구발표회가 시작된다. 또한 분석철학의 특정 주제에 대한 심도 있는 토론을 위해 동계 합숙 세미나를 실시하게 된다. 1979년부터 1994년까지의 한국분석철학회의 활동은 생략하기로 한다.

1979년부터 1994년까지 한국분석철학회에서는 정기 월례 연구발표회의 일환으로 국제적 명성을 가진 해외의 분석철학자들을 초청하여 수차례 논문발표회 및 강연회를 가졌고 1989년에는 겨울방학 특별강좌를 개최하여 과학에 대한 지식의 폭을 넓히는 장을 마련하기도 했다. 당시 한국분석철학회에서 개최한 발표회에서 발표한 해외에서 활동하는 대표적인 분석철학자들은 팬처(R. Fancher), 포션(N. Fotion), 플루(A. Flew), 렝크(H. Lenk), 반 퍼슨(A. van Peursen), 로빈(R. Robin), 써얼(J. Searl), 소사(E. Sosa), 김재권, 조가경 등이다.

1995년부터 한국분석철학회에서 주최하는 연구발표회는 현재 운영되고 있는 발표회의 모습을 갖추게 된다. 수시로 개최되는 월례 연구발표회를 폐지하고 4번의 정기 발표회를 학기 중에 정기적으로 열리는 춘계 연구발표회와 추계 연구발표회, 그리고 여름과 겨울의 방학 중에 개최되는 하계 세미나와 동계 세미나로 구성하여 더 많은 분석철학 전통의 철학자들에게 자신의 연구 성과를 발표하고 토론할 수 있는 기회가 주어진다. 1995년부터 현재에 이르기까지 1년에 4번 정기적으로 열리는 연구발표회 외에도 한국분석철학회는 한국철학자대회에서 분석철학 분과로 참석하였고 해외의 저명한 분석철학자들을 초청하여 강연회 및 발표회를 주최하였다.

1995년 이래 외국의 저명한 분석철학자들을 초청하여 개최한 발표회와 강연, 특강 등은 아래와 같다.

-- 1995. 6. 3. Dorothy Grover(일리노이 대학), "Linguistic Competence and Vagueness"

-- 1996. 5. 1. John Perry(스탠포드 대학), "Self-recognition and Self-knowledge"

-- 1996. 5. 21. P. Hare(서니(Suny) 대학), "자연주의의 공과"

-- 1997. 12. Keith Lehrer(애리조나 대학), "Rationality and Trustworthiness", "Rationality: Practical and Theoretical"

-- 1998. 12. 29. Elliott Sober(위스콘신 대학), "Quine's Two Dogmas", "Physicalism from a Probabilistic Point of View"

-- 2001. 8. 10. Peter Railton(미시건 대학), "How can Reason Be Theoretical?"

-- 2001. 8. 25. Hartry Field(뉴욕 대학), "Saving the Truth Schema from Paradox"

-- 2007. 6. 29. Scott Sturgeon, "Reason and the Grain of Belief", Jim Pryor, "When Warrant Transmits"

3. 한국분석철학회 발간 도서

한국분석철학회는 회원들의 활발한 연구 활동을 바탕으로 분석철학 관련 서적들을 발간하였다. 1997년에 고전적 논문 모음집인 *Readings in the Analytic Philosophy* 가 발간되었고 이후 학회 활동 등을 통해 발표된 회원들의 논문들을 중심으로 논문집들이 발간되었다. 1997년까지 한국분석철학회에서 발간된 도서는 아래와 같다.

-- 『비트겐슈타인의 이해』, 서광사, 1984.

-- 『비트겐슈타인과 분석철학의 전개』, 철학과현실사, 1991.

-- 『실재론과 관념론』, 철학과현실사, 1993.

-- 『수반과 형이상학』, 철학과현실사, 1994.

-- 『철학적 자연주의』, 철학과현실사, 1995.

-- 『인과와 인과이론』, 철학과현실사, 1996.

-- 『합리성의 철학적 이해』, 철학과현실사, 1997.

-- *Readings in the Analytic Philosophy*, 서광사, 1997.

2000년 4월 한국분석철학회는 1대 편집위원장인 정대현의 주도로 분석철학 분야의 전문학술지인 『철학적 분석』 창간호를 발간하게 된다. 엄격한 심사를 거쳐 엄선된 논문들을 중심으로 제작되는 『철학적 분석』은 한국분석철학회의 공식 학회지로 매년 여름과 겨울 두 차례씩 정기적으로 간행되고 있다.

회원들의 연구논문들과 문제가 되고 있는 주제들에 대한 토론, 국내외에서 발간된 주요 저서들에 대한 서평 등으로 구성되는 『철학적 분석』은 2000년 이래 국내학술지 평가에서 A급 학술지로 평가되었고 한국연구재단의 등재지이다.

4. 맺는말

1998년에 열린 한국철학회 춘계발표대회에서 김혜숙은 국내 철학자들이 수행하고 있는 철학이 역사적 전통이나 전통적 삶의 양식과 단절된 채로 이루어지고 있고 수입에 전적으로 의지하고 있어 고유한 지식의 축적과 역사가 생산될 수 없다는 점에서 한국의 철학은 역사성이 결여되어 있다고 진단하고 있다. 또한 그는 이러한 상황을 극복하는 방안으로 자국어, 자문화 중심주의를 주장하고 있다.[8] 그 당시

8) 김혜숙, 「미국철학의 지적 연원: 수입 철학에서 고유 브랜드 생산에 이르기까지」, 『철학사와 철학: 한국철학의 패러다임 형성을 위하여』, 한국철학회 춘계발표대회보, 1998. 1993년 한국철학회 창립 40주년을 기념하기 위해 '한국철

필자는 한국의 철학이 역사성이 결여되어 있다는 그의 주장에 수긍하면서도 그의 진단과 처방에는 동의하기 어렵다는 느낌을 가졌다. 한국의 철학이 무역사적인 근본 이유는 서양철학 특히 분석철학의 수용이 늦었다는 것과 이에 따라 한국의 철학의 학문적 역량이 충분히 축적되지 않았다는 데서 찾아야 한다고 보았기 때문이다.

철학은 메타적 성격이 강한 대표적 학문 영역이고 철학에서 다루는 주제들은 그 근본 성격상 보편적인 성격을 가질 수밖에 없다. 자국어, 자문화 중심을 지나치게 강조하는 것은 철학의 이러한 성격과 어긋날 것이다.

1979년에 창립된 한국분석철학회는 40년이라는 짧지 않은 역사와 전통을 가지고 있는, 분석철학을 대표하는 전문학회이다. 그동안 한국분석철학회는 나름대로 충실하고 활발하게 활동해 왔다고 할 수 있다. 또한 한국의 분석철학자들의 학문적 역량도 눈부시게 향상되었다. 국제적 명성을 지닌 국제학술지에 국내에서 활동하는 한국의 분석철학자들의 글이 실리는 경우를 드물지 않게 볼 수 있고 적지 않은 수의 한국의 분석철학자들이 미국 등 서구에 있는 대학 등에서 국제적 명성을 쌓으며 연구 활동을 하고 있다. 이러한 상황을 고려해 보면 한국분석철학회와 한국의 분석철학계는 질적으로 한 단계 진보할 시기에 다다른 것으로 보인다.

2000년에 창간된 『철학적 분석』은 그동안 국내외에서 활동하는 한국의 분석철학자들의 우수한 연구 결과를 발표하는 장을 마련하는 중요한 역할을 해왔다. 또한 질적으로 볼 때 발표된 논문들의 수준도 국제적인 명성을 지닌 국제학술지에 발표된 논문들에 비교해 결코 뒤지지 않는 것으로 보인다. 그러나 김혜숙의 지적처럼[9] 불행히도 서구

학 무엇이 문제인가?'라는 주제로 특집으로 발간된 『철학』 39집의 논문들에서도 이와 유사한 견해들을 발견할 수 있다.

9) 같은 글, 241쪽.

철학공동체는 한국의 분석철학계의 활동과 모습을 보지 못하고 있다. 이러한 상황을 타개하기 위해서는 한국분석철학회와 한국의 분석철학계가 국제화에 관심을 가져야 할 것이다. 우선 분석철학을 대표하는 전문 학술지인 『철학적 분석』을 국제학술지로 만들 필요가 있는 것으로 보인다. 또한 국제학술대회의 개최나 공동 연구 등을 통해 외국의 분석철학자들과 효과적이고 내실 있는 교류를 활성화해야 할 것이다.

한국사회와철학연구회

나종석(한국사회와철학연구회 총무)

1. 들어가는 말

20세기 초에 우리나라에 서양철학이 본격적으로 소개된 이후 어느덧 한 세기가 지났다. 이 세월은 우리에게는 일제강점기, 해방 및 분단, 한국전쟁 그리고 독재 시절의 근대화 및 민주주의의 진전이라는 파란만장하고 굴절 많은 얼굴을 보여준다. 100년의 역사를 갖고 있는 한국 서양철학의 역사에서 한국사회와철학연구회(이하 사회와철학연구회)는 공식 출범한 지 채 20년도 안 되는 비교적 젊은 학회이다. 그러나 이 학회는 1990년대 이후 격동의 역사 속에서 한국 사회에서의 실천철학의 궤적을 보여주는 중요한 활동 공간이다. 이 학회가 공식 출범하던 1990년대 초는 세계사적인 차원에서뿐만 아니라 한국 사회에서도 커다란 전환기였음은 주지의 사실이다. 구소련의 해체 및 동구 현실사회주의 국가들의 몰락으로 인해 구체화된 냉전체제의 와해라는 사건은 극소수의 사람들을 제외하고는 그 누구에게도 떠오른 적이 없었던 세계사적인 대변혁이었다. 그 영향은 정치 및 경제라는 거대 구조적 차원에 그치지 않고 우리의 일상생활은 물론이고 학문 영역에서의 또 다른 급진적 변동을 초래하였다.

학문의 영역에 국한해 보자면 1990년대에 한국의 지성계는 근대성과 합리성에 대한 급진적 해체를 시도하는 포스트모던적 담론에 큰 영향을 받기 시작했는데 이는 냉전질서의 해체라는 시대적 변화와 밀접하게 연결되어 있었다. 구 소비에트 블록의 몰락으로 상징되는 냉전의 해체는 자연스럽게 진보와 변혁 운동의 지도적 원리로 간주되었던 마르크스-레닌주의의 이론에 대한 광범위한 회의와 비판을 불러일으켰다. 마르크스-레닌주의에 대한 비판과 그 위기에 대한 다양한 이론적 및 실천적 대응은 서구 유럽 사회에서는 이미 1960년대 이후 본격적으로 진행되었으나 한국의 역사가 갖고 있는 특수성만큼이나 마르크스-레닌주의의 수용사 및 그에 대한 비판적이고 발본적인 문제제기는 냉전의 해체와 더불어 뒤늦게 한국 사회에 등장했다. 이런 지체된 반성을 만회하려는 욕망의 분출이었는지 아니면 한국 사회의 특수성이라고 언급되는 쏠림 현상이나 소용돌이 현상의 지적 분출인지는 좀 더 차분하게 판단할 문제임에는 분명하지만, 1990년대 이후 한국의 지성사회는 광범위한 의미에서의 포스트모더니즘에 의해 크게 규정되었다.

1980년대에 한국 사회에 다시 등장한 마르크스-레닌주의적 좌파 이론의 영향은 어찌 보면 식민지 시기 그리고 해방 후에서 분단 이전 시기에 우리 사회 및 지성계에 큰 영향력을 발휘했던 마르크스주의의 전통이 복원된 것으로 평가될 수 있을 것이다. 마르크스주의 전통의 복권 움직임은 나라가 분단된 상황에서 초래된 극단적인 이념적 분단 상황, 즉 반공·반북 이데올로기로 인해 공산주의 및 진보적 이론의 연구를 불온시하여 억압하는 금단의 벽을 허무는 작업이었음을 감안하면, 그것이 보여준 몇몇 편향에도 불구하고 지성사적 의미는 매우 크다고 할 것이다. 사상이란 무릇 기존 질서에 의해 스테레오 유형으로 화석화된 사회의 통념들을 비판적으로 성찰하고 그것의 토대를 흔들어 질곡에 빠진 인간 정신의 창조력과 상상력을 흔들어 일깨우고 꽃피우는 활동이기 때문이다. 이런 자유롭고 창조적인 정신의 활동의 발현이 없이는 인간다운 삶의 실현 역시 불가능하게 될 것임은 분명하다. 그러나 마르크스주의 연구가 그 구체적 결실을 맺기도 전에 한국의 지성계는 포스트모더니즘의 도전에 직면하게 되었다. 많은 사람들이 변화된 시대적 상황 속에서 마르크스주의의 합리적 핵심을 구해낼 수 있는지를 둘러싸고 치열한 논쟁을 벌였다. 일부는 마르크스주의와의 완전한 단절을 선언하고 어떤 사람은 마르크스주의의 재구성을 통한 마르크스주의의 재생을 도모하는가 하면, 어떤 이는 이 양자의 움직임에 비판적인 태도를 보이기 시작했다.

알튀세르의 영향을 받아서 스탈린주의를 비판하고 마르크스-레닌주의적인 사상을 재구성함으로써 동구권의 몰락으로 초래된 진보적 이념의 좌표를 설정하려는 움직임이 사회학자들과 일부 사회철학 연구자들에게 호응을 얻었다. 그러나 이에 대해서 비판적 거리를 취하면서도, 포스트모던적인 근대 비판이나 이성 비판에도 비판적인 일군의 소장학자들이 중심이 되어 형성된 학회가 바로 사회와철학연구회였다. 달리 말하자면 사회와철학연구회는 1990년대 이후 소연방의 해체와 더불어 진보 이념으로서의 마르크스-레닌주의의 실패가 현실적으로 확인된 이후 마르크스주의의 위기를 극복하려는 시도에서 독일의 프랑크푸르트학파의 지적 전통에 호의적인 학자들을 중심으로 형성된 학회이다. 이 학회가 어떤 방식으로 한국 사회 및 한국의 지성계에 긍정적인 역할을 했는지, 그리고 그 한계는 무엇인지를 서술하는 작업은 아직 본격적으로 진행되지 않고 있다. 한국의 현대 사상 및 학술사에 대한 연구는 아직도 초보적인 수준이고 사회와철학연구회의 역사에 대한 연구도 거의 전무한 실정이기 때문이다.[1] 따라서 이 글은 앞

---

1) 나종석은 「철학회를 통해 본 공공성과 학문성의 결합 가능성: '한국사회와철학연구회'를 중심으로」라는 논문을 2009년 9월 25일에 열린 연세대 국학연구원 HK사업단 제1차 학술대회('인문학의 현실과 사회인문학의 과제')에서 발

으로의 심화된 연구를 위한 자료 축적의 관점에서 사회와철학연구회의 역사에 대한 보고서의 성격을 띤 것이다.

2. 사회와철학연구회 창립 배경과 학회 중요 임원의 변천

사회와철학연구회는 1993년 3월 27일 한국철학회 산하 독립 분과학회로 창립되었다. 어느 사상이고 진공 상태에서 형성, 전개되는 일은 없는 것처럼 한국의 사회철학 내지 실천철학의 전개는 그것이 속해 있는 역사적 배경과 밀접하게 결부되어 있다. 사회와철학연구회가 창설되던 배경은 학문 외적인 배경과 학문 내적인 배경으로 나누어 고찰할 필요가 있다. 전자, 즉 학문 외적인 배경으로는 무엇보다도 전 지구적 차원에서의 변혁과 국내에서의 변화로 대별된다. '들어가는 말'에서 언급했던 냉전의 해체가 전 지구적 차원에서 등장한 세계사적 변동이라면, 1987년 이후 한국 사회에서의 민주주의로의 진화는 우리 사회 내에서 형성된 학문 외적인 조건의 변화이다. 학문 내적 조건의 변형을 초래한 중요 요인은 두 가지이다. 우선 포스트모더니즘의 적극적 수용이 그것이고, 1970년대를 기점으로 해서 점점 가시화되기 시작한 독일철학의 수용사에서의 구조적 변화는 학문 내적 지형의 또 다른 요인으로 사회와철학연구회의 형성에 영향을 주었다.

학문 외적인 배경 중에서도 1990년대 초반부터 노동자, 농민의 기층 민중운동과 거리를 취하는 독자적인 시민운동이 새로운 세력으로 등장한 상황은 전통적인 마르크스-레닌주의의 이론에서 공백으로 남겨져 있었던 시민사회론에 대한 새로운 관심을 불러일으켰다. 어느 정도 도식적이긴 하나 한국 현대 사상사의 흐름을 1970년대는 민족주의가 정립되는 시기, 1980년대는 민족과 연결된 민중 개념이 성립한

표한 바 있다.

시기, 그리고 1990년대는 시민이 주체로 등장하는 시민의 시대로 규정해 봄 직하다.[2] 주지하듯이 한국의 1980년대는 '혁명의 시대'라고 규정될 정도로 한국 사회의 급진적 변혁에 대한 관심이 그 어느 때보다도 강하게 분출했던 시기이다. 질풍노도의 1980년대에 학계에서도 민중사학이나 민족사학 혹은 민족문학론이 풍미했다. 그러나 1987년 이후 그리고 1990년대 이후 민족, 계급이라는 용어와 함께 민중이라는 용어에 대한 관심이 사라지고 그 자리를 시민이라는 용어 그리고 시민사회에 대한 관심이 대신한다. 이런 변화에는 중간계층에 대한 긍정적인 평가가 크게 작용했다. 한국 사회의 진보 진영에서 중간층의 진보성을 긍정적으로 평가하게 된 계기는 1987년 6월 항쟁이다.[3] 서구의 여러 포스트마르크스주의나 하버마스로 대표되는 독일의 프랑크푸르트학파의 적극적 수용은 중산층에 대한 긍정적 평가와 결부되어 이해될 수 있다.

시민운동의 급속한 발전과 더불어 한국 사회에서도 변혁운동에서의 노동자 계급의 중심성에 대한 비판적 성찰이 중요한 관심사로 등장했다. 급진적 변혁이 아니라 이제는 개혁이야말로 한국 사회가 안고 있는 여러 문제점들을 해결할 수 있는 좀 더 합리적인 방안이라는 점이 사회에서 큰 공감을 획득해 나가고 있었다. 그럼에도 현실에 대한 순응이 아니라 더 나은 인간다운 세상을 꿈꾸는 유토피아적 열정과 진보적 이념을 포기하지 않으려는 사람들은 하버마스적인 비판사회이론에서 일종의 대안을 발견했다고 생각했다. 그러므로 하버마스적인 비판사회이론에 호의적인 태도를 공유한 일군의 사회철학자들은 새로운 학문적 공간을 창출하려고 애썼다. 이는 한편으로는 마르크스-레닌주의에 대해 비판적이면서도, 다른 한편으로는 현실에 대한 맹목적인

2) 윤건차, 『고착된 사상의 현대사』, 박진우 옮김, 창비, 2009, 456쪽 참조.

3) 윤건차, 『현대 한국의 사상흐름: 지식인과 그 사상 1980-90년대』, 장화경 옮김, 당대, 2000, 72쪽.

순응의 태도를 극복하려는 문제의식의 표출이었다.

학문 내적인 조건으로 우리가 염두에 두어야 하는 것은 한국 철학계에서 독일철학의 수용사가 갖고 있는 영향사와 연관된 사회와철학연구회의 창립의 정신사적 배경이다. 20세기 초부터 식민지 시대에 우리나라에 소개된 서양철학의 여러 조류들을 일별할 때 유독 독일철학, 그 중에서도 독일 관념론과 마르크스주의가 적극적으로 수용되었음이 눈에 띈다. 예를 들어 1915년에서 1945년 사이에 우리나라에서 발표된 철학 논저를 양적인 관점에서 고찰할 때 칸트, 헤겔, 마르크스 등에 대한 글이 압도적으로 많다. 해방 이후에 우리나라가 미국 중심의 세계질서에 편입된 이후 사회의 모든 영역에서 미국의 영향은 결정적이었지만 철학 영역에서 독일철학의 주도적 영향력은 1970년대까지 변함이 없이 지속된다. 독일철학의 영향력이 큰 이유는 역시 일본 식민지 시대의 영향이라고 볼 수 있다. 서양철학의 수용은 일본을 통해 그리고 일제강점기에 본격적으로 진행되었다는 사실은 이미 주지하는 바이다. 그러나 일제 식민지 시기 그리고 1950년대 이후 한국에서의 독일철학의 수용에는 한 가지 잊어서는 안 되는 큰 변화가 있다. 그것은 바로 마르크스주의의 영향력에 관한 것이다. 일제 식민지 시기에서 한국전쟁 전(1948년의 남북의 분단)까지 마르크스주의의 영향력은 대단히 컸다. 이는 일본 제국주의에 의해 억압당하는 당시 조선의 상황에서 우리 민족의 수난을 극복할 수 있는 방안으로 마르크스주의가 이해되고 적극 수용되었다는 점을 감안하면 그리 놀라운 일은 아니다. 즉 일제강점기에 마르크스주의는 일본 제국주의에 대한 저항과 독립을 지향하는 움직임과 결부되어 수용, 확산되었던 것이다. 그러나 분단과 한국전쟁을 거치면서 남과 북 사이의 적대적 관계가 냉전과 함께 체제적으로 공고화되면서 남한에서 마르크스주의의 연구는 거의 사라진다.

마르크스주의의 영향력이 급속하게 쇠퇴하자 남한에서 독일철학은 거의 전적으로 칸트 및 헤겔이라는 독일 관념론으로 축소되고 만다. 1930년대와 1940년대에는 헤겔 철학에 대해서 마르크스주의의 입장에서 가해진 비판이 존재했다.[4] 그러나 이런 비판적 대결의 축을 담당하는 사람들이 해방 이후의 정세 속에서 죽거나 북한으로 가고 남한에서 반공이 국시로 설정되어 마르크스주의에 대한 연구 자체가 금기시되는 상황에서 독일 관념론, 특히 헤겔 철학의 영향이 일면적이고 극단적인 방식으로 수용되는 것은 어쩌면 당연한 일이었을 것이다. 다양한 의견 표명의 가능성이 위축되고 학문의 장이 획일화되고 단조롭게 되는 것은 독재체제와 상응하는 학문세계의 모습이다. 실제로 해방 이후 1970년대에 이르기까지 남한의 철학계에서 뿐만 아니라 남한의 교육을 체계화하는 데 큰 영향력을 행사하는 철학자들인 안호상, 박종홍 등이 피히테와 헤겔 철학을 이승만이나 박정희의 독재체제나 멸사봉공의 극단적인 반공 민족주의 및 국가중심주의를 옹호하는 이데올로기로 변질시켰다. 백종현에 의하면 1968년에 공표된 국민교육헌장이 표명하는 국가철학과 헤겔의 그것 사이에는 상당한 친화성이 존재한다.[5] 게다가 1960년대와 1970년대에 칸트 및 헤겔 철학은 한국 학계에서의 주류였을 뿐 아니라 '국가철학의 배경'이라 할 정도의 영향력을 행사했다.[6] 이런 현상은 분명 독일철학에 대한 다양한 비판과 학문적 논의 공간을 거의 불가능하게 만드는 분단체제와의 연관에서 이해되어야 할 학문과 정치의 연관성의 한 구체적 사례일 것이다. 사족이지만 독일 관념론 철학, 특히 헤겔 철학을 국가의 신성화의 이

---

4) 김석수, 『한국 현대 실천철학: 박종홍에서 아우토노미즘까지』, 돌베개, 2008, 제1장 참조.

5) 이 판단은 우리나라에서 분단 이후 상당 기간 동안 헤겔 국가철학이 오로지 헤겔 우파적 입장에서 이해된 극단화된 사례로 보아야 더 합당할 것으로 보인다.

6) 백종현, 『독일철학과 20세기 한국의 철학』, 철학과현실사, 2000, 122쪽, 212쪽 참조.

데올로기로 변질시키는 작업은 개인의 자율성에 대한 철저한 긍정의 차원이나 시민사회의 활성화를 근대 이성적 국가의 활력의 원천으로 받아들이는 헤겔 사회·정치철학의 모습을 왜곡시키고 있다는 점에서 학문적 타당성을 갖기 힘들다.[7] 그러나 이런 파시즘적이고 국가주의적인 해석이 국가철학의 반열에 이를 정도로 수용되었다는 사실은 철학의 정치적 효과이자 권력에 의한 철학의 생성 및 유포라는 이중적 차원에서 이해되어야 한다. 즉 남한 철학계를 주도한 대표적 인물들의 철학적 사유 및 그 사회적 활동은 남북의 대치 상황이라는 분단구조 및 전 세계적인 냉전질서 속에서의 위로부터의 근대적 국민국가 형성이라는 역사적 연관성에서 해석되어야 한다.

1980년대 이후 헤겔 철학과 마르크스주의에 대한 관심이 폭발적으로 증가하면서 독일 관념론에 대한 새로운 이해와 태도가 본격적으로 다시 진행되기 시작했다. 헤겔 철학에 대한 관심은 공산주의와의 대결이라는 구도에서가 아니라 이제 마르크스주의와의 친화성이라는 차원에서 촉발되었다. '헤겔을 통해 마르크스로'라는 것은 1980년대 많은 헤겔 철학도들의 관심사였다. 즉 1980년대 초반에 헤겔은 합법적으로 마르크스주의를 수용할 수 없었던 시대적 제약으로 인해 마르크스를 공부하기 위한 우회로로 수용되었다. 이는 1970년대 독일철학의 보수적 수용으로 인해 독일철학에 대한 연구가 위축되던 분위기를 극복하는 데 크게 기여했다. 그러나 앞에서도 언급했듯이 1990년대 초반에 분명해진 냉전의 와해, 포스트모더니즘의 수용, 그리고 1990년대 이후 본격적으로 진행된 미국 중심의 세계화의 영향은 한국 사회에서 마르크스주의 및 독일철학에 대한 관심의 급속한 쇠퇴를 가져왔

7) 헤겔 정치·사회철학이 갖고 있는 근대성과 계몽주의적 성격뿐 아니라, 21세기의 인류사회에 대해서 여전히 의미를 상실하지 않고 있는 그의 실천철학적 통찰들에 대한 연구서로는 나종석의 저서 『차이와 연대: 헤겔의 사회·정치철학』(길, 2007) 참조 바람.

다. 이런 상황에서 독일에서 비판사회이론에 대해 공부를 한 젊은 철학자들과 한국 사회의 시대적 모순을 극복하려는 문제의식에 공감한 여러 학자들이 모여서 시대 극복의 지적 고민을 모색하는 학문적 장을 형성하려는 움직임은 사회와철학연구회의 창립으로 구체화되었다. 이는 한국의 현대 철학사에서 독일철학이 한국 사회와 만나는 방식에서의 변화된 모습을 보여준다.

1993년 3월 27일 사회와철학연구회는 창립기념을 기리는 심포지엄을 성균관대학교 인문과학연구소에서 개최함과 더불어 공식적으로 탄생했다. 심포지엄의 제목은 '사회 현실과 철학의 과제'였으며 3명의 학자들이 발표했다. 최종옥은 「사회철학의 측면에서」, 이삼열은 「정치철학의 측면에서」, 그리고 이한구는 「역사철학의 측면에서」라는 주제로 각각 발표했다. 사회와철학연구회의 초대 회장으로 차인석, 부회장으로는 이삼열이 추대되었다. 창립총회 준비 발기인(가나다순)의 명단은 다음과 같다. 강성위(한국외대), 강영계(건국대), 권기철(중앙대), 김재기(경성대), 김창호(숭실대), 김희준(전북대), 문현병(부산여대), 박동환(연세대), 박만준(동의대), 박성수(해양대), 박종대(서강대), 박준건(부산대), 백승균(계명대), 설헌영(조선대), 송영배(서울대), 신오현(경북대), 양재혁(성균관대), 윤평중(한신대), 이병창(동아대), 이삼열(숭실대), 이상화(이화여대), 이진우(계명대), 이한구(성균관대), 이훈(경남대), 임홍빈(고려대), 차인석(서울대), 최종옥(국민대), 하일민(부산대), 황문수(중앙대).8)

3. 사회와철학연구회의 주요 활동

학회지가 공식 출간된 2001년 이전에 사회와철학연구회의 학술 활

8) 이하에서 거론되는 인물이 속한 대학은 현재의 것이 아니라 기본적으로는 발표 당시의 소속과 직책이다. 글쓴이가 아는 범위에서 변경한 것도 있다.

동은 학술 심포지엄, 월례 학술발표회, 집단 연구독해 등으로 수행되었다.[9] 2001년 4월 사회와철학연구회 학회지인 『사회와 철학』 제1호가 출판되기 이전까지 창립 기념 심포지엄을 포함하여 약 60회 정도의 학술발표회를 가졌으며, 거기에서 다루어진 상당수는 하버마스 관련 주제이다. 1993년부터 2001년 4월까지의 사회와철학연구회의 활동에서 주목할 만한 것은 하버마스 및 아펠의 한국 방문을 계기로 이루어진 이 두 철학자들에 대한 학술대회 및 연구독해 모임 활동이다. 주지하듯이 하버마스와 아펠은 프랑크푸르트학파의 제2세대를 대표하는 거장이다. 예를 들어 사회와철학연구회는 1996년 3월 16-17일 이틀 동안 숭실대학교 사회봉사관에서 '하버마스 심포지엄'을 개최하였다. 이때 발표된 논문은 다음과 같다.

-- 이삼열, 「하버마스의 삶과 사상」
-- 홍윤기, 「보편화용론과 Speech Act Theory」
-- 권용혁, 「담화윤리학」
-- 장춘익, 「의사소통행위이론의 몇 가지 문제들」
-- 김재현, 「하버마스의 발달심리학」
-- 김문환, 「하버마스의 미학이론」
-- 이한구, 「역사유물론의 재구성」
-- 임홍빈, 「하버마스, 헤겔, 루만에 있어서 모더니티와 합리성의 문제」
-- 이상화, 「하버마스에 대한 페미니스트적 비판」

9) 학회의 활동에 대한 설명은 나종석의 글 「철학회를 통해 본 공공성과 학문성의 결합 가능성: '한국사회와철학연구회'를 중심으로」와 중복되는 면이 있다. 그러나 여기에서는 주로 학회 활동의 의미에 대한 서술을 대폭 생략하고 기초자료를 확대하여 재구성했음을 알린다.

1998년에 사회와철학연구회는 아펠의 한국 방문을 계기로 당시 한국사회윤리학회와 공동으로 '카알-오토 아펠 콜로키엄' 및 3차에 걸친 연구 독회를 조직해 운영했다. 연구 독회를 본격적으로 진행하기 위한 준비로 권용혁이 「카알-오토 아펠의 의사소통이론: 그의 담화윤리학을 중심으로」를, 그리고 박해용이 「선험화용론의 기본적 구상」을 통해 심포지엄을 개최했다. 그리고 3회에 걸쳐 카알-오토 아펠 연구 독회를 했다. 이 연구 독회의 결과물은 홍윤기가 편집하여 한 권의 책으로 출판되었다(『철학의 변혁을 향하여: 아펠 철학의 쟁점』, 철학과 현실사, 1998). 이 책은 아펠 철학에 대한 한국 최초의 종합적인 연구 성과라고 할 수 있다.

하버마스 및 아펠에 대한 관심 이외에도 사회와철학연구회는 '자유주의와 공동체주의의 논쟁'에 관계한다. 1997년 9월 20일 학회는 이화여대 인문관에서 '자유주의-공동체주의 논쟁과 현대 민주주의'라는 대주제를 내걸고 이와 관련된 여러 쟁점들을 다룬다. 이때 발표한 사람과 논문은 다음과 같다.

-- 문성원, 「테일러: 현대성의 정체」
-- 구승회, 「롤즈: 공정성으로서의 정의」
-- 권용혁, 「샌더스: 정의와 도덕적 주체」
-- 홍윤기, 「거트맨: 자유주의에 대한 공동체주의적 비판」
-- 한승완, 「왈처: 복합적 평등」
-- 홍윤기, 「드워킨/왈처: 각자 가진 대로, 정의 영역에서의 교환」
-- 윤형식, 「매킨타이어: 전통의 개념」
-- 최순옥, 「오킨: 누구의 전통인가? 어떤 이해인가?」

2001년 이전의 사회와철학연구회 활동에서 빼놓을 수 없는 부분이 학회가 보여준 한국 사회철학의 전망에 대한 관심이다. 학회 회원들은 한국 사회의 현실이 좀 더 진보적, 개혁적인 방향으로 변해야 한다는 생각을 느슨하게나마 공유하고 있었기에 그들은 하버마스 및 아펠 등의 서구 사회철학의 수입에만 안주하지 않았다. 회원들은 외국의 이론을 수입하는 수입상의 역할을 넘어 독립적으로 그리고 주체적으로 철학함을 수행해야 한다는 문제의식을 갖고 있었다. 한국적 상황에 어울리는 사회철학의 창조적 발전을 이룩해 내려는 고민은 1997년 7월 22일 '한국 사회철학의 현황과 전망'이라는 주제로 진행된 학술대회로 구체화된다. 이때 차인석, 김창호, 김재현, 설헌형, 박영도, 한승완 등이 한국 사회철학의 어제와 오늘 그리고 미래의 전망을 두고 열띤 토론을 벌였다. 이 학술대회에 김재현, 김창호, 설헌영 등 한국철학사상연구회 회원들도 다수 참여했다. 2001년 이전만 해도 사회와철학연구회, 한국윤리학회 그리고 한국철학사상연구회 등 정체성이 유사한 학회들 사이의 상호 협력이 존재했다. 이런 상호 협력은 시간이 지날수록 약해지고 독자적으로 움직이는 원심력이 강해진다. 그리하여 2001년 이후 사회와철학연구회, 한국철학사상연구회, 그리고 한국윤리학회가 공동으로 작업을 한 경우가 없다.

사회와철학연구회는 2001년 4월에 드디어 학회지 제1호를 출판한다. 하버마스와 아펠, 자유주의와 공동체주의 등에 대한 학술대회를 통해 꾸준하게 학문적 역량을 축적해 오던 사회와철학연구회는 이제 공식적으로 제 목소리를 내기 시작했다. 1호에서 8호까지 다루었던 기획특집 주제들은 다음과 같다. '세계화와 자아정체성'(제1호), '한국 사회와 모더니티'(제2호), '철학과 합리성'(제3호), '진보와 보수'(제4호), '동아시아 사상과 민주주의'(제5호), '한국 사회와 다원주의'(제6호), '과학기술 시대의 철학'(제7호), '민주주의와 철학'(제8호). 학회지의 특집 주제들만 보아도 사회와철학연구회가 21세기의 인류와 한국 사회가 안고 있는 핵심적 쟁점들을 학문적으로 다루고, 이를 공식 출판하여 학문적 결과물을 사회와 소통하려는 실천적 문제의식을 갖고 있었음이 드러난다. 지금까지 사회와철학연구회는 16-1호 '촛불집회' 관련 특집을 포함하여 총 19권을 발간했다. 기획특집을 통해 사회의 여러 문제들을 토론, 비판하여 이를 사회와 소통함으로써 우리 사회의 발전에 기여해 보고자 하는 학회의 정체성이 흐릿해지는 것은 학회지가 한국연구재단의 등재지가 되어 제도권으로 편입되는 과정과 깊게 연결되어 있다.[10]

현재에 이르기까지 사회와철학연구회에서 상대적으로 꾸준하게 활동하고 있는 주요 회원들의 활동과 그들의 학문적 배경에 대해 살펴보기로 하자. 현재까지 학회에서 활발하게 활동하는 대표적인 회원들로는 권용혁, 김석수, 김선욱, 김원식, 김준수, 나종석, 문성훈, 박구용, 선우현, 이유선, 윤형식, 이장희, 장은주, 한승완, 홍윤기 등이 있다. 초창기에는 한국철학사상연구회 회원들 일부도 같이 활동하기도 했다. 예를 들어 최종욱, 김창호 등이 대표적이다. 특히 김창호가 사회와철학연구회 활동에 많은 관심을 갖고 참여했으나 정치권으로 진출하면서 활동을 멈출 수밖에 없었다.[11] 약간 학번이 밑이지만 선우현과 장은주도 한국철학사상연구회와 사회와철학연구회에서 동시에 활동하고 있다. 선우현은 2000년 이후에는 사회와철학연구회에 주로 관계하고 있다. 그리고 한국철학사상연구회에서 활동하는 김재현도 사회와철학연구회에서 발표를 하는 등 사회와철학연구회에 개방적이었다. 장춘익도 학회의 구성에 관련을 하고 하버마스 사상을 한국에 비판적으로 적용하는 사업에 적극 동의하고 이를 주동적으로 이끈 인물 중 하나였으나 학회 활동에는 그다지 큰 관심을 보이지는 않았다. 지

10) 이는 한국의 거의 모든 학회가 안고 있는 문제로 제도화로 인해 초래되는 학회 활동의 여러 문제점들을 극복하기 위한 방안이 모색되어야 할 것이라고 본다.

11) 이 사실은 현 사회와철학연구회 권용혁 회장의 설명에 기초한 것이다. 메일을 통한 학회사의 궁금한 사항에 대해 상세하게 설명해 준 권용혁 회장에게 깊은 감사를 드린다.

금은 사회와철학연구회에 거의 참석하지 않으나 초창기에 활동한 중요한 인물로는 윤평중이 있다. 그는 초대 총무인 이한구의 뒤를 이어 학회의 총무로 일했으며 그 후로도 운영위원으로 활동했다.

학회가 출범하는 과정부터 현재까지 활동하고 있는 구성원은 현재 회장으로 활약하는 권용혁이다. 전임 회장이었던 홍윤기도 1995년에 독일 베를린 자유대학에서 박사학위를 취득한 후 학회와 관계 맺기 시작해서 오늘날에 이르고 있다. 윤형식도 비교적 일찍부터 학회에 관여했지만 일신의 문제로 인해 학문 세계를 떠나 한때 활동을 중단했다. 현재 학회에서 활발하게 활동하고 있는 회원들로는 권용혁, 김석수, 김선욱, 김준수, 나종석, 문성훈, 박구용, 선우현, 윤형식, 이유선, 이장희, 장은주, 한승완, 홍윤기 등이 있다.

사회와철학연구회에서 적극 활동하는 여러 회원들은 독일에서 학위를 받았다. 독일에서 박사학위를 받은 사람은 권용혁, 김준수, 나종석, 문성훈, 박구용, 장은주, 윤형식, 한승완 등이다. 김석수, 김원식, 선우현, 그리고 이유선은 국내에서 학위를 받았다. 김선욱은 미국에서 학위를 받았다. 상당수의 회원들이 하버마스의 책이나 그에 관한 소개서를 번역했다는 점도 흥미로운 점이다. 이는 사회철학연구회의 학문적 경향과 정체성을 보여주는 상징적 예이다. 장춘익은 『의사소통행위이론』을, 윤형식은 『진리와 정당화』를, 한승완은 『공론장의 구조변동』을, 장은주는 『인간이라는 자연의 미래: 자유주의적 우생학 비판』과 『분열된 서구』(하주영과 공역)를, 홍윤기는 『의사소통의 철학』을 번역했다. 김원식은 하버마스에 대한 소개서 두 권(『이성의 힘』, 동과서, 2000; 『하버마스와 현대사회』, 동과서, 2008)을, 선우현은 『하버마스』(거름, 1998)를 번역했다. 권용혁은 하버마스와 더불어 프랑크푸르트학파 2세대의 대표 주자인 아펠의 소개서 『카알-오토 아펠과 현대철학』(울산대 출판부, 1992)을, 박구용은 막스 호르크하이머의 『도구적 이성비판』을, 문성훈은 프랑크푸르트학파 3세대를 대표하는 악셀 호네트의 저서 『인정투쟁』(이현재와 공역)과 『정의의 타자』(이현재, 장은주, 하주영과 공역)를 번역했다.

사회와철학연구회의 회원들은 하버마스 및 아펠 등의 이론을 한국에 소개하는 작업에 그치지 않는다. 그들은 프랑크푸르트학파의 이론과 칸트 및 헤겔의 독일 관념론 철학을 한국 사회의 모순들을 분석하고 이를 해결하는 대안 모색을 위한 이론적 틀로 활용한다. 이들은 현대사회의 병리적 현상들에 대한 하버마스의 시대 진단과 이를 극복하기 위한 시민사회 및 공론장의 긍정적 역할 등에 공감한다. 이와 관련된 저서들을 열거하면 다음과 같다. 권용혁, 『이성과 사회: 실천철학 1』, 울산대 출판부, 1998; 권용혁, 『철학과 현실: 실천철학 2』, 울산대 출판부, 2004; 김석수, 『한국 현대 실천철학: 박종홍에서 아우토노미즘까지』, 돌베개, 2008; 김선욱, 『정치와 진리』, 책세상, 2001; 나종석, 『차이와 연대: 현대세계와 헤겔의 사회 · 정치철학』, 길, 2007; 박구용, 『우리 안의 타자: 인권과 인정의 철학적 담론』, 철학과현실사, 2003; 선우현, 『위기시대의 사회철학』, 울력, 2002; 선우현, 『한국사회의 현실과 사회철학』, 울력, 2009; 이유선, 『아이러니스트의 사적인 진리』, 라티오, 2008; 장은주, 『생존에서 존엄으로: 비판이론의 민주주의이론적 전개와 우리 현실』, 나남, 2007.

4. 사회와철학연구회의 성과와 전망

사회와철학연구회의 성과와 문제점을 이 학회가 한국 현대 지성사에 기여한 긍정적인 측면을 서술하면서 살펴보도록 하자. 이 학회가 우리 사회에 가져온 긍정적인 업적은 대략 다음 세 가지이다.[12] 첫째,

12) 사회와철학연구회의 세 가지 긍정적인 기여에 대한 서술은 나종석의 글 「철학회를 통해 본 공공성과 학문성의 결합 가능성: ‘한국사회와철학연구회’를 중심으로」를 기초로 해서 재구성되었다.

사회와철학연구회는 한국 철학계의 지형을 다원화하고 학문 연구의 다양성을 확보하는 데 기여했다. 1980년대에 마르크스주의가 본격적으로 한국 사회철학의 주된 흐름으로 정착되기 전에 한국 철학계의 시대 순응적 태도는 널리 알려져 있다. 예를 들어 한국철학회의 학회지인『철학』에 1955년 창간호부터 1981년까지 마르크스주의 관련 글이 한 편도 없었다는 것은 그 당시가 분단과 냉전의 이중적 질곡으로 학문 활동이 크게 위축될 수밖에 없었다는 점을 감안한다 해도 그 지적 편식은 지나치다.13)

한국의 철학계가 한국 사회를 좀 더 이성적으로 변혁 내지 개혁하는 실천적인 움직임에 동참하기보다는 순수 이론적인 문제에만 관심을 기울이고 있었던 것은 마땅히 비판받아야 할 태도이다. 압축적인 근대화의 과정으로 인해 누적되어 온 정치, 사회 문제들로 인해 한국 사회는 어려움을 겪고 있었기 때문이다. 고문이나 학원 사찰을 포함하여 사상 및 양심의 자유나 언론, 출판, 집회, 결사의 자유와 같은 초보적인 자유민주주의의 기본 권리조차도 철저하게 유린당했던 유신독재와 전두환 군사독재 시절에 현실에 대하여 이의를 제기하는 철학자들이 거의 전무했다는 사실은 많은 젊은 철학도들에게 커다란 자괴감과 부끄러움을 안겨주었고 이는 사회철학에 대한 관심의 증대로 나타났다. 물론 1990년대 이후 많은 철학자들에 의해 한국 철학계의 보수성과 과도한 현실 순응성이 어느 정도 극복되었고 그동안 금기시되었거나 부차적인 것으로 치부되었던 여러 실천철학적 및 윤리적인 주제들에 대한 많은 업적들이 생산되었다. 그렇다고는 하나 한국 철학계의 체제 순응성의 관행에 의해 누적된 문제점이 완전히 극복되었다고 보기는 힘들다. 더구나 한국 철학계는 실천철학 연구자들을 포함하여 한국 사회 및 한국 지성계의 담론을 주도적으로 이끄는 창조적이고

13) 백종현,『독일철학과 20세기 한국의 철학』, 175쪽.

능동적인 역할을 하고 있지 못하다.

둘째, 사회와철학연구회는 하버마스의 시민사회 이론이나 공론장 이론 그리고 심의민주주의 이론이 한국 사회에 뿌리내리는 데 일정하게 기여했다. 1990년대 이후 한국에서의 시민사회의 활성화와 맞물려 진행된 시민운동에 대한 이해를 도모하는 데 하버마스의 이론은 많은 현실 적합성을 보여주었다. 푸코의 '담론'과 마찬가지로 소통적 합리성이나 공론장 등 하버마스의 중요 학술 개념은 이제 한국의 지성계의 일상어로 널리 유포되어 있다. 이처럼 사회와철학연구회는 1980년대의 급진적 정치 지향적 정통 마르크스주의의 좌절의 공백을 대신하여 진보적 사회철학의 맥을 이어가는 역할을 했다. 달리 말하자면 사회와철학연구회는 마르크스-레닌주의의 교조성과 결연하게 작별을 하면서도 자본주의 경제체제가 초래한 여러 사회 병리적 모순들을 극복하려는 성찰적 진보의 시도에 유용한 이론적 자원을 제공했다.

그럼에도 불구하고 한국 사회철학은 서구철학의 이식성이라는 한국학계의 고질적인 병폐를 극복했다고 보기 힘들다. 서구의 여러 철학적 흐름들에 대한 연구와 그에 대한 소개 자체가 의미가 있다는 점 자체까지 부인할 수는 없겠지만, 우리의 삶이 갖고 있는 공간적 및 시간적 특수성에 어울리는 주체적 사유의 발현에 성공하지 못했다는 비판으로부터 사회와철학연구회 역시 자유로울 수 없다. 현재 우리 사회에서 회자되는 철학과 인문학의 위기는 바로 우리의 철학적 사유가 현실과의 창조적 소통의 능력을 갖추는 데 실패한 결과일 것이다. 탈냉전의 시기에도 극복되지 않고 냉전의 섬으로 남아 있는 한반도의 분단 상황과 세계화의 여파와 그에 대한 시장 유토피아적인 편승 전략으로 인해 악화된 사회적 양극화 문제뿐만 아니라 환경 위기를 비롯한 21세기의 인류가 안고 있는 여러 문제점을 공유하는 한국 사회에서 사회철학이 해야 할 일은 아주 많다.

셋째, 사회철학연구회는 1990년대 활성화된 '근대성'에 대한 성찰에서 중요한 한자리를 차지했다. 이 학회 및 이에 적극적으로 참여한 여러 학자들은 포스트모던적 사유 경향과의 대결을 통해서 이성의 자율성을 고수했다는 점도 중요한 기여로 언급되어야 마땅하다. 주지하듯이 하버마스의 공론장 및 시민사회 이론은 의사소통 합리성 개념을 전제로 한다. 의사소통 행위 이론은 인간 언어의 잠재적 해방성을 긍정한다. 그러므로 사회와철학연구회는 서구 근대성에 대한 총체적 부정에 대해서도 비판적 거리를 취하는 입장을 보여주었다. 포스트모더니즘 논의는 서구 '근대'나 '근대성' 문제를 전면으로 제기함으로써 우리 사회의 문제의식의 지평을 확장했음에는 틀림없다. 그러나 이성 및 근대성 비판에 대항하여 사회와철학연구회 회원들의 대부분은 서구 근대의 이중성을 포착하려고 노력하는 동시에 도구적 합리성으로 환원될 수 없는 좀 더 포괄적인 이성 개념을 옹호하고자 했다. 이성의 자율성을 옹호하는 작업은 학문적 공론 영역의 존립의 문제이기도 하다. 학문적 공론의 영역의 상대적 자율성은 이성의 자율성을 전제하지 않고서는 확보할 수 없기 때문이다.

이처럼 사회와철학연구회의 여러 회원들은 근대성 및 탈근대성의 논쟁에서 계몽주의와 근대성의 이중성 및 이성적 합리성의 포기 불가능성을 고수함으로써 이성주의적 학문 전통을 수립했다. 특히 푸코의 권력비판이 갖고 있는 사회비판의 규범적 근거의 불확실성에 대해 지적하면서 규범적 근거의 이론적 해명 작업과 실천적 행위를 접목시키려는 하버마스의 사상은 한국 사회에서 이성의 중요성을 옹호하는 데 중요한 이론적 토대가 되었다. 도구적 이성이라 불리는 편협한 이성에 대한 비판의식을 지향하면서도 이성 자체에 대해서는 포기하지 않으려는 하버마스의 태도는 계몽주의가 억압적이고 파괴적이라는 근대성에 대한 포스트모더니즘의 독해를 일면적이라고 비판하는 것과 맞물려 서구 근대의 극복 방향을 성찰하는 데 중요한 통찰들을 제공한다.

그럼에도 불구하고 근대 계몽주의에 대한 포스트모던적 비판, 즉 인류의 진보나 인간의 해방과 같은 거대 담론의 위험성에 대한 경고, 근대적 이성과 주체의 폭력성과 억압성에 대한 성찰, 그리고 근대의 합리주의적 사고에 의해 추진된 과학기술 문명의 파괴적 성격에 대한 비판 등은 우리가 서구 근대의 창조적 수용과 그 극복의 길을 모색하는 과정에서 도외시할 수 없는 과제들이다. 포스트모더니즘에 의해 제기된 서구 근대에 대한 비판은 문명의 표준을 서구의 문명으로 바라보는 관점에서 벗어나 서구의 문명도 인류 문명의 역사적 변천 과정에서 등장한 하나의 문명에 지나지 않는다는 점, 그리고 그 문명의 역사 역시 야만의 역사로 오염되어 있다는 점을 다시 성찰하게 하는 계기를 부여했다. 더구나 서구 역사의 팽창이 제국주의의 역사이며 그 과정에서 나라를 상실하고 식민지 지배라는 뼈아픈 경험을 한 우리는 서구 근대의 수용과 더불어 이를 창조적으로 극복해야 하는 위치에 있다 할 것이다. 동서 문명의 창조적 융합을 통해 21세기의 인류가 처한 문제를 극복할 대안을 창출하려는 시도는 야심 차지만 한번 도모해 봄 직한 것이다. 그런 점에서 이성의 비판적 기능에 대한 옹호를 통해 서구 근대 계몽주의의 합리적 핵심을 재구성하고 있는 하버마스의 이론을 서구 근대에 대한 포스트모던적 해체 및 극복의 시도를 종합하여 오늘날에 어울리는 새로운 사회철학의 모색을 구체화하는 작업은 우리 사회의 철학도들 앞에 놓인 과제라고 할 것이다.

5. 나가는 말

지금까지 사회와철학연구회의 역사를 여러 측면에서 살펴보았다. 사회와철학연구회를 포함하여 한국 현대 사회철학의 흐름에 대한 연구는 출발점에 있다고 해도 과언이 아니다. 그럼에도 1990년대 이후 한국에서 하버마스적인 비판사회이론의 수용에서 중요한 역할을 담당했던 사회와철학연구회의 활동에 대한 중간보고를 작성하는 것은 그 나름의 의미가 있다. 아직도 해결해야 할 과제가 많이 있지만, 모던과 포스트모던의 긴장과 대결의 와중에, 그리고 현실사회주의의 붕괴 이후 형성된 진보이론의 위기가 심화되어 가던 시기에 사회와철학연구회는 마르크스주의 전통의 사회비판의 맥을 이어온 프랑크푸르트학파, 특히 비판사회이론의 2세대의 대표인 하버마스의 사상을 통해 한국에서의 진보적 실천의 가능성을 모색했다.

하버마스의 비판이론이 한국의 미래에 어떻게 뿌리를 내리고 우리의 사유를 얼마나 풍요롭게 할지는 현재 섣부르게 단정할 수 없다. 그러나 곡절 많은 수용의 역사를 갖고 있는 하버마스적 비판사회이론은 신사회운동의 해방적 잠재력에 대한 긍정적 평가, 진보적 실천에서 공론장 및 시민사회의 활성화가 갖고 있는 중요성 등을 더욱 분명하게 이해하는 데 크게 기여했다는 점은 부인되기 힘들다.

앞에서 보았듯이 사회와철학연구회의 구성원들은 하버마스의 사상을 단순히 수입하는 데 그치지 않고, 그의 이론적 패러다임을 통해서 한국 사회가 당면한 여러 모순과 문제점을 극복하려는 대안을 제시하려고 노력했다. 더구나 학회에서 활동하고 있는 인원들의 학문적 경향도 갈수록 다양성을 띠고 있다. 예를 들어 헤겔의 실천철학을 한국적 상황에 적합하게 재구성하려는 회원도 있고, 하버마스의 비판사회이론의 맥을 헤겔의 인정이론의 틀에서 발전시키려는 호네트의 영향을 받은 학자들도 있다. 그뿐 아니라 한나 아렌트, 리처드 로티 그리고 칸트 철학에 대한 전공자들도 학회의 흐름을 다양하게 하는 데 일조하고 있다. 사회와철학연구회 회원들이 비교적 젊고 그들의 사상이 아직 완성된 형태를 보이고 있지 않은 상황이므로 앞으로 한국 사회철학의 미래는 이들이 어떤 방식으로 자신들의 고민을 학문적으로 형상화하는가에 달려 있다고 할 것이다.

한국생명윤리학회

송상용(한국생명윤리학회 3대 회장)

생명윤리는 20세기 마지막 10년에 갑자기 폭발적인 인기 학문으로 떠올랐다. 생명윤리의 중요성은 윤리학, 아니 철학을 압도할 정도이다. 그것은 생물학의 한 분야로서 아무도 거들떠보지 않았던 생태학이 환경문제가 대두하면서 생물학 전체와 맞먹을 만큼 중요해진 것과 비슷하다.

생명윤리(bioethics)란 말은 1970년 미국의 종양학자 포터 2세(Van Rensselaer Potter II, 1911-2001)가 처음 썼다. 포터는 생명윤리를 "생물학 지식과 인간의 가치체계에 관한 지식을 결합하는 새 학문 분야"라고 정의했다. 그에게 생명윤리는 진화론적, 생리학적, 문화적 측면에서 인간이 환경에 적응할 수 있는 생물권을 유지하기 위한 '생존의 학문'이었다. 1971년 라이히(Warren T. Reich)는 생명윤리를 "의학 및 생명과학의 윤리적 차원에 관한 연구"라고 정의하면서 『생명윤리 백과사전』의 편찬에 착수했다. 이제 생명윤리는 고전적 의료윤리와 환경윤리, 그리고 현대의 생명과학기술이 제기한 윤리를 포괄하는 넓은 뜻의 용어가 되었다. 생명윤리학은 일종의 응용윤리학으로서 어떻게 우리가 다 같이 인정하고 있는 윤리적 원칙을 생명의 영역에서 생기는 특수한 상황에 적용해야 하는가의 기술적 문제를 검토하는 분야이다. 그것은 의학과 첨단 생물학의 발달로 가능해진 여러 가지 문제들의 윤리적 정당성과 그 한계를 다룬다. 의료윤리는 히포크라테스 이전부터 끊임없이 문제되어 왔지만 현대에 이르러 생명과학기술이 일찍이 없었던 윤리적 문제를 일으키자 생명윤리는 전혀 새로운 모습을 띠게 되었다.

한국에서는 1969년에 학술원 인신문제 과학적 연구위원회가 이항녕, 기용숙, 박원선의 「장기이식에 관한 고찰」을 발표했고 1970년에는 연세대 법률연구소가 장기이식에 관한 세미나를 열었다. 미국의 윤리학자 포션(Nicholas Fotion)이 1979년 연세대 교환교수로서 처음으로 의료윤리 강의를 했다. 1984년에는 서울보건연구회 주최로 의료윤리 심포지엄이 열렸다. 철학자로는 김영진(인하대)이 1980년대부터 의료윤리에 관한 논문을 발표했고, 진교훈, 황경식(서울대), 김형철(연세대), 우명섭(가톨릭대) 등이 그 뒤를 따랐다. 한국철학회는 1986년 '의학과 철학의 대화'라는 심포지엄을 열었다. 1993년 대한의사협회가 종합학술대회의 일부로 의료윤리 심포지엄을 가졌고 1995년에는 동국대와 다이쇼대가 '생명과 환경윤리'라는 제목으로 한일 학술교류회의를 열었으며 아산사회복지사업재단이 『현대사회와 의료윤리』를 출판했다.

1990년대에는 환경윤리에 대한 관심이 부쩍 늘어났다. 많은 윤리학자와 사회철학자들이 논문을 냈다. 박이문(포항공대), 심재룡, 이태수(서울대), 김진(울산대), 박전규(전북대), 김성진(한림대), 이진우(계명대), 임홍빈(고려대), 한면희(성균관대), 구승회(동국대) 등이 대표적인 학자들이었다. 조성민(교원대)은 1987년에 뉴욕 주립대학(버펄로)에서 처음으로 생명윤리로 박사학위를 받았다. 1990년대에는 해외에서 임종식(위스콘신 대학[매디슨], 1996), 구영모(캘리포니아 대학[샌타바버라], 1997), 구인회(괴팅겐 대학, 1998)가, 국내에서는 김상득(서울대, 1996), 유호종(서울대, 1999)이 박사학위를 얻었다. 과학기술과 사회에 관해 선구적인 몫을 해온 유네스코는 1993년 국제생명윤리위원회(IBC)를 만들었다. 국제생명윤리위원회에는 한국에서 이세영이 초대 위원으로 참여했고 박은정, 맹광호가 그 뒤를 이어갔다.

1995년 베이징에서 동아시아생명윤리회의가 열렸고 동아시아생명윤리학회(East Asian Association of Bioethics: EAAB)가 결성되었다. 여기에는 송상용(한림대), 황필호(동국대)가 참석했다. 1997년 일본 고베에서 있은 제2회 동아시아생명윤리회의에서는 학회를 동남아시아, 서남아시아로 확대하기로 하고 이름을 아시아생명윤리학회(Asian Bioethics Association: ABA)로 바꾸기로 했다. 한국에서는 1997년 의사들이 한국의료윤리교육학회(2008년부터 한국의료윤리학회로 개칭)를 만들었고 이듬해에는 철학자, 생물학자, 의사, 법학자, 사회과학자들이 모여 한국생명윤리학회를 결성했다. 아시아생명윤리학회의 발전과 1996년 복제 양 돌리의 탄생이 그 배경을 이루었다. 한국 과학계는 복제 연구로 몇 차례 문제를 일으켰다. 1998년 경희대 이보연 팀은 시험관아기 시술 때 폐기된 난자에 인간 체세포 핵을 이식한 뒤 4세포기 배아까지 배양했다고 언론에 발표했다. 세계 최초의 인간배아 복제는 국제적 물의를 몰고 왔고 대한의학회의 조사를 거쳐 이듬해 대한의사협회의 생명복제 연구지침(안)이 발표되었다. 이 안은 의협 안에서도 황상익과 서정선의 의견이 첨예하게 대립되어 지침으로 확정되지 못했던 것이다.

한국생명윤리학회는 1998년 2월 19일 대우재단빌딩에서 60여 명이 창립총회를 갖고 출발했다. 초대 회장에는 철학자 박이문(포항공대)이 선출되었고 사무실은 서울대학교 의과대학 의사학교실에 두었다. 임원은 다음과 같다.

부회장 : 강빈구(연세대), 맹광호(가톨릭대), 박은정(이화여대),
송상용(한림대), 진교훈(서울대)

감사 : 박종대(서강대), 이준상(고려대)
이사 : 김교빈, 김병준, 김상배, 김상종, 김선영, 김형철, 김호덕, 김환석, 박석준, 엄영란, 위세찬, 윤용택, 이승환, 최용철, 최종덕, 추호경, 프랭크 테데스코, 황상익
상임이사 : 황상익(총무), 김형철(편집), 김환석(연구), 김상종(섭외)
간사 : 구영모(서울대)

학회는 1998년 9월 12일 서울대 의대에서 첫 학술대회를 가졌는데 박이문 회장의 「생명의 존엄성」 등 6편의 논문이 발표되었다. 1998년 11월 4-7일, 9-10일 일본 도쿄에서 열린 제4회 세계생명윤리회의와 제3회 아시아생명윤리회의에는 박이문 회장을 비롯해 송상용, 박은정, 고인석, 구영모, 권복규 회원이 참석했다.

1999년 3월 27-28일에는 서울대 호암교수회관에서 생명복제에 대한 워크숍이 열렸다. 이틀 동안의 열띤 토론을 거쳐 3월 28일 '생명복제에 관한 1999년 생명윤리선언'을 채택했다. 선언은 (1) 인간 개체를 복제하기 위한 모든 연구와 시술에 반대하고, (2) 생명복제를 포함한 생명공학의 윤리적 문제를 심의, 감독하기 위한 생명윤리위원회를 설치할 것을 촉구하며, (3) 생명복제를 포함한 생명공학에 관련된 윤리적, 법적, 사회적 문제들에 대한 전문적 연구를 담당할 연구기관의 설치를 촉구했다. 학회는 회칙 제2조에 명시되어 있듯이 연구뿐만 아니라 그 결과를 실천하는 모임이기도 하기 때문이었다. 서명자 23명은 다음과 같다. 그 가운데 황우석은 회원이 아니다.

강빈구, 구영모, 권복규, 김영진, 김옥주, 김일수, 김형철, 김환석, 맹광호, 박병상, 박은정, 박이문, 서정선, 송상용, 신현호, 엄영란, 이세영, 임경순, 정규원, 진교훈, 한재각, 황상익, 황우석

1999년 5월 15일에는 포항공대에서 정기총회와 학술대회가 있었다. 학회는 9월 10-13일 유네스코 한국위원회가 연세대학교에서 주최한 생명복제기술 합의회의를 후원했다. 2000년 5월 25일에는 학회지 『생명윤리』 창간호가 발간되었다. 창간호에는 회장 권두언, 기획논문 3편, 논문 4편, 외국인 초청 강연 논문 3편, 자료 2편이 실렸다. 편집위원장은 송상용, 편집인은 김형철, 황상익, 김환석, 구영모였다.

2000년 6월 3일 이화여대에서 정기총회와 학술대회가 열렸다. 총회에서 진교훈(서울대)이 2대 회장에 뽑혔고, 초대 회장 박이문은 명예회장에 추대되었다. 임원은 다음과 같다.

부회장 : 김영진(인하대), 김환석(국민대), 박은정(이화여대),
이병훈(전북대), 황상익(서울대)
편집위원장 : 황상익

2001년 봄 학술대회는 5월 25일 가톨릭대 의대에서 있었다. 학회는 토지문화재단과 공동으로 2001년 6월에서 11월까지 원주 토지문학관에서 7회에 걸쳐 공동 세미나를 열었다. 주제는 문화와 환경운동, 물, 공기, 토양 오염 실태와 그 대책, 우리 땅 살리기, 생명이란 무엇인가, 유전자 변형과 생명복제, 생명공학시대의 연구윤리, 생명과학에 대한 다원적 접근이었다. 2001년 9월 28일에는 성균관대에서 인문사회연구회, 한국과학철학회와 공동 주최로 '생명윤리의 문제들'이라는 모임을 가졌다.

2000년 11월 21일 정부(주관 부처는 과학기술부)는 생명윤리자문위원회를 구성했다. 20명으로 이루어진 위원 가운데는 학회 회원 구영모, 김환석, 박병상, 박은정, 손명세, 이인영, 진교훈, 황상익이 포함되었으며 진교훈 회장이 위원장으로 뽑혔다. 7개월 동안 뜨거운 토론 끝에 생명윤리자문위원회는 2001년 11월 인간 체세포 핵이식 연구의 잠정적 금지 등을 내용으로 하는 「바람직한 생명윤리기본법 제정을 위한 생명윤리자문위원회 활동보고서」를 정부에 제출했다. 학회 회원들의 노력으로 어려운 타협이 이루어졌는데 정부는 당초 위원회의 안을 그대로 법으로 만들겠다던 약속을 지키지 않음으로써 생명윤리법의 표류를 가져왔다.

2002년 6월 15일 봄 학술대회는 뜨거운 문제 '줄기세포 연구와 생명윤리'를 주제로 열렸다. 총회에서는 송상용이 3대 회장으로 뽑혔다. 새 임원은 다음과 같다.

명예회장 : 박이문
부회장 : 김상배(서울시립대), 김환석(국민대), 양재섭(대구대),
윤정로(과학기술원), 황상익(서울대)

2002년 학회는 제4회 아시아생명윤리회의를 서울에 유치했다. 3월에 출범한 조직위원회는 다음과 같다.

위원장 : 송상용, 진교훈(한국생명윤리학회장), 맹광호(한국의료윤리교육학회장)
위원 : 황상익 외 27인
프로그램위원장 : 박은정, 다릴 메이서(뉴질런드), 올레 되링(독일)
위원 : 김환석 외 9인
실행위원장 : 구영모
위원 : 김명식 외 5인
간사 : 권복규
국제자문위원장 : 박이문, 사카모토 햐쿠다이(일본), 추런종(중국),
자야파울 아자리아(인도)
위원 : 국내 17인, 국외 32인

조직위원회는 4천여 만 원을 모금하는 데 성공했다. 2002년 11월 22-25일 서울대 리서치 파크에서 전체회의로 진행된 아시아생명윤리회의는 56편의 논문 발표와 토론으로 성황을 이루었으나 국내 학자들의 참여는 저조했다. 아시아생명윤리학회 총회에서는 7년 재임한 사카모토 햐쿠다이 초대 회장에 이어 추런종을 2대 회장으로 선출했다. 부회장에는 송상용 등 7명이 뽑혔다. 2004년 시드니 총회에서 송상용은 3대 회장, 박은정은 부회장에 뽑혔다. 박은정은 4대 아자리아 회장 때까지 연임했고, 현재는 5대 회장 데 카스트로와 함께 엄영란이 부회장이다.

2003년 7월 7일 국회 의원회관에서 학회는 한국과학문화재단의 후원을 얻어 한국기자협회와 함께 '생명윤리법안 통과를 위한 국회 토론회'를 열었다. 9월 26일에는 광운대에서 '장기이식의 현황과 문제점'을 주제로 가을 모임을 가졌다. 이 해에 송상용 회장은 국제생명윤리학회(IAB) 이사로 선출되었다. 2007년부터는 구영모가 이사로 있다.

2003년 말 국회는 3년 넘게 끌어온 생명윤리 및 안전에 관한 법률을 통과시켰다. 생명윤리법은 과학기술부가 주관했는데 생명윤리자문위원회에서 만든 시안에 만족하지 못해 법안을 국회에 제출하지 못했다. 보건복지부가 주관하면서 만든 김홍신 의원의 법안은 생명윤리자문위원회의 안에 가까운 것이었다. 한편 이상희 의원이 제출한 법안은 배아 줄기세포 연구를 뒷받침하는 내용이었다. 오랜 심의과정에서 과학계의 압력으로 내용이 변질되어 통과된 법은 이상희 의원의 안이 크게 반영된 것이었고 이것은 과학기술부의 승리를 뜻했다. 생명윤리 및 안전에 관한 법률에 대한 학계와 시민단체들의 반발은 컸다.

2004년 1월 27일 학회는 회장단, 상임이사 연석회의를 소집했다. 회의에서는 생명윤리 및 안전에 관한 법률의 문제점들을 지적하고 법의 유보를 요구하는 성명서를 내기로 결정했다. 김환석이 작성한 성명서는 회원들의 동의를 받았으나 발표하기 전 충격적인 뉴스가 터졌다. 2월 12일 새벽 회원들은 츠쿠바에서 열리는 아시아생명윤리회의에 참석하러 공항으로 가다가 황우석의 줄기세포 확립을 특종 보도한 『중앙일보』 머리기사를 읽은 것이다. 황우석 등의 사이언스 논문은 이튿날 일본 신문들에도 머리기사로 보도되었다.

황우석의 논문은 윤리적으로 문제가 많았다. 그 전해에 국회를 통과한 생명윤리 및 안전에 관한 법률에 따르면 그 연구는 정부의 승인을 받아야 한다. 그것은 법이 발효하기 전 유예기간에 기습적으로 한 연구였다. 절차상의 문제점도 많았다. 기관 윤리위원회의 심의, 연구비의 출처, 난자를 얻은 경위 등이 투명하지 않았다. 시민단체와 종교계의 비판이 나온 다음 학회는 '치료용 인간배아복제 연구윤리 특별위원회'(위원장 황상익, 위원 구영모, 김동광, 김환석, 박상은, 이인영, 간사 권복규)를 만들어 윤리문제 점검에 나섰다. 학회는 권복규가 기초하고 구영모, 송상용이 수정한 항의 편지를 3월 27일 『사이언스』 편집인에게 보냈다. 이 편지는 8월 13일 황우석과 문신용의 답변을 붙여 출판되었다. 황우석은 윤리학자들이 기술의 발전을 방해한다고 주장했다.

학회는 5월 22일 '생명윤리 및 안전에 관한 법률의 집중점검'을 주제로 학술대회를 열었다. 총회에서는 황우석에게 난자 취득, 기관 윤리위원회, 저자 등 제기된 윤리적 문제점들에 대한 해명을 요구하는 치료용 인간복제 연구윤리 특별위원회의 성명서 "의학과 생명과학기술 연구는 생명윤리 기준에 부합하여야 한다."를 채택했다. 이 성명서는 황상익이 기초했다. 총회는 3대 회장으로 황상익을 뽑았다. 임원은 다음과 같다.

고문 : 박이문, 진교훈, 송상용, 김중호
부회장 : 강신익, 김기윤, 김환석, 박상은, 엄영란
편집위원장 : 양재섭

1998년 유네스코 안에 발족한 세계과학기술윤리위원회(COMEST)에 한국에서는 2004년 송상용이 위원으로 선출되어 2005년부터 3년 동안 부위원장으로 활약했다. 2008년에는 김환석이 그 뒤를 이었다. 학회는 2004년 10월 20일 『치료용 인간배아복제에 관한 자료집』을 발간했다.

생명윤리 및 안전에 관한 법률이 2005년 1월 1일 발효했고 국가생명윤리심의위원회는 4월 7일 발족했다. 이른바 윤리계로 세 사람의 회원(황상익, 김환석, 이인영)이 위원으로 들어가 끝까지 잘 싸웠으나 장관 일곱이 당연직 위원으로 있는 위원회에서는 중과부적이었다. 황우석은 학회가 토론을 요구한 지 1년이 지난 6월 서울대 강연과 관훈클럽 토론회에서도 공개토론을 끝내 거부했다. 대다수 언론은 이 중요한 문제 제기를 거의 보도하지 않았고 정부도 철저히 무시했다. 한국과학기술문화재단은 학회에 대한 지원을 모두 취소했다. 학회에 황우석의 논문이 가짜라는 제보가 들어온 것은 2005년 6월이었다. 학회는 극비리에 조사를 진행해 허술한 데가 많음을 찾아냈으나 한계가 있을 수밖에 없었다. 황상익 회장은 6월 9일 회원들에게 보낸 편지에서 정부의 진지한 성찰과 국가생명윤리심의위원회의 조속한 심의를 촉구했다.

2005년 10월 19일 서울대 의대에서 대통령과 월머트, 섀튼이 참석한 세계줄기세포허브(WSH) 개소식이 열렸고 황우석의 명성은 절정에 이르렀다. MBC가 극비리에 제작한 PD수첩의 방영이 결정되었을 때 황상익 회장은 아시아생명윤리회의에 참석하러 회원들이 출국하기 전날 11월 11일, 강신익, 송상용, 전방욱 회원과 대책회의를 가졌다. 이튿날 섀튼은 난자 채취의 비윤리성을 문제 삼아 황우석과의 결별을 선언했다. 11월 22일 PD수첩 '황우석 신화의 난자 의혹'이 방영된 뒤 황우석은 11월 24일 서울대 수의대에서 기자회견을 갖고 난자를 얻는 과정에서 결정적인 과오가 있었음을 시인했다. 학회는 이에 대해 같은 날 성명서 "지금 최대의 과제는 연구의 정직성을 진정으로 회복하는 것이다."를 발표하는 기자회견을 하고고 긴급 토론회를 열었다. 아시아생명윤리학회장 송상용은 11월 14일 아시아생명윤리회의(ABC, 션루르파) 개회사에서 한국 상황에 대한 우려를 표명했고 11월 25일 세계생명윤리회의(SIBI, 히혼) 폐회사에서 황우석의 비윤리적인 연구에 대해 사과했다.

MBC의 끈질긴 추적과 젊은 과학자(BRIC)들의 검증이 밝혀낸 결과는 충격이었다. 2006년 1월 10일 서울대학교 조사위원회는 황우석팀의 2005 사이언스 논문과 2004 사이언스 논문은 날조되었고 체세포 핵이식 줄기세포를 만들었다는 어떤 증거도 없다는 조사 결과 보고서를 발표했다. 그의 논문과 관련된 연구윤리의 의혹은 모두 사실임이 명백히 드러났다. 3월 20일 서울대학교 징계위원회는 황우석의 파면을 결정했고 6월 20일 황우석에 대한 재판이 개정되었다. 그러나 학회가 황우석과 외롭게 벌인 투쟁은 정당한 평가를 받지 못했다.

2006년 1월 24일 학회는 서울대 의대에서 '생명과학 연구의 윤리성과 진실성 담보를 위하여'를 주제로 긴급 토론회를 열었다. 여기서는 국가생명윤리심의위원회의 구성 및 운영의 개선방안과 연구 부정행위에 대한 규제 및 법 정책이 집중 논의되었다. 총회에서는 박찬구가 5대 회장으로 뽑혔다. 임원은 다음과 같다.

고문 : 박이문, 진교훈, 송상용, 김중호
부회장 : 강신익, 김환석, 박상은, 엄영란, 전방욱
편집위원장 : 양재섭

황우석 사건을 마무리 지으려는 학회의 활동은 박찬구 회장 때도 계속되었다. 2006년 8월 28일 학회는 "생명과학 연구윤리의 정립이 시급하다."는 성명서를 발표했다. 성명서는 황우석과 함께 연구윤리위반의 한 축을 담당했던 안규리의 논문의 사진 중복 문제를 지적하고 생명윤리 및 안전에 관한 법률의 개정을 촉구했다. 안규리의 즉각 반격이 있었고 사실 확인에 착오가 있었음을 학회가 확인하는 소동이 벌어졌다. 그럼에도 불구하고 황우석의 협력자들의 언행에 대한 학회의 비판이 여전히 타당했음은 의심의 여지가 없다.

2007년 5월 19일 봄 학술대회는 서울대 법대에서 '체외수정 및 생식세포 관리'를 주제로, 10월 26-27일 가을 학술대회는 '생명과학의 연구윤리'를 주제로 강릉대에서 열렸다. 연구윤리에 대한 관심이 매우 높을 때였다. 11월 16일에는 팰러스 호텔에서 과학기술부의 후원으로 한국과학기술학회, 한국과학사학회, 한국과학철학회와 함께한 과학기술계의 연구윤리 정립 노력 활성화를 위한 범 학회 심포지엄이 있었다. 2008년 5월 31일 봄 학술대회는 '생명윤리교육'을 주제로 서울대 사대에서 있었다. 총회는 전방욱(강릉대)을 6대 회장으로 선출했다. 임원은 다음과 같다.

고문 : 박이문, 진교훈, 송상용, 김중호
부회장 : 강신익, 구인회, 남명진, 신중섭
편집위원장 : 양재섭

2008년 가을 학술대회는 12월 5일 서울교대에서 '간학문 연구로서의 생명윤리학'을 주제로 열렸다. 2009년 봄 학술대회는 '현장에서의 생명윤리'를 주제로 6월 15일 가톨릭대 성의교정에서, 가을 학술대회는 '죽음과 죽임의 법과 윤리'를 주제로 12월 17일 서울대 의대에서 있었다. 전방욱 회장 때는 2008년 한국연구재단에서 '연구 결과 발표의 객관성 유지를 위한 방안'(전방욱, 남명진)으로 연구비를 받았고 2009년 한국연구재단으로부터 학술대회 지원을 받았다. 총회에서는 구인회(가톨릭대)가 7대 회장으로 뽑혔다. 임원은 다음과 같다.

고문 : 송상용, 진교훈, 맹광호

부회장 : 남명진, 손영수, 우재명, 이상목

편집위원장 : 양재섭

편집위원 : 강신익, 구미정, 구영모, 권복규, 김수정, 조은희, 홍석영, 맥기어(John Michael McGuire)

2005년 황상익 회장 때 3천만 원을 기금으로 한국생명윤리학회 논문상이 제정되었다. 2006년 3월 25일 논문상 운영 요강이 만들어졌고 강신익을 위원장으로 심사위원회(위원 남명진, 이인영)가 첫 수상자로 전방욱(강릉대), 김병수(시민과학센터)를 선정해 5월 20일 정기총회에서 시상했다. 2007년 제2회 한국생명윤리학회상 수상자는 황우석 사건의 제보자 류영준(고려대 병원)과 PD수첩을 제작한 한학수(MBC PD)였다. 생명윤리를 실천한 업적을 평가한 것이다. 2009년 제3회 수상자는 김옥주(서울대 의대)였다.

학회지 『생명윤리』는 2007년부터 한국연구재단의 학술지 평가를 받으려 노력했고 2008년 등재 후보지 신청을 해 전방욱 회장 때인 2009년 1월 9일 후보지로 확정되었다.

한국생명윤리학회는 2010년에 12돌을 지냈다. 출발하자마자 생명윤리를 말살하려는 무리들이 발호해 생명윤리를 지키는 데 중요한 몫을 했다. 그러나 큰 시련을 겪은 데 견주어 학회가 눈에 띄게 발전한 것은 아니다. 회원은 아직 200명을 넘지 못하고 있다. 의사들이 주축을 이루는 한국의료윤리학회와 달리 생명윤리의 간학문적인 성격에 비추어 인문사회과학자들의 활발한 참여가 바람직한데도 불구하고 회원 확장은 부진을 면치 못하고 있다. 철학자들, 특히 윤리학자들이 별로 관심을 보이지 않고 있는 것은 심각한 문제라고 하지 않을 수 없다. 학회의 재정도 매우 취약하다. 회비에만 의존하기에는 회원 수가 너무 적다. 정부나 외부의 지원도 거의 기대할 수 없다. 연 2회 학회지 발간과 해마다 두 번 학술대회를 치르기 위해 회장을 비롯한 임원들의 희생이 크다. 학회의 정상화를 앞당기려면 회원들의 비상한 노력이 요구된다.

한국야스퍼스학회

이진오(한국야스퍼스학회 부회장)

1.

야스퍼스(Karl Theodor Jaspers, 1883-1969)는 평생 동안 자신의 철학적 소신을 역사적인 삶 속에서 실천하고자 노력한 보기 드문 철학자이다. 그의 철학사상은 이성적 존재인 인간이 깨어 있는 이성의 궁리대로 지금 여기라는 구체적이고 실존적인 상황 속에서 자신의 삶을 실천할 수 있게 하는 길잡이였던 것이다. 이런 그의 철학사상에 대한 탐구는 단지 이론적인 지식만을 확장하는 공허한 작업이 아니다. 야스퍼스에 대한 탐구는 구체적인 삶 속에서 빛을 발했던 그의 인간정신을 닮아가는 과정이기도 하다. 그런데 오늘날 사람들은 어떤 한 철학자의 사상이 그의 실제 삶이나 행동에 어떻게 녹아들어 있는지에 대해서는 거의 관심이 없다. 오히려 많은 이들이 사유와 행동의 일치 여부를 묻는 것을 촌스럽게 취급하고, 인간됨을 위한 진지한 고민보다는 유행과 흥미를 쫓는다. 니체적 허무의 바다를 유랑하길 즐길 뿐 특정한 목적지를 향해 전진해 나갈 필요를 못 느끼고 있는 것이다. 이런 풍토가 만연한 이 땅의 사상계에서 야스퍼스는 고리타분하고 단순해서 별로 연구할 가치가 없는 사상가로 폄하되고 있다. 하이데거와 더불어 현대 독일 실존철학의 양대 산맥을 형성하는 대표적 철학자임에도 불구하고 야스퍼스 철학의 다양한 국면과 깊이가 아직까지도 국내에는 제대로 소개되지 않았다. 지금까지 주로 실존철학에 국한된 야스퍼스의 짧은 단편들만이 소개되었다. 야스퍼스에 대한 이런 단편적 지식만으로도 마치 야스퍼스의 사상의 핵심 내용들이 다 밝혀지고 평가된 것처럼 여겼다.

한국야스퍼스학회는 야스퍼스에 대한 편협한 이해가 서양 현대철학 전체를 균형 있게 탐구하는 데 커다란 걸림돌이 되고 있다고 판단하고, 야스퍼스 철학을 본격적으로 소개할 목적으로 2007년 2월 23일 창립되었다. 최근 전 세계적으로 철학은 난해하고 추상적인 이론 작업으로 박제화되어 점점 세상 사람들의 삶에서 멀어지고, 마침내는 상아탑 속에서도 존재의미를 제대로 인정받지 못하고 있는 실정이다. 야스퍼스는 단순한 지식의 유희가 아니라 생생하고 구체적인 삶과 그 삶 속에서의 고민들을 철학적 주제로 삼아 인간존재를 고양시키고자 했다. 이런 야스퍼스 철학에 대한 본격적인 연구는 철학이 다시 세상 속으로 나갈 수 있는 길을 예시해 줄 것이다. 20세기의 대표적인 철학 중 하나인 야스퍼스 철학은 변화한 시대상을 반영하여 경직된 형이상학적 대답들을 피하면서도 전통적인 철학적 고민들이 과학기술시대에 어떤 양상으로 전개되고 사유될 수 있는지를 다양한 측면에서 심층적으로 보여주고 있기 때문이다.

야스퍼스는 1913년 『정신병리학총론』을 출판한 이후 56년 동안 철학, 정신의학, 사회학, 국제정치학, 예술, 문학, 교육, 신학 등 다양한 분야의 발전에 기여한 수많은 저서들과 논문들을 의욕적으로 저술했다. 유럽과 일본, 미국과 캐나다 등지에서는 이미 오래전 야스퍼스학회가 결성되어 그의 철학사상이 활발하게 탐구되고 있다. 또한 국제야스퍼스학회는 여섯 차례의 국제학술대회를 개최하여 야스퍼스 연구자들 간의 교류를 촉진하고 있다. 그러나 야스퍼스 철학이 지니는 학문적 영향력에 비해 최근 한국 철학계에서 그의 사상이 차지하는 위상은 지나치게 평가절하되어 있다.

국제야스퍼스학회 회원들을 중심으로 오늘날의 그의 철학사상은 정치철학, 사회철학, 교육론은 물론이고 철학상담이나 정신병리학, 실존분석적 정신요법 등 다양한 분야까지 확대되어 연구되고 있다. 한국야스퍼스학회는 국제야스퍼스학회와 지속적으로 교류하면서 이상과 같은 야스퍼스 사상의 다양한 국면들을 정기학술대회 등을 통해 한국사회에 소개할 예정이다.

이러한 학술대회와는 별도로 본 학회는 방대한 분량의 야스퍼스 철학의 주저들을 번역, 소개할 계획이다. 2008년 야스퍼스의 첫 번째 저작인 『정신병리학총론』이 한국연구재단의 학술명저 번역사업에 채택된 바 있다. 이 저서는 여러 차례의 수정 증보판을 통해 철학적인 내용이 강화되긴 했지만, 본래 의대생들을 위한 정신병리학 교과서로 저술된 것이었다. 정신의학을 전공한 경희대학교 의대 송지영 교수가 책임을 맡아 번역하게 된 이 책이 출판된다면, 이 땅의 의학자들은 물론이고 철학자들도 야스퍼스 사상을 본격적으로 접하는 데 도움이 될 것이다. 그러나 이 책의 주요 내용은 정신의학적인 것이라서, 야스퍼스의 철학사상의 진면목을 충분히 살펴보는 데는 한계가 있다.

야스퍼스 철학이 본격적으로 소개되기 위해서는 그의 학문이론과 실존철학, 형이상학이 정리된 주저인 『철학 I, II, III』(1931)이 번역, 출판되어야 한다. 한국야스퍼스학회는 『철학 I, II, III』을 번역, 출판하는 것을 우선 과제로 삼고 있다. 야스퍼스 철학을 단편적으로만 접해 본 경우, 야스퍼스의 철학을 상당히 평이한 철학이라고 오해하기 쉽다. 다른 한편 야스퍼스 철학을 진지하게 연구하고자 하는 연구자들은 야스퍼스의 고유 용어들에 대해 낯설어 하며 큰 어려움을 겪는다. 이는 야스퍼스의 주저에 대한 번역이 전혀 이루어지지 않았고, 그에 따라 야스퍼스 철학을 본격적으로 접해 볼 기회가 없었다는 사정에서 기인하는 것이다. 야스퍼스의 철학용어들은 그의 철학의 고유성을 담고 있어서 그의 철학세계에 본격적으로 들어설 때에만 제대로 이해할 수 있다. 야스퍼스의 철학체계와 그 용어들에 대한 낯설음은 야스퍼스의 주저에 대한 번역을 통해 극복해야 하는 문제인 것이다. 그러나 그 방대한 분량과 난해한 내용, 복잡한 서술로 인해 번역 작업에 오랜 시간과 헌신적 노력이 소요될 수밖에 없다. 이런 사정 때문에 일반 독자들이 이 책을 1, 2년 안에 한국어로 만나기는 힘들 것이다. 본 학회는 이 책의 번역, 출판 작업을 차분히 진행하면서도 국내에 잘 알려지지 않은 야스퍼스 사상을 힘닿는 대로 꾸준히 소개할 예정이다. 그런 작업의 일환으로 2011년 초에는 『기술시대의 의사(*Der Arzt im technischen Zeitalter*)』라는 야스퍼스의 저서를 지만지 출판사를 통해 출간할 예정이다.

2.

주지하듯 야스퍼스 철학은 칸트, 하이데거, 사르트르 철학과 함께 1970년대와 1980년대 한국 사회에 가장 대중적으로 소개된 철학이었다. 비록 『철학』(1931), 『세계관의 심리학』(1919), 『진리에 관하여』(1948) 등 그의 철학을 이해하는 데 있어 가장 핵심적인 주저들이 제외되긴 하였지만 단행본들을 통해서나마 야스퍼스 사상은 한국야스퍼스학회가 설립되기 이전에 이미 이 땅에 널리 알려졌던 것이다.

지금까지 번역된 저서들로는 야스퍼스 철학에서 중요한 위치를 차지하는 『철학적 신앙(*Der Philosophische Glaube*)』(신옥희, 이화여대 출판부, 1979), 『계시에 직면한 철학적 신앙(*Der Philosophische Glaube angesichts der Offenbarung*)』(변선환 외, 분도출판사, 1989), 『역사의 기원과 목표(*Vom Ursprung und Ziel der Geschichte*)』(백승균, 이화여대 출판부, 1987), 『이성과 실존(*Vernunft und Existenz*)』(황문수, 서

문당, 1999), 『초월자의 암호』(이문출판사, 1992) 등이 있다.

그 외에도 현 시대의 문제들을 선도적으로 조명하고 있는 『현대의 정신적 상황(*Die geistige Situation der Zeit*)』(황문수, 양우당, 1994), 『원자탄과 인류의 미래(*Die Atombombe und die Zukunft des Menschen-Politisches Bewußtsein in unsere Zeit*)』(김종호 외, 문명사, 1972), 「현대의 이성과 반이성(Vernunft und Widervernunft in unserer Zeit)」(황문수, 『비극론 · 인간론』, 범우사, 1975), 철학을 위한 안내서 『철학입문(*Einführung in die Philosophie*)』(을유문화사, 1991), 실존철학을 정립한 『실존철학(*Existenzphilosophie*)』(휘문출판사, 1972), 삶의 척도를 제시하는 주요 철학자들을 새로운 관점에서 접근하는 내용의 저서인 *Die Großen Philosophen* 의 일부를 발췌 번역한 『척도를 주는 인간들』, 대중에게 철학을 쉽게 접근할 수 있도록 한 라디오 강의 내용인 『철학적 사유의 작은 학교(*Kleine Schule des Philosophischen Denkens*)』(표제명 외, 서광사, 1986), 니체 철학을 심도 있게 논의한 『니체와 기독교』(이진오, 철학과현실사, 2006), 야스퍼스 자신의 철학함의 의의를 해설하고 있는 『철학적 자서전(*Philosophische Autobiographie*)』(강대석, 이문출판사, 1984) 등이 있다. 한국야스퍼스학회는 이상의 번역 작업과 야스퍼스 철학에 대한 학위논문과 연구논문을 등을 발표한 학자들을 중심으로 설립될 수 있었다.

2007-2008년 동안 활동한 제1대 회장단은 회장 정영도, 부회장 신옥희, 총무 이진오, 편집이사 홍경자, 연구이사 최양석, 총무간사 박은미였다.

2009년 현재 제2대 한국야스퍼스학회의 조직을 살펴보면 다음과 같다.

제2대 한국야스퍼스학회 조직도

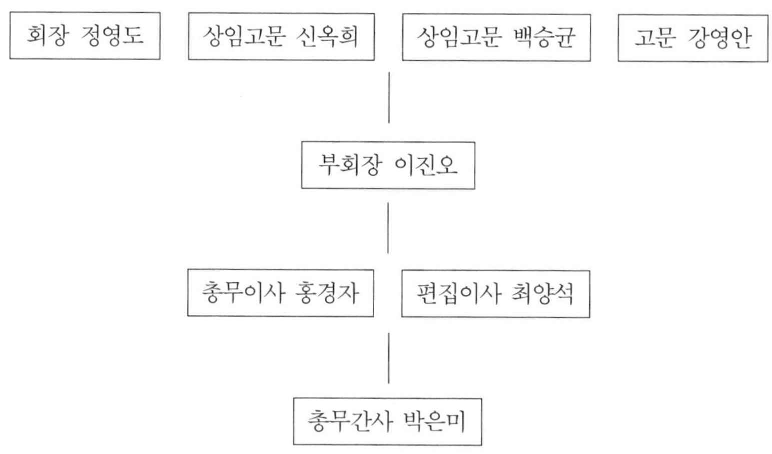

한국야스퍼스학회의 주요 활동을 학술대회와 단행본 출판을 중심으로 정리하면 다음과 같다.

일정	행사 내용
2006. 12. 2	발기인 대회
2007. 2. 23	제1회 학술발표회 및 창립총회 '야스퍼스 철학의 현재성' 발표 1. 「죄책을 지는 실존: 야스퍼스 철학에서 죄책 개념의 역할」(박은미) 발표 2. 「삶의 사실성과 의사소통적 이성: 야스퍼스 철학의 현재성에 대한 고찰」(이진오)
2007. 12. 8	제2회 학술발표회 '야스퍼스 세계철학의 현재적 의의' 발표 1. 「야스퍼스 세계철학의 이념과 전망: 세계화시대의 상호문화적 철학을 중심으로」(홍경자) 발표 2. 「세계철학의 두 유형: 플로티노스와 야스퍼스」(최양석) 발표 3. 「치료의 대상에서 치료의 주체로: 가다머와 야스퍼스의 의철학의 비교고찰을 중심으로」(박남희)
2008. 6. 7	단행본 『칼 야스퍼스, 비극적 실존의 치유자』 출간 기념 모임

2008. 7. 30 -8. 5	제6회 국제야스퍼스대회(서울) '문화충돌과 의사소통: 야스퍼스 철학의 현재성에 대한 탐구(Kulturkonflikte und Kommunikation: Zur Aktualität von Jaspers' Philosophie)' 국제야스퍼스학회가 주관하고 세계 각국에서 60여 명의 야스퍼스 연구자가 참가한 이 행사에서 한국야스퍼스학회 회원인 백승균은 "Karl Jaspers' Einstellung zu Kants Zum ewigen Frieden"을 발표하였고, 박은미는 "Für soziale Existenz - Reinterpretation des Jaspersschen Begriffs der Existenz"을 발표하였다. 또한 이원재는 "Philosophischer Glaube und universale Kommunikation bei Karl Jaspers"를, 이진오는 "Jaspers und die philosophische Praxis in Korea"를 각각 발표하였다.
2008. 11. 29	제3회 학술발표회 '야스퍼스, 하이데거, 프랑클: 생생한 삶을 위한 철학적 만남' 발표 1. 「야스퍼스의 실존조명과 프랑클의 실존분석적 로고테라피와의 관계: 철학실천으로서의 철학상담과 관련하여」(홍경자) 발표 2. 「무엇을 위한 투쟁동체인가?: 초기 하이데거의 야스퍼스와의 논쟁」(김인석)
2009. 8. 10	제4회 학술발표회 '야스퍼스와 사유의 거장들: 칸트, 아렌트, 하버마스' 발표 1. 「야스퍼스의 칸트 '영구평화론' 해석: 폴커 기르하르트, 유르겐 하버마스와 대비하여」(백승균) 발표 2. 「정치적 자유와 실존적 자유: 아렌트와 야스퍼스의 자유 개념에 관하여」(박혁) 발표 3. 「의사소통과 실존적 상호소통: 하버마스와 야스퍼스의 소통 개념에 관하여」(박은미)

3.

위의 도표에서 언급된 본 학회의 첫 번째 단행본 『칼 야스퍼스, 비극적 실존의 치유자』(철학과현실사, 2008)는 야스퍼스 철학을 통해 제기되는 다양한 철학적 문제들을 일반인들이나 철학 전공자들에게 소개하고자 출간된 것이다. 이러한 취지에서 기획된 이 책은 「실존적 사귐과 현실적 실존의 구현」(정영도), 「실존과 초월: 실존조명의 방법론」(신옥희), 「야스퍼스의 니체 해석」(백승균), 「죄책을 짊어지는 실존」(박은미), 「야스퍼스의 비극이해」(홍경자), 「세계철학의 두 유형: 플로티노스와 야스퍼스」(최양석), 「온전함을 향한 사유운동: 야스퍼스에 있어서 의학과 철학의 종합」(이진오), 「야스퍼스와 가다머의 의철학: 기술학이 아닌 해석학으로서의 의학」(박남희), 「야스퍼스와 종교간 대화의 문제」(이원재) 등 9편의 논문으로 구성되어 있다.

2011년 봄 출간 예정인 두 번째 단행본 『야스퍼스와 사유의 거인들』은 야스퍼스와 영향을 주고받은 주요 철학사상가들을 정리해 주고, 야스퍼스 연구의 최신 동향을 소개하는 것을 목표로 하고 있다. 특히 이 단행본 출간에는 국내 야스퍼스 연구자들뿐만 아니라 해외 연구자들도 참여함으로써 국내외 야스퍼스 연구 동향을 단편적으로나마 비교할 수 있게 하였다. 이 책에 투고한 국내외 필자들의 규모와 주제의 다양성 그리고 연구의 전문성으로 볼 때 이 책은 한국에서 야스퍼스 연구의 새로운 시작을 알리는 징표가 될 수 있을 것으로 기대된다. 그 주제를 살펴보면 다음과 같다. '야스퍼스의 초월자와 노자의 도에 대한 이해방식의 공통성'(정영도), '믿음의 확정으로서의 철학적 사유: 야스퍼스와 플로티노스 비교를 중심으로'(최양석), '야스퍼스의 칸트 <영구평화론> 해석: 폴커 기르하르트, 위르겐 하버마스와 대비하여'(백승균), '짐멜과 야스퍼스에서의 삶과 정신의 문제'(홍경자), '야스퍼스의 정신병리학적 현상학과 후설의 현상학'(이진오), '무엇을 위한 투쟁공동체인가?: 초기 하이데거와 야스퍼스 논쟁'(김인석), '야스퍼스와 하이데거의 관점에서 본 과학기술시대의 예술의 역할'(신옥희), '정치적 자유와 실존적 자유: 아렌트와 야스퍼스의 자유개념에 관하여'(박혁), '반나치주의 철학: 한나 아렌트와 칼 야스퍼스'(람브레히트), '의사소통과 실존적 상호소통: 하버마스와 야스퍼스의 소통 개념에 관하여'(박은미), '실존적 예술로서의 철학실천: 프랑클과 야스퍼스의 친근성'(핀츠).

위 주제들 중에서 확인할 수 있듯이 최근 야스퍼스 철학은 그의 실존철학을 중심으로 정신병리학과 철학상담과의 관련성 속에서 새롭게 탐구되고 있다. 철학상담은 개인이 당면한 삶의 문제를 그 개인이 지니고 있는 사고 경향성의 문제로서 파악하고, 그 사고 경향성에 대해 비판적 사고를 적용할 수 있는 힘을 길러준다는 데 장점이 있다. 그런데 자신의 삶의 문제에 대해 비판적 사고를 적용하여 자신의 사고 경향성을 성찰하기 위해서는 인간의 삶의 실존적 조건에 대한 성찰이 무엇보다 먼저 수행되어야 한다. 이런 점에서 볼 때 야스퍼스 철학이 철학상담 운동에 기여할 수 있는 바가 많을 것으로 예측된다. 현대인들 문제 중 많은 부분은 삶의 의미를 상실한 데서 발생한다고 볼 수 있다. 야스퍼스의 실존철학을 정신의학에 접목하여 제3세대 정신의학으로서 '로고테라피(Logotheraphie)'를 창안한 프랑클이 수많은 임상적 경험을 통해 확인해 주었듯이 야스퍼스 철학은 인간의 삶의 실존적 조건을 성찰하게 함으로써 삶의 의미를 정립해 나가는 것을 뒷받침할 수 있는 철학이다.

야스퍼스는 이미 1930년대에 프로이트 식의 정신분석학의 한계를 날카롭게 비판하고 나아가 현대의 과학만능, 거대한 규모의 기술만능의 시대에 새롭게 요구되는 이성은 무엇이며, 개별자의 실존과 조화를 이루는 이성은 어떤 것인지 규명한다. 이런 의도에서 야스퍼스는 정신분석학이 다른 사상을 배척하는 폭력적인 성향과 심리적 신화를 조성하고 과학 연구를 세계관으로 간주하여 마침내는 과학 자체를 미신화하고 있다고 비판했던 것이다. 이러한 비판을 통해 그는 정신분석학이나 심리학이 인간을 유형화하여 실존성을 박탈하는 것에 맞섰다. 야스퍼스 사상이 지닌 이상과 같은 특징으로 인해 그의 사상이 정신과 상담이나 심리상담을 대체할 수 있는 철학상담의 기초 원리들을 제공할 수 있을 것으로 기대된다. 본 학회의 소장 연구자들은 이러한 전망을 가지고 야스퍼스의 실존철학과 형이상학은 물론이고 철학적 논리학 내지 진리론 등을 철학상담과의 관련성 속에서 탐구할 예정이다.

한국여성철학회

김혜숙(한국여성철학회 4대 회장)
신정원(한국여성철학회 연구이사)

한국여성철학회는 2008년 7월 27일부터 29일까지 제13회 세계여성철학회(International Assoziation der Philosophen: IAPh) 심포지엄을 이화여자대학교에서 개최하였다. '다문화주의와 여성주의(Multiculturalism and Feminism)'를 주제로 열린 이 대회는 아시아 지역에서 열린 첫 번째 세계여성철학자대회였다. 2년마다 열리는 IAPh 심포지엄은 원래 소수의 독일 여성철학자들이 시작한 모임으로 유럽을 중심으로 대회를 개최해 왔다. 1998년 세계철학대회가 미국 보스턴에서 열렸을 때 IAPh도 바로 직전에 대회를 개최하였고, 이것이 유럽 바깥 지역에서 개최된 첫 번째 심포지엄이었다. 이 당시 필자를 비롯하여 몇몇의 한국 여성철학자들이 세계철학대회와 함께 IAPh 대회에 참여했다.

10년 뒤, 세계철학대회가 서울에서 열리게 된 것을 계기로 한국여성철학회에서는 세계여성철학자대회를 세계철학대회와 연이어서 서울에서 개최하는 것이 좋겠다는 의견을 수렴하였다. 그리고 2007년 5월 암스테르담에서 열린 IAPh 이사회에 참석하여 서울 대회 개최에 관한 동의를 얻었다. 대회의 주제는 한국여성철학회가 제시한 '다문화주의와 여성주의'로 결정되었다. 우리로서는 동양과 서양의 여성철학자들이 함께 모이는 첫 번째 대회로서의 의의를 살리고자 하는 의도가 있었고, 아시아 여성철학자를 비롯한 비서구권 여성철학자들의 참석을 유도함으로써 서구 중심의 여성철학 논의를 다양화시키고자 하는 의도가 있었다. 이를 위해서 아시아 지역 여성철학자들 간의 네트워킹과 대화가 중요하다는 판단 하에 2007년 7월에 아시아여성철학자대회를 이화여자대학교에서 개최한 바 있다. 이 대회에는 일본, 대만, 홍콩의 여성철학자들이 참석하였고, 아시아 여성철학자들 간의 교류가 좀 더 활성화되어야 한다는 데 공감대를 형성할 수 있었다.

서구 여성주의 철학의 출발은 울스턴크래프트(Mary Wallstonecraft, 1759-1797)의 *A Vindication of the Rights of Woman*(1792)에서 이루어지고 있는 여성의 정치적, 경제적 평등권에 관한 주장에서 찾을 수 있을 것이다. 1789년 프랑스 대혁명은 유럽 사회에 인간 평등에 관한 사상을 유포시켰고, 인간 평등론은 당시의 신분질서 안에서 누리던 지배계층과 문화 엘리트 계층, 남성 가부장의 우월적 지위를 위협하는 것으로 간주되기도 했다. 칸트와 같은 철학자도 집안 내 가부장의 우선적 권리를 논증하고자 애썼으며, 영국의 에드먼드 버크는 노골적으로 인간 불평등론을 펼쳤고 여성의 평등권을 부정했다. 버크와 같은 사람이 평등론의 확산으로 우려했던 것은 전통적 귀족계층의 지적, 예술적 엘리트주의의 붕괴로 말미암는 문화의 후퇴였다. 이러한 경향에 반기를 들고 나선 것이 급진주의 사회주의자들과 울스턴크래프트와 같은 여성이었다. 자유주의 여성주의 철학은 이렇게 인간 평등론으로부터 출발하였다.

서구의 자유주의 여성주의 철학은 이후에 사회주의 여성주의, 급진적 여성주의, 포스트모던 여성주의 등의 등장과 더불어 변화를 겪었다. 한국에서 여성주의 철학 논의는 대체로 서구 여성주의 철학의 진개에 관한 것이거나 그 안에서 설정된 철학적 의제를 중심으로 한 것이었다. 한국에서 철학을 하는 여성들이 갖게 되는 어려움은 한국 학계의 가부장적 권위주의 내 소수자 위치로 인해 생겨난다. 철학은 동양과 서양을 막론하고 대표적 남성 담론으로 간주되어 왔다. 이성적, 논리적 사고 능력에 있어서 여성은 남성보다 열등하다는 생각, 여성이 무엇인가를 깊이 사유하고 논쟁하고 주장하는 일은 여성답지 않다는 생각은 여성 스스로도 철학을 기피하도록 만들었다. 1993년 전국을 통틀어 대학에 여성 철학교수가 열 명도 채 안 되었을 당시 여성철학연구회를 만들어 독회를 시작한 것이 한국여성철학회의 출발이었다. 서구 여성주의의 연구가 사회과학, 문학을 넘어서 철학 안에서 활발히 논의되고 있던 상황에서 여성철학자들 간의 친목 모임을 넘어 여성주의 의식을 공유하는 철학연구자들이 모여 공부를 하자는 취지로 연구회는 만들어졌고, 그런 취지 하에서 한동안 운영되었다. 그러다가 1997년 4월 당시 이화여자대학교의 신옥희 교수를 회장으로 모시고 한국여성철학회가 출범하게 되었다.

한국여성철학회에서는 다른 학회와 마찬가지로 월례회와 학술대회 등을 개최하였으나, 학회에 참여하는 여성철학자들이 대개는 여성주의 철학을 겸업 형식으로 연구하고 있었다. 즉 자기 전공 영역이 있는 한편으로, 개인적 관심 하에 과외로 여성주의 철학을 연구하고 논문을 쓰는 상황이었던 것이다. 이런 상황은 지금도 마찬가지이지만, 그래도 지금은 여성주의 철학으로 박사학위 논문을 쓴 사람도 몇 명 생겨났고 여성주의 시각에서 학위 논문의 일부를 구성하는 일도 생기게 되었다. 자신의 세부 전공 영역을 넘어서 다른 영역을 새롭게 공부하고 연구하는 일은 사실 많은 에너지와 헌신을 요구하는 일이었고, 학회 일을 적극적으로 하는 회원들의 경우에는 자신의 시간을 할애해야 했다. 모든 일들이 그러하듯 초창기 회원들의 헌신적 노력이 한국여성철학회의 오늘을 만드는 데 기여했다. 한국여성철학회 초창기에는 회원들의 열의가 넘쳐났고, 다른 곳에서는 이야기할 수 없는 것들, 다른 학회에서는 존중받지 못하는 주제들을 철학적으로 주제화하는 데 대한 기쁨으로 힘든 줄도 모르고, 자기 시간을 빼앗긴다는 생각도 없이 열심히 학회에 참석하여 밤늦도록 토론의 시간을 가졌다.

여성철학회의 월례 모임을 가지면서 우리들이 항상 갖게 되는 문제의식은 서구 여성주의 철학으로부터 독립하여 어떻게 한국 여성주의 철학의 입지를 만들 것인가로 집중되었다. 이 땅에서 서양철학을 전공하는 이들은 한국에서 서양철학을 연구하는 일의 의미와 의의에 대해 끊임없이 생각하게 된다. 이는 철학만의 특이한 현상은 아닐 것이다. 그러나 한국의 여성철학자들에게 이 문제는 좀 더 첨예하게 느껴진다. 왜 그럴까?

여성주의 철학은 애초에 철학이라는 담론을 지배하는 남성 중심성을 극복하자는 것이고, 철학이 내세우는 인간 본성 및 세계에 관한 보편적 진리란 것이 사실은 남성 관점을 반영하는 반쪽짜리라는 문제의식에서 출발한 것이었다. 이 문제의식에 충실하자면 한국여성철학에서 '여성'철학도 매우 중요한 관점을 제시하지만 '한국'이라는 지형적 특이성도 매우 중요한 시사점을 갖는 것이다. 즉 우리가 '철학'이라고 규정하는 것이 실상은 '서양철학'으로서 서양철학자들이 설정한 문제와 연구의 틀 안에서 이루어지고 있기 때문에 한국의 여성철학자들은 이러한 이중의 문제를 고민하지 않을 수가 없는 것이다. 진리를 관점이나 인간 경험의 맥락과 연관시키고자 하는 여성철학 내의 일반적 경향에 비추어보았을 때, 논리의 일관성을 유지하려면 한국 여성으로서의 경험도 매우 중요한 철학적 출발점을 구성하는 것이다. 따라서 한국여성철학은 단지 여성의 관점뿐만 아니라 한국의 관점 또한 고려하지 않을 수 없는 것이다. 이러한 문제의식 하에 여성철학회 회원들은 한국의 여성 삶과 연관된 한국 문화의 맥락과 사상과 종교, 역사의 맥락을 철학적 방식으로 재사유화하고자 노력하였다. 이것의 결과물들이 학회지와 학술대회 자료집의 형태로 나와 있으며, 2006년부터는 한국여성사학회, 한국여성문학회와 함께 공동으로 여성주의 인문학

학술대회를 2년마다 개최하고 있다.

2007년 7월에 개최된 아시아여성철학자대회에서는 서구 여성주의 철학에 대해서 아시아 여성주의 철학이 가능할지, 아시아 여성철학자들 간의 공동 의제를 개발할 수 있을지에 관한 논의가 있었다. 아시아 여성들의 경험은 종교 전통과 매우 밀접한 연관을 갖고 있기 때문에 학술대회에서는 유교, 불교, 이슬람교 등의 종교 전통 안에서의 여성 삶에 관한 철학적 반성이 이루어졌다. 근대 아시아 여성의 경험은 일본 제국주의의 발호와 그 피해자 국가 여성의 문제로 압축되는 것으로 보였다. 제국주의와 식민지 여성 경험의 문제는 아시아의 현재를 바라보는 중요한 시각을 구성할 수 있을 것으로 보이지만, 일본 여성은 이 문제 범주로부터 벗어나 있다. 아시아 여성 경험을 모든 면에서 하나로 묶는 일은 사실상 불가능한 일이다. '아시아적임', '아시아적 가치'와 같은 개념 또한 많은 불분명성을 내포하고 있기 때문에 정의하기 어렵다.

2008년 7월의 세계여성철학자대회에서는 글로벌 페미니즘이 과연 가능할 것인가가 하나의 관심 주제였다. 기조 강연자 중 한 사람이었던 로지 브라이도티는 부시 미대통령의 이라크 공격에 대해 여성철학자들 간의 연대를 통해 항의함으로써 의제에 따른 공동의 전선으로서의 글로벌 페미니즘 가능성을 제시하기도 하였다. 이번 세계여성철학자대회는 국외에서 약 100명 정도가 참여하였고 국내에서 250명 정도가 참여하였다. 3일 간의 대회 기간 중 동시적으로 진행된 세션들 안에서 다양한 언어를 통한 다양한 논의들이 진행되었다. 세션의 주제는 '지구화와 여성', '전통과 현대', '여성주의와 과학철학', '과학기술과 여성', '문화와 표상', '여성의 자기이해'와 같은 것들이 있었다.

세계여성철학자대회는 크게 다섯 종류의 세션으로 구성되었다. 이번 서울 심포지엄은 점점 더 전 세계인들에게 현실로 다가오고 있는 다문화주의 하에서 여성주의와 여성철학이 어떤 새로운 돌파구를 찾을 것인지를 논의하는 데 초점을 두었다. '다문화주의와 여성주의'라는 대 주제는 30여 개 국의 여성철학자들이 각각 다른 문화적 조건들을 바탕으로 경험하고 있는 여성철학적 문제들을 토론의 장 안으로 들여오는 데 좋은 통로가 되었으며 기조연설과 KWDI 특별 세션, 일반 세션에서 각 발제자들은 자신들의 문화적 배경과 현실의 경험, 그리고 철학적 사유가 결합된 다양한 논의들을 창출해 냈다.

플레너리 세션은 유럽, 미국, 아시아, 아프리카를 대표하는 여성철학자들의 기조 강연으로 구성되었으며 7월 27일과 28일 이틀에 걸쳐 강연이 진행되었다. 이번 심포지엄의 주제인 '다문화주의와 여성주의'에 대해 전 세계 여성철학자들의 열띤 토론을 열어주는 초청 강연으로서 각 대륙을 대표하는 여성철학자들은 논의의 초석이 되는 논제들을 제시하였다. 신옥희 교수(한국)의 「화해와 조화의 윤리학: 다문화적 지구적 미래를 위한 하나의 이념으로서」, 로지 브라이도티 교수(호주/이탈리아)의 「시대를 거슬러: 페미니즘에서의 탈세속적 전회」는 첫날 심포지엄의 전체 주제를 아우르면서 화해와 조화 그리고 새로운 전환을 위한 필요성을 제안했다. 제2일의 알베르틴 취빌론디 능고이 교수(콩고)의 「아프리카 여성운동의 출현: 정체성과 권리에 대한 연구」와 린다 마틴 알코프 교수(미국)의 「전 지구적 틀 안에서의 성폭력 담론」은 좀 더 구체적인 영역에서 다문화주의적 논의의 필요성을 성찰하는 데 촉매제가 되었다. 플레너리 세션은 여성주의와 다문화주의 이론과 실천의 복잡한 관계에 관한 철학적 분석을 제시했을 뿐 아니라 근본적으로 서로 다른 사회, 문화, 정치적 맥락에 처해 있지만 세계화로 인해 점차 연결되고 있는 전 세계 여성들 사이의 공통성과 차이에 관해 심도 있는 논의를 이끌어냈다.

한국여성정책연구원의 후원으로 구성된 KWDI 특별 세션은 '여성, 가족 그리고 일'이라는 주제로 일과 가족의 양립의 과정에서 여성들이 겪는 갈등과 해결 방안들, 정책의 필요성, 이론적 논의들에 대한 초청 강연과 토론으로 구성되었다. 이 세션은 한국여성철학회와 한국여성정책연구원의 협력에 의해 주제 선정과 연사 섭외 등의 모든 과정이 이루어졌다. 초청 연사는 김세서리아(한국), 차오-쥐 천(대만), 사키코 기타가와(일본), 스완나 사타-아난드(태국), 메리 니안차마 게투이(케냐), 김혜영(한국), 장혜경(한국) 총 7명이었으며, 각 논문들은 발표자들이 속한 문화에서 서로 다르게 나타나고 있는 여성과 가족, 일 사이의 갈등 양상에 대하여 생생하고 흥미로운 철학적 분석을 제시했다.

철학대회의 핵심인 일반 분과는 논문 심사를 거쳐 선정된 전 세계 각국의 여성철학자들의 논문이 총 16개 세션으로 나뉘어 발표되었으며, '페미니즘과 과학철학' 세션은 한국여성철학회와 한국과학철학회가 공동으로 구성하여 여성주의와 다문화주의 그리고 과학철학 사이의 교차점에 대한 토론을 벌였다.

이 세션들에서 여성철학자들은 여성주의가 직면하고 있는 다양한 불평등과 차별을 확인하고 그에 대한 해결책을 철학적으로 논의하는 데 기여했다. 논문의 모집 과정에서 이와 같은 문제의 지형에 대하여 조직위원회는 크게 여섯 가지 논의의 범주를 제시했다.

(1) 현대의 다양한 사회 문화 속에서의 여성의 자기 이해에 관한 검토

(2) 가족 형태들이 여성의 삶에 미치는 영향과 역할에 관한 비판적 반성

(3) 전통의 보존과 현대화의 과정, 그리고 그 긴장이 다양한 사회 역사적 맥락에 처한 여성의 삶에 끼치는 영향에 관한 검토

(4) 세계화의 과정, 세계화의 과정과 특정한 형태의 여성 불평등의 교차, 새롭게 등장하는 세계적 혹은 초국가적 여성운동이 직면한 딜레마에 관한 논의

(5) 여성 신체의 통합성과 사회적 자율권을 위협하는 생명의료적

실행 및 그 밖의 과학과 기술의 사용에 관한 논의

(6) 다양한 형태의 재현과 자기표현을 통하여 예술, 종교, 미디어에서 여성의 이미지를 산출하는 문화적 규범의 다양성에 관한 분석

각 발표자들은 이 여섯 범주 가운데 본인이 주목하는 연구 영역을 선택하여 구체적인 연구 결과를 발표했으며, 이 논의들은 여성주의의 새로운 쟁점 모색, 다문화적 현실에서의 여성주의의 확장을 촉진하는 것이었다. 일반 세션의 열띤 논의들은 여성주의의 다양성을 반영하면서도, 다양한 경험들을 바탕으로 여성들 간의 차이에 의해 제기된 쟁점들에 주목하여, 여성의 삶의 조건을 억압하고 여성의 존엄성을 부정하는 불평등과 차별에 대한 해결책을 모색하는 데 기여했다.

29일 오전의 라운드테이블은 이틀간의 성과를 정리하고 의미를 평가하는 세션으로서 'Dialogues among women philosophers from diverse cultures'라는 주제로 두 세션이 열렸다. 라운드테이블 1은 아시아, 아프리카, 이슬람권의 여성들 사이의 차이에 주목하면서 이상화 교수(한국)의 사회로 디아 아리아니 아림비(인도네시아), 에바 키트와 만(홍콩), 메리 니안차마 게투이(케냐), 라시다 악다르 카넘(방글라데시) 4명의 발제와 토론이 있었다. 라운드테이블 2는 동서양의 차이에 주목하여 김혜숙 교수(조직위원장, 한국)의 사회로 앤 게리(미국), 테레사 T. 파용아용(필리핀), 베로니카 바스털링(네덜란드), 비바 짜뚜르베디(인도)의 간략한 발제와 토론이 진행되었다. 각 발제자들은 이틀간 각 세션들에서 다루어진 논의를 바탕으로 각 문화권, 각 국가마다의 차이에 주목하면서도 여성주의적 논의의 접점을 찾아내어 가능한 대안들에 접근하려 시도했으며 더 심도 있게 다루어져야 할 부분들에 대한 제안들이 이어졌다.

학술대회의 마지막은 미래의 여성철학자들을 발굴하는 세션으로 구성되었다. 이 세션은 학부생과 대학원생의 논문 가운데 심사를 거쳐 선정된 8명의 우수 논문을 발표하는 기회였다. 해외 학생들의 참여를

독려하기 위하여 이 세션 참가 학생들의 체재비를 조직위원회에서 지원하였으나 갑작스런 유가 상승으로 인한 항공료 인상으로 인해 몇몇 학생들이 참가하지 못하게 되었다. 학생들의 논문은 기성 철학자들과는 달리 거친 점이 있었으나 21세기 여성의 삶과 도전에 대한 참신한 철학적 분석을 제시하여 새로운 철학의 경향을 예측할 수 있게 해주었다.

이번 대회의 특징은 아시아, 아프리카, 이슬람과 같은 비서구권의 여성철학자들과 서구권의 여성철학자들이 만나서 지역을 넘어서는 여성 경험의 공통성에 대한 의식을 갖게 되었다는 점이다. 대체로 세계 어떤 지역의 여성이든 그들의 경험에는 차별과 억압과 폭력의 문제가 개입되어 있는 것으로 보인다. 이것이 여성주의와 여성주의 철학을 가능하게 한 출발점이 되었던 것이지만, 놀라운 것은 21세기라는 시점에서도 여전히 여성에 대한 다양한 종류의 억압이 도처에 존재한다는 점이었다. 민주주의 이념의 확산, 개인의 자유에 대한 믿음의 증가와 같은 요인으로 이를 극복하기 위한 많은 노력이 이루어지고 있다는 점은 고무적인 일이지만, 우리의 관념과 언어, 오래된 기억에 내재된 성별 정치학은 다양한 문화 안에서 매우 뿌리 깊은 것이었다. 이러한 점은 한국여성정책연구원과 공통으로 기획한 '가족, 여성, 일'에 관한 세션에서도 확인되었다.

가족의 문제는 전 세계 모든 여성들의 삶을 관통하는 중요한 철학적 주제가 될 수 있을 것으로 전망된다. 특히 가족 전통이 강한 아시아 여성철학자들 간의 철학적 대화를 이끌 수 있는 주제가 될 것이다. 동경대학의 기타가와 교수는 일본 문화 안에서 가족이 갖는 의미를 논하면서, 근대 일본에서 '가족'은 군국주의를 강화하는 수단으로 이용되었던 점을 지적하였다. 이러한 문제는 한국과의 비교적 관점에서 검토를 한다면 흥미로울 것이라 생각된다. 아시아 문화 내, 특히 유교문화 내에서 가족은 죽은 자에 대한 경배와 제례 등을 통해 매우 강력한 종교적 이념틀로 작용하였다. 이런 상황에 대한 성찰은 우리 삶에 대한 철학적 성찰의 기회를 제공할 것으로 기대된다.

가족과 결혼, 출산, 가사노동은 전통적으로 여성 경험을 가장 강력하게 규정하는 것들이다. 이들에 관한 철학적 성찰은 다양한 방식으로 이루어질 수 있을 것으로 보이며 이에 관한 아시아 여성철학자들의 논의를 통해 여성철학의 논의들은 좀 더 풍부해질 것으로 생각된다. 이 외에도 여성성과 여성의 존재에 관한 형이상학적 규정, 여성의 덕윤리, 아시아적 가치의 문제뿐만 아니라 종교 전통과 여성, 오늘날 아시아 여성이 처해 있는 상황에 대한 철학적 성찰, 전 지구화된 환경 안에서 그 어느 때보다도 더 강도 높게 성적 대상화되어 가고 있는 아시아 여성의 상황 등도 공동의 의제로 개발될 수 있을 것으로 생각된다. 아시아 여성철학자들 간의 지적 연대가 형성된다면 이를 바탕으로 아프리카, 아랍, 라틴아메리카와 같은 비서구 문화권의 여성철학자들과의 네트워킹을 모색할 수 있을 것이다. 이러한 네트워킹이 전 지구적으로 구축될 수 있다면 그때에는 의미 있게 '전 지구적 여성주의 철학(Global Feminism)'의 가능성을 논할 수 있을 것이며, 그 실제적 모습 또한 그려볼 수 있을 것이다.

세계여성철학자대회 마지막 날에는 '비서구권 여성철학자들 간의 대화'와 '동양과 서양 여성철학자들 간의 대화'가 라운드테이블 형식으로 진행되었다. 여기서 아프리카, 이슬람 지역의 여성철학자들의 이야기를 들을 수 있었으며, 문화적 차이를 넘어서서 어떻게 대화할 것인가, 각 지역에서 여성과 관련한 문제를 어떻게 철학적으로 주제화할 수 있을 것인가의 문제를 갖고 토론을 진행하였다. 제1세계 여성철학자들의 관심과 제3세계 여성철학자들의 관심은 다를 수밖에 없을 것이다. 아직도 가난과 질병, 문맹이 문제가 되고 있는 사회에서 여성의 교육과 여성 자의식의 고양은 가장 시급한 과제가 되고 있는 듯이 보였으며, 이는 우리나라 1960-70년대 여성들의 상황과 유사한 것으로 생각된다. 한국은 이들 제1세계와 제3세계를 매개하는 역할을 할 수 있을 것이다. 두 세계 경험과 기억을 모두 갖고 있는 한국 여성철학자들은 여성주의 철학 안에서 식민주의, 탈식민주의의 문제를 다룰 수 있을 것이며, 오늘날 지구화된 환경 안에서 자본주의와 포스트모던 사회가 우리에게 던지고 있는 인간 욕망과 몸의 문제를 주제화할 수 있으리라는 생각을 했다.

이 외에 미래의 젊은 여성철학자들을 위하여 마련된 학생 세션에서도 국내외의 여러 대학원생들이 참여하여 스스로 발표와 토론, 사회를 진행하면서 의미 있는 시간을 가졌다. 이로써 지역과 세대를 잇는 여성철학자들의 지적 향연이 막을 내렸고 2년 뒤 캐나다에서의 만남을 약속하면서 끝을 맺었다. 2박 3일 간의 짧은 기간이었지만, 비슷한 문제의식을 공유한 사람들끼리 '행복한' 시간을 가졌다고 생각한다. 준비하는 과정에서 힘이 들었던 점이 있었으나, 그만큼 보람되고 의미 깊은 경험이었다. 한국여성철학은 세계여성철학자대회를 기화로 해서 아시아 지역은 물론이고 타 지역과의 소통을 더욱 활발히 할 수 있을 것으로 기대된다.

국제학술대회를 성공적으로 치러냈다는 성취감에 젖어 있기에는 한국여성철학회에는 남은 과제들이 훨씬 많다. 참여했던 많은 여성철학자들이 서로의 존재와 문제의식을 확인했으며 더 논의되어야 할 과제들을 안고 돌아갔다. 한국여성철학계의 입장에서도 이 성과들을 어떻게 다음의 학술 활동으로 집약할 것인지, 여성철학자들의 현실적인 차별에 대하여는 어떤 노력을 지속할 것인지는 계속되는 과제로 남아 있다.

여성철학자들이 처해 있는 현실은 전 세계적으로 어떤 공통의 경향이 있음이 국제적 교류로 확인되었다. 이번 학술대회에서 협력적 관계를 구축했던 세계여성철학회(IAPh)는 1974년에 독일에서 창립되었는데, 당시 독일 철학계의 여성차별에 대항할 네트워크를 구축할 필요에 의해 여성철학자들이 모이게 되었다고 한다. 창립 이후 세계여성철학회는 활동의 범위를 넓혀 전 세계 철학계에서 활동하는 여성의 인적 네트워크를 구축하며 여성주의적 철학의 가능성을 모색해 왔다. 세계여성철학회는 기존의 철학이 남성 중심으로 형성되어 왔음을 비판하고, 여성주의적 관점에서 철학을 재검토하고, 각 나라마다 독특한 형태로 존재하는 여성철학자들에 대한 차별에 문제를 제기하고 여성철학자들의 연구를 증진시키는 것을 목적으로 활동하고 있다. 한국여성철학회와 세계여성철학회는 지리적으로는 떨어져 있으나 활동의 목표와 방향에 있어서 상당한 일치를 확인할 수 있었다. 이런 일체감이 있었기에 이번 서울 심포지엄을 준비하고 개최하는 데 서로가 아낌없는 지원과 협력을 할 수 있었다고 생각된다.

제13회 세계여성철학자대회는 지금까지 한국여성철학회가 국내와 아시아 지역에서 여성철학의 담론을 형성해 온 연구 성과를 바탕으로 하여 이를 전 세계 여성철학자들의 교류로 확장하는 첫 계기가 되었다는 점에서 일차적인 의의를 찾을 수 있다. 한국의 신옥희 교수, 콩고의 알베르틴 취빌론디 능고이 교수, 이탈리아/호주의 로지 브라이도티 교수, 미국의 린다 마틴 알코프 교수, 이 네 기조연설자들뿐 아니라 학술대회에 참가하여 논문을 발표하고 토론한 350여 명의 여성철학자들은 이 학술대회를 명실상부하게 국제적인 학술 교류의 장으로 만들어주었다. 이 학술대회를 통하여 한국여성철학회는 지금까지 정립한 한국 여성철학의 정체성을 전 세계 다양한 문화권의 여성철학자들과의 학술적 교류를 통하여 재정립하는 계기가 되었으며, 이를 통해 한국 여성철학의 위상을 높이고 한 단계 성숙한 학문적 업적을 구축하는 데 도움이 되었다고 생각한다.

또한 제13회 세계여성철학자대회는 서구권의 밖에서 열린 첫 번째 세계여성철학자대회라는 점에서도 큰 의의가 있다. 그동안 전 세계적으로 주요 의제가 되고 있는 '다문화주의'와 '여성주의' 연구는 주로 서양 중심적 담론 안에서 이루어져 왔다. 이러한 상황에서 본 대회를 서울에서 개최한 시도는 동양과 서양의 여성철학자들이 서로 대등하게 토론하고 다양하고 새롭고 의미 있는 논의를 이끌어낼 수 있는 훌륭한 계기가 되었다. 한국은 아시아 지역에서 여성철학회가 조직되어 있는 유일한 국가로서, 본 대회를 개최함으로써 아시아 지역의 여성철학자들 사이의 교류에 중심적인 역할을 하고 있음이 세계 여성철학계에서 평가를 받게 되었을 뿐 아니라 국제 여성철학계에서 더욱 지도적인 위상을 갖게 되었다.

이번 세계여성철학자대회는 8월 5일부터 서울에서 열린 세계철학대회와 시기적으로 연계하여 열렸기 때문에 전 세계의 철학자들이 한국을 방문하여 철학적 논의를 확장할 기회를 더욱 풍부하게 했다고 생각된다. 1998년 보스턴에서 같은 시기에 순차적으로 열렸던 세계여성철학자대회와 세계철학대회 이후, 10년이 지난 2008년 서울에서 두 대회가 함께 유치되어 열림으로써 한국여성철학회뿐 아니라 한국 철학계 전체의 국제적 위상을 높이는 데 큰 기여를 했다고 생각된다.

대회의 성공적인 개최에도 불구하고 유치 과정과 개최 과정에서 분명하게 확인된 현실은 전 세계의 철학계에서 여성들은 아직도 소수자이고, 주변화되어 있으며 그들의 활동을 넓혀 나가기가 쉽지 않다는 점이다. 특히 아프리카, 이슬람권, 아시아 여성철학자들과의 교류는 그들의 존재를 알아내기조차 쉬운 일이 아니었으며 유네스코에서 작성한 세계 여성철학자들의 이메일 리스트의 도움을 받았음에도 수월한 일이 아니어서 더욱 소중한 성과라고 생각된다. 앞으로 지속적인 연구와 교류를 통하여 한국여성철학회는 여성철학의 문제의식을 아시아권을 넘어서 전 세계의 여성철학자들과 함께 반성하고 공유하는 계기를 지속적으로 마련해야 할 것이다.

한국역사철학회

안건훈(한국역사철학회 회장)

1. 창립과 연혁

한국역사철학회는 2003년 7월 3일에 창립준비를 위한 모임을 가졌으며, 2003년 9월 23일에는 창립총회와 더불어 회칙(4장, 15조, 부칙으로 구성)이 통과되었다. 본 학회의 주요 사업계획으로는 '연구 발표 및 토론회', '학회지 발간', '역사철학 연구에 필요한 자료의 수집 및 발간', '역사철학에 관한 책 번역'을 채택하였다. 이 학회는 회원, 준회원 그리고 명예회원으로 이루어진다. 회원은 박사과정 이수 중인 자 이상이나 대학의 교원으로 본 학회의 설립취지에 찬성하고 이사회의 승인을 얻은 사람으로 한다. 준회원은 본 학회의 설립취지에 찬동하고 이사회의 승인을 얻은 사람으로 한다. 명예회원은 본 학회의 발전에 도움을 준 개인 또는 단체로 이사회에서 선임한다. 이 학회는 임원으로 회장, 이사(총무, 연구, 편집, 섭외), 감사, 간사를 두며, 그 임기는 2년이며, 연임할 수 있다. 한국철학회로부터 분과학회 가입 승인은 2004년 2월 23일에 있었으며, 한국연구재단에도 등록했다. 임원들로는 안건훈(회장), 김경수(총무이사), 설헌영(섭외이사), 양해림(편집이사), 박성수(연구이사), 유성선(감사) 선생이 창립 후 지금까지 일해

오고 있으며, 현재 40여 명의 회원으로 구성되어 있다. 현 학회 주소는 강원도 춘천시 효자 2동 192-1(강원대학교 철학과 내)이다.

2. 학술 활동

1) 연구발표회

그동안 있었던 한국역사철학회의 대표적인 학술 활동으로는 2003년 11월 11일 제1회부터 지금까지 19회에 걸쳐 개최한 연구발표회를 들 수 있다. 각 발표회의 발표 제목과 발표자는 다음과 같다.

제 1 회(2003. 11. 11) : 역사에서 인과성문제(안건훈)
제 2 회(2004. 3. 9) : 벤야민의 역사철학테제의 변증법적 재구성: 시간과 공간 그리고 마르크스의 현실변증법과 연관하여(김경수)
제 3 회(2004. 5. 11) : 사마천의 승폐통변의 방법(남상호)
제 4 회(2004. 9. 21) : 푸코의 역사이해(고승규)
제 5 회(2004. 12. 14) : 성 아우구스티누스의 역사인식과 윤리(김대식)
제 6 회(2005. 4. 12) : 역사에서의 연속성과 시간성의 문제(이선관)
제 7 회(2005. 10. 11) : 역사의 흐름에서 본 민족통일방향(조인형)
제 8 회(2005. 11. 22) : 소서노(召西弩)의 삶과 『삼국사기』 역사철학의 탈자연화(연희원)
제 9 회(2006. 2. 18) : 화이트헤드의 역사철학(정윤승)
제10회(2006. 5. 3) : 한국에서의 민족사관(안건훈)
제11회(2006. 10. 11) : 순록치기가 본 조선, 고구려, 몽골(주채혁)
제12회(2007. 2. 14) : 헤겔의 논리와 역사(김경수)
제13회(2007. 7. 11) : 변증법과 아이러니의 계보연구를 위한 하나

의 초고(김선희)

제14회(2007. 11. 19) : 역사에서 '증거'와 '설명': 논증을 중심으로 (안건훈)

제15회(2008. 2. 26) : 에도(江戶)시대의 유교사상과 고가쿠(古學)의 일본정신(신현승)

제16회(2008. 7. 8) : 통일선언문의 필요성과 그 내용(조인형)

제17회(2008. 11. 17) : 낭만주의의 역사관(김인수)

제18회(2009. 3. 27) : 슈펭글러의 문화유기체적 역사관: 『서구의 몰락』을 중심으로(양해림)

제19회(2009. 12. 2) : 중국 절동사학(浙東史學)의 계보와 유종주(劉宗周)의 사서(史書) 편찬(신현승)

그동안 연구발표회에서 발표된 논문 내용을 분석, 정리하면 우선 역사학의 기초와 관련된 것을 다룬 논문으로 안건훈(2003)의 「역사에서 인과성문제」, 이선관(2005)의 「역사에서의 연속성과 시간성의 문제」, 안건훈(2007)의 「역사에서 '증거'와 '설명'」을 들 수 있다.

안건훈(2003)은 그의 발표 논문에서 '원인과 이유', '필연사관과 우연사관의 문제점', '인과성과 목적성'을 다루었다. 원인이라는 개념 속에는 일반적으로 이유라는 개념도 포함되어 사용된다는 것, 필연성이란 용어 대신에 '높은 가능성'이라는 표현이 필요하다는 것, 우연사로 여겨지던 것이 상당히는 그 원인이 밝혀진다는 것과, 역사에서의 자유의지 문제, 소위 역사법칙의 한계성 등을 다루었다. 인과성과 목적성에서는 카(E. H Carr)처럼 "역사의 연구는 원인의 연구이다."라고 일컫는 사람이 있는가 하면, 호이징가(Johan Huizinga)처럼 "역사적인 사고란 언제나 목적론적인 것이다."라고 말하는 사람도 있음을 지적하면서, 역사가는 '왜'라고 묻는 동시에 '어디로'라고 물으면서 역사를 연구해야 하는 것으로 정리했다.[1)]

이선관(2005)은 발표 논문 「역사에서의 연속성과 시간성의 문제」에서 역사가들의 주된 실천적 과제는 문헌의 확증, 연구, 비판을 토대로, 확정된 사실들 및 사건들 사이에 성립할 연관성을 기술함으로써, 사실들과 사건들에 특정한 의미의 해석을 부여한다고 했다. 그래서 역사학의 과제는 사실이나 사건들의 기원 및 출처에 대해 확인하고(역사연구, Geschichtsforschung), 그것들을 특정한 연관성에 따라 이해하고 해석하는(역사서술, Geschichtsschreibung) 데 있다. 이어서 그는 역사에서의 연속성은 인간존재의 목적론적인 특성에 근거해서 부단히 시성하는 시간의식의 양태들의 시간적인 연속성을 가정한다고 했다.

안건훈(2007)은 「역사에서 '증거'와 '설명'」에서 우선, 증거 제시를 통한 주장은 후건긍정의 오류를 범하게 되므로 반박 가능성을 지니기 마련이지만, 그런 오류나 반박 가능성을 지닌다고 해서 증거의 역할이 축소되는 것은 아니며, 증거가 많으면 많을수록 역사에서의 주장은 그 확증 가능성을 높여 나감을 밝히기도 했다.[2] 이런 점에서 역사와 과학은 비슷한 면들이 있으나, 역사는 그 서술방식이 과학에 비해 일상언어적인 표현이고, 가치성을 띤 평가와 도덕적인 비전이 언급되는 경향이 있다. 이어서 D-N형 설명을 들어, 역사에서도 일반적인 경향을 나타내는 진술들을 찾아내어 그런 진술을 준법칙으로 채택하면서, 역사현상이나 사건을 설명해 보는 견해가 있는데, 주류적인 견해는 아니지만, 여전히 나름대로 의의 있는 견해임을 주장했다.

민족의 통일을 염원하면서 발표된 글로는 조인형의 「역사의 흐름에서 본 민족통일방향」(2005), 「통일선언문의 필요성과 그 내용」(2008)이 있다. 조인형은 발표한 글들에서, 제2차 세계대전 후 분단된 국가

---

1) 이런 발표 내용은 그 후 필자가 펴낸 『역사와 역사관』(서광사, 2007, 38-42쪽)에서 다시 정리되어 언급되었다.

2) 이 논문은 수정, 보완되어 『인문과학연구』 22집(강원대 인문과학연구소, 289-308쪽)에 실렸다.

들이 모두 통일되었음에도 불구하고, 오직 한반도만이 분단국가로 남아 있음을 지적하면서, 휴전선을 허물고 남북통일을 이룩하기 위해서는 다음과 같은 기본적인 통일관과 실천이 뒤따라야 함을 제시했다. 우선, '남북통일 기본 강령'으로는 '평화통일', '기본권 보장', '민족자결권'을 내세웠다. 이어서 '남북통일 실천 강령'으로는 '이념탈피와 상생', '사과와 화해', '인류의 보편적 가치추구', '비핵화', '4대강국의 협조와 주도적인 통일역량 발휘', '기득권 세력의 반성과 역할', '단호한 통일의지', '발전적, 미래지향적인 통일'을 내세웠다.

과거 우리나라의 국호를 이제까지와는 다른 견지에서 다룬 논문으로는 주채혁(2006)의 「순록치기가 본 조선, 고구려, 몽골」이 있다. 조선은 찾을 조(朝, chao: ～을 향하다) 자와 작은 산 선(鮮) 자의 모둠말로, 순록의 주식인 이끼류의 선(蘚)이 자라는 목초지인 선(鮮)을 찾아다니는 것을 뜻한다. 조선이라는 개념이 지니는 원래의 뜻은 '아침의 나라'가 아니라, '선(蘚)을 찾아 선(鮮)을 따라 나도는 순록 유목민의 겨레이름'이라는 점을 그는 지적했다. 고구려와 고려라는 이름도 그 어원적 분석을 가하면서 그 어원이 코리(高麗, Qori)인데, 코리도 다름 아닌 순록을 나타내는 이름이라는 것이다. 이처럼, 조선이나 고구려, 고려는 모두 몽골리안에 태반을 둔 동태적인 순록 유목민임을 나타내는 말에서 유래했음을 그는 주장했다.3)

연희원(2005)은 「소서노(召西弩)의 삶과 『삼국사기』 역사철학의 탈자연화」에서, 소서노는 과부였다가 주몽과 재혼하여, 조선사상 유일한 여성 창업자일 뿐 아니라 고구려와 백제 두 나라를 건설한 사람이었음을 신채호가 펴낸 『조선상고사』를 들어 인용하면서, 그녀의 주장을 펼쳤다. 논자의 주장에 의하면, 여성은 음의 성질도 양의 성질도

3) 이러한 그의 주장은 그의 논문인 「고구려는 '순록', 조선은 순록 '유목초지'!」(『흙살리기』 55집, 2004, 1쪽)에서, 그리고 그가 펴낸 『순록치기가 본 조선, 고구려, 몽골』(도서출판 혜안, 2007)에서도 펼쳐지고 있다.

지닐 수 있으며, 남성의 경우도 마찬가지라는 것이다. 소서노의 경우는 그녀의 정치적인 역할과 야망 그리고 재혼한 것을 보면, 오히려 양의 여인이라는 것이다. 김부식이 유교와 왜곡된 음양의 논리로 소서노와 여성들을 역사서에서 소외시켜 버린 것을 들어, 이런 김부식의 역사철학과 음양이론은 가부장적인 남성우월주의를 담은 편협한 이데올로기였음을 비판했다.

우리나라에서 찾아볼 수 있는 역사관들을 구명하고 정리하려는 논문도 있었다. 안건훈(2006)은 「한국에서의 민족사관」에서 박은식의 국혼론과 신채호, 정인보의 민족자주사관, 안재홍의 신민족주의론과 문일평의 국사대중화 노력, 최남선의 불함문화론, 홍이섭의 민족자주사관과 이기백의 한국사신론을 들어 그 특징과 문제점을 정리했다. 아울러 우리 민족이 현재 당면한 과제이며 세계인들의 숙제로도 남아있는 남북통일을 앞당기기 위해 민족사관은 여전히 그 시사하는 바가 큼을 주장했다.[4)]

개인이나 시대의 역사관을 발표한 논문 가운데 현대 이전의 것과 관련된 것으로는, 남상호(2004)의 「사마천(司馬遷)의 승폐통변의 방법」, 김대식(2004)의 「성 아우구스티누스의 역사인식과 윤리」, 신현승(2009)의 「중국 절동사학(浙東史學)의 계보와 유종주(劉宗周)의 사서(史書) 편찬」, 신현승(2008)의 「에도(江戶)시대의 유교사상과 고가쿠(古學)의 일본정신」, 김경수(2007)의 「헤겔의 논리와 역사」, 김인수(2008)의 「낭만주의의 역사관」, 김선희(2007)의 「변증법과 아이러니의 계보연구를 위한 하나의 초고」 등을 들 수 있다.

남상호(2004)는 그의 발표 논문에서, 사마천은 상고시대부터 그가 살던 시대까지 3천여 년 간의 각종 사료들을 확인하면서 기전체(紀傳體)의 형식으로 중국 최초의 통사(通史)를 서술한 사람임을 밝혔다.

---

4) 이런 발표 내용은 필자가 펴낸 『역사와 역사관』(175-194쪽)에서 다시 정리되어 언급되고 있다.

사마천은 올바른 역사의 모습, 마땅히 있어야 할 측면을 강조하면서 비판적인 측면에서 역사를 서술한 사람으로, 천리(天理)와 사리(史理)를 합일시켜, 사도(史道)를 구하려 했다. 그리고 그가 추구했던 사도는 바로 승폐통변(承蔽通變: 역사변천과정에서 나타나는 피로와 권태와 같은 폐단을 찾아내어 치유하면서, 시대의 변화에 통할 수 있도록 함)의 방법이라는 점이다.[5)]

김대식(2004)의 논문에 의하면, 아우구스티누스(St. Augustinus)는 역사를 선의 역사와 악의 역사가 서로 갈등하며 나아가는 변증의 역사로 파악하면서, 전자를 예루살렘의 도시를 형성하는 천상의 나라, 후자를 바빌론의 도시를 형성하는 지상의 나라에 각각 비유했다. 그는 사랑의 윤리라는 목적론적 윤리를 펼쳤다. 사랑의 윤리를 실현하는 것이 인간의 역사이고 신의 나라를 세워가는 길이라는 것이다. 그래서 그리스도인의 덕은 절대자를 사랑하고, 우리의 타자인 이웃을 사랑하는 데 있다.

신현승(2009)은 그의 논문을 '절동학술과 절동사학', '유종주의 사서편찬과 역사관'으로 나누고, 전자는 다시 '절동학술과의 관계성'과 '절동사학의 개산(開山)인가'로, 후자는 '사서편찬의 의미와 기록정신'과 '『중흥금감록(中興金鑑錄)』의 구성과 내용'으로 각각 나누어 서술하였다. 그는 '절동학술과 절동사학'이라는 키워드로 그 연원이자 계보에 관해 논의한 후, 그 계보 속에서 중심인물인 유종주라는 유학자의 사서편찬과 그 기록정신을 탐색하였다. 이어서 이 유학자의 기록정신에는 강한 중화주의적, 왕조주의적 역사관과 정통성에 대한 강한 자부심이 깃들어 있었다는 것을 확인했다. 그의 사서 기록에 내재되어 있는 기록정신의 배경에는 철저히 주관적 역사관과 정신이 깃들어 있었다는 것이다. 신현승(2008)은 신유교의 수용과 고가쿠(古學)의 학

5) 그가 발표한 이 논문은 2000년에 『공자학』 6집에 실린 것에 기초한 것으로, 승폐통변에 관한 서술은 특히 그 논문 10-11쪽, 18-22쪽에 상세화되어 있다.

문정신을 다루기도 했다. 그는 유교사상 중에서도 중국 송대(宋代) 이후에 발전한 신유교(주자학과 양명학)에 초점을 맞추고, 일본 지식인층이 어떻게 신유교를 인식하고 이해했는가에 초점을 두었다. 그 결과로서 일본에서는 신유교에 대한 초월과 극복으로서 고가쿠하(古學派)가 탄생되었다는 것도 기술하였다. 유교사상 가운데 양명학은 일본 사회에 긍정적으로 받아들여져 일본의 근대화 과정에서 메이지 유신의 사상 토대로서 그 이후 일본 사회에 많은 영향을 끼쳤다는 것이다. 이처럼 그는 일본 문화의 사상적 근원으로 중국 문화와 유교사상이 존재했으며, 이것이 거대한 타자(他者)로서 받아들여져, 초월과 극복의 대상이 되기도 하고, 때로는 일본 근세사회의 발전에 긍정적 요소로서 작용했다는 사실 등에 관해 주장을 펼쳤다.

김경수(2007)는 헤겔의 『역사철학강의』, 『정신현상학』의 내용을 들어 헤겔의 역사관을 논했다. 사변적인 역사철학을 대표하는 헤겔의 역사관은 주관정신에서 객관정신을 거쳐, 절대정신으로 옮아가는 철학체계로 파악된다. 그는 절대정신의 변증법적인 자기전개과정의 일환으로서 역사를 이해하면서, 그 구체적인 모습으로 객관정신으로서의 세계사를 들었다. 이처럼 절대자는 모든 것의 시원(始原)인 동시에, 모든 것을 포함하는 완성태이고, 모든 존재자는 이 절대자의 변증법적인 자기전개과정에서 나타나는 계기(繼起)일 뿐이라는 점이다. 세계정신의 자기전개과정과 더불어, 자유와 필연, 변증법, 헤겔에게서 찾아볼 수 있는 역사현상의 합리성 등이 발표 및 질의응답 시간에 언급되었다.

김인수(2008)는 낭만주의와 사관의 모순을 먼저 지적하였다. 헤겔을 중심으로 독일의 역사관은 진보(발전)론적 역사관이며, 근대의 슈펭글러가 주장한 퇴보(후퇴)론적 역사관 역시 진본론적 역사관의 변형에 지나지 않는다고 보았다. 낭만주의의 세계관은 이성(합리성)에 기초한 진보론적 역사관과는 대비되는 개념이라고 해도 과언이 아니라고 전제하고, 이 세계는 어떤 목표를 향하여 진보한다기보다는, '인간과 자연', '인간과 신', '민족과 국가'의 조화를 찾는다고 했다. 죽음이 곧 무가 아니라고 할 정도로 '삶과 죽음'도 우주(신의 품)에서 조화를 이룬다. 그러나 독일 낭만주의자들은 민족주의 정신을 고취하여 1780년까지 413개로 분열된 국가를 1871년에는 하나의 통일독일로 통합하는 데 결정적 역할을 했다. 20세기에 한때 나치즘이 독일 정신을 황폐화시켰지만, '나치 시대 다음 독일'과 '나치 시대를 뺀 과거 독일'을 연결시킬 수 있는 힘도 바로 낭만주의 정신이었다. 20세기 후반의 분단 독일을 통일 독일로 이끈 힘도 낭만주의 정신과 무관하다고 볼 수 없다. 이처럼 통일과정에 낭만주의 정신의 역할이 결정적이라면, 그 정신이 바로 낭만주의 역사관이라고 말할 수 있다.

김선희(2007)는 변증법과 아이러니라는 용어는 철학에서 대화의 양식, 세계의 운동, 존재의 운동 그리고 역사의 운동을 이해하는 데 중요한 위치를 점한다고 했다. 변증법이라는 용어가 앎이나 대화법에서 중요한 기능을 행하듯이, 아이러니 또한 소크라테스와의 긴밀한 관계 속에서 그 맹아를 싹틔우기 시작했다. 소크라테스적인 아이러니를 출발점으로 하는 고전적인 아이러니 개념은 주로 수사학적인 맥락에서 이해되지만, 이러한 수사법적이나 비유적인 아이러니의 용법은 낭만주의 시대로 들어가면서 새롭게 철학의 핵심적인 용어로 이해되기 시작했다. 이런 아이러니에 관한 용법의 다양한 변화 속에서 헤겔의 아이러니 개념에 대한 비판을 경험한 키에르케고르는 이 개념을 인간 실존을 설명하기 위해 사용했다. 김선희는 '맺는 글'에서 아이러니와의 대면은 실존으로 하여금 안주하지도 좌절하지도 않고, 부단히 새로운 단계로 이행해 가는 실존의 성실함을 요청하는 것이라 했다.

철학자 개인이나 시대의 역사관을 발표한 논문들 가운데 현대의 것과 관련된 것으로는, 양해림(2009)의 「슈펭글러의 문화유기체적 역사관: 『서구의 몰락』을 중심으로」, 정윤승(2006)의 「화이트헤드의 역사철학」, 김경수(2004)의 「벤야민의 역사철학테제의 변증법적 재구성: 시간과 공간 그리고 마르크스의 현실변증법과 연관하여」, 고승규(2004)의 「푸코의 역사이해」가 있다.

양해림(2009)은 그의 발표 논문에서, 슈펭글러가 말하는 몰락이란 단지 오랜 전통의 서양문화의 몰락을 의미하는 것이 아니라, 새로운 문화로 다시 이행해 나가는 과정이라는 점을 부각시켰다. 이어서 슈펭글러나 그의 후계자들은 '각 문화를 비교 연구하는 방법론을 구축'했으며, 생물 유기체가 생성노사(生成老死)의 과정을 밟는 것처럼 '역사순환론'을 내세움과 더불어 사회와 문명에 대해 '미래를 예단, 예측'했으며, '종교의 역할'에 관해 중요한 의미를 부여했음을 지적했다. 아울러 '고대－중세－근대－현대'라는 도식적인 시대구분이나, 서유럽 중심의 역사로부터 벗어나야 한다는 주장도 슈펭글러의 견해임을 지적했다.[6]

정윤승(2006)에 의하면 화이트헤드는 인류의 역사를 관념의 모험으로 명명한다. 인류는 자신의 역사를 경험하는 존재여야 한다고 말한다. 역사라는 개념은 과거와 함께 현재, 미래도 포함하며, 역사는 과거, 현재, 미래의 상호연관 속에서 해명되어야 한다는 것이다. 화이트헤드는 미적 편견이 없는 역사, 형이상학적 원리나 우주론적 일반에 조금도 의존하지 않는 역사는 공상의 산물이라고 했다. 역사가는 과거를 서술할 때, 무엇이 인간의 삶에서 중요한가에 대한 자신의 판단에 의존한다. 이어서 정윤승은 화이트헤드가 주장하는 문명이 구성되는 데 필요한 네 가지 요소들 — 행동의 패턴, 정서의 패턴, 신앙의 패턴, 기술 — 에 관해 소개했다.

김경수(2004)에 의하면,[7] 벤야민은 보편사적 세계사에서 정점을 이

6) 양해림이 우리말로 옮긴 『서구의 몰락』(책세상, 2008) 참조.

7) 이 논문은 2001년에 『문예미학』 8호에 실린 것에 기초한 것으로, 그는 이것을 보완하여 발표했다.

룬다는 역사주의의 역사 취급 방식에 대해 '정지시킨 변증법'을 역설했다. 여기서 정지 상태의 변증법은 '존재하였던 것, 일어났던 것'을 '지금'과 연결시키는 가운데, 위기의 시대를 위기로 파악하면서 이를 변증법적으로 포착하려는 거대한 지적 노력을 요구한다. 벤야민은 폐허를 폐허로 직시하는 가운데서도 생과 역사의 획기적인 변화에 대한 믿음을 '옷자락의 주름'의 형태로나마 잃지 않고 있었다. 사유는, 그것이 긴장으로 충만된 정세(Konstellation)에서 갑자기 정지하는 바로 그 순간에 그 정세에 충격을 가하게 되고, 또 이를 통해 사유는 하나의 단자(Monade)로 결정화된다는 것이다.

고승규(2004)는 그의 발표 논문에서, 푸코는 진보적인 발전의 역사관을 거부하면서, 서구사상의 근간을 이루어 왔던 이성, 진리, 주체, 중심, 목적과 같은 것을 거부하므로, 헤겔이나 마르크스가 믿었던 진보의 관념은 그에게 없음을 밝혔다. 푸코의 역사이해는 한 사건의 원인과 결과가 그 사건의 연대기적 시간(통시적)의 지표 속에서 다루어지지 않고 규칙, 체계(공시적)의 지표 속에서 다루어진다. 역사는 연속구조가 아닌 불연속구조이며, 거시적 관점이 아닌 미시적 관점으로 역사를 보아야 한다는 것이다.

2) 독회

역사철학 독회는 2006년 9월부터 2008년 6월까지 지속되었다. 마이클 스탠포드(Michael Stanford)의 『역사지식의 특징(*The Nature of Historical Knowledge*)』(New York: Basil Blackwell, 1987)을 읽으면서, 역사에서의 앎이란 무엇인지를 알기 위해 함께 토론했다. 머리말 이외에 모두 12장으로 구성되어 있는데, 순서대로 읽어 나갔다. 한 사람이 한 장을 책임지고 번역하여 발표하고, 참석한 사람들로부터 질문을 받고 수정 및 보완도 하는 그런 방식을 택했다.

3. 요약 및 전망

이제까지 본 학회의 창립과 연혁을 소개한 후, 그동안 본 학회에서 발표되었던 발표 논문의 성향을 정리해 보았다. 발표 내용을 '역사학의 기초와 관련된 것', '민족의 통일을 염원하면서 발표된 것', '우리나라의 옛 국호나 여성의 역할과 관련된 것', '우리나라에서 찾아볼 수 있는 역사관', '개인이나 시대의 역사관'으로 크게 분류하여 정리하면서 발표 내용도 간략히 소개했다. '개인이나 시대의 역사관'은 다시 현대 이전과 현대로 나누어 정리했다. 본 학회의 연구발표회가 지닌 특징으로는, 발표자의 발표문이 있은 후에는 집중적인 질의응답 및 토론 시간을 가졌다는 점이다. 발표 시간보다는 질의응답 및 토론 시간이 더 긴 것이 본 학회에서 있었던 연구발표회의 일반적인 특징이었다. 아직까지 학회에서 정기 학술지를 펴낸 적은 없다. 그러나 본 학회에서 발표된 논문들은 그 후 수정, 보완되어 여러 학술지에 실리기도 하고, 단행본으로 출판되기도 했다.

본 학회는 창립된 지 7년째로 접어드는 비교적 연륜이 짧은 학회다. 그러나 그동안 역사의 철학적 기초를 탐구하기 위해, 역사란 무엇인지, 역사에 어떤 경향은 있는지, 사건들을 설명이나 해석하는 관점의 차이는 어디에서 유래하는지 등을 발표나 토론을 통해 추구해 왔다. 아울러, 유일하게 분단된 국가에 살고 있는 우리 민족에게 통일의 꿈을 틔우기 위한 발표도 있었다. 이 시대에 우리 민족이 해결해야 할 가장 큰 아픔을 철학도들도 외면할 수 없기 때문이다. 이런 여러 가지 관점에서 볼 때, 역사철학회는 나타난 사건들을 좀 더 정확하게 이해하고 설명하기 위해, 과거, 현재, 미래를 더 잘 알기 위해, 우리 민족이 가야 할 길을 찾기 위해, 그런 학문의 구심점이 되는 모임으로서 앞으로 더욱 그 임무가 크다 하겠다.

한국윤리학회

박정순(한국윤리학회 9대 회장)

1. 한국윤리학회 약사

지금으로부터 20-30년 전에는 우리 철학계에 학문으로서의 철학이 있었다고 할 수 있을지는 모르나, 학문공동체라고 할 만한 철학인의 모임은 드물었다고 할 수 있을 것이다. 하지만 우리들은 각기 언젠가 우리 철학인의 모임이 진정한 학문공동체가 되기를 오래도록 열망해 왔고, 근래에 이르러 이러한 열망이 성숙해 가는 가운데 여러 소규모 학문공동체가 싹을 틔우고 이제는 그 번성일로에 있다는 사실은 매우 고무적인 일이다.

우리 한국윤리학회 역시 철학도들 중에서 윤리적인 가치와 규범적인 문제에 관심을 가진 학도들이 소규모 학문공동체로서 성장해 가고 있다는 것은 반가운 일이 아닐 수 없다. 우리가 모이는 날에는 깊은 학문적 담론은 물론이거니와 흥미로운 여흥도 곁들여, 그야말로 소크라테스의 향연을 방불케 하는 면모를 갖추어가고 있다.

1980년대 초반 한국철학회와 같은 거대학회로서는 철학의 다양한 주제를 소화시킬 수 없고 철학계 내의 여러 목소리를 담을 수 없다는 인식에서 한국철학회 아래 분과학회들을 두기로 하였다. 기억이 정확한 것은 아니지만 윤리학 분과에 관심을 갖고서 지원한 회원 수가 70여 명 내외였다고 생각된다. 초대 회장으로는 서울대 김태길 교수가, 간사로는 동국대 황경식 교수가 맡기로 하고 윤리학회가 태동되었다.

곧이어 좀 더 본격적인 학회 활동을 하기로 하고 고려대 김영철 교수가 2대 학회장을 맡아 봄, 가을 연 2회 정도의 학술발표회가 있었다. 3대 회장은 동국대 김용정 교수가, 간사는 그대로 황경식 교수가 맡았으며 연 2회의 연구발표회는 꾸준히 지속되었다. 4대 회장은 인하대 김영진 교수가, 간사는 서울대 철학과로 자리를 옮긴 황경식 교수가 그대로 유임되었다. 5대 회장은 숭실대 김기순 교수가, 간사는 그대로 황경식 교수가 맡았으며 연구발표회도 연 3, 4회 정도로 개최했다.

1991년 이후 10여 년 동안 간사직을 맡았던 서울대 황경식 교수가 6대 회장직을 맡음으로써 회의는 다소 활성화되었다. 연구발표회는 매월 마지막 토요일에 정기적으로 열기로 하고 여름과 겨울 방학에는 1박 2일 워크숍을 개최하기로 했다. 학회지 발간 논의도 있었으나 찬반양론이 제기되었다. 재정적인 문제도 제기되었으나 그보다도 윤리학 논문이 그 수효에 있어 큰 비중을 차지하는 분야인데 그것이 전국학회지로부터 이탈하게 될 경우 득과 실이 있을 것으로 생각되어 그대로 전국 철학지에 윤리학 논문을 투고하기로 하고 특별히 관심을 이끌 만한 주제별 논문을 따로 모아 무크지 형식이나 편집서로 발행하기로 했다. 그 첫 번째 저술이 『사회계약론 연구』(한국사회윤리학회 편, 1993)로 철학과현실사에서 출간되었다.

우리 한국윤리학회의 첫 번째 공동 탐구과제이자 담론의 주제는 사회계약에 관한 것이었다. 전통사회가 무너지고 새로운 형태의 사회질서를 오직 이성만을 권위로 해서 세우고자 했던 근대 서구인들에게 사회구성의 방법적 모형으로 제시된 것이 바로 계약론이었다. 비록 늦기는 했지만 우리 사회도 바로 서구의 근세와 유사한 전환기적 혼란과 병증을 치르고 있다고 생각되기에, 사회계약론은 바로 오늘 우리의 학적 관심사 중 하나가 아닐 수 없는 것이다.

비합리와 각종 힘의 역학에 의해 강제되는 현실의 계약이 아니라 가상적인 계약의 이념, 그 속에서 자유롭고 합리적인 개인들이 구상하고 합의하는 사회질서, 그것은 주어진 현실세계에 대한 단순한 분석이나 설명이기보다는 우리가 지금부터 추구하고 쟁취해야 할 당위요, 이상이라 할 수 있다. 또한 바로 이러한 이념을 추구하고 모색하는 일은 다소 비현실적이긴 하나, 영원한 이상주의자일 수밖에 없는 우리 철학인들의 공유된 속성이라고 할 것이다.

롤즈(John Rawls)의 『정의론』(1971)은 논리실증주의의 붕괴 이후 부활된 규범적 도덕철학 및 정치철학을 선도하며 또한 인접 사회과학의 성과를 포괄적으로 반영하고 있다. 이 책에서 롤즈는 정의론의 일차적 주제를 '사회의 기본구조', 즉 사회의 주요 정치 경제 제도가 권리와 의무를 할당하고 사회적 협동으로부터 생긴 이득의 분배를 결정하는 방식으로 본다. 롤즈는 그러한 분배적 정의의 원칙의 결정 과정을 전통적인 사회계약론의 자연상태라는 개념을 원용한 원초적 입장에서의 합리적인 계약 당사자들의 공정한 합의로 구체화한다. 그 당시 영미 윤리학계의 최대 관심사는 사회계약론적 도덕철학 및 정치철학의 방법론적 전제와 그 실천적 함축성을 둘러싸고 벌이지고 있는 자유주의의 공정하고도 합리적인 모형의 구축에 관한 내외부적 비판에 쏠려 있었다. 사회적 재화의 광범위한 재분배를 주장하는 롤즈를 비판하는 자유지상주의자 노직(Robert Nozick)의 『아나키, 국가, 그리고 유토피아』(1974)와 롤즈와 노직의 논쟁을 협상적 게임이론을 원용해서 해결하려고 시도한 고티에(David Gauthier)의 『합의도덕론』(1986)은 사회계약론 논쟁의 중대한 저작들이다.

『사회계약론 연구』에 실린 글들은 우리 학회가 1991년 3월부터 1년간 대우재단의 지원 아래 '사회계약론 연구'라는 주제로 매달 콜로키엄을 열어서 발표하고 토론한 논문들이다. 총 3부로 구성되어 있는 책은 제1부에서 전통적 사회계약론을, 제2부에서 계약론의 현대적 전개과정을, 제3부에서 사회계약론에 대한 외부적 비판을 다루었다. 총 수록 논문은 20편이고, 학회장인 황경식 교수가 머리말을 썼다. 제1부에는 킴리카의 「사회계약론의 전통」(박정순 번역), 계명대 한자경 교수의 「홉스의 인간이해와 국가」, 성균관대 정연교 교수의 「로크의 동의개념에 관한 소고」, 한남대 김용환 교수의 「흄의 규약론에서 본 정의론과 정부론」, 장안전문대 김성옥 교수의 「칸트의 정치철학에 대한 고찰」, 계명대 이진우 교수의 「시민사회와 사회국가」가 수록되었다. 제2부에는 연세대 박정순 교수의 「현대윤리학의 사회계약론적 전환」, 계명대 이종일 박사의 「롤즈 정의론의 칸트적 해석」, 원광대 홍성우 박사의 「'좋음에 대한 옳음의 우선성'에 관한 롤즈적 논거」, 서울대 황경식 교수의 「준법의 근거와 시민불복종」, 전북대 최용철 교수의 「응분 개념과 사회정의」, 한림대 허란주 박사의 「의무론적 자율성의 비일관성」, 연세대 김형철 교수의 「환경위기와 세대간 분배정의」, 세종대 경제학과 서광조 교수의 「사회계약론의 윤리와 경제학의 윤리」가 수록되었다. 제3부에는 서울대 이인탁 박사의 「도덕문제의 합의가능성」, 교원대 김주성 교수의 「노직의 최소국가론 비판」, 육사 김동식 교수의 「로티의 '사회철학'과 그 비판」, 울산대 권용혁 교수의 「담화윤리학의 전개를 위한 서설」, 울산대 김보현 교수의 「비판적 합리주의와 마지막 근거설정의 문제」, 동아대 이승환 교수의 「유학과 자유주의의 대화」가 실렸다.

그러나 무크지나 학회 주제별 저술이 연이어 출간되지 못한 것은 매우 아쉬운 일이다. 매월 정기 학술발표회는 서초동 꽃마을 한방병원 세미나실에서 개최되었으며 황 교수가 회장으로 재임했던 2000년 전후에 이르기까지 약 100여 편의 논문이 발표되었다. 이는 회원들 간의 학문적 교류뿐만이 아니라 대학원생들의 학문적 지도에도 크게 도움이 되었을 것으로 사료된다. 사회철학 분과회가 휴면기에 들었기에 사회철학회 회원들과 윤리학회 회원들이 함께한다는 의미에서 한때 학회 명칭을 한국사회윤리학회로 개칭했으나 사회철학회가 다시 '사회와철학회'로 활동을 재개한 뒤 한국사회윤리학회는 다시 한국윤리학회라는 본래의 이름을 회복하게 되었다.[1)]

한국윤리학회를 한국사회윤리학회로 한때나마 개칭했던 것은 1990년 중반에 우리 학회의 학문적 활동을 더욱 활성화시키고, 그것을 기존의 윤리학 분야의 연구뿐만 아니라 사회철학 분야와 정치철학, 법철학 등 인접 사회과학 분야의 연구로까지 확대, 포괄한다는 의미도 있었다. 이러한 개칭은 정치적 민주화와 경제적 분배문제가 첨예화되고 있는 우리 한국의 사회적 상황과 올바른 사회적 변혁의 규범적 방향 설정을 위한 학제간 연구의 절실한 필요성뿐만이 아니라 개인윤리보다는 사회윤리 문제에 중점을 두는 세계 윤리학계의 흐름도 반영한 것이었다.

서울대 철학과 황경식 교수가 10년 동안 회장으로 재임했던 1991년부터 2000년 동안에는 주로 교원대 조성민 교수와 한남대 김용환 교수가 부회장으로 활동하였다. 제7대 회장은 연세대 철학과 김형철 교수가 2001년부터 2002년 동안 맡았고, 제8대 회장은 한남대 철학과 김용환 교수가 2003년부터 2004년 동안 맡은 바 있다. 이때 부회장은 한국외대 박찬구 교수가 맡았다. 제9대 회장은 연세대 철학과 박정순 교수가 2005년부터 2009년 11월 현재까지 거의 5년간 맡아 오고 있다. 박정순 교수가 회장을 맡고 있는 동안에는 한림대 철학과 주동률 교수, 숭실대 철학과 김선욱 교수, 전북대 김상득 교수가 주로 부회장직을 수행하였다. 제7, 8, 9대 회장 재임 시에도 황경식 6대 회장 이후 정례화된 모임의 형식, 즉 3, 4, 5, 6, 9, 10, 11, 12월 월례회(12월

1) 여기까지는 제6대 회장을 역임했던 서울대 철학과 황경식 교수가 집필한 부분이다.

에는 송년회도 겸함)와 8월 하계 워크숍과 2월 동계 워크숍이 거의 한 번도 빠짐이 없이 그대로 유지되고 진행된 것은 한국윤리학회의 큰 자랑이라고 아니 할 수 없다.

2. 2005년 이후 한국윤리학회의 역사와 현황

박정순 교수가 9대 회장을 맡은 2005년 이후에는 한국윤리학회를 학문적으로뿐만 아니라 사회적으로도 공식화하기 위한 일련의 노력들이 경주되었다. 2005년에는 정관과 회칙이 마련되었는데, 그 주요 내용을 보면, “본 학술 연구 모임은 한국윤리학회(Korean Society for Ethics)라고 부른다.” “본 학회는 윤리학 및 도덕철학, 그리고 이와 직간접적인 관련이 있는 제 학문 분야에서의 동서양 철학자와 사상가들의 윤리 도덕 사상을 근간으로 하는 규범철학에 관한 공동 연구, 그리고 이 연구를 통한 건실한 한국적 윤리 도덕규범의 정립과 한국 사회의 도덕적 개선을 위한 학문적 현실적 방안의 모색과 아울러 회원 상호간의 친목 도모를 그 설립 목적으로 한다.” 등이 있다. 2006년 4월에는 학회를 더 공식화하기 위해서, 사단법인에 준하는 한국윤리학회로 등록하고, 한국연구재단에도 소규모 학술단체로 등록하였다. 따라서 2006년 후반기 이후에는 한국연구재단으로부터 2년 연속으로 소규모 학회 지원금을 받아 매달 발표회를 진행하였다.

또한 2005년 이후에는 학회 집행부도 체계적으로 정비하여, 박정순 학회장과 부회장 주동률, 김선욱 2인 이외에, 연차에 걸쳐 총무이사로 서울대 유호종 박사, 서울대 사회교육과 정원규 교수, 한동대 손화철 교수가, 연구이사로 울산의대 인문사회의학교실 구영모 교수가, 연구위원에는 경희대 강준호 박사, 한양대 이양수 박사, 이화여대 최경석 박사, 서울대 박상혁 박사, 고려대 김성한 박사, 이화여대 김수정 박사 등이 임명되었다. 2007년에는 계명대 철학부 교수가 된 박상혁 교수가 연구 및 편집이사로, 이대 여성학과 허라금 교수가 여성윤리이사로, 2008년에는 단국대 황필홍 교수가 대외협력이사로 합류하였다. 2005년부터 2006년 중반까지는 서울대 철학과 박사과정의 변문숙이 간사로 활약했으며, 그 이후 2007년 중반까지는 현재 미국 코넬 대학 박사과정에 재학 중인 서울대 철학과 석사과정 정훈이 간사로 활동하였으며, 2007년 7월 이후부터 현재까지 연세대 철학과 박사과정 이주석이 간사로 활동하였다.

2005년 이후 통상 1박 2일 동안 열렸던 동계와 하계 워크숍은 다음과 같다.

2005년 동계 워크숍은 2005년 2월 18일(금)-19일(토)에 연세대학교 원주캠퍼스 종합관 330호에서 열렸다. 숙소는 원주캠퍼스 인근, 지금은 고인이 된 박경리 선생의 토지문화관이었다. 워크숍의 주제는 '윤리학의 현대적 응용'이었다. 제1발표는 인하대 철학과 김영진 교수의 「한국 사회에 대한 도덕적 진단과 처방」이었고, 논평은 한양대 이양수 박사가 맡았다. 제2발표는 중국사회과학원 철학연구소 손위평(孫衛平) 교수의 「인터넷 윤리: 그 기회와 도전」이었고, 논평은 중국 청화대 노풍(盧風) 교수와 연세대 손흥철 박사가 했다. 제3발표는 상지대 최종덕 교수의 「생물학적 이타주의의 가능성」이었고, 논평은 건국대 김성우 박사가 했다.

2005년 하계 워크숍은 2005년 8월 25일(목)-26일(금)에 연세대학교 원주캠퍼스 현운재 1층에서 '웰빙의 철학적 이해와 체험'을 주제로 열렸다. 제1발표는 서울대 철학과 황경식 교수의 「웰빙 철학에 대한 단상」이었고, 논평은 한림대 철학과 주동률 교수가 했다. 제2발표는 경희대 철학과 강준호 박사의 「공리주의와 '복리'(well-being)」였고, 서울대 철학과 박상혁 박사가 논평을 했다. 웰빙 체험 시간에는 태극권, 팔괘장, 단전호흡, 명상, 요가 등을 시연하고 연습함으로써 웰빙 워크숍의 진면목을 더하였다.

2006년 하계 워크숍은 8월 18일(금)-19일(토)에 연세대학교 원주캠퍼스 학생회관 4층 I-라운지에서 '윤리학의 학제적 탐구'를 주제로 열렸다. 워크숍 경비는 연세대학교 연구처 원주캠퍼스 연구부의 지원을 받았다. 제1발표는 고려대 권수현 박사의 「사회생물학적 윤리의 한계와 가능성」이었고, 논평은 상지대 최종덕 교수가 했다. 제2발표는 동덕여대 이진남 교수의 「윤리이론으로서의 신명론」이었고, 경희대 강준호 박사가 논평했다.

2007년 동계 워크숍은 2월 23일(금)-24일(토)에 충남 예산군 덕산 스파캐슬 테마동 2층 자스민룸에서 '연구윤리 교육을 위한 윤리학적 토대 분석과 교육 프로그램 개발'을 주제로 개최되었다. 이번 워크숍은 한국윤리학회가 한국연구재단으로부터 연구비를 받았던 다년간 프로젝트의 중간발표 형식으로 진행되었다. 한양대 이양수 박사가 「연구윤리의 가치: 과학민주주의를 위한 제언」을, 경희대 강준호 박사가 「연구윤리 치침에 대한 윤리학적 고찰」을, 서울대 손화철 박사가 「한국 대학의 연구윤리 교육 실태 분석」을, 서울대 사회교육과 정원규 교수가 「연구윤리 교육과정 개발을 위한 덕이론적 고찰」을, 서울대 손경원 박사가 「사례 중심적인 연구윤리 교육 프로그램 개발 연구」를 발표했고, 이어서 질의와 답변이 이어졌다.

2007년 하계 워크숍은 8월 22일(수)-23일(목)에 연세대학교 신촌캠퍼스 상남경영원 6층 아이리스홀(B)에서 열렸다. 주제는 본 학회의 원로고문인 박이문 교수의 저서 『자비의 윤리학』(철학과현실사, 1994년 개정판)에 대한 집중 토론이었다. 박이문 교수가 저자의 회고를 말하였고, 이어서 계명대 박상혁 교수, 경희대 김성한 박사, 이화여대 김수정 박사가 서평을 하고, 박이문 교수가 답변을 하였다. 이어서 가톨릭 대학(Catholic University of America)에서 학위를 취득하고 귀국한 김수정 박사가 「나의 학위논문: 근대도덕철학에 대한 매킨타이어의 비판」을 발표하였다. 그리고 우리 학회가 기획하고 있는 『롤즈의 정의론과 그 이후』에 기고 예정된 논문의 하나인 「롤즈의 자유주의 윤리학에 나타난 합리성과 도덕성 비판」을 건국대 김성우 박사가 발표하고, 서울대 정원섭 박사가 논평하였다. 이후 정원섭 박사는 한국연구재단의 지원을 받은 미국에서의 박사후 연구 2년간의 경험을 「미국 윤리학계의 최근 동향」으로 발표하였다.

2008년 동계 워크숍은 '동서윤리의 교환(交驩)'을 주제로 2월 20일(수)-21일(목) 충남 당진군 원당리 은곡재에서 열렸다. 은곡재는 서강대 명예교수이자 본 학회 원로고문인 엄정식 교수의 고풍어린 시골 한옥으로서 『당진일기』(하늘재, 2001)의 중심지이다. 이 책은 그 옛 가옥에서 군불 때기, 밭일과 사색으로 적응해 가며 겪은 자아, 자연, 그리고 세계와의 철학적 교감을 읊조리고 있는 생태주의적 서적이다. 첫째 발표는 연세대 강희복 박사가 「퇴계의 마음공부와 행복론」을 발표하고, 퇴계의 『활인심방』을 강론하고 시연하였다. 이어서 엄정식 교수의 『지혜의 윤리학: 윤리학 입문』(지학사, 1986)에 대한 집중 토론이 열렸다. 우선 엄정식 교수가 저자로서 그 책의 집필 의도와 저술 과정을 회고하면서 「자아인식의 윤리학」을 발표했다. 서평은 전북대 박병섭 박사, 연세대 나종석 박사, 고려대 김성한 박사가 하고, 엄정식 교수가 답변을 하였다. 다음 날 발전이사인 서울대 사회교육과 정원규 교수가 「롤즈의 정의론의 형이상학적 문제들」을 발표하고, 연세대 나종석 박사가 「(헤겔의 관점에서 본) 도덕성, 책임, 그리고 도덕적 행위의 본질」을 발표하였다.

2009년 동계 세미나는 2월 19일(목) 이화여대 법과대학에서 열렸다. 존엄사를 둘러싼 당시의 사회적 논란에 시의적절하게 대응하기 위해서 주제를 '생명의료윤리의 문제들'로 정하고 이화여대 생명윤리법연구소와 세미나를 공동 주최하였다. 이화여대 생명의료법연구소 소장인 장영민 교수의 축사가 대독되었고, 이어서 국가생명윤리위원회 위원인 서울대 황경식 교수가 「한국 사회에서의 생명윤리적 담론」

을 기조 발표하였다. 제1주제로서 울산의대 구영모 교수가 「'존엄사'에 대한 법원 판결의 분석」을 발표하였고, 한림대 철학과 주동률 교수가 논평했다. 제2주제로 이화여대 최경석 교수가 「자발적인 소극적 안락사와 소위 '존엄사'의 구분 가능성」을 발표했고, 경희대 강준호 박사가 논평하였다. 제3주제로 계명대 박상혁 교수가 「보건의료 서비스의 정의로운 배분을 위한 롤즈 정의론의 발전 방향」을 발표하고, 한국의사협회 중앙윤리위원이면서 연세대 철학과 박사과정에 재학하고 있는 박호진 내과의가 논평을 하였다.

2007년 하계 워크숍에서 박이문 교수의 『자비의 윤리학』이, 2008년 동계 워크숍에서 엄정식 교수의 『지혜의 윤리학』이 집중 토론된 것은 2007년 6월 30일 서울 서초동 후진무이 중식당에서 열렸던 한국윤리학회 원로고문 위촉식에 기인한 바 크다. 그간 우리 철학계에서, 특히 윤리학 분야에서, 커다란 업적을 남긴 원로 교수님들을 우리 후학들의 학문적 정진을 독려하고 선도할 원로고문으로 모시기로 하고 위촉식을 거행했는데, 그때 하계나 동계 워크숍 때는 원로고문들의 저작을 집중 토론하기로 의견을 모았던 것이다.

원로고문으로 위촉한 분들은 박이문 연세대 특별초빙교수, 김기순 숭실대 철학과 명예교수, 피세진 건국대 철학과 명예교수, 김영진 인하대 철학과 명예교수, 정인재 서강대 철학과 명예교수, 엄정식 서강대 철학과 명예교수, 그리고 세종대 경제학과 퇴임교수인 서광조 교수이다. 이 원로고문 위촉식과 함께 당시 화갑을 맞이했던 황경식 교수의 학덕을 기리는 축하연도 열렸다. 황경식 교수는 축하연 전에 「자유주의는 진화하는가?: 자유와 소유, 그리고 공동체」라는 논문을 발표하고, 박정순 교수가 논평을 하였다. 위촉식과 화갑 축하연 자리에서는 서울대 철학과 정훈이 미국 코넬 대학으로 5년간 전액 장학금을 받고 떠나는 장도를 축하하는 기회도 있었다. 학회 비용으로 충당하여, 모든 참가자들에게는 엄정식 원로고문의 사모님인 우애령 여사의 화제작 『행복한 철학자』(하늘재, 2007)가 증정되었다.

한국윤리학회는 2005년부터 2월 동계, 8월 하계 워크숍뿐만 아니라 3, 4, 5, 6, 9, 10, 11, 12월 월례발표회도 거의 한 번도 빠짐이 없이 진행했으므로 발표 논문만도 대략 40여 편에 이른다. 그 모든 발표 논문을 전부 언급할 수는 없고, 특별한 경우, 즉 한 편 이상의 논문이 발표되었거나 혹은 외국학자들이나 인접 학문 분야의 학자들이 발표한 경우만을 말하겠다. 2007년 9월 29일 월례발표회에서는 항공대 최봉영 교수가 「아름다움과 공공성」이라는 논문을 발표했다. 2007년 12월 22일 월례발표회는 한국연구재단 국가석학에 선정된 황경식 교수의 덕의 윤리 프로젝트를 축하하기 위한 자리로 마련되었다. 황경식 교수가 「왜 다시 덕의 윤리가 문제되는가?」라는 논문으로 발제를 했고, 공주교대 장동익 교수가 현대 윤리학의 관점에서, 경희대 문석윤 교수가 동양 고전철학의 관점에서, 경희사이버대 전헌상 교수가 서양 고전철학의 관점에서 논평을 했다. 2008년 4월 월례발표회에서는 중국 인민대 철학원 교수이자 윤리학연구소 부소장인 갈신홍(葛晨虹) 박사가 「유가문화와 중국의 종교신앙의 형식」을 발표하고, 통역 겸 논평을 연세대 손흥철 박사가 했다. 2008년 10월 25일 월례발표회에서는 연세대 동아시아국제학부 아담 바크만(Adam Barkman) 교수가 「에피쿠로스는 불자였는가? 부처와 에피쿠로스의 부정적 행복의 비교와 비판(Was Epicurus a Buddhist? A Comparison and Critique of the Negative Happiness of Buddha and Epicurus)」을 발표했고, 단국대 황필홍 교수가 논평했다. 2009년 5월 30일 월례발표회에서는 연세대 언더우드 국제대학의 마이클라키스 마이클(Michaelakis Michael) 교수가 「보는 것은 믿는 것이 아니다: 데이빗슨의 의지나약의 문제(Seeing is not Believing: On Davidson's Problem of Akrasia)」를 발표했다. 2009년 11월에는 역시 언더우드 국제대학의 앤서니 애들러(Anthony Adler) 교수가 「순수 수단의 윤리학(Ethics of Pure Means)」

을 발표하였다.

월례발표회는 6대 회장 황경식 교수와 7, 8대 회장 시절에는 주로 서초동 꽃마을 한방병원 3층 세미나실에서 진행되었고, 9대 회장 박정순 교수 시절에는 서울대 인문관이 주로 이용되었다. 그러나 2009년 3월부터는 한국윤리학회가 철학연구회, 한국해석학회, 한국현상학회와 함께 공동으로 서초동 현대기림빌딩 10층 한국철학회 사무국 사무실을 사용할 수 있게 되어, 매월 마지막 토요일 오후 3시부터 6시까지 한국윤리학회 월례발표회를 진행하고 있다. 월례발표회 이후에는 석식이 따르고, 이어서 2, 3차 정도는 더 가야 발표 논문에 대한 미진한 이야기가 마무리되는 것은 이미 우리 학회의 오랜 전통으로 자리잡았다.

현재 한국윤리학회는 등록 회원이 150여 명에 이르고 있다. 동계 및 하계 워크숍이나 송년회를 겸한 12월 월례회에는 30여 명 정도가 참여하고, 월례회는 20여 명 정도가 참여하고 있다. 현재 회장은 연세대 철학과 박정순 교수, 부회장은 한림대 철학과 주동률 교수, 총무이사는 한동대 손화철 교수, 연구이사는 계명대 철학부 박상혁 교수, 발전이사는 건국대 철학과 정원섭 교수, 대외협력이사는 단국대 황필홍 교수, 생명윤리이사는 울산의대 구영모 교수, 여성윤리이사는 이화여대 여성학과 허라금 교수가 맡고 있다. 총무간사는 연세대 철학과 박사과정 이주석이 맡고 있다.

3. 『롤즈의 정의론과 그 이후』의 출간

2007년 6월 한국윤리학회는 6대 회장을 10년 동안 역임하면서 한국윤리학회의 발전을 위해서 물심양면의 노력을 아끼지 않은 황경식 교수의 화갑을 맞이하여 그 기념 논문집을 기획하였다. 2년여의 기나긴 편집 과정을 거친 결과, 『롤즈의 정의론과 그 이후』(황경식, 박정순 외 지음, 철학과현실사, 2009)로 출간되었다.

롤즈가 타계한 지도 벌써 6년이 지났다. 롤즈의 정의론이 남긴 사상적 유산과 궤적은 그 방법론적 접근이나 실질적 내용 모두에 있어 국내적 정의는 물론 국제적 정의 문제를 해결하는 데 있어 커다란 자산임에 틀림없다. 롤즈가 정의론을 통해 남긴 문제들은 오늘날도 여전히 살아 있는 이슈들이라고 아니 할 수 없다. 롤즈의 정의론이 남긴 사상적 유산과 파장을 철학적으로 파악해 보고, 또한 대립적 이론들과의 비판적 대조와 아울러 그 현실적 적용의 문제를 고찰하는 것은 오늘날 후학들이 당면한 커다란 학문적 과제라고 할 것이다.

황경식 교수는 롤즈 생전에 풀브라이트 장학재단의 지원을 받아 하버드 대학 철학과에서 객원 연구원으로 체류했다. 그때 황 교수는 롤즈의 『정의론』의 한국어 번역자로서 자긍심을 가지고 롤즈의 강의와 강연에 참여하였고, 또한 롤즈와 대화와 토론도 했던 개인적 인연을 지닌 것으로 안다. 황 교수는 롤즈의 『정의론』을 3부로 나누어 1977년과 1979년에 걸쳐 3권으로 완역 출간하였고, 이 3권의 번역을 한데 묶어 1985년에 수정, 보완하여 출간함으로써 롤즈의 정의론을 한국에 본격적으로 소개하였다. 그리고 롤즈의 『정의론』의 개정판(1999)도 2003년에 번역 출간했다. 황 교수는 롤즈의 정의론으로 자신의 박사학위논문을 쓰고, 또 그것을 수정, 증보하여 『사회정의의 철학적 기초: J. 롤즈의 정의론을 중심으로』(1985)를 출간함으로써 한국에서 롤즈의 정의론에 대한 본격적이고 수준 높은 논의의 장을 열었을 뿐만 아니라, 그간 롤즈에 관한 수많은 연구논문과 저서들을 통해 철학계뿐만 아니라 인접 사회과학계에도 많은 영향을 미치고 그 논의를 선도하여 왔다. 가장 최근의 저서 『자유주의는 진화하는가』(2006)에서 황 교수는 롤즈의 정의론이 가져온 사상적 파장과 롤즈 정의론 자체의 변모를 자유주의라는 큰 틀에서 논의한 바 있다.

이 책에 실린 총 14편의 논문은 거의 그동안 한국윤리학회 월례 모임에서 발표, 토론된 것으로서, 크게 네 묶음으로 이루어져 있다. 제1부는 롤즈의 정의론에 대한 개괄적 고찰로서 황경식 교수의 「존 롤즈의 자유주의를 위한 변명: 현대 자유주의의 진화와 정당화」와 박정순 교수의 「자유주의 정의론의 철학적 오디세이: 롤즈 정의론의 변모와 그 해석 논쟁」이 수록되어 있다. 여기서는 롤즈 정의론이 현대 자유주의의 진화와 정당화의 관점에서 고찰되고, 『정의론』 이후 롤즈 정의론 자체의 변모와 그 해석 논쟁도 다루어진다. 특히 황 교수의 논문은 롤즈의 정의론을 자유지상주의에서 복지자유주의로, 개인적 자유주의에서 공동체 자유주의로, 포괄적 자유주의에서 정치적 자유주의로의 세 가지 변화 관점에서 살펴보고 있으므로, 롤즈의 정의론에 대한 전체적인 조망을 일목요연하게 잘 제공하고 있다

제2부는 롤즈의 정의론에 대한 세부적 고찰로서 한림대 철학과 주동률 교수의 「롤즈의 분배정의론의 특징들과 현대 평등주의: 롤즈는 어떤 점에서, 혹은 과연, 평등주의자인가?」, 상지대 김성우 겸임교수의 「롤즈의 절차주의적 자유주의의 윤리적 기초에 대한 비판」, 성균관대 정치학외교학과 김비환 교수 「롤즈의 입헌민주주의론」, 서울대 사회교육과 정원규 교수의 「롤즈 정의론의 형이상학적 문제들」, 한양대 철학과 이양수 박사의 「중첩 합의, 정의의 우위? 선의 우위?」, 건국대 정원섭 강의교수의 「공적 이성과 정치적 정의관」이 수록되어 있다. 여기서는 롤즈의 『정의론』에 대한 평등주의와 절차주의적 관점에서의 논의에 이어서, 『정치적 자유주의』에 관련된 입헌민주주의론, 형이상학적 문제들, 중첩적 합의, 공적 이성이 논해진다. 제2부에서는 제1부에서 개괄적으로만 논의됐던 롤즈의 『정의론』에서 『정치적 자유주의』로의 이행에 대한 좀 더 구체적인 논의들을 찾아볼 수 있다.

제3부는 롤즈의 정의론과 그 대립적 이론들 사이의 비판적 대조로서 조선대 철학과 염수균 교수의 「드워킨의 권리기초론과 롤즈 해석」, 경희대 철학과 강준호 박사의 「극대화와 공리주의의 평등 개념」, 전

북대 철학과 박병섭 박사의 「마르크스의 『자본』과 롤즈의 『정의론』 사이의 대조」가 수록되어 있다. 여기서 비판적 대조의 수준은 자유주의의 내부적 논쟁으로부터 공리주의와 마르크스주의와의 대립으로 점차적으로 심화된다. 먼저 드워킨(Ronald Dworkin)의 평등주의적 자유주의가 그 권리기초론에 입각하여 롤즈의 정의론과 대비적으로 고찰되고 있다. 그리고 롤즈가 극복하려고 했던 공리주의와 대조가 공리주의의 극대화와 평등 개념에 관련하여 전개된다. 이어서 마르크스의 『자본론』과 롤즈의 『정의론』에 대한 비판적 대조가 이루어진다.

제4부는 롤즈 정의론의 현실적 적용에 관한 논의로서 부산대 철학과 하주영 박사의 「롤즈의 보편주의적 정의론과 여성주의: 차이의 문제」, 계명대 철학부 박상혁 교수의 「보건의료서비스의 정의로운 배분을 위한 롤즈 정의론의 발전 방향」, 연세대 정치외교학과 장동진 교수의 「롤즈 정의론과 한국 사회」가 수록되어 있다. 여기서는 우선 롤즈의 보편주의적 정의론에 관한 현실적 적용에서 커다란 난점으로 나타난 여성주의적 관점에서 차이의 문제가 논의된다. 그리고 보건의료서비스의 정의로운 배분을 위한 롤즈 정의론의 적용 및 발전 문제가 탐구된다. 최종적으로 롤즈 정의론이 한국 사회에서의 논의된 단계와 그 적용에 관련된 여러 문제가 다루어진다.

한국윤리학회가 롤즈 전공자들이 가장 많이 포진하고 있는 학회 중 하나라는 자부심을 가지고 이 책을 만들었지만, 아직 여러 가지 면에서 크게 만족할 만한 수준은 아니다. 이 책이 롤즈 정의론에 대한 포괄적이면서도 심원한 후속적 논의의 출발점이 됨과 아울러 우리 한국 사회가 정의로운 사회로 발전하는 데 조그만 공헌이라도 할 수 있기를 염원하는 바이다.

4. 2008년 세계철학대회와 한국윤리학회

2008년 7월 30일부터 8월 5일까지 서울대학교에서 열렸던 제22차 세계철학대회는 한국 철학계의 큰 잔치였다. 따라서 한국윤리학회 회원들도 세계철학대회의 학술발표에 적극 참여했을 뿐만 아니라, 한국 조직위원회에도 참여하고 분과 좌장도 맡아 큰 기여를 하였다.

한국윤리학회는 8월 2일 토요일 오후 4시부터 6시 동안 독자 세션(The Korean Society for Ethics Session)을 서울대 자연관 500동 302호에서 가졌는데, 그 발표 논문들은 다음과 같다. 황경식 교수가 「근대사회와 한국의 도덕교육(Modern Society and Moral Education of South Korea)」을, 박정순 교수가 「합리적 사회계약론에서 롤즈가 자인한 실수(Rawls' Avowed Error in Rational Contractarianism)」를, 경희대 강준호 박사가 「공리주의: 정당성의 기준인가 혹은 하나의 의사결정 과정인가(Utilitarianism: A Standard of Rightness or A Decision Procedure)」를, 이화여대 법과대학 최경석 교수가 「철학에 대한 새로운 도전으로서의 생명의료윤리(Bioethics' As a New Challenge to Philosophy)」를 발표하였다. 한국윤리학회 간사로 활동했던 미국 코넬대학 철학과 박사과정 정훈이 윤리학 분과(Ethics Section)에서 「고전적 공리주의는 중첩적 합의에 참여할 수 있는가?: 그렇지 못할 이유는 무엇인가?(Can Classical Utilitarianism Participate in Overlapping Consensus?: Why Not?)」를 발표하였다.

세계철학대회 학회분과에서 윤리학 분과의 한국 측 좌장은 본 학회 대외협력이사인 단국대 황필홍 교수가 맡았고, 서울대 정원섭 박사는 사회정치철학 분과(Social and Political Section)의 한국 측 좌장을 맡았다. 또한 인하대 철학과 김영진 명예교수는 응용 윤리학 분과(Applied Ethics Section)에서, 구영모 울산의대 교수는 생명윤리학과 의료윤리학 분과(Bioethics and Medical Ethics Section)에서, 계명대

철학부 박상혁 교수는 철학과 미래세대 분과(Philosophy and Future Generations Section)에서, 한림대 주동률 교수는 기술철학 분과(Philosophy of Technology Section)에서 각각 한국 측 좌장을 맡아 활약하였다.

세계철학대회의 여러 발표회 중 한국윤리학회 회원들의 관심을 끌었던 것은 한국철학회 특별 세션(KPA Society Meeting Special Sessions) 중 '윤리학의 주제들(Issues in Ethics)'이었다. 이 세션의 사회는 7대 회장인 연세대 철학과 김형철 교수가 보았고, 미시건 대학 철학과 앨런 기바드(Allan Gibbard) 교수가 「규범적 개념으로서의 의미(Meaning as a Normative Concept)」를, 하버드 대학 철학과 팀 스캔론(Tim Scanlon) 교수가 「비난이란 무엇인가?(What is Blame?)」를 발표하였다.

현 회장인 박정순 교수는 세계철학대회 기간 동안 한국조직위원회 운영위원회 산하 홍보위원회에서 위원장인 엄정식 서강대 명예교수를 보필하여 실무를 총괄하는 부위원장을 맡아 세계철학대회를 각종 언론매체를 통해 한국 사회에 널리 홍보하는 커다란 성과를 이룩하였다. 박정순 교수의 주선으로 앨런 기바드 교수는 대회 기간 동안 세 차례의 언론 인터뷰를 하였고, 아리랑 TV 대담 프로그램 'Heart to Heart'에도 출연하였다. 팀 스캔론 교수도 역시 세 차례의 언론 인터뷰를 하였고, 대회 후 『철학과 현실』에 「나의 세계철학대회 참관기」(박정순 번역)를 기고하였다.

5. 다산기념철학강좌와 철학자대회 참여 및 타 학회와의 교류

본 학회 6대 회장인 황경식 교수는 1997년 한국철학회의 세계석학 초빙 강좌인 '다산기념철학강좌'의 설립을 주도하였고, 2007년 제10회에 이르기까지 물심양면으로 후원하였다. 한국윤리학회 회원들은

10회 강좌 중에서 특히 세계적인 윤리학자 및 정치철학자들인 칼 오토 아펠(Karl-Otto Apel)의 제2강좌(1998), 「지구화의 도전과 보편윤리의 가능성」, 마이클 왈쩌(Michael Walzer)의 제3강좌(1999), 「자유주의를 넘어서」, 찰스 테일러(Charles Taylor)의 제6강좌(2002), 「세속화와 현대문명」, 마이클 샌들(Michael Sandel)의 제9강좌(2005), 「공동체주의와 공공성」, 피터 싱어(Peter Singer)의 제10강좌(2007), 「이 시대에 윤리적으로 살아가기」에 적극 참여하였고, 추후 강연집이 나오는 데 큰 공헌을 하였다. 마이클 왈쩌의 제3강좌 네 강연은 한남대 김용환 교수, 연세대 박정순 교수, 성균관대 윤형식 박사, 서울대 정원섭 박사가 각각 번역하였고, 대담은 박정순 교수가 하였다. 제3강좌는 철학과현실사에서 2001년 『자유주의를 넘어서』로 출간되었다. 찰스 테일러의 제6강좌 네 강연의 경우, 테일러의 서문은 서울대 박사과정 목광수, 제1강연은 신혜영, 제2강연은 한신대 윤평중 교수, 제3강연은 전남대 노양진 박사, 제4강연은 숭실대 김선욱 교수가 각각 번역하였다. 제6강좌는 철학과현실사에서 2003년 『세속화와 현대문명』으로 출간되었고, 찰스 테일러와 윤평중 교수의 대담과, 『에머지』에 게재되었던 찰스 테일러를 개괄적으로 소개하는 김선욱 교수의 글이 말미에 수록되었다. 마이클 샌들의 제9강좌 네 강연은 숭실대 김선욱 교수, 경희대 강준호 박사, 울산의대 구영모 교수, 서울대 박사과정 김은희, 계명대 박상혁 교수, 이화여대 최경석 교수가 협력 번역하여, 철학과현실사에서 2008년 『공동체주의와 공공성』으로 출간되었다. 말미에 마이클 샌들 교수와 김선욱 교수의 대담이 수록되었다. 피터 싱어의 제10강좌의 경우, 서문은 동덕여대 김성한 박사가, 네 강연은 울산의대 구영모 교수, 숭실대 김선욱 교수, 동덕여대 김성한 박사, 계명대 박상혁 교수, 숭실대 윤은주 박사가 협력 번역하였다. 제10강좌는 2008년 철학과현실사에서 『이 시대에 윤리적으로 살아가기』로 출간되었다. 말미에 구영모 교수와 피터 싱어 교수의 대담이 수록되어 있다.

한국윤리학회는 철학자연합대회, 나중의 한국철학자대회에서 분과학회로서 거의 매번 독자 발표 세션을 구성하여 참여하였다. 2006년 11월 3-4일 서울대에서 열린 제19회 한국철학자대회를 예로 들면, '제3분과 실천윤리와 전문직 교육'은 한국윤리학회가 담당한 분과이다. 여기서는 서울대 철학과 황경식 교수가 사회를 맡고, 다음과 같은 발표와 논평이 있었다. 발표 1 : 최경석(이화여대)「의료윤리와 전문직 교육」, 논평 : 권복규(이화여대 의대); 발표 2 : 손화철(서울대)「공학윤리와 전문직 교육」, 논평 : 송성수(부산대); 발표 3 : 정원규(서울대)「경영자를 위한 기업윤리 교육과정에 대한 철학적 반성과 제안」, 논평 : 최성호(경기대 서비스경영대학원); 발표 4 : 임상수(경인교대)「정보윤리와 전문직 교육」, 논평 : 남길우(한국정보통신진흥원 건전문화정보팀장)

한국윤리학회는 2006년 6월 22일 연세대 상남경영원에서 7대 회장 연세대 철학과 김형철 교수의 주선으로 연세대 경영학과 주인기 교수가 회장으로 있는 한국기업윤리학회와 공동으로 '경영권 상속과 기업윤리'를 주제로 학술대회를 개최하였다. 한국기업윤리학회장 주인기 교수가「경영권 상속과 기업경쟁력」을, 한국윤리학회장 박정순 교수가「윤리학에서 본 기업윤리관」을 발표하였다. 제1부 경영권 상속과 기업윤리에서는 서울대 철학과 황경식 교수가「기업윤리와 경영권 상속」을, 연세대 경영학과 김정동 교수가「기업윤리와 경제효율성으로 본 경영권 상속」을, 연세대 보건대학원장 유승흠 교수가「유한양행의 경영권 상속사례」를 발표하였다. 제2부 패널 토론에서는 연세대 철학과 김형철 교수, 중앙대 법학과 이상돈 교수, 상명여대 경영학부 김상조 교수, 한국경제신문 정규재 논설위원이 참여하였다. 이 발표는『기업윤리연구』 제12집(2006년 8월)에 수록되었다.

한국윤리학회는 한림대 철학과 주동률 부회장의 노력으로 2008년

2월 14일 이화여대 이화-포스코관에서 한국분석철학회와 공동으로 '분석철학과 윤리학'을 주제로 공동 학술대회를 개최하였다. 발표 1은 이화여대 김수정 박사가 「알라스디어 맥킨타이어의 덕윤리에 있어 화자적 통일성이 갖는 위상」을 하였고, 경희사이버대 전헌상 교수가 논평을 하였다. 발표 2는 서울대 사회교육과 정원섭 교수가 「롤즈의 공적 이성과 입헌주의」를 하였고, 논평은 계명대 박상혁 교수가 하였다. 발표 3은 경희대 강준호 박사가 「극대화와 공리주의적 평등 개념」을 했고, 한림대 주동률 교수가 논평을 하였다. 발표 4는 한국외대 이혜정 박사가 「계약모 생식 테크놀로지에 대한 여성주의적 성찰」을 했고, 이화여대 최경석 교수가 논평을 하였다.

한국윤리학회가 외부기관과의 연구 계약을 맺은 것 중 특기할 만한 것은 2006년 중반 국가청렴위원회와 맺은 '청렴교육콘텐츠개발을 위한 현대적 의미의 청렴개념 정립을 위한 연구'를 들 수 있다. 6개월여의 연구기간을 거쳐 2006년 12월 최종 연구보고서를 제출하였는데, 연구 책임자는 서울대 철학과 황경식 교수, 공동 연구원은 연세대 철학과 박정순 교수, 고려대 철학과 이승환 교수, 한양대 국제대학원 김종걸 교수였고, 연구 보조원은 서울대 철학과 석사과정 정훈이 담당하였다. 이 연구 프로젝트와 발표회의 결과, 황경식 교수와 박정순 교수는 국가청렴위원회, 현 국민권익위원회의 청렴 부분 강사로 정식 위촉되었다. 따라서 그 후 현재까지 경향 각지에서 공직자들에 대한 청렴 강연의 강사로 초빙되는 계기가 되었다.

6. 미래 연구과제와 전망

오늘날의 시대정신(Zeitgeist)이 어떤 윤리적 기풍(ethos)이라는 것을 부정하는 사람은 아무도 없을 것이다. 그러나 오늘날 윤리학을 전공한다는 것은 실로 이중적 부담이 된다고 말한다면 아이러니라고 해야 할 것인가? 그것은 현대의 다양한 사회적 갈등과 딜레마 상황 속에서 명백한 도덕적 해결책을 찾기가 어려울 뿐만 아니라, 설령 찾는다고 해도 그것을 현실적으로 실현하기도 쉽지 않기 때문이다.

최근 한국 대학에서 실용학문에 밀려 인문학이 퇴조하는 가운데 인문학의 핵심인 철학도 위기를 맞고 있다. 따라서 국내외에서 윤리학으로 박사학위를 받은 많은 회원들이 아직도 대학에서 전임으로 자리를 잡지 못하고 시간강사로 전전하고 있는 것은 매우 안타까운 일이다. 우리 학회 회원들은 그렇다고 해서 철학적 윤리학에 드리워진 슬픈 운명을 한탄만 하고 있지는 않을 것이다. 우리는 철학의 위기가 외부적 원인으로부터만 기인하는 것은 아니며, 철학을 상아탑에만 안주시켜 실용성도 없고 접근하기 어려운 학문으로 만든 것은 철학인들 스스로의 잘못이라고 반성하고 있다. 대학 시스템도 시장 논리에 따라 기업식으로 운영하겠다고 공언하는 대학 총장들이 늘어가고 있지만, 기초학문이 당장 실용성은 떨어지더라도 이를 도외시할 경우 대학 교육의 창의력과 비판정신도 마르게 돼, 결국은 국가의 근본적인 경쟁력이 위축될 것이란 우려도 적지 않다. 최근 우리 사회에서도 법학 전문대학원과 의학, 치의학, 약학, 한의학 전문대학원 개설 등으로 기초학문과 응용학문 사이의 합리적인 역할 분담이 이루어지고 있는 것은 고무적인 일이라고 하겠다.

우리 한국윤리학회 회원들은 학회 활동을 통해 우선 기꺼이 자기 의견을 말하고, 타자의 의견을 경청하는(audi alteram partem) 수크라테스적 덕목을 발휘해야 할 것이다. 그러나 단순히 말하고 듣되 타자로부터 배울 것은 아무것도 없다는 확신을 미리 하는 방어적 다원주의(defensive pluralism)가 아니라, 적극적으로 토론에 참여하여 자기 입장의 오류 가능성을 시인할 줄 아는 '참여적인 오류 가능적 다원주의(engaged fallibilistic pluralism)'를 취해야 할 것이다. 그러할 때만 우리 학회는 서구의 윤리학 및 정치철학의 여러 이론과 논쟁들에 대한 연구를 통해서 배운 것을 우리 한국 사회의 도덕적 병리 현상을 진단하고 치유하는 데 적용할 수 있을 것이다. 우리는 서구 윤리학의 시초부터 대립되어 온 초월과 내재, 객관과 주관, 절대와 상대, 보편성과 역사적 특수성, 형식과 내용, 구조와 상황, 자연법과 실정법, 개인과 공동체, 이론과 반이론의 대립을 철학적인 윤리학의 관점에서 초극하려고 노력할 것이다. 마르크스는 『자본론』 서문에서 자기의 논의가 영국을 모델로 하고 있기는 하지만 언젠가는 독일에도 그 모델이 적용될 것임을 예견하고 "그 이야기는 당신에 대해서 말하고 있다!(De te fabula narratur!)"는 경구를 쓴 바 있다. 아마도 우리 학회 회원 모두는 그러한 경구를 마음속에 절실히 간직하고 있을 것이다.

우리 학회가 윤리학 및 정치, 사회, 법철학의 분야에서 앞으로 탐구해야 할 과제는 산적해 있다. 첫째, 전통적인 규범윤리학의 분야에서 공리주의와 칸트주의적 의무론과 견줄 만한 하나의 대안으로서 최근에 널리 인정되고 있는 덕의 윤리(virtue ethics)를 더욱 철저히 탐구하고, 또한 그것을 동양의 유교적 덕의 윤리와 비교 고찰함으로써 동서 윤리의 융합을 지향해야 할 것이다. 여기에 부가하여 도덕성의 기원과 다양한 도덕적 현상에 관한 진화론적 고찰, 그리고 활차 문제(trolley problem)를 포함한 다양한 딜레마에 관련된 윤리학적 사고 실험과 뇌신경생리학적 연구 결과를 고찰하는 실험윤리학(experimental ethics)에도 주목해야 할 것이다. 둘째, 최근 보편주의와 특수주의의 대립에 관련하여 다양한 반이론적(anti-theory) 경향이 덕의 윤리, 공동체주의, 여성주의 윤리, 감정의 윤리, 상황윤리, 결의론 등을 통해서 등장하고 있는데, 우리는 윤리학설의 정립에서 이론적 체계 구성과 법칙화(codification)가 가지는 공헌과 그 한계에 대해서도 주목해야 할 것이다. 여기에 관련하여 여러 가지 탈이데올로기 이론들, 포스트마르크스주의, 후기 산업사회 이론들, 포스트모던적 가치론도 역시 주목해야 할 것이다. 셋째, 철학의 현실적 유용성과 관련하여 응용윤리학의 다양한 분야들, 생명의료윤리, 환경윤리, 기업윤리, 군사윤리, 과학기술의 윤리, 직업윤리, 연구윤리 등에 대한 좀 더 진일보한 탐구가 필요할 것이다. 넷째, 앞으로 우리 사회도 다원주의적인 시민사회로 이행해 갈 것이므로, 다양한 이익집단들 간의 갈등을 조정하여 화합을 도모하는 협상이론, 다인종 다원사회 이론, 그리고 민주적 시민사회 이론에 대한 폭넓은 토론이 필요할 것이다. 아울러 우리는 1980년대 이후 서구 윤리학계를 풍미했던 '자유주의 대 공동체주의 논쟁'의 결말에도 주목하여 우리 한국 사회의 바람직한 규범적 전형으로 삼을 필요도 있다. 이와 연관하여 롤즈의 합리적인 사회계약론과 정치적 자유주의 이론과 아펠과 하버마스의 담론 윤리학(discourse ethics or communicative ethics)의 비교 고찰도 중요하다. 다섯째, 윤리, 정치, 사회, 법을 통괄하여 도덕적 해이를 극복할 수 있는 하나의 통합적이고 복잡계적인 규범적인 사회적 의사결정론 혹은 시스템/제도 디자인론을 발전시킬 수 있는 가능성도 타진해 보아야 할 것이다. 여섯째, 모든 현대인의 관심사인 행복, 복지, 혹은 웰빙(well-being)에 대한 윤리학적 논의도 빼놓을 수도 없을 것이다. 일곱째, 대학교육에서의 비판적 사고와 통합적 글쓰기에 관련하여 윤리학 분야도 비판적인 윤리적 추론과 규범적 사고에 관심을 집중시킬 필요가 있다.

앞으로 우리 한국윤리학회가 이러한 문제들을 집중적으로 연구하고, 또 충실한 연구 업적을 이루어낼 수 있다면, 철학적 윤리학의 학문적 발전을 도모함과 아울러 한국 사회가 좀 더 바람직한 방향으로 변혁하는 데 그 일익을 담당할 수 있을 것으로 기대해 본다.

한국중세철학회

신창석(한국중세철학회 회장)
박승찬(한국중세철학회 부회장)
김율(한국중세철학회 총무)

1. 역사

1) 발족 배경

한국중세철학회의 발족은 1994년 창설된 한국중세철학연구소를 배경으로 한다. 한국중세철학연구소를 기반으로 한국중세철학회를 창설했기 때문이다. 한국중세철학연구소의 중점 사업은 1995년부터 발간하기 시작한 『중세철학』이라는 제목의 학술지였으며, 한국중세철학회는 이 학술지를 이어받아 전국 규모 학술지로 발전시켜 지금까지 발간해 오고 있다.

한국 중세철학연구소의 발족은 서양 학문이 한국에 들어온 이후 한국 학계를 위해 더없이 의미 있는 일이라 할 수 있다. 조선시대의 실학파는 이미 17세기부터 중국에서 한문으로 출판되던 서학(西學) 서적들을 매우 빠른 속도로 입수하고 공부하였다. 심지어 중국에 파견되는 관리들 가운데는 이러한 서학서의 입수를 전문으로 하는 관리도 있었다고 한다. 이러한 서학서의 중심에는 마테오 리치의 『천주실의』, 삼비아시의 『영언여작』과 같은 오늘날 중세철학으로 분류되는 책들이 있었다. 그러나 일제치하를 지나면서 서양 중세철학은 서양 고대

철학에 합류되어, 대학의 교과목에도 '서양 고 · 중세'라는 과목으로 삽입되고 말았다. 그러나 서양 중세철학은 이미 고대라는 거인의 어깨에 올라타서 더 넓은 식견으로 근세와 현대를 준비한 철학이요, 그야말로 실질적으로 필로소피아로서의 철학을 창출해 낸 철학이다.

이러한 중세철학에 대한 한국 학계의 관심은 필자(신창석)가 1993년 독일 유학에서 귀국하면서 더욱 구체화되었다. 1993년 가을, 당시 서강대학교에서 중세를 가르치던 성염 교수를 만났다. 그때 성염 교수는 이제 한국에도 서양 중세철학을 본격적으로 연구한 사람들이 국내로 들어오기 시작했으니, 중세철학을 연구하는 모임을 만들어야 할 시기가 아닌가 하고 말씀하셨다. 이에 당시 경북대학교 철학과에서 '서양 고 · 중세'를 강의하던 이문호 교수가 화답하였다. 신창석 교수가 토마스 아퀴나스 전공으로 박사학위를 하고, 브레인 풀 제도를 통해 대구가톨릭대학교에 근무하게 되었으니, 우선 대구가톨릭대학교 내에 '한국중세철학연구소'를 만드는 것이 어떻겠느냐는 의견이었다.

중세철학연구소 창립이라는 화두를 가지고 경북대학교 이문호 교수, 대구가톨릭대학교 정달용 신부, 서강대학교 정의채 신부, 역시 서강대학교 성염 교수 그리고 필자는 몇 차례 서울과 대구를 오가면서 한국중세철학연구소 창립을 위한 중지를 모았다. 우선 재정적인 문제는 이문호 교수가 후원하기로 하고, 연구소 창립을 위한 제반 행정은 필자가, 그 외의 업무 협력은 정의채 신부, 정달용 신부, 성염 교수 그리고 건국대학교의 강영계 교수가 맡기로 하였다.

그리하여 마침내 1994년 2월 21일 대구광역시 중구 남산동 대구가톨릭대학교 유스티노 캠퍼스 내에 한국중세철학연구소를 개소하고 현판식을 가지게 되었다. 초대 연구소장으로는 경북대학교 철학과의 이문호 교수가 선임되었으며, 1998년 제2대 연구소장으로 정달용 신부가 취임하였다.

다음은 『가톨릭신문』에 실린 연구소 관련 기사를 인용한 것이다.

한국 철학계의 초석될 터

한국 최초의 중세철학연구기관으로 2월 21일 출범한 한국중세철학연구소가 교회 내 철학자들을 중심으로 한 석학들의 대거 참여로 교회 내외에 관심을 집중시키고 있다.

창립준비위원회 대표로서 1년여의 준비 끝에 연구소를 탄생시킨 이문호(경북대 교수) 초대소장을 만나 연구소 창립의 배경과 활동계획 등을 들어보았다.

-- 우선 국내 최초 중세철학연구소 초대 소장으로 일하게 된 소감은?

■ 막중한 책임감이 앞선다. 한국의 석학 여러분께서 적극적으로 참여해 주시고, 여러 중진 교수님들께서 협력하고 계시기 때문에 반드시 소기의 목적을 달성하리라고 생각한다.

-- 연구소 창립의 준비와 추진 과정은?

■ 그간 시간이 나는 대로 서울, 부산, 대구, 진주 등을 다니며 중세철학자 여러분을 만나 설립에 관한 의견을 교환하고 동의와 협조를 구했다.

-- 연구소 창립의 제일 큰 동기는?

■ 인간복제, 사회범죄, 무한경쟁 등 오늘날 우리는 위기상황에 처해 있다고 생각한다. 이런 상황에 대비하는 철학적 활동이 있어야 한다고 생각한다.

-- 현재 한국의 중세철학 연구 경향과 이 연구의 필요성을 말해 주신다면?

■ 중세철학을 연구하는 분들이 간간히 독자적으로 연구하고 있는 실정이다. 이러한 분산된 힘을 결집하여 공동 연구를 추진한다면 더 많은 성과가 나오리라고 믿는다.

-- 교회 입장에서 중세철학연구소의 발족 의의를 얘기한다면?

■ 그리스도교의 신앙을 이론적으로 설명하는 것이 중세철학이라는 점에서 교회 입장에서는 환영할 만한 일이다.

-- 연구소 창립 후 우선적으로 주력할 사업은?

■ 연구지 발간이다. 철학적으로 중요한 문제점을 연구한 논문을 모아 발간할 예정이다. 그리고 학술발표회, 번역사업 등에도 주력할 생각이다.

-- 연구소 살림은 어떻게 꾸려나가게 되나?

■ 기본적이고 필수적인 것은 석암재단에서 출자를 하게 되어 있다. 기타 기부금, 찬조금을 가지고 운용할 계획이다. 이 기회에 관심 있는 교형자매 여러분의 성원을 부탁드린다.

-- 국내 철학계 학자들의 능력을 결집시키는 자리로도 조명을 받고 있다. 연구소 운영에 따른 기대와 포부를 들려 달라.

■ 중세철학연구는 한국 학계에서 오랫동안 소외되어 왔다. 중세철학에 대한 많은 관심이나 호기심을 가지는 분들이 나름 늘어나기를 기대한다. 앞으로 연구소는 학술 활동을 전개하면서 동시에 일반인을 대상으로 하는 계몽 활동도 추진할 계획이다. 한국 철학계뿐만 아니라 학계 전반을 위한 초석이 되기를 희망한다. (『가톨릭신문』, 1994년 3월 6일자, 이주연 기자)

새 한국중세철학연구소장 정달용 신부

“본격적으로 중세철학을 연구할 수 있는 토대 마련에 심혈을 기울일 생각입니다.”

새로 한국중세철학연구소장으로 취임한 정달용 신부(대구효성가톨릭대 교수)는 향후 연구소 운영 방침을 피력했다.

중세를 등한시하고 근대와 현대 철학에만 집착해 온 한국 철학계의 지적(知的) 편식을 해소하고자 1994년 2월 창립된 한국중세철학연구소는 그간 지속적인 연구논문 발표 등을 통해 저변 확대라는 초기 단계를 거쳐 이제 내실화 단계에 접어들고 있다.

또한 중세철학연구소는 지난 4년여 동안 중세철학에 관심을 갖고 있던 이들에게 자신감을 불어넣은 것으로 평가되고 있는데 정달용 신부는 회원들의 역량을 하나로 결집하여 도약의 밑거름 마련에 심혈을 기울일 예정이다.

정 신부는 이미 몇 년 전부터 회원으로서 나름대로 꼼꼼히 내실화를 위한 준비를 해왔다. 그는 유럽의 헌책방을 뒤져 알베르토, 보나벤투라, 토마스, 에크하르트, 아우구스티누스 등 중세철학 대가들의 전집을 수집해 왔는데 그 중 보나벤투라 전집은 백 년 전에 출판된 것으로 국내 유일의 것으로 추정되는 희귀본이기도 하다.

한국중세철학연구소는 이렇게 수집한 자료를 바탕으로 중세철학 대가들의 전집을 하나하나 소개해 나감으로써 고대와 근세, 현대를 잇는 사상적 기저(基底)로서 중세철학의 진수를 선보일 예정이다. 이러한 철학의 혈맥(血脈)을 잇는 연구 작업은 한국 철학계의 동맥경화를 해소할 것으로 보인다.

정달용 신부는 "본격적으로 연구할 수 있는 학문적 토대를 마련함으로써 동양(한국)이 서양과의 대화에서 근대만 다루어온 편식을 해소하고자 한다."고 학자로서의 의지를 보였다.

오스트리아 그라츠와 서독 프라이부르크에서 철학을 전공한 정달용 신부는 1967년 7월 9일 사제로 서품됐으며 1975년부터 1987년 8월까지 광주가톨릭대학 철학교수를 거쳐 1987년 9월부터 1995년 2월까지 대구가톨릭대학 교수와 학장을 역임하였다. 현재는 대구효성가톨릭대학교 인문대학 철학교수로 재직 중이다. (『가톨릭신문』, 1998년 6월 28일자, 김보섭 기자)

2) 학회지『중세철학』발간

한국중세철학연구소는 약 1년 동안의 준비 끝에 드디어 1995년 12월 중세철학 전문학술지인 『중세철학(*Philosophia medii aevi*)』 창간호를 발간하게 되었다. 『중세철학』은 연간 학술지로서 한국 철학계에서는 드물게 오로지 중세철학 관련 연구논문만을 게재하기로 하였다. 『중세철학』에 대한 투고 원고의 연구비는 석암재단에서 출연하기로 하였으며, 출판은 경북 왜관에 위치한 유서 깊은 분도수도원 산하의 분도출판사에서 맡기로 하였다. 다음은 『중세철학』 창간호의 발간사이다.

人類의 文化와 學問은 하루아침에 이루어진 것이 아닙니다. 그것은 고대가 이루어낸 것도 아니며, 또한 근세나 현대가 만들어낸 것도 아닙니다. 그것은 오랜 세월에 걸쳐서 이어온 역사와 전통 속에서 형성되어온 것입니다.

현대는 근세 없이, 근세는 중세 없이 그리고 중세는 또한 고대 없이 생겨나지 않았습니다. 그리하여 현대철학은 근세철학 없이, 근세철학은 중세철학 없이 결코 생겨날 수 없었습니다. 그리고 중세철학은 고대로부터 많은 것을 받아들였습니다.

이제 우리는 잊었던 역사를 되찾으려 합니다. 이제 우리는 우리 스스로 간과해 왔던 전통을 되찾으려 합니다.

중세철학은 하나의 종합을 추구하였습니다. 그것은 이론과 실천, 이상과 현실 그리고 이성과 신앙이 서로 조화를 이루고 있는 하나의 종합이었습니다. 특히 중세철학은 이성과 신앙의 독자성을 인정하면서도, 그 둘을 탁월한 방법으로 종합하기에 이르렀습니다.

그러한 종합은 단 한 번으로 끝나 버리는 그런 과업이 결코 아닙니다. 그것은 오늘날에도 하나의 과업으로 남아 있습니다. 그것도 가장 어려운 과업으로 여전히 남아 있습니다. 이러한 과업을 수행하기 위하여 한국 중세철학연구소는 이제 학술지 『중세철학(*Philosophia medii aevi*)』을 발간하는 바입니다.

관심 있는 분들의 적극적인 참여와 애독을 바라 마지않습니다.

1995년 3월 한국중세철학연구소 소장 李文浩

3) 한국중세철학회의 창립과 활동

2000년대로 들어서면서 한국에도 자발적으로 서양으로 건너가 중세철학을 전공한 청년학자들의 수가 괄목할 만큼 늘어나기 시작하였다. 이에 따라 한국중세철학연구소가 일개 연구소의 차원을 넘어서서 전국적 학회로 발돋움해야 한다는 학계의 요구가 높아지게 되었다. 특히 당시 한국고대철학회의 회장을 맡고 있던 건국대학교 기종석 교수도 이제 서양 중세철학 전공자들도 새로이 학회를 창립하여 활동하는 동시에 필요할 때에는 서양 고대철학회와 함께 활동하자는 제안을 하였다.

그리하여 서울대학교 강상진 교수, 가톨릭대학교 박승찬 교수, 서강대학교 이상섭 교수, 연세대학교 이재경 교수 등 다수의 신진 교수들을 중심으로 전국 규모 학회의 창립을 추진하게 되었다. 2003년 5월 17일, 서울의 가톨릭대학교 성신교정에서 제1회 학술발표회를 겸한 한국중세철학회 창립대회를 개최하였다.

초대 회장은 대구가톨릭대학교의 정달용 신부가 맡았으며, 2007년 5월 한국성서대학교의 김태규 교수가 제2대 회장으로 취임했다. 2009월 5월부터는 대구가톨릭대학교의 신창석 교수가 회장직을 역임하고 있다.

2. 한국중세철학회의 현황

1) 학술 활동

한국중세철학회는 2003년 창립 이후 매년 봄과 가을에 전국 규모 학술대회를 개최하고 있다. 특히 매년 8월에는 경북 왜관의 분도수도회에서 1박 2일의 워크숍을 개최하여 중세철학 관련 신규 학위 취득자의 논문 발표와 그에 대한 집중 토론, 원전 독회 등의 프로그램을 진행하고 있다. 2009년 11월 현재, 14차례의 학술대회와 7차례의 여름 워크숍을 개최했다.

2) 회원 및 임원 현황

2009년 11월 현재 한국중세철학회 회원은 온라인으로 가입한 회원을 합쳐 약 150명에 이르고 있다. 적극적으로 학회 활동에 참여하는 회원 수는 약 50명 정도이며, 이 중 대학에 전임 교원으로 재직하는 회원이 약 20명, 비전임 박사급 회원이 약 20명이다.

현재 임원진은 다음과 같이 구성되어 있다.

고문 : 정의채, 김규영, 박영도, 정달용, 장욱, 김태규, 이재룡

회장 : 신창석(대구가톨릭대학교)

부회장 : 서병창(연세대학교), 박승찬(가톨릭대학교)

연구이사 : 이재경(연세대학교)

섭외이사 : 이상섭(서강대학교)

편집이사 : 강상진(서울대학교)

총무이사 : 김율(서울대학교)

감사 : 이명곤(대구가톨릭대학교), 김영철(부산가톨릭대학교)

홈페이지 : http://www.philosophia.or.kr/

3) 학회지 발간 현황

1995년 『중세철학』 제1호가 발간된 이래 2008년까지 모두 14권이 발간되었으며, 2009년 12월 제15호가 발간되었다. 『중세철학』은 중세철학 분야의 전문 주제에 대한 연구논문 외에도, 중요한 중세철학 텍스트에 대한 연구 번역, 중세철학 신간들에 대한 서평으로 구성된다. 『중세철학』은 국내 중세철학 분야의 전문 연구들 중에서 가장 중요한 성과들을 망라하고 있을 뿐 아니라, 엄격한 심사 과정을 통해 국내의 수많은 철학 학술지 중에서도 단연 최고의 학술적 수준을 유지하고 있다. 『중세철학』에 실린 논문들 중 상당수는 외국 중세철학 학술지에 실린 연구물과 견주어 보아도 결코 뒤지지 않는 내용적 수준을 성취하고 있다.

3. 한국중세철학회의 전망 및 발전 방향

1) 연구의 기초 마련

(1) 중세철학 관련 원전 및 연구서 번역

한국중세철학회가 한국의 학문 사회에 기여할 수 있는 가장 중요한 역할은 서양 중세에 라틴어로 저술된 풍부한 원천들을 우리말로 번역하여 학자들 및 일반 독자들이 쉽게 읽을 수 있도록 하는 일이다. 또한 중세철학 원전이 전제하고 있는 다양한 사전지식과 개념들을 올바로 이해할 수 있도록 중요한 연구서 및 입문서를 번역 소개함으로써 국내 독자들의 이해를 돕는 일도 병행해야 한다.

그러나 근현대철학의 많은 서적들과 달리 중세철학 원전들은 — 번역서 60권에 달하는 『신학대전』에서 잘 드러나듯이 — 그 규모가 매우 방대하여 개인이 번역을 완수하기 힘든 경우가 매우 많다. 따라서 대작의 경우 제한된 시간 안에 번역을 마치기 위해서 공동 번역팀을 구성하여 번역하는 것이 효율적이다. 이에 따라 한국중세철학회에서는 토마스 아퀴나스의 『대이교대전(*Summa contra Gentiles*)』 번역팀을 구성하여 번역을 진행하고 있다. 앞으로도 이러한 번역팀은 학회 차원에서 꾸준히 운영해 나갈 것이다.

이 공동 번역 과정에서 드러난 문제점은 번역자들 사이에 나타날 수 있는 개인적인 차이들을 어떻게 극복하는가 하는 것이다. 피할 수 없는 개인적인 문체의 차이는 차치하고, 적어도 중요한 전문용어들이 각 서적마다 다르게 번역되어 독자들이 혼란에 빠지는 일은 피해야 하기 때문이다. 번역 용어의 선택은 번역자의 해석과 문맥에 따라 다르게 이루어지기 때문에 일률적으로 규정을 정해 놓고 적용하는 것이 최선책이 아니다. 따라서 본 학회에서는 기존 번역자들이 사용한 용어들을 정리해서 하나의 리스트로 만든 후, 이를 다른 번역자들에게 제공함으로써 최선의 용어 선택을 돕고 있다. 이 과정에서 번역자들 사이에 공감대가 형성될 수 있는 주요 용어들에 대한 목록을 별도로 작성하여 학회 홈페이지 등을 통해 공개함으로써 통일된 용어 사용을 지향할 것이다.

더 나아가 연구자들이 번역이 반드시 필요하다고 생각하는 서적들이 겹치는 경우가 많기 때문에 때로 동시에 번역이 진행되어 불필요한 노력의 낭비가 발생하는 경우가 있다. 이를 지양하기 위해 회원들은 자신이 번역하고 있는 서적이나 번역 희망 서적 리스트를 홈페이지에 공개함으로써 불필요한 중복 번역을 피할 수 있는 길을 마련할 예정이다.

(2) 개인 소장 희귀자료의 공유

중세철학 연구자들이 자신이 천착해 왔던 주제가 아닌 새로운 분야를 연구하면서 겪게 되는 어려움 가운데 하나는 자료 수집이다. 물론 이전과 비교해 볼 때 인터넷과 국내 및 국제적인 자료 공유 정책(Keris, Riss 등)에 따라 최근에 발간되는 논문 자료는 전반적인 학문 분야에서 그래도 수월하게 구할 수 있는 조건이 조성되고 있다. 그렇지만 서양 중세철학 관련 자료들 중에서 중요한 외국 논문들이 온라인을 통해서 제공되는 경우는 극히 일부에 불과하다. 그래서 외국 도서관과의 연계 등을 통해서 논문을 구해 볼 수 있지만, 그 취득 기간이 오래 걸리고 그 구입비용이 한 편당 1만 3천 원에서 2만 원에 달한다. 게다가 그 내용을 확인하기 어려워서 불필요한 자료들을 제목만 보고 구매하는 일도 종종 있다. 또한 연구에 결정적 도움을 줄 중세철학 관련 기본 총서류들도 수년 전부터 국내 도서관에서 구입이 시작되었으나, 그 이전에 출간된 서적들은 구할 수가 없는 상태이다. 취득 가능성만을 고려할 때, 그래도 논문은 복사 서비스 등을 통해서 받아 볼 수 있지만 더 큰 어려움은 중세철학 관련 원전 및 오래된 단행본에서 발생한다. 많은 중세철학 관련 중요 서적들은 이미 출간된 지 상당 시간이 흘렀기 때문에, 책의 고액 여부를 떠나 국내에서는 구입조차 불가능한 상태이다.

그렇지만 국내 중세철학 연구자들이 늘어나고, 현재 학회 회원들 중 많은 수가 외국에서 공부하며 필요한 자료들을 구입 또는 복사했기 때문에, 개인적으로 상당량의 중요 자료들을 소장하고 있다. 중요

자료를 복사할 때 함께 복사하여 나누는 미덕이 본 학회에서는 개인적인 차원에서 이미 여러 차례 이루어진 바 있다. 앞으로는 이를 좀 더 체계화하여 개인 소장 자료들을 목록으로 정리하여 공개하고, 연구자들이 서로 필요한 자료들을 공유할 수 있는 방법을 모색하고자 한다. 방대한 자료를 목록화하는 작업 자체가 많은 시간을 필요로 하는 매우 큰일이지만, 일부 연구자들은 이미 개인적으로 기초 작업을 해놓았기 때문에 양식만 통일한다면 매우 중요한 학문적 기반이 마련될 것이다. 자료 수집의 어려움을 극복하기 위한 구체적 대안으로는 현재 외국의 중요 대학에서 중세철학을 공부하고 있는 학생들에게 학회 차원에서 소정의 장학금을 제공한 후 관련 논문 자료 복사 및 발송을 부탁하는 것도 검토해 볼 만하다.

2) 학술 활동의 체계화

(1) 춘계 및 추계 학술대회 지속적으로 진행

본 학회는 학회 설립은 오래되지 않았지만, 어느 학회보다도 충실한 학술대회와 심도 있는 토론을 통해서 학문적 성과를 축적해 왔다. 앞으로도 이런 전통은 지속적으로 이어져야 할 것이다. 더 나아가 이제까지 매 학술대회마다 주제 및 발표자를 섭외하던 것과는 달리 기획의 기간을 좀 더 길게 잡아, 1년 또는 3년 단위 등으로 장기적인 연구 주제가 미리 공지된다면 연구자들이 자신의 연구 계획을 수립하는데 도움이 될 것이다.

(2) 여름 워크숍의 체계화

역사 및 현황에서 언급된 바와 같이 본 학회가 만들어낸 여름 워크숍의 전통은 기존의 학술대회의 형식으로는 충족시킬 수 없었던 한 주제에 대한 집중적인 토론을 가능하게 해주었다. 앞으로 이 전통을 지속적으로 발전시키면서 가능하다면 1박 2일의 워크숍을 전후로 교수들이 공동 지도하는 대학원생 공동 세미나(블록 세미나 형태) 등을 개최한다면 교육적인 성과를 더욱 크게 할 수 있을 것이다.

(3) 『중세철학』 학술지의 내실화

본 학회에서 발행하는 등재지 『중세철학』은 한국 중세철학 연구 전체의 못자리라고 할 수 있다. 실제로 『중세철학』에 투고하고 있는 회원들은 투고하는 논문의 주제를 선택할 때 『중세철학』에는 중세철학과 관련된 매우 전문적인 텍스트 분석을 기초로 한 논문을 투고하고, 다른 학술지에는 관심 있는 주제와 관련하여 중세의 풍부한 내용을 소개하는 논문을 싣고 있다. 여타 학술지의 경우 대부분의 회원이나 독자들이 중세철학 및 중세시대에 대한 이해가 충분하지 못하기 때문에 특정한 주제를 다루더라도 먼저 그 시대적 배경과 문제의식, 이에 대한 해결을 앞서 있는 다양한 텍스트 해석들을 설명한 후, 주요 내용을 소개하는 방식으로 기술하고 있다. 따라서 다양한 학술지들에 실린 중세철학 관련 논문들을 비교해 보면 그 논증 방식 등에서도 차이가 있고 『중세철학』에 실린 논문이 내용과 논증의 측면에서 더욱 철저하다는 사실을 발견할 수 있다. 이러한 비교에서도 드러나듯이 『중세철학』에 실린 논문들은 여러 한국연구재단 등재지에 산발적으로 실린 중세철학 관련 논문들보다 결코 질적으로 떨어지는 것이 아니라 동등한 또는 오히려 전문적인 측면에서는 더 높게 평가될 수 있는 논문들이라고 할 수 있다.

이러한 장점을 고려하면서 학문 역량의 축적 및 상호 교류의 필요성을 위해 현재 1년에 한 번 발행하고 있는 『중세철학』 학술지를 연 2회 발간하자는 의견도 여러 차례 제기되었다. 그러나 타 학회와 비교할 때 직접 논문을 집필할 수 있는 연구자들의 수가 여전히 충분하지 못한 여건과 우선 중세철학 분야의 중요성에 대한 공감을 이끌어

내기 위해서는 다른 종합 학술지에도 지속적으로 중세철학 논문을 싣는 것이 필요하다는 점에서 당분간은 연 1회 발간하기로 결정한 바 있다. 이제 점차 국내외에서 중세철학을 연구하고 있는 연구자들이 자신의 학위를 마치고 본 학회에 참여하고, 학계 전반에서 중세철학의 중요성이 인식되어 가고 있기 때문에 조만간 여건이 마련되는 대로, 『중세철학』의 간행 횟수를 연 2회로 늘려 더욱 풍부한 학문적 연구 성과를 발표하게 될 것이다.

학술지 『중세철학』은 또한 아직 중세철학에 대한 연구와 교육 기반이 미약한 우리나라의 현실을 고려하여 '연구 번역'이라는 특수한 항목을 두고 있다. 『중세철학』이 한국중세철학회로 넘어오면서부터 신설된 이 항목에서 토마스 아퀴나스, 시제 브라방, 아벨라르두스, 니콜라우스 쿠사누스 등의 라틴어 원전 번역 및 상세한 해설이 제시되었다. 중세철학의 원천의 분량은 상상을 초월할 정도이고 그 분야도 무척이나 다양하지만, 국내에 나와 있는 번역은 여전히 매우 미흡한 상황이다. 따라서 중세철학사 등 교육에서 자주 인용되고 고찰해야 하는 내용들조차 번역되어 있지 않아서 많은 어려움을 겪고 있다. 라틴어로 된 고전 하나하나를 번역하는 데는 매우 많은 시간과 노력이 들기 때문에 '연구 번역'에서는 우선 국내에 전혀 소개된 바 없는 새로운 내용의 초역을 소개하고 이를 비전문가들도 이해할 수 있도록 친절하게 해설해 놓았다. 이런 과정이 계속되면서 반드시 읽어야 할 상당한 분량의 중세철학 고전들이 일부분이라도 소개될 수 있을 것이다. 이것은 또한 충실한 교육으로 이어져 더 많은 철학도들이 중세철학의 가치를 이해하고 관심을 가지게 되리라고 기대할 수 있다.

더 나아가 중세철학 연구자들의 번역과 저술이 급증하고 있는 현재의 상황에서 서평 문화를 활성화하여, 발간된 관련 자료들을 비판적으로 평가하고 연구를 활성화하는 계기를 마련해 갈 것이다.

(4) 학회 홈페이지 확대 및 관리 효율화

본 학회는 짧은 역사에도 불구하고 두 번에 걸쳐 홈페이지를 개설하고 효율적으로 운영한 바 있다. 두 번째로 독립 홈페이지를 개설함으로써 장기적으로 발전하기 위한 외형적인 토대는 마련되었지만, 이전 홈페이지에 담겨 있던 소중한 자료들이 아직 충분히 옮겨지지 못한 점이 학회 운영위원회에서 지적되었다. 따라서 앞으로는 최초의 홈페이지에 실렸던 자료의 연계 및 이동에 힘쓸 예정이다. 또한 최초 홈페이지에서 시행되었던 주요 연구자들 종합 연구 목록 업데이트, 주요 주제에 대한 토론방 개설 등도 지속적으로 이루어질 것이다. 또한 학술대회나 워크숍과 연결하여 발표 자료를 미리 홈페이지를 통해 공지함으로써 참여자들의 사전 준비를 도와 학술대회의 내실화에 기여하게 될 것이다.

장기적으로는 『중세철학』 학술지 이외에 실린 논문들도 홈페이지를 통해 링크해 놓음으로써 중세철학 관련 연구의 포털 개념으로 발전시켜 나갈 예정이다.

3) 중세철학 관련 교육 강화

(1) 중세철학사 교과서 공동 집필

과거 20년 전과 비교할 때 중세철학에 대한 관심은 가히 폭발적으로 증가했다고 할 수 있다. 이에 상응하게 각 대학의 철학과에서는 관련 과목들이 개설되거나 이미 개설되었던 과목들이 새롭게 각광받고 있다. 이런 상황에서 한 가지 아쉬운 점은 국내 학생들을 교육하기에 적절한 종합적인 교과서가 아직 발간되지 않았다는 점이다. 물론 코플스톤, 질송, 마우러 등 대표적인 중세철학자들의 중세철학사가 번역되어 소개되어 있지만, 그 책들은 서구의 학문 전통에 기반하고 있기 때문에 전제하고 있는 내용과 방향성, 또한 분량의 측면에서도 국내

교육을 위해서 적합한지가 의문이다. 이에 따라 본 학회에서는 여타 학회(근대철학회 등)의 모범을 따라 중세철학 교과서의 공동 집필을 계획할 것이다. 중세철학을 대표하는 각 중요 철학자들을 관련 전공자가 맡아서 집필하면서, 집필 순서와 형태 등은 통일하고 국내에서 발표된 자료들을 중심으로 포괄적인 참고문헌을 제시함으로써 중세철학 교육의 초석을 마련해 갈 것이다.

이 작업이 성공적으로 끝난 후에는 본 학회의 학술지 『중세철학』의 연구 번역 부분들을 중심으로 필요 자료들을 보충하여 앤솔로지 형태로 편찬함으로써 직접 원전을 읽어가면서 중세철학 공부를 심화시켜 나갈 수 있는 토대를 마련할 것이다. 장기적으로 여기서 발생하는 인세 등은 학회의 발전을 위한 기금으로 사용될 수 있을 것이다.

(2) 중세철학 관련 공통 교안 및 교육 관련 자료(PPT) 공동 제작

이러한 작업과 병행해야 할 것은 현재 이루어지고 있는 중세철학 관련 교과목들을 좀 더 효과적으로 운영하기 위해 선배 교육자들이 사용하고 있는 교안을 토대로 후배 교수 및 강사들을 위한 공통 교안 및 교육 관련 자료(PPT, 동영상) 등을 제작, 보급함으로써 교육의 내실화에 기여할 예정이다.

(3) 중세철학 관련 과목 미개설 철학과 조사 및 교과과정 개편 요청

이렇게 활발한 학회 활동에도 불구하고 일부 대학의 철학과에서는 중세철학 강사들을 구하기 힘들었던 과거의 현실이 반영되었던 기존의 교과과정을 답습하면서 중세철학 관련 과목들을 전혀 개설하지 않고 있는 경우도 있다. 학회 차원에서 각 대학의 교과과정을 검토하여 이를 개선하기 위한 공문을 보내고 필요한 경우 우수 강사를 추천함으로써 연구 성과의 보급을 위해 노력해야 할 것이다.

(4) 후진 양성을 위한 장학금 조성

현재까지는 각 연구자들이 자신의 노력으로 학업을 마치고 학회에 합류하였지만, 향후 은퇴 교수님 등 기증자들 명의로 장학금을 조성하여 중세철학을 공부하려는 대학원생들을 지속적으로 지원하는 사업을 계획하고 있다.

4) 연구 역량의 확산 및 대외 협력 강화

(1) 축적된 연구 역량을 타 학회와 연계

한국중세철학회는 특정 학자나 주제만으로 제한된 폐쇄적인 공동체가 아니라, 자신의 주제에 따라 각각 다른 분야에서 활발히 활동하고 있는 중세철학 전문학자들이 주축이 된 '열린 학술 공동체'이다. 학술지 『중세철학』과 1년에 3번에 걸친 학술대회에서 집적된 연구 성과는 자신의 관심 분야에 따라 유관 학회에서 왕성하게 발표되고 있다. 이것은 중세철학에 관련된 지식이 아무리 집적되더라도 그것이 다른 철학 분야들과 상호 교류가 이루어지지 못한다면 국내 학술계에 기여하는 바가 매우 미미할 것이기 때문이다. 이에 따라 기존의 서양고전철학회, 가톨릭철학회, 서양근대철학회 등과의 연계를 넘어서서 기타 철학회, 서양중세사학회 등과 연구 주제를 중심으로 공동 학술발표회를 구성함으로써 연구 성과의 보급을 활성화할 것이다.

(2) 외국 학회들과의 공동 협력 강화

장기적으로는 중세철학 연구가 매우 활발한 이웃 일본의 예와 같이 국제중세철학자연합회(SIEPM)의 회원 가입을 활성화하고, 전통적인 중세철학 연구의 중심지인 토론토의 폰티피컬 연구소(Pontifical Institute), 유럽 최대의 중세철학 연구소인 독일 쾰른의 토마스 연구소(Thomas Institut) 등과의 학문적 협력을 강화해 갈 예정이다.

한국칸트학회

최인숙(한국칸트학회 회장)

1. 설립 배경: 한국에서 칸트 철학 연구

(1) 이정직(李定稷, 1841-1910)의 『연석산방고(燕石山房稿)』의 「미정문고 별집(未定文稿別集)」 안에 들어 있다는 128쪽에 달하는 「강씨[칸트]철학설대략(康氏哲學說大略)」이 쓰인 것이, 이정직이 양계초(梁啓超, 1873-1929)의 『음빙실문집(飮氷室文集)』(1903)[1] 등을 통해 칸트(Immanuel Kant, 1724-1804)를 알게 된 후인 1903-1910년경이라 추정할 때,[2] 한국인이 칸트와 칸트 철학을 접한 것은 100여 년이 되었다. 그리고 「강씨철학설대략」이 한국인이 쓴 최초의 서양철학 관련 글이라고 조사되어 있는 만큼, 칸트 철학의 유입이 바로 서양철학의 한국 유입 역사와 일치하는 것이라 할 수 있다.[3]

우리는 지난 100여 년간의 한국인들의 칸트 철학 연구, 소개, 수용

---

1) 林志鈞 編, 臺灣中華書局印行, 第三冊, 47-66쪽, 「近世第一大哲康德之學說」 참조.

2) 박종홍, 『박종홍전집』 V, 민음사, 1998, 283-285쪽, 「이정직의 <칸트> 연구」 참조.

3) 백종현, 『독일철학과 20세기 한국의 철학』, 철학과현실사, 2000, 13쪽 이하 참조.

과정을 크게 네 시기로 나누어 볼 수 있는데, 일제 침략기와 겹치는 처음 40년은 자연적 수용기(1905-1944), 이어지는 40년은 능동적 수용기(1945-1984), 그 후 15년은 심화 연구기(1985-1999), 그리고 2000년 이후는 재생산적 연구기로 특징지을 수 있다.

(2) 처음 40년을 '자연적 수용기'라고 일컬을 수 있는 것은, 한국인들이 국제정세에 휩쓸려 충분한 반성을 할 겨를도 없이 당시 주 통로인 일본과 중국을 거쳐 밀려오는 서양 문물 중 하나로서 '서양철학'을 수용하게 되었고, 당시 일본과 중국에서도 선호되었던 칸트 철학에 쉽게 접할 수 있었다고 볼 수 있기 때문이다. 이 시기 한국 사람들의 관심을 크게 끈 것은 칸트의 도덕 이론과 영원한 평화 이론이었다.

서양철학 유입 초부터 1920년까지 한국에서 서양철학 연구는 대부분 한문 서적만을 진서(眞書)로 여기는 유학자들에 의해 이루어졌다. 그것은 서양철학 연구가 간접 문헌을 통해 이루어졌다는 것을 의미하는데, 이는 중국 문헌이나 일본 사람이 쓴 것을 중국 사람이 번역한 서적을 토대로 한 연구였기 때문이다. 이런 방식의 서양철학의 유입에서나마 첫 자리에 있던 것은 플라톤, 베이컨 등과 더불어 칸트(康德 또는 堪德) 철학이었는바, 이정직의 「강씨철학설대략」도 그런 저술 중 하나로 보인다.

박종홍(朴鍾鴻, 1903-1976)의 요약에 따르면, 이정직은 칸트가 라이프니츠의 이성론과 흄의 경험론을 비판적으로 종합했으며, 그 결과가 그의 3비판서인 『순수이성비판』, 『실천이성비판』, 『판단력비판』에 들어 있다고 소개했다. 그는 칸트 철학과 주자학(朱子學)을 비교하면서 칸트를 이해한 것으로 보이는데, 칸트 철학의 초점이 여느 서양 철학자의 것과는 달리 사변 이론이나 기술과학 문제가 아니라 도덕 · 실천의 문제에 맞춰져 있음을 높이 평가하였다 한다. 그는 "사람을 결코 수단으로 대하지 말고, 목적으로 대하라."는 칸트의 도덕철학이 다름 아닌 '인(仁)'의 사상이며, "칸트야말로 동양 유학자의 화신(化身)이 서양에 가서 태어난 것이 아니겠느냐."고 말하면서, 칸트 사상은 성(聖)스럽다고까지 평했다는 것이다.[4)]

그런가 하면 한용운(韓龍雲, 1879-1944)은 자신의 『조선불교유신론(朝鮮佛教維新論)』(1910)에서 불교 교리의 현대적 활용을 모색함에 있어 역시 양계초를 통해 알게 된 것으로 보이는 서양 철학자들의 사상들을 원용하고 있는데, 여기서도 칸트는 특별히 길게 언급되고 있다.[5)]

전병훈(全秉薰, 1860경- ?)이 1920년 중국 북경(北京: 精神哲學社)에서 간행했다[6)]는 『정신철학통편(精神哲學通編)』에 이르러서는, 이미 당시에 칸트 철학이 한국 지성인들 사이에서 '지성'의 척도 구실을 했음을 어렵지 않게 확인할 수 있다. 철학을 근본원리의 학으로 파악한 전병훈은 양계초의 평가와 똑같이 칸트를 서양 "근세의 대철학자"[7)]라 지칭하고, 특히 칸트의 「영원한 평화를 위하여」에 관심을 보이면서 전 세계가 화합하여 하나의 자유로운 선의지의 민주국가를 건설하는 것이 좋다는 의견을 피력하였다.[8)] 책의 말미에는 가칭 '세계일통 공화정부 헌법(世界一統共和政府憲法)' 9조[9)]를 제시하였는데, 각국이 독립 평등한 자격으로 '세계대통령(世界大統領)'을 선출하여 통일중앙정부를 세워 인도(人道) 정치를 펴야 한다는 것이 그 골자로, 이런 생각은 단지 그의 소견이 아니라 "동(東)에서는 공자가 말하고 서(西)에서는 칸트가 이미 논한 이상론"[10)]이라고 덧붙이고 있다.

---

4) 박종홍, 『박종홍전집』 V, 258쪽 참조.
5) 한용운, 『조선불교유신론』(1910), 이원섭 옮김, 운주사, 1992, 21-24쪽 참조.
6) 복간: 명문당, 1983. 총 346쪽.
7) 전병훈, 『정신철학통편』, 복간: 명문당, 1983, 67쪽.
8) 같은 책, 329쪽 참조.
9) 같은 책, 338-339쪽 참조.
10) 같은 책, 340쪽.

전병훈은 칸트의 인식론과 도덕철학에 관해서도 그 대강을 이해했던 것으로 보인다. 그는 자유로부터 유래하는 도덕법칙은 지상명령(至上命令)으로서 무엇을 위한 수단 가치를 표명하는 것이 아니라 그 자체로서 목적 가치를 표현한 것이라 설명한다. 이로써 전병훈은 칸트를 "성인 철학자(聖哲)"[11]로 칭하면서, 칸트의 논설은 유가의 교설과도 부합하며, "도불(道佛) 양가의 극치"[12] 또한 함께 얻고 있다고 극찬하고 있다.

이어서 몇 년 후에 우리는 일본에서 대학 수업을 한 최현배(崔鉉培, 1894-1970)에게서 칸트 도덕철학의 짙은 영향을 발견한다. 최현배는 민족이 식민치하에 들어가고 3·1 운동도 뜻한 바를 이루지 못한 후 그의 『조선민족 갱생(朝鮮民族更生)의 도(道)』[13]에서, 나라가 망하고 사회가 몰락하는 근본적 원인을 "도덕심의 타락"으로 진단하고, "민족적 갱생에는 반드시 도덕의 민족적 경장(更張)이 앞서야 한다."[14]고 보면서, "도덕의 경장은 생명의 경장이요, 신도덕의 수립은 신생명의 수립"[15]임을 역설하고 있는데, 그 '신도덕'의 내용은 바로 칸트 윤리 사상과 매우 가까운 거리에 있다.[16]

(3) '능동적 수용기'라 할 수 있는 1945년 이후 40년간은, 물론 주어진 여건의 범위 내에서이기는 하지만, 한국 철학계가 자발적인 선택에 따라 칸트 철학을 적극적으로 수용, 연구, 전파한 시기라고 볼

11) 같은 책, 222쪽.

12) 같은 책, 223쪽.

13) 이 책은 최현배가 그의 나이 서른 셋 때(1926년) 동아일보에 66회에 걸쳐 발표했던 글을 묶어 1930년에 초간(初刊)했다가, 1962년에 중간(重刊)하였다. 인용은 『조선민족 갱생의 도』(1930년판 飜刻本), 정음사, 1962로부터 한다.

14) 최현배, 『조선민족 갱생의 도』, 189쪽.

15) 같은 곳.

16) 같은 책, 189-194쪽 참조.

수 있다.

1945년 8월 제2차 세계대전 종료 후 한국에 대학이 다수 설립되기 시작하면서 여러 대학에 철학과가 다수 설치되었을 뿐만 아니라, 미국식 대학 교과과정의 편성 경향에 따라 교양교과목으로 '철학개론' 등이 거의 모든 대학에 개설되었다. 이로써 한국에서 1970년대 초까지 '철학'은 대부분 대학생의 필수 이수 교과목이 되었다. 그리고 이때 많은 수의 '교과서' 『철학개론』이 출판되었는데, 칸트 철학은 그 내용의 핵심을 이루었다.17)

이 시기에는 빠른 기간 내에 '대학생' 및 사회 지도층 인사들을 국제 수준의 '교양인'으로 양성해야 한다는 사회적 요구에 부응해서 각종 동서양 고전이 현대 한국어로 번역되는 가운데 칸트의 주요 저술들도 번역되었으며, 칸트 철학에 대한 '총론' 성격의 연구서들이 많이 나왔다.

박종홍과 서동익은 함께 칸트의 『형이상학 서론』(한국번역도서, 1956)을, 최재희(崔載喜, 1914-1984)는 칸트의 『실천이성비판』(청구출판사, 1957) 등을 번역 출간함으로써 번역 문화의 문을 열고, 이로부터 칸트의 주요 저술의 표준적 역서들이 나왔다. 이러한 역서들은 다음과 같다.

-- 최재희, 『순수이성비판』, 동아출판사, 1969; 박영사, 1972.
-- 최재희, 『실천이성비판』, 청구출판사, 1957; 박영사, 1974.
-- 정진, 『도덕철학원론』, 을유문화사, 1970.
-- 이석윤, 『판단력비판. 부(附) 판단력비판 제일서론(第一序論)』, 박영사, 1974.
-- 신옥희, 『이성의 한계 안에서의 종교』, 이화여대 출판부, 1984.

17) 백종현, 『독일철학과 20세기 한국의 철학』, 66쪽 이하 참조.

이로써 이제까지 전문 학자들 손에만 머물던 칸트 철학사상이 일반인들에게도 파급되는 매체가 마련되었다. 또한 박종홍의 『인식논리학(認識論理學)』(白映社, 1953; 박영사, 1972)은 출간 당시뿐만 아니라 아직까지도 매우 높게 평가되는 본격적인 철학 저술인데, 그 내용은 사실상 칸트 사상으로 채워져 있다. 최재희는 1960년대와 1970년대 칸트 철학을 집중적으로 탐구하여 원전에 대한 번역과 해설 그리고 교육에서 매우 큰 성과를 거뒀다. 그는 또한 연구서 『순수이성비판 연구』(1976)도 저술했다.

박종홍, 최재희의 개척적인 탐구와 더불어 이미 칸트 철학을 주제로 삼은 100종 이상의 논저가 발표된 후인 1970년대 초에 들어서는 칸트 철학 전문 박사가 국내외에서 배출되기 시작했다. 칸트 철학을 전공한 초기의 박사들로서 손봉호, 이석희, 한단석을 들 수 있다.

(4) '심화 연구기'라 할 수 있는 1985년 이후 15년은 다수의 단행본 연구서의 출간과 함께 국내외에서 칸트 철학 전문 박사들이 대거 배출되었다. 1950년대 서동익("Das Problem der metaphysischen Deduktion bei Kants Nachfolgern", 하이델베르크 대학, 1958. 7) 이후 한 세대가 지나 비로소 1985년에 독일 대학 출신 박사가 나오기 시작해서 그 후 20년 사이에 무려 32명이 나왔으며, 독일 외 지역 외국 박사 또한 9명이 나왔다. 백종현, 강영안, 김혜숙, 이엽, 최인숙, 김상봉, 최소인 등이 있다.

이 시기 국외에서 출판된 우리 학자들의 저술이 이미 국제적인 주목을 받아 독일에서 간행되는 *Kant-Studien* 에도 간간이 서평 대상이 되었고, 게재되는 논문 또한 차츰 증대하였다. 국내에서는 '각론' 위주의 연구서들이 다수 나왔으며, 김용정, 문성학, 김광명, 한자경, 김상봉, 이남원, 맹주만 등의 연구서가 있다.

(5) 한국에서 가장 오래 그리고 가장 많이 연구되고, 가장 많은 석사학위, 박사학위 논문의 연구 대상인[18] 칸트 철학은 2000년대에 들어서는 언필칭 '재생산적 연구기'에 접어들었다고 볼 수 있다. 이제 한국의 칸트 철학계는 점차 '철학자'의 목소리를 듣게 되었다. 다수의 학자들은 '총론'의 시야를 놓치지 않으면서 '각론'을 펴고, 이를 토대로 각자의 철학적 주장을 본격적으로 개진해 갔으며, 이런 의미에서 학계는 칸트 철학을 소재로 한 '재생산' 작업을 펴고 있다고 평가할 수 있다.

칸트 철학 유입 100년이 넘어서면서 한국에서의 칸트 철학 연구는 깊이를 얻고 폭도 넓혀져 마침내 본격적인 연구서와 새로운 번역서가 출간되고 있다. 특히 그 역량이 날로 달로 증대하여 '한국의 칸트 학계'라고 통칭해도 허명이 아닌 정도에 이르렀다. 바야흐로 한국의 칸트 학계는 독일어로 쓰인 칸트 철학을 한국어로 새롭게 다듬으면서 그것의 인류 철학 문화 좌표 상에서의 의의를 새기고, 한국철학 형성을 위한 영양소로 활용하기 위한 방안을 다각도로 모색하고 있는 것이다.

2. 한국칸트학회: 설립과 주요 활동

(1) 1985년 여름에 독일에서 백종현이 귀국하고, 뒤이어 1985년 가

---

18) 한 조사 통계에 따르면, 1915-1995년에 한국에서 발간된 철학논저 총 7,245건 가운데 칸트 관련은 591편으로 가장 많고, 같은 시기 석사 · 박사 논문 수도 205편으로 압도적으로 많다(백종현, 『독일철학과 20세기 한국의 철학』, 32-40쪽 참조). 또 다른 조사에 의하면 칸트 철학을 주제로 한 1949-2004년의 국내 대학 석사학위 논문은 309편이며, 1974-2003년의 국내 대학 박사학위 논문은 61편, 한국인으로 국외 대학에서 칸트 연구로 박사학위를 받은 사람은 1958-2004년에만 41명이다(백종현, 「한국 철학계의 칸트 연구 100년(1905-2004)」, 『칸트연구』 제15집, 한국칸트학회, 2005. 6, 335-416쪽 참조).

을에 네덜란드에서 강영안, 1987년 미국에서 김혜숙 등이 귀국한 후, 잇따라 독일 유학생들 김진(「칸트의 요청이론」, 1988), 한자경(「존재론으로서 초월철학」, 1988), 김국태(「라이프니츠와 칸트에서 질료의 역학적 개념」, 1989), 이엽(「독단적-회의적」, 1989), 최인숙(「칸트의 오류추리론」, 1990) 등이 귀국하고, 비슷한 시기에 국내에서 박사학위를 취득한 문성학(「순수이성의 이율배반과 선험적 관념론」, 경북대, 1987), 이남원(「칸트의 선험적 논증」, 경북대, 1987), 김영태(「칸트의 도덕신학에 관한 연구」, 전북대, 1989), 박채옥(「칸트의 <순수이성비판>에서의 인과성과 자유」, 전북대, 1990), 송경호(「칸트 철학에서의 자유와 국가 이념」, 전북대, 1990), 하춘애(「칸트의 선험적 도식에 관한 연구」, 동아대, 1990), 강성율(「칸트 철학에서의 인간의 자유에 관한 연구」, 전북대, 1990) 등이 본격적으로 연구 성과를 발표함에 따라 국내 칸트 철학계는 5년 사이에 괄목한 만한 활기를 띠었다.

이들 다수는 마침 1988년 10월 전남대에서 개최된 제1회 대회를 시작으로, 1989년 경북대, 1990년 충남대에 열린 한국철학자연합학술대회에서 독립분과를 형성하였고, 이를 계기로 백종현, 강영안, 김혜숙 3인 명의의 발기문에 호응하여 1990년 12월 8일 서강대학교에서 모임을 가져 한국칸트학회를 창설하였고, 최인숙이 첫 논문을 발표하였다. 초대 회장으로는 손봉호가 추대되었고, 강영안이 총무이사, 김혜숙이 연구이사, 백종현이 편집이사를 맡아 연 4회의 연구발표회를 여는 것을 주요 행사로 정하고 학회 활동을 시작하였다. 정회원은 칸트 관련 석사학위 논문 이상을 발표한 자로 정했으니 처음부터 전문가 학회로서 심도 있는 연구 토론을 지향했다고 보아야 할 것이다.

당초에 학회는 독일어 명칭을 'Koreanische Kant-Gesellschaft'로 하되, 한국어 명칭은 당분간 '한국칸트철학회'로 하기로 했는데, 그것은 현재의 '대한철학회'가 1963년 11월에 대구에서 '韓國칸트學會'라는 이름으로 창설되어, 이후 '한국철학연구회'를 거쳐 '대한철학회'로 발전한 것과의 관계를 고려한 것이었다. 그사이 '대한철학회' 임원과의 협의가 원만하게 진행되어 학회지 『칸트연구』의 창간과 때를 맞추어 1994년 12월 8일 총회에서 학회의 명칭을 '한국칸트학회'로 개칭하였다. 그리고 학회지 『칸트연구』의 제1집인 『칸트와 형이상학』(민음사, 1995), 제2집 『칸트와 윤리학』(민음사, 1996), 제3집 『칸트와 미학』(민음사, 1997), 제4집 『토마스에서 칸트까지』(철학과현실사, 1999), 제5집 『칸트와 그의 시대』(철학과현실사, 1999)를 잇달아 출간하여 그간의 발표토론회의 성과를 세상에 내놓았다.

(2) 한국칸트학회는 1999년 12월 17일 총회에서 2대 회장으로 백종현을 선출하고 학회의 회칙을 일부 개정, 부회장직(2명)을 신설하였으며, 부회장에 김광명과 문성학을, 총무이사에 김수배, 연구이사에 최인숙, 편집이사에 박찬구를 선임하여, 그 임기를 각각 2년으로 하였다.

2000년에 이르러서는 회원 수도 배가하였고 그만큼 활동도 더욱 활발해져 학회지 『칸트연구』 제6집 『칸트와 독일이상주의』(철학과현실사, 2000)를 낸 후 제7집 『칸트와 현대 유럽 철학』(철학과현실사, 2001. 6)부터는 연 2회(원칙적으로 매년 6월과 12월) 발간하기로 하여 제8집 『칸트와 현대 영미철학』(철학과현실사, 2001. 12)을 발간하기에 이르렀다.

(3) 2001년 12월부터 2003년 12월까지는 한국칸트학회의 제3대 임원진이 선출되어 활동하게 되었다. 3대 회장으로는 숭실대의 김광명 교수가 선출되었고, 부회장으로는 강영안(서강대)과 이남원(밀양대)이, 총무이사에 신응철(숭실대), 연구이사에 이엽(청주대), 편집 및 학술교류이사에 김양현(전남대)이 각각 선임되었다.

이 시기에도 한국칸트학회는 활발한 학술 연구 활동과 함께, 연 4

회의 정기 발표회를 지속적으로 개최하여 칸트 철학에 대한 더욱 심도 있는 논의를 진행하였으며, 더불어 칸트 철학을 위시한 인접분야의 연구 활동을 주도적으로 도모하게 되었다. 이로써 칸트 철학에 대한 보다 전문적이고 현대적인 연구 성과물들이 빛을 보게 된다. 그 결과물로 2002년에는 『칸트연구』 제9집 『칸트와 정치철학』(철학과현실사, 2002. 10)과 제10집 『칸트 철학과 현대』(철학과현실사, 2002. 12)를 발간하였고, 뒤이은 2003년에는 제11집 『칸트와 문화철학』(철학과현실사, 2003. 6) 및 제12집 『칸트 철학과 현대 해석학』(철학과현실사, 2003. 12)을 단행본으로 발간하였다.

특히 이 시기에 한국칸트학회는 한국연구재단이 실시한 2002년 기초학문육성사업에서 '칸트와 문화철학'의 연구과제(1년)가 선정되어 칸트 철학을 전공한 신진 학자들이 의욕적으로 연구 활동을 할 수 있는 계기를 마련하였다. 이 과제에 참여한 박사급 연구 인력은 김인석(명지대), 박필배(성균관대), 신응철(숭실대)이고, 연구과제의 총괄책임은 숭실대 김광명 교수가 맡았다.

(4) 2003년 12월부터 2005년 12월까지 한국칸트학회는 제4대 임원진이 활동하게 된다. 숭실대학교에서 열린 한국칸트학회 정기총회는 서강대학교의 강영안 교수를 회장으로 선출하였다. 이와 함께 부회장에 최인숙(동국대)과 이엽(청주대), 총무이사에 서동욱(서강대), 연구이사에 최수인(영남대), 편집이사에 김석수(경북대), 그리고 학술교류이사에 김양현(전남대)을 각각 선임하였다.

이 시기에 특기할 만한 일은 칸트 서거 200주년 기념 학술대회를 네 차례 가진 것이다. 첫 번째 발표는 2004년 5월 29일 서울대 인문대 교수회의실에서 '칸트 철학과 한국 사회 문화'라는 주제로 최종고, 손유경, 박찬구, 조상식의 발표가 있었고, 두 번째 발표는 같은 해 6월 4일 전남대 용봉기념관에서 '동아시아의 칸트철학: 수용과 전망'을 주제로 한단석, 백종현, 楊祖漢(대만 동해대학), 平田俊博(일본 야마가타 대학)의 발표가 있었다. 세 번째 발표는 같은 해 10월 9일 경북대에서 '칸트와 21세기 철학'을 주제로 김혜숙, 최소인의 발표가 있었다. 네 번째는 같은 해 11월 11일 서강대에서 '칸트와 종교'를 주제로 최인숙, 이엽, 이진오의 발표가 있었다. 이렇게 칸트 서거를 기념해서 네 차례 발표를 가진 후, 이듬해 2005년 4월 9일 다시 '칸트와 종교(II)'를 주제로 서강대에서 박찬구, 김영태의 발표가 있었다. 이어 2005년 6월 18일에는 '칸트와 근대철학: 세 가지 관점(인식론, 도덕철학, 미학)에서의 비교'란 주제를 가지고 최인숙, 김국태, 김종국, 진태원, 김상현, 연희원의 발표가 있었다(서양근대철학회와 연합학술대회). 2005년 10월 7일에는 '칸트와 여성철학'을 주제로 김혜숙, '칸트와 종교철학'이란 주제로 라이너 비머(Reiner Wimmer, 튀빙겐 대학)의 발표가 있었다. 같은 해 12월 16일에는 '칸트와 법철학'이란 주제로 김옥경, 정성관의 발표가 있었다.

한국칸트학회의 정기학술대회는 이 시기에 더욱 다양하고 전문적인 칸트 철학 연구 성과들이 발표되었고, 이에 따라 기존처럼 정해진 주제에 따른 분과의 연구 성과 발표에서 탈피하여 자유로운 주제 발표가 이루어지게 되었다. 이에 따라 정기 학술지인 『칸트연구』는 기존처럼 특정한 제목을 달지 않고, 칸트 철학과 관련한 다양한 주제들을 실을 수 있도록 하였다. 이로써 『칸트연구』는 한국에서 이루어지는 칸트 철학의 전문적인 학술지로서 명실상부한 역할을 수행하게 되었다고 할 수 있다. 13집부터 『칸트연구』는 부제를 달지 않고 칸트 철학과 관련된 다양한 자유 원고 논문들을 투고 받아 발간하게 되었다. 이 시기 동안 『칸트연구』 13집(2004. 6), 14집(2004. 12), 15집(2005. 6), 16집(2005. 12)이 발간되었다. 특히 2005년에 발행된 『칸트연구』 15집과 16집은 2003년에 선정된 한국연구재단의 '국내학술지 발간비 지원사업'의 지원에 의해 발간되었다.

한 가지 특기할 사항은 이 시기 젊은 칸트 학자들이 모여 준비하고 칸트학회와 서강대학교 철학연구소가 컨소시엄을 구성하여 '현대사회의 갈등구조와 칸트의 비판적 합리성'이란 주제를 가지고 2005년 8월부터 2007년 8월까지 2년간 한국연구재단 기초연구 지원을 받은 것이다. 강영안 교수가 연구 책임자를 맡았고 충남대 김수배 교수, 조선대 공병혜 교수, 영남대 최소인 교수가 전임교수 가운데 공동 연구원으로 참여했고 그 외 박사급 학자로는 구자윤, 권오상, 김봉규, 김옥경, 김창원, 이진오, 채이병 박사가 참여하여, 학회의 공동 연구 역량을 보여주었다.

(5) 2005년 12월 개최된 한국칸트학회 정기총회에서 제5대 회장으로 이엽(청주대)이 선출되었고, 부회장에는 문성학(경북대)과 김상봉(전남대), 총무이사에는 이충진(한성대), 편집이사에는 김종국(경인교대), 학술교류이사에는 맹주만(중앙대), 그리고 연구이사에는 최소인(영남대)이 선임되었다.

2006년에 한국칸트학회의 정기학술지 『칸트연구』는 한국연구재단의 등재학술지로 승격되었고, 2006년 발간분 이후 현재까지 본 학술지는 한국연구재단의 '국내학술지 발간비 지원사업'의 지원을 받아 발간되었으며, 이후 2010년 발간분 역시 본 사업에 선정되었다.

2006년 『칸트연구』는 6월과 12월에 걸쳐 17, 18집이 발간되었고, 네 번의 학술발표회(두 번의 주제발표와 두 번의 자유발표)를 가졌다. 2006년 4월 15일 중앙대에서 개최된 제62회 학술대회에서는 '칸트철학에서의 "transzendental" 개념'이란 주제를 가지고, 김창원의 「볼프 철학에서의 'transzendental' 개념」, 김상봉의 「선험철학의 역사」, 이충진의 「칸트 실천철학에서의 'transzendental' 개념」이 발표되었다. 2006년 12월 16일 청주대에서 개최된 제65회 학술대회에서는 '이성의 능력과 그 한계'라는 주제를 가지고, 김형효의 「칸트 철학의 빛과 그늘」, 김상봉의 「이성과 근거」, 나종석의 「이성의 공적 사용과 토의 정치: 칸트(주의)적인 정치관에 대한 간단한 고찰」이 발표되었다. 한편 2006년 6월 10일 중앙대에서 개최된 제63회 학술대회(자유주제 발표)에서는 일본 법정대 대학원의 마끼노 에이지 교수가 「칸트에서의 초월론적 사고와 해석학적 방법」에 관해 발표하였으며, 그 밖에도 이 기간 동안 다양한 자유주제들이 발표되었다.

2007년에는 6월과 12월에 『칸트연구』 19, 20집이 각각 발간되었고, 역시 네 번의 학술발표회(세 번의 주제발표와 한 번의 자유발표)를 가졌다. 2007년 4월 7일 중앙대에서 개최된 제66회 학술대회에서는 '현대사회의 갈등구조와 칸트의 비판적 합리성'이란 주제를 가지고, 김수배의 「사형제도에서 본 '등가성의 원리'와 형벌의 균형 사이의 긴장관계」, 김옥경의 「개인권에 대한 요구 수용: 자유주의와 공동체주의의 갈등 해소 모색」, 공병혜의 「미적인 의사소통을 통한 배려의 윤리의 가능성」이 발표되었다. 2007년 6월 16일 청주대에서 개최된 제67회 학술대회에서는 '칸트의 전비판기 철학'이란 주제를 가지고, 박찬구의 「전비판기의 칸트 윤리학: 도덕감 개념을 중심으로」, 최소인의 「새로운 세계 이해의 의미와 한계: 교수취임논문을 중심으로」, 김창원의 「볼프 형이상학에 가한 크루지우스의 반박과 칸트의 새로운 해명: 충족이유율을 중심으로」가 발표되었다. 제69회 학술대회는 여러 여건에 의해 2008년 1월 26일 동국대에서 정기총회와 함께 개최되었는데, 여기서는 '20세기 한국철학에서 주체와 타자의 문제'라는 주제를 가지고, 김상봉의 「함석헌과 주체성의 문제」, 김상환의 「박동환과 타자성의 문제」가 발표되었다. 2006년에서 2008년 초까지 개최된 주제발표의 경우, 제목에서 알 수 있듯이, 칸트 철학 연구의 기반을 다지고 칸트적 사고를 현대 한국 사회의 여러 문제 영역에 적용시키는 방향으로 설정되었다.

(6) 2008년 1월 26일 동국대학교에서 개최된 정기총회에서 동국대학교의 최인숙 교수가 한국칸트학회의 제6대 회장으로 선출되었다. 이와 함께 부회장으로 박찬구(서울대)와 문성학(경북대), 총무이사에 전석환(경기대), 연구이사에 박영선(중앙대), 편집이사에 하선규(홍익대), 그리고 학술교류이사에 김수배(충남대)가 선임되었다.

한국칸트학회의 제6대 임원진은 2년간 개최될 총 8회 이상의 학술대회 중 적어도 3회를 주제발표 형식으로 수행할 것을 의결하였다. 이를 위해 '칸트 철학과 동양철학의 소통'이 그 대주제로 결정되었고, 세부적으로는 '칸트 철학과 유학의 소통', '칸트 철학과 불교철학의 소통', 그리고 '칸트 철학과 도가철학의 소통'이 각각 소주제로 선정되었다. 이 중 앞선 두 주제는 2008년 6월 21일과 12월 13일, 그리고 마지막 주제는 2009년 11월 7일에 개최되었다.

이러한 세부 주제들이 선정되어 수행된 것은 한국에서의 칸트 철학 연구에 있어 특별한 의미를 지니고 있다. 그것은 한국에서의 칸트 연구가 단순히 서양철학 영역 '안'에서 연구되는 데 머무르지 않고, 동서양의 다양한 사상과의 관계에서, 즉 더 넓은 지평에서 바라볼 수 있도록 하고자 하는 새로운 시도가 시작되었음을 보여준다. 특히 동양 문화권에 속하는 한국의 특성을 생각할 때 동양사상 및 동양의 철학에서 매우 중요한 위치를 차지하는 유교, 불교, 도교 철학과의 관계에서 칸트 철학을 살펴보고, 이로써 칸트 철학이 '우리 철학'을 정초하는 데 기여할 수 있는 역할을 모색하고자 한 것이다. 이렇게 함으로써 이들 철학을 단지 연관관계에서 고찰하는 것을 넘어, 서로간의 연결점은 물론 그 상이점까지도 인식하고, 이를 통해 서로 다른 철학들 사이의 '소통'을 시도해 볼 수 있을 것으로 기대한다.

세부 주제발표로는 먼저, 2008년 6월 21일 동국대학교 동서사상연구소의 주관으로 한국칸트학회 정기 학술발표회가 개최되었다(주제 : 칸트 철학과 유가철학의 소통). 여기에서 박승현의 「맹자의 사단지심과 칸트의 선의지 비교」, 유흔우의 「모종삼의 칸트 철학과 유학 비교에 관한 소고」, 이엽의 「한국사상의 정립과 이를 위한 원류 사상 탐구의 필요성」 등의 논문이 발표되었다. 같은 해 12월 13일에는 동국대 동서사상연구소의 주관으로 두 번째의 주제발표회가 개최되었다(주제 : 칸트 철학과 불교철학의 소통). 특히 이 발표회는 2008년 한국연구재단의 '학술대회 개최 지원사업'에 선정되어 본 재단의 후원으로 열리게 되었다. 여기에서는 김진의 「칸트와 불교: 하느님의 나라와 부처님의 나라」와 박인성의 「불교에서 본 칸트 윤리학의 근본 개념들」, 배의용의 「불교 유식학과 초월 관념론에서 질료의 아포리와 주관의 이중성」, 신규탁의 「선불교에 대한 이해와 오해」, 정승석의 「업보의 논리와 윤리적 요청」, 그리고 한자경의 「경험세계의 가상성」 등 총 6편의 논문이 발표되었고, 200여 명의 청중들이 참여하는 대규모 발표의 장이 이루어졌다. 그리고 2009년 11월 7일 개최된 한국칸트학회 정기 학술발표회는 한국연구재단의 '학술대회 개최 지원사업'에 선정되어 본 재단의 후원으로 열렸다(주제 : 칸트 철학과 도가철학의 소통).

자유주제 발표회와 관련해서는, 2008년 4월 12일에 김창원의 「직업적 행위와 윤리적 행위」, 박제철의 「라이프니츠에게 있어 물체적 실체의 구조」가 발표되었다. 2008년 8월 6일에는 역시 동국대 동서사상연구소의 주관으로, 독일 뮌헨 대학의 귄터 죌러(Günter Zöller) 교수를 초청하여 한국칸트학회 여름 특별 강연회를 개최하였다. 죌러 교수는 여기에서 "Kant über die Grenzbestimmung der reinen Vernunft"라는 제목으로 강연하였다. 이 외에도 2008년 10월, 2009년 4월, 6월에는 충남대학교, 동의대학교, 그리고 동국대학교에서 자유주제 발표가 각각 개최되었다. 이 시기 동안 한국칸트학회의 정기학술지 『칸트연구』는 21집(2008. 6), 22집(2008. 12), 23집(2009. 6), 24집(2009. 12)이 차례로 발간되었다.

이 시기 동안 주목할 만한 일은 '한국칸트학회 연구윤리규정'(2008. 5. 1)과 '한국칸트학회 우수논문상 규정'(2008. 6. 21)이 제정되었다는 점이다. 한국칸트학회는 연구윤리규정을 제정함으로써 회원들에게 좀 더 참신하고 전문적인 연구 활동을 독려하는 동시에, 공정하고 투명한 연구 성과물의 심사 과정을 체계화할 수 있게 되었다. 특히 이 연구윤리규정이 제정됨으로써 한국칸트학회는『칸트연구』투고 논문의 심사규정을 더 체계적이고 정교하게 개정하였고, 이후 발간된(22집부터) 학술지에 적용하고 있다. 이와 함께 한국칸트학회는 신진 학자들에게 칸트 철학 연구를 독려하고 더욱 참신한 연구 성과를 발굴하기 위하여 '한국칸트학회 우수논문상 규정'에 따라 2008년 12월 13일의 정기총회에서 제1회 '우수논문상'을 시상하였다. 제1회 우수논문상은『칸트연구』19집에 게재된 나종석 회원의「칸트에서의 공적 이성과 토의 정치」가 수상하여 상장, 상패와 백만 원의 상금을 받았다.

3. 한국칸트학회 향후 발전 계획과 전망

1) 칸트전집 역주서와 칸트철학사전의 간행

현재 칸트의 주요 저술에 대해서는 제1세대(일본어를 국어로 학교 공부를 시작한 세대. 대학의 1950년대 학번까지) 번역서와 제2세대(현대 한국어를 국어로 학교 공부를 시작한 첫 세대. 대학의 1960년대 하번부터 1980년대 하번까지) 역주서가 나와 있으며, 제3세대(군사정권 종식 후 '시민사회'에서 대학생활을 한 첫 세대. 대학의 1990년대 학번 이후 세대)에 이르러서는 한국 철학계의 자립성과 함께 학술어의 표준화가 어느 정도 이루어진 상태에서 전집 역주서 간행의 토대가 마련되었고, 역량 또한 충분하게 갖추어져 있다. 한국칸트학회는 서양 근세철학의 정수라 할 수 있는 칸트 저술의 전집 역주서 간행을 위한 사업을 추진할 계획이다.

이와 더불어 학회 차원에서 한국어로 된 칸트철학사전 간행을 추진하고자 한다. 독일의 경우 칸트사전은 이미 칸트 생존시에 간행되었고, 이를 비롯한 다양한 종류의 칸트 철학 관련 사전들이 나와 있어 여러모로 유용하게 사용되고 있다. 이는 일본의 경우도 마찬가지여서 일본 학자들 및 세계 여러 나라의 학자들이 참여하여 만든 일본어 칸트사전이 1997년 간행된 바 있다. 무릇 사전이란 여러 학자들의 오랜 시간에 걸친 연구 성과물의 정수라 할 수 있으며, 한국칸트학회는 한국에서 이루어진 칸트 철학 연구를 정리하여 후대에 전하여 줄 칸트 철학사전의 조직적이고 체계적인 작업을 학회 차원에서 추진할 수 있으리라 생각한다. 더불어 이러한 사업을 통하여 칸트 철학이 '우리 철학' 정립에 있어서 할 수 있는 역할에 대한 다각적 논의의 장이 열릴 것이라고 생각한다.

2) 국제교류의 활성화

이미 다수의 국내 학자들이 국제 학술지에 논문을 게재하고, 국제적인 칸트학술대회에서 논문을 발표하며, 국제적인 칸트학자들이 수시로 국내에 초청 강연 및 대학의 강좌를 개설하는 상황에서 학회 차원의 지원과 협력의 여건이 성숙되어 있다. 이러한 여건 하에서 이제 한국칸트학회는 여러 나라의 칸트 관련 학회들과의 교류를 활성화할 것이다. 이와 함께 특히 국제칸트학술대회(die Internationalen Kant-Kongresse)의 한국 유치를 위한 논의를 진행하고자 한다.

3) 칸트학회 학회지 『칸트연구』의 세계화

2004년 12월부터 2006년 12월까지 서강대 강영안 교수가 회장을, 서강대 서동욱 교수가 총무이사를 맡으면서 학회지를 한국연구재단 등재 후보지로 만드는 준비를 본격적으로 하기 시작하였다. 현재는 한국연구재단 등재지로 승격되어, 국내 학계의 중요한 학회지로서의 구실을 다하고 있다. 한국칸트학회는 학회지 『칸트연구』에 더 많은 연구 성과물들이 실릴 수 있도록 이 분야의 신진 학자들 및 외국의 학자들의 참여를 유도해야 한다. 이를 위해서는 다양한 연구 분야를 기획하여 더 많은 학자들이 적극적으로 참여할 수 있는 다양한 지원 사업을 기획하여야 할 것이다. 이를 위해서는 학회 임원들의 자발적인 헌신이 요구되는 바이다.

국내 단일 분과학회로서 최고의 저변과 역량을 가지고 있는 한국칸트학회가 진행할 이러한 연구 지원사업은 여타 소규모 분과학회들이 발전하는 지침이 될 수 있을 것이며, 나아가 앞으로 외국 학자들과 활발한 교류를 통해 국제적인 칸트 연구지로서 발돋움하는 것이 칸트학회에게 주어진 과제 중의 하나가 될 것이다.

한국하이데거학회

신승환(한국하이데거학회 회장)

1. 연혁

한국하이데거학회는 1992년 9월 26일 창립되었다. 창립 시 회장은 서울대학교 철학과 소광희 교수(정년퇴임), 연구이사에 한국외국어대학교 이기상 교수, 총무이사에 인하대학교 김진석 교수, 편집이사에 창원대학교 이수정 교수, 섭외이사에 안양대학교 강학순 교수가 선임되었다. 이후 전국에 퍼져 있는 하이데거 철학 전공자들이 정기적으로 모여 연구와 토론, 학술지 발간과 하이데거 철학의 원전에 대한 윤독회 등 학술모임을 전개하고 있다. 하이데거 철학에 대한 연구 결과를 공적 영역에 발표하고 이에 대한 학술 논의를 전개하는 정기 발표회는 현재까지 모두 36차에 걸쳐 개최했다. 1995년 첫 학회지를 발간한 『하이데거 연구』는 2009년 현재 20호가 발간되었다.

2. 조직(2009. 1. 1-2010. 12. 31)

회장 : 신승환(가톨릭대)

총무이사 : 조형국(선문대), 이은주(한국외대)

편집이사 : 한상연(인하대)
이기상, 강학순, 이수정, 배상식, 김재철, 이서규,
윤병렬, 정은해, 박찬국

연구이사 : 최상욱(강남대)
오희천, 소병선, 최고원, 박병준

기획이사 : 김종욱(동국대)
권순홍, 이유택, 이도흠, 김유중

섭외이사 : 전동진(경원대)
이선일, 하제원, 신인섭, 이종진

정보이사 : 김재철(경북대)
신상희, 최경섭, 신지영, 김동규

상설윤리위원회 : 전동진, 윤병렬, 최상욱, 김재철, 신승환

감사 : 엄필선

3. 학술지 『하이데거 연구』

1995년 창간된 학회지 『하이데거 연구』는 1997년부터는 매년 1회, 2004년부터는 매년 2회 정기적으로 발간하고 있다.

지금까지 발간된 학회지는 다음과 같다.

-- 『하이데거의 존재 사유』(철학과현실사, 1995)
박이문, 「시와 사유」 외 11편
-- 『하이데거의 철학세계』(철학과현실사, 1997)
염재철, 「하이데거의 사상길의 변천」 외 10편
-- 『하이데거의 언어사상』(철학과현실사, 1998)
소광희, 「논리의 언어와 존재의 언어」 외 7편
-- 『하이데거와 근대성』(철학과현실사, 1999)

강학순, 「하이데거의 근대성 비판에 대한 이해」 외 12편
※ 소광희 교수 정년퇴임 기념 논문집

-- 『하이데거와 자연, 환경, 생명』(철학과현실사, 2000)
배학수, 「하이데거와 건축」 외 7편

-- 『하이데거 철학과 동양사상』(철학과현실사, 2001)
김형효, 「하이데거 전기 사상에 대한 유식학적 독법」 외 10편

-- 『하이데거의 예술철학』(철학과현실사, 2002)
전동진, 「롬바흐의 그림 철학」 외 9편

-- 『하이데거와 현대 철학자들』(살림, 2003)
피터 하, 「하이데거와 베르그송에 있어서 시간성 문제」 외 6편

-- 『하이데거 연구』 제9집(세림 M&B, 2004)
김종욱, 「하이데거와 불교 그리고 생태철학」 외 5편

이때부터 철학 주제 중심으로 발간하던 학술지를 하이데거 철학에 대한 전문 연구를 진행하기 위하여 제호를 『하이데거 연구』로 변경하고, 『하이데거 연구』를 반연간으로 발간하였다.

-- 『하이데거 연구』 제10집(2004)-제20집(2009년 가을호) 출간

2010년부터 『하이데거 연구』를 『존재론 연구』로 제호를 변경하여 출간하기로 하였다. 이것은 국내 연구진의 하이데거 철학 연구가 심화되고 연구 영역과 주제가 확대되어 자연스럽게 그 논의 지평을 존재론 전체로 확대할 필요가 제기되었기 때문이다. 그와 함께, 하이데거 철학의 범위를 넘어 현대철학과 철학사에서 이루어진 모든 존재론 연구와의 대결을 통해 새로운 철학 사유를 찾아가려는 노력과 결과를 담아 낼 것이다. 이로써 하이데거 철학 전공자뿐 아니라, 존재론을 연구하는 모든 철학자들이 함께하는 학술지로 거듭나고자 한다.

4. 학술 모임

1) 정기 연구발표회

제1차 연구발표회는 1992년 9월 26일 서울대학교에서 강학순 교수의 「존재사유와 시작: 하이데거의 횔덜린 시해석을 중심으로」, 배학수 교수의 「하이데거의 칸트 해석과 존재론사의 해체」, 이선일 박사의 「기술의 극복을 위한 하이데거의 시도」로 이루어졌다. 이후 이제까지 모두 36차례의 연구발표회를 가졌다.

2) 윤독회

우리 학회는 독특하게 하이데거의 철학 자료를 함께 읽고, 이를 바탕으로 철학 토론을 이끌어가고 있다. 1995년 한국학술단체협의회 지원으로 하이데거의 철학 작품 *Das Wesen der Sprache*를, 1996년 *Das Ding*, 1997년 *Bauen Wohnen Denken*, 2001년 봄 *Überwindung der Metaphysik*, 2001년 여름 *MOIRA*를 함께 읽고 철학적 토론을 가졌다. 이 자료는 학술지에 게재되어 귀중한 자료로 사용되고 있다.

그 외, 학회에서 윤독 작업을 거쳐 번역한 두 권의 책을 번역자의 책임 하에 독한 대역으로 두 권의 단행본을 출판하였다.

-- 이기상 옮김, 『형이상학이란 무엇인가(*Was ist Metaphysik*)』(1969), 서광사, 1995.
-- 최상욱 옮김, 『세계상의 시대(*Die Zeit des Weltbildes*)(1938), 서광사, 1995.

3) 하이데거의 저서 번역

서양철학을 연구하는 데 있어 원전에 대한 번역 작업이 지니는 중요함은 아무리 강조해도 부족할 것이다. 하이데거 철학을 공부하는

데 있어 가장 중요한 저서라 할 수 있는 *Sein und Zeit*(1927)이 두 가지 판본으로 번역 출간되어 있다. 그 이전 몇 권의 번역본이 있었으나 번역의 오류는 물론, 학문적 깊이가 결여된 것이라 학문적 가치가 없었다. 이에 하이데거학회 초대 회장인 소광희 교수는 물론, 하이데거 철학을 국내에 보급하는 데 기여한 이기상 교수에 의한 번역본이 두 가지 판본으로 출간되어 있다. 또한 이기상과 구연상에 의한『존재와 시간 용어해설』(까치출판사, 1998)은 *Sein und Zeit* 를 이해하는 데 좋은 지침서가 될 것이다.

그 외에도『형이상학 입문』,『이정표』,『사유의 사태로』,『강연과 논문』,『숲길』,『칸트와 형이상학의 문제』,『셸링』 등 10여 권의 단행본이 있고, 최근에는 니체의 사상을 철학의 영역으로 이끌어놓은 대표적인 하이데거의 저서『니체』가 번역되었으며, 그 외 몇 권의 단행본이 현재 번역 중에 있다. 1976년 이래 발간되는 하이데거 전집 가운데에서도 10여 권 이상의 번역본이 출판되어 있다(개별적으로 검색 가능함).

원전에 대한 번역 이외에도 하이데거 연구에 관한 연구 저서들과, 다른 철학과 비교 연구를 통한 저서, 한국철학에 접목시키려는 시도들이 많이 출판되어 있다.

5. 2009년 연구 활동 결과

2009년의 연구 활동으로는 학술발표회와『하이데거 연구』 제19집(봄호) 및 제20집(가을호) 발간이 있다.

2009년부터 연간 네 차례 발표회를 가지기로 하였는데, 각 발표회의 주요 내용은 다음과 같다.

(1) 第34차 학술발표회

일시 : 2009년 2월 21일

발표 : 최경섭(한국외대), 「현상학적 법이론의 의의와 방법」
조형국(선문대), 「초기 하이데거에서 현사실적 삶의 세계와 현존재」

(2) 第35차 학술발표회

일시 : 2009년 5월 16일

발표 : 최고원(아주대), 「'장면적 이해'의 '전이 상황'에 대해서 가다머가 취할 수 있는 입장」
최종고(서울대/법학), 「하이데거와 에릭 볼프: 제3제국의 법과 철학」

(3) 第36차 학술발표회

일시 : 2009년 11월 7일

발표 : 강용수(중앙대), 「니체의 하이데거 읽기: 언어와 존재의 관계를 중심으로」
박찬국(서울대), 「니체와 하이데거 사상의 비교 고찰: 퓌시스 개념을 중심으로」

(4) 하계 세미나

가톨릭대 윤리적 리더 육성프로그램(ELP) 팀과 공동으로 개최

장소 : 한국외국어대학교 (충남)대천수련원

일시 : 2009년 8월 21-22일

발제자 및 주제

1. 신지영(시립대/철학), 「현대의 윤리적 사유와 스타일」
2. 하정옥(가톨릭대/사회학), 「과학정보 윤리」

3. 정옥년(가톨릭대/교육학), 「대학의 리더십 교육에서 도덕적 문식성 개발을 위한 교수 학습 모형 탐색」
4. 이지양(가톨릭대/국어학), 「글쓰기와 글쓰기 교육의 역동성 높이기 시론」
5. 구연상(한국외대/철학), 「서술의 원리」
6. 이은주(한국외대/철학), 「사람은 무엇으로 사는가: 철학교육에 기초하여」
7. 김원명(한국외대/불교철학), 「혜심(선문염송)의 글쓰기」

(발표된 논문은 심사와 편집회의를 거쳐 『하이데거 연구』 특별호로 발간할 예정이다.)

6. 2010년 주요 계획

1) 신춘 세미나 등 정기 학술발표회

2010년 2월에 하이데거 철학과 현대철학을 존재론 연구란 주제로 모아 발표회를 가졌다. 이 발표회는 특히 완성된 논문을 단순히 발표하는 차원을 넘어 연구자들의 철학적 사유를 자유롭게 발제하고, 계속해서 토론하고 나누는 형식으로 진행되었다. 이 외 두 차례의 정기 학술발표회가 예정되어 있다.

2) 공동 학술대회

2010년 8월 13-15일 '만해사상 실천 선양회'와 공동으로 백담사 만해마을에서 '불교와 근대성, 만해와 하이데거를 중심으로'(가제)란 주제로 학술대회를 가질 예정이다. 이 대회는 만해축전 가운데 일부 일정으로 진행되는 학술대회로서, 하이데거 철학과 한국 철학의 대결과 만남이 이루어지는 하나의 계기가 될 것이다. 특히 서구 근대와의 대결을 통해 한국 불교를 새롭게 개혁하고자 했던 만해의 사상을 중심으로, 역시 근대성을 철학적으로 성찰한 하이데거 철학과의 같음과 다름, 이 두 철학의 만남과 대결을 시도하고자 한다.

3) 학술지의 논의 지평 확대

하이데거 철학과 존재론에 대한 연구를 접목하며, 『존재론 연구』의 터전을 마련하는 계기를 정립할 것이다. 이를 통해 하이데거 철학에 대한 연구를 넘어 현대철학의 존재론을 연구하는 모든 주제를 연구하고 발표하는 자리를 만들어 갈 예정이다.

또한 『하이데거 연구』는 2007년부터 연구윤리를 강화하기로 하였다. 이는 한국에서의 연구 풍토가 개선된 점을 바탕으로, 자체적으로도 논문의 표절과 위조는 물론, 자신의 논문에 대한 중복 게재를 엄격히 금지하여 연구윤리 및 올바른 철학 논의가 이루어지도록 하기 위한 조치였다. 이듬해 '상설윤리위원회'를 구성하여 게재된 연구는 물론 발표 논문에까지 연구윤리를 적용하고 심사하기로 하였다.

7. 연구 방향 및 전망

철학사적 흐름에서 볼 때 우리는 지금 새로운 시간의 지평이 열리고 철학 사유가 변화하고 전환하는 시대적 경험을 공유하고 있다. 이것은 다만 서구 철학계에서 거론되는 철학의 종말이나 철학의 변형 담론을 넘어, 후기 근대라는 시간에 선 철학하는 우리가 체험하는 전환의 경험이다. 그것은, 과거의 형이상학적 틀은 여전히 존재하지만, 더 이상 우리의 시대적 경험, 근대 이후와 서구적 학문의 흐름을 넘어서는 형이상학 이후의 사유(Post-metaphysisches Denken)는 아직 다가오지 않은, 두 겹의 시간 경험이다. 그것은 '더 이상 아니(nicht mehr)'와 '아직 아니(noch nicht)'라는 이중의 부재를 경험하는 시간인 것이다.

그러한 시간의 경험은 다만 물리적인 시간을 의미하는 것이 아니라 새로운 문화와 학문을 위한 지평을 의미한다. 이러한 부재의 경험과 새로운 사유를 향한 노력은 우리에게는 역사와 사유의 전환이라는 과제로 다가오고 있다. 포스트모더니즘을 넘어 탈근대를 지향하는 이때, 한국하이데거학회의 모든 연구자들은 한편으로 여전히 우리 안에 자리한 철학의 무게를 새롭게 해석하고 이해해야 할 책임과 다가올 사유를 성찰해야 할 철학적 과제를 공유하고 있다.

이러한 전환의 시간에 서서 한국하이데거학회는 다음과 같은 몇 가지 학문을 위한 터전을 마련하고자 한다. 먼저 우리 학회는 철학하는 나와 철학하는 현재의 존재의미를 논의하는 학문의 터전으로 자리할 것이다. 둘째, 우리 학회는 인문학을 비롯한 인접 학문은 물론 철학의 다른 분야와도 만나고 소통하는 터전으로 자리할 것이다. 이로써 근대 이후 이루어진 분과학문 체제에 영향받은 철학의 폐쇄성을 극복하는 계기가 될 것이다. 마지막으로 철학하는 이들이 이루어가고 만들어가는 학문공동체로서, 그들의 학문적 만남과 대결이 이루어지는 터전이 되고자 한다. 여기에는 새롭게 철학의 세계로 들어왔거나 들어오고자 하는 젊은 철학도들 역시 함께 자리하게 될 것이다.

한국하이데거학회는 이러한 작업을 통해 철학과 존재론을 새롭게 정립할 뿐 아니라, 우리 학문과 문화, 사회와 생활세계에 존재론적 의미를 부여하고자 한다. 이를 통해 현존재로서 우리가 지향해야 할 초월성을 정초할 것이다. 함께 모여 공부할 수 있는 마당, 각자의 공부를 더욱 깊게 하는 터전이 지금 이곳에 열리고 있다. 이런 자리에 학회 구성원들은 물론, 인접 학문에 매진하는 여러 철학 도반을 초대하여 공동의 학술 마당으로 이끌어 갈 예정이다.

이를 위해 무엇보다 먼저 기존의 학술지를 『존재론 연구』로 확대하여 하이데거 철학을 넘어 '지금 이곳(hic et nunc)'의 존재이해의 철학을 함께 논의할 것이다. 그것은 동과 서라는 공간의 날줄과 어제와 오늘이라는 시간의 씨줄이 교차하는 '현재(Präsenz)'에서 드러나는 존재사유를 모아 가는 학문공동체의 터전을 의미한다. 그래서 한국하이데거학회에서 발표하는 논문들은 단순히 하이데거 철학에 대한 이해를 넘어 우리의 현재에서 이루어지는 철학적 사유와 해석의 철학 작업을 담아내는 학문공동체를 지향할 것이다.

[부록] 하이데거 전집(Gesamte Ausgabe, Seit 1976-)

(1) 출판사 : Frankfurt/M, Verlag Vittorio Klostermann

(2) 발행 주체 : 하이데거의 아들 Dr. Hermann Heidegger와 F.-W. v. Herrmann 등의 공동 편집

(3) 내용 : 하이데거(1889-1976)가 생존에 발표한 단행본과 논문을 비롯하여, 강의록과 발표문을 모아 전체 100권 이상으로 출판할 예정으로 기획되었다. 2009년 현재까지 80여 권 이상 출판되었다.

(4) 2009년 출판된 전집

-- Gesamtausgabe Bd. 76. *Leitgedanken zur Entstehung der Metaphysik, der neuzeitlichen Wissenschaft und der modernen Technik* : Hrsg. von Claudius Strube

-- Gesamtausgabe BD 71. *Das Ereignis* : Hrsg. von Friedrich-Wilhelm von Herrmann

한국현상학회

이남인(한국현상학회 회장)

한국현상학회는 1978년 2월 17일에 창립되어 지금까지 한국에서의 현상학 연구를 위해 크게 기여했다. 1970년대에 접어들면서 전 세계적으로 후설 르네상스에 힘입어 현상학 연구가 활발하게 이루어졌으며 그에 따라 한국에서도 현상학에 대한 관심이 고조되었고 현상학을 연구하는 학자들이 많아졌다. 이러한 상황에서 1976년 12월 18일에 한국철학회 산하에 현상학분과연구회가 발족되었는데, 이 연구회가 한국현상학회의 전신이라 할 수 있다. 이 연구회에는 윤명로, 한전숙, 소광희, 김여수, 이영호, 김홍우 교수 등 여러 학자들이 참여하였는데, 처음에는 후설의 『현상학의 이념(다섯 강의)』(후설 전집 II권)을 가지고 윤독회를 시작하였다. 그러나 현상학에 관심을 가진 학자들의 수가 점점 증가함에 따라 그 수요를 충족시키고 조직적이며 체계적으로 현상학 연구를 수행하기 위하여 1978년 2월 17일에 여의도 사회과학연구소에서 모임을 갖고 현상학분과연구회를 한국현상학회로 개칭하면서 한국현상학회를 발족시켰다.

한전숙 교수에 따르면 1976년에 현상학분과연구회가 발족할 당시 한국철학회 산하 16개 분과 연구회 중에서 서양철학 분야에서 가장 활발하게 학술 활동을 펼치고 있었던 두 연구회는 분석철학연구회와 현상학연구회였다. 분석철학연구회에서는 영미 분석철학을 전공하는 학자들이 활발하게 활동하였고 현상학연구회에서는 대륙철학을 전공하는 학자들이 활발하게 활동하였다. 따라서 당시 국내외 대학에서 박사학위를 취득한 연구자들은 전공 분야에 따라 영미 분석철학을 전공한 학자들은 분석철학연구회를 중심으로, 대륙철학을 전공한 학자들은 현상학연구회를 중심으로 활동하였다. 대륙철학을 전공하는 학자들이 현상학연구회를 중심으로 학술 활동을 해오던 전통은 현상학연구회가 한국현상학회로 바뀐 후에도 계속되었다. 1990년대에 접어들면서 연구자들의 수가 증가하고 그에 따라 1991년 12월에 한국칸트학회가, 1992년 9월에 한국하이데거학회가, 1994년 8월에 한국해석학회가 각각 한국현상학회로부터 독립해 나갔지만 그 이후에도 한국현상학회는 현상학을 연구하는 학자들뿐 아니라 여타의 대륙철학을 연구하는 학자들이 학술 활동을 하는 터전의 역할을 담당하였다. 실제로 그동안 현상학뿐 아니라 대륙철학 전반에 관한 많은 논문들이 지금까지 한국현상학회 학술대회에서 발표되었고 학회지에 출간되었다.

1978년 창립 후 오늘에 이르기까지 한국현상학회는 활발하게 학술 활동을 전개해 왔다. 한국현상학회는 지난 2009년 3월 28일에는 제200차 학술대회를 개최하였으며 2009년 12월 19일에는 후설 탄생 150주년을 기념하여 제205차 학술대회를 개최하였다.

한국현상학회는 이처럼 활발하게 학술대회를 개최하면서 학회지인 『철학과 현상학 연구』를 출간해 왔는데, 2009년 11월 30일에 제43집을 출간하였다. 그러면 이제 한국현상학회의 발자취를 학회 조직, 학술 활동, 학회지 등을 중심으로 살펴본 후 앞으로의 과제와 전망에 대해 살펴보기로 하자.

1. 한국현상학회의 조직

한국현상학회는 회장, 부회장, 상임이사 등으로 구성되는 회장단을 중심으로 학회를 운영하여 왔다. 1978년 학회 창립 이후 역대 회장과 부회장은 다음과 같다.

1대 회장 윤명로, 부회장 한전숙(1978. 2. 17-1980. 12. 30)
2대 회장 한전숙, 부회장 차인석(1980. 12. 31-1985. 12. 7)
3대 회장 차인석, 부회장 이영호(1985. 12. 8-1990. 12. 17)
4대 회장 이영호, 부회장 손봉호(1990. 12. 18-1995. 12. 16)
5대 회장 박순영, 부회장 이기상(1995. 12. 17-2000. 12. 15)
6대 회장 손동현, 부회장 배의용(2000. 12. 16-2004. 12. 17)
7대 회장 한정선, 부회장 최재식(2004. 12. 18-2006. 12)
8대 회장 최재식, 부회장 홍성하(2007. 1. 1-2008. 12)
9대 회장 이남인, 부회장 홍성하(2009. 1. 1-현재)

회장, 부회장 및 상임이사들로 구성되는 회장단은 학회 창립 때부터 지금에 이르기까지 조금씩 바뀌어 왔다. 한국현상학회 회칙 8조 4항에 "상임이사의 수는 회장단이 결정한다."고 되어 있어 상임이사의 수는 그때그때 상황에 맞게 조정되어 온 것이다. 4대, 5대, 6대뿐 아니라, 최근에도 회장단이 필요에 따라 보강되었다. 2009년 11월 21일 상임이사회의 논의를 거쳐 현상학과 인접 학문 사이의 학제적 연구를 학회 차원에서 체계적으로 수행할 필요가 있음을 확인하였으며 학제적 연구를 위한 '학제적 협력 특별위원회'를 설치하기로 하고 위원회의 책임자는 기존의 한국현상학회 회원으로 하되 위원들은 철학 이외의 분야에서 현상학에 대해 관심을 가지고 현상학과 인접 학문 분야 사이의 학제적 연구를 수행하는 학자들을 위촉하기로 결정하였다.

2. 학술 활동

한국현상학회는 1978년 학회를 창립한 이후 지금까지 활발하게 학술 활동을 해왔다. 앞서도 지적하였듯이 한국현상학회는 지금까지 모두 205차에 걸쳐 학술대회를 개최하였다. 한국현상학회가 그동안 개최해 온 학술대회는 크게 세 가지 유형으로 나누어지는데, 월례발표회, 신춘세미나, 국제학술대회 등이 그것이다.

1) 월례발표회

한국현상학회는 학회 창립 때부터 지금까지 약 170회 이상의 월례발표회를 개최하였다. 이 월례발표회는 한국현상학회의 전체적인 학술 활동의 기반을 다져주는 초석의 역할을 담당했다. 1978년 한국현상학회가 창립된 후 학회의 학술 활동으로서 가장 먼저 시작된 것이 바로 이 월례발표회이다. 월례발표회의 전통은 학회 창립 초기에 이미 정착되었다. 학회 창립이 있었던 1978년부터 1980년에 이르는 3년 동안 무려 18회의 월례발표회가 있었다.

1982년 이후에도 월례발표회는 활발하게 이루어졌다. 1982년에서 1990년에 이르는 시기에 매년 3-4회 정도의 월례발표회가 개최되었다. 그러나 1990년대에 접어들면서 월례발표회에서 양적인 변화가 나타난다. 1990년대에 접어들면서 국내외 대학에서 현상학을 비롯한 대륙철학을 주제로 하여 박사학위를 취득한 연구자들이 급증함에 따라 한국현상학회는 매년 약 6회씩 월례발표회를 개최하였다.

한국현상학회 월례발표회는 2000년대에 접어들면서 또 한 번 양적으로 도약하였다. 이러한 양적인 도약 역시 2000년대에 접어들면서 연구자들의 수가 증가했다는 데서 그 원인을 찾을 수 있을 것이다. 한국현상학회는 2000년대 중반에 접어들면서 1년에 8회, 즉 매 학기마다 4회씩 월례발표회를 개최하는 것을 표준으로 정착시켰으며 지금도

이 표준적인 모델에 따라 월례발표회를 개최하고 있다.

한국현상학회의 월례발표회의 양적인 성장과 관련해 지적해야 할 것은 이 월례발표회가 2004년을 전후하여 또 한 번의 양적인 도약을 하고 있다는 사실이다. 그 이전까지만 해도 월례발표회에서는 특별한 경우가 아니면 1편의 논문이 발표되었는데, 2004년을 전후하여 2편의 논문이 발표되기 시작하고 그 이후 현재까지 2편의 논문이 발표되는 것이 표준적인 형태로 자리 잡아 왔다. 이러한 변화 역시 연구자 수의 증가에 따른 결과라 할 수 있을 것이다.

2) 신춘세미나

한국현상학회의 연구 분위기를 더욱더 활발하게 만든 것은 신춘세미나이다. 신춘세미나는 학회 창립 후 7년째인 1985년에 처음으로 도입되었다. 이 신춘세미나는 1985년 1월 19-20일 사이에 수유리 아카데미하우스에서 분석철학회와 공동으로 개최되었으며 거기서는 다음과 같은 논문들이 발표되었다.

제1차 신춘세미나(1985년 1월 19-20일)
정대현, 「지향성과 나의 반성」
신귀현, 「후설의 지향성 개념」
이명현, 「서얼(Searle)의 지향성 개념」

한국현상학회는 1986년에 제2차 신춘세미나를 개최하였다. 1986년 1월 29일 속리산 관광호텔에서 개최된 제2차 신춘세미나에서 발표된 논문들은 다음과 같다.

제2차 신춘세미나(1986년 1월 29일)
이길우, 「이성비판과 윤리현상」

이남인, 「셸러의 현상개념」
이기상, 「하이데거의 현상개념」
배의용, 「메를로-퐁티의 현상개념」

그러나 1985년에 도입되고 1986년에 2차를 맞이한 신춘세미나는 1980년대에 더 이상 개최되지 못하였다. 1987년부터 1989년 사이에 이르는 약 3년의 공백을 뒤로 하고 1990년대에 접어들면서 제3차 신춘세미나와 제4차 신춘세미나가 다음과 같이 개최되었다.

제3차 신춘세미나(1990년 1월 17-18일)
이영호, 「모더니즘, 현상학, 그리고 포스트모더니즘」
김진석, 「해체: 니체와 데리다를 중심으로」
이진우, 「후설에 나타난 억견의 재평가와 탈현대」
강영안, 「레비나스에서의 주체성 철학 비판」
이광래, 「포스트구조주의와 미셸 푸코」

제4차 신춘세미나(1991년 1월 15일)
김의수, 「딜타이에 있어서 역사 문제」
이기상, 「하이데거의 현사실성의 해석학」
이정복, 「미와 해석: 가다머의 『진리와 방법』을 중심으로」
박순영, 「아펠의 선험적 실용론(Pragmatik)」
윤평중, 「하버마스와 탈현대 논쟁」

1990년대에 들어서면서 이처럼 2년에 걸쳐 신춘세미나를 개최한 후 이 세미나는 그 후 한국현상학회의 고유한 전통으로 자리 잡았다. 그 후 한국현상학회는 거의 매년 1-2월 사이에 신춘세미나를 개최하였으며 최근에는 2009년 2월 7일 '종교현상학'을 주제로 제20회 신춘세미나를 개최하였다.

신춘세미나의 의의는 무엇보다도 회원 상호간의 친목 도모와 학회 발전을 위한 기회를 제공해 주었다는 데서 찾을 수 있을 것이다. 신춘세미나는 대부분 1박 2일의 일정으로 교외에서 개최되기 때문에 세미나 참석자들은 일상의 삶으로부터 벗어나 편안한 마음으로 밤늦은 시간까지 학술적인 주제뿐 아니라 무엇보다도 일상적인 삶에 대해서도 서로 의견을 나누면서 친목을 도모할 기회를 가질 수 있었다.

3) 국제학술대회

한국현상학회는 국제학술대회를 비롯하여 외국학자 초청 강연회 등을 통하여 학회의 국제화를 위하여 많은 노력을 기울여 왔으며 많은 성과를 거두었다. 앞서 살펴본 월례발표회와 신춘세미나는 이처럼 한국현상학회의 국제화를 위한 밑거름이 되었다고 할 수 있다. 외국학자 초청 강연회는 이미 학회 창립 초기에 시작되었다. 네덜란드의 반 퍼슨(A. van Peursen) 교수는 외국인으로서는 처음으로 1981년 5월 7일 한국현상학회에서 "Lebenswelt and Forms of Life"라는 주제로 발표했다. 그 후 외국학자들이 다음과 같이 한국현상학회에서 발표하였다.

-- K. Held, "Intentionalität und Erfüllung"(1993. 3. 6)
-- U. Steinvorth(Hamburg), "Der Begriff der Welt bei Wittgenstein"(1995. 3. 13)
-- F. Rodi(Bochum), "Auf dem Wege zu Sein und Zeit"(1995. 10. 28)
-- Lester Embree(Florida Atlantic University), "The Category of Attitude in the Phenomenology of Culture"(1998. 1. 23)
-- F. Kummel(Tubingen), "Moglichkeit und Grenzen der Hermen-

eutik als Methode"(1999. 8. 25)

-- R. C. Grathoff, "Silkroad Phenomenology. Global Tasks for a New Generation of Scholarship"(2000. 1. 18)

이러한 개별학자들의 초청 강연과 더불어 한국현상학회는 지금까지 6회에 걸쳐 국제학술대회를 개최하였다.

[The World Institute of Phenomenology와 공동 주최 국제학술대회]

일시 : 1992년 8월 17-18일

장소 : 이화여자대학교

주제 : Phenomenology of Life, the Cosmos and the Human Condition

발표자 : 박이문, 이정복, 한정선, 이남인, 조정옥,
A. T. Tymieniecka, Sitansu Ray, C. O. Schrag,
Yang Chu, Rie Tyong-Bok, Yang-ju Chou

[현상학 탄생 100년 기념 국제학술대회]

일시 : 2000년 10월 7일

장소 : 연세대학교

주제 : One Hundred Years of Phenomenology: Its Origin and Reception in Korea

발표자 : 한전숙, 한정선, 홍성하/박두규, Klaus Held,
Rudolf Bernet

[The First Korean-American Conference of Phenomenology]

일시 : 2002년 10월 25-26일

장소 : 서울대학교 호암관 로즈룸

주제 : Technology, Nature & Life: Contemporary Social and Cultural Problems in the Light of Phenomenology
발표자 : 손동현, 이남인, 이은주, 김희봉, 이종관, 이종훈,
D. Welton, A. Zirion, J. Drummond, L. Embree,
Chan-Fai Cheung, S. Crowell, W. McKenna

[The Second Korean-American Conference of Phenomenology]
일시 : 2004년 10월 26-28일
장소 : 미국 멤피스 메리어트호텔
주제 : Person, Culture, and the Social
발표자 : 손동현, 이남인, 최재식, 양국현, 이은주, 김희봉,
T. Nenon, J. Dodd, L. Embree, E. Behnke, J. Mensch,
R. Rizo-Patron

[The Second Conference of Phenomenology as Bridge between East and West]
일시 : 2007년 2월 11-13일
장소 : 서울대학교
주제 : The Future of the Applied Phenomenology
발표자 : 정화열, 김홍우, 이종관, 이남인, 하제원, Tom Nenon,
Lester Embree, Nicolas de Warren, Yasuhiko Murakami,
Jochen Dreher, Shin-Yun Wang, Ted Toadvine

[The Third PEACE International Conference]
일시 : 2009년 9월 18-21일
장소 : 서울대학교
주제 : The Applied Phenomenology

참가자 : 한정선, 이종관, 홍성하, 김영진, 안신, 최경섭, 이남인, Kah Kyung Cho, Lester Embree, Huang Kuan-Min, Lau Kwok-ying, Wang Jue, Wang Wen-sheng, Yasuhiko Murakami, Kohji Ishihara, Tetsuya Sakakibara, Junich Murata, Hans-Helmuth Gander, Chon Ip Ng, Jeff Malfas, Ping-keung Luis, Chung-Chi Yu, Tom Nenon, Shinji Hamauzu, Kazashi Nobuo, Silvia Stoller, Philip Buckley, Wang Tangjia, Wei-Lun Lee, Andreas Staschеit, Zhihua Yao, Tetsuya Kono

지금까지 살펴본 국제학술대회 중에서 제1차 한미현상학회, 제2차 한미현상학회, The Second Conference of Phenomenology as Bridge between East and West는 한국현상학회와 미국의 CARP(Center for Advanced Phenomenology)가 공동으로 주최한 학술대회이다. 한미현상학회는 한국 현상학자들과 미국 현상학자들 사이의 학문적 교류를 위하여 시작되었으며 1차 대회와 2차 대회를 마친 후 3차 대회는 대회의 성격을 한국을 중심으로 하는 동양의 현상학자들과 미국을 중심으로 하는 서구의 현상학자들 사이의 학문적 교류를 위한 모임으로 개편하여 개최하기로 하고 2002년에 미국 플로리다에서 The First Conference of Phenomenology as Bridge between East and West가 개최된 점을 감안해서 2007년에 서울에서 열린 대회를 The Second Conference of Phenomenology as Bridge between East and West로 부르기로 하였다. 현재 CARP에서 The Third Conference of Phenomenology as Bridge between East and West를 개최할 준비를 하고 있다.

'응용현상학'을 주제로 한 The Third PEACE International Conference는 동아시아 현상학자들 사이의 학문적 교류를 위해 결성된 동아시아 현상학 서클(Phenomenology in East Asian CirclE: PEACE)의 국제학술대회이다. PEACE는 2002년 미국 플로리다에서 동아시아 현상학자들이 모여 결성하였고 2년마다 동아시아 5개 지역(한국, 중국, 일본, 대만, 홍콩)을 순회하면서 국제학술대회를 개최하고 있다. 제1차 학술대회는 2004년 홍콩에서 개최되었고 제2차 학술대회는 2006년에 일본 동경에서 개최되었으며 제3차 학술대회는 본래 2008년 서울에서 개최될 예정이었으나 2008년 여름에 서울에서 세계철학대회가 개최되었던 관계로 1년 후인 2009년에 개최하게 되었다. 제4차 학술대회는 2010년에는 대만에서 개최될 예정이다. 이 학술대회에는 동아시아 5개 지역의 현상학자들뿐 아니라 구미의 현상학자들도 참석하여 수준 높은 논문이 많이 발표되어 왔으며, 동아시아 현상학뿐 아니라 세계 현상학의 발전을 위해 크게 기여해 왔다. 제1차 학술대회와 제2차 학술대회 모두 대단히 성공적이었으며 응용현상학을 주제로 2009년 9월에 서울에서 개최된 제3차 학술대회 역시 아주 성공적이었는데, 캐나다 맥길 대학 철학과의 필립 버클리(Philip Buckley) 교수는 "이 학회는 참석자들 모두와 PEACE에게 새로운 길을 열어주었다."고 평가했다.

한국현상학회의 국제학술 활동과 관련해서 지적해야 할 것은 2007년부터 한국현상학회와 일본현상학회 사이에 정기적인 교환 프로그램이 운영되고 있다는 사실이다. 매년 한국현상학회에서 일본현상학회가 주최하는 학술대회에 발표자를 한 명 보내고, 또 일본현상학회에서도 한국현상학회가 주최하는 학술대회에 발표자를 한 명 보내도록 하고 있다. 지금까지 한국 측에서는 하제원 교수, 최경섭 박사 등이 일본현상학회에서 발표하였고 일본 측에서는 신지 하마우즈(Shinji Hamauzu) 교수, 노부오 가자시(Nobuo Kazashi) 교수 등이 한국현상학회에서 발표하였다. 이 교환 프로그램은 한국현상학회와 일본현상학회의 교류를 위하여, 그리고 한국과 일본의 현상학의 발전을 위하여 커다란 역할을 할 것으로 기대된다.

3. 학회지 및 기타 출간물

지금까지 살펴본 한국현상학회의 활발한 학술 활동은 그대로 학회지 및 기타 출간물에 반영되어 있다. 학회 창립 초기부터 활발하게 활동해 온 한국현상학회는 학회 창립 4년을 맞이하는 1983년에 학회지 『현상학 연구』 제1집을 출간하였다. 『현상학이란 무엇인가』라는 제목으로 출간된 제1집은 2부로 구성되어 있는데, 1부는 '현상학의 기초개념'을 다루고 있고, 2부는 '인접 학문에 미친 현상학의 영향'을 다루고 있다. 『현상학 연구』 제1집에 이어 한국현상학회는 1986년 3월에 『현상학과 개별과학』이라는 제목의 제2집을, 1988년 4월에는 『현상학의 전개』라는 제목의 제3집을 출간하였다.

한국현상학회는 1990년에 학회지의 제호를 『현상학 연구』에서 『철학과 현상학 연구』로 바꾸고 1990년 11월에 『후설과 현대철학』이라는 제목의 제4집을 출간하였다. 『철학과 현상학 연구』로 학회지 제호를 바꾼 1990년부터 1998년까지 1년에 평균 한 권씩의 학회지를 냈으나 그때까지만 해도 학회지의 출간이 정기적으로 이루어지지 않았다. 1990년부터 1998년 사이에 출간된 학회지의 제목은 다음과 같다.

제 5 집 『생활세계의 현상학과 해석학』(1992. 9)
제 6 집 『세계와 인간 그리고 의식 지향성』(1992. 11)
제 7 집 『현상학과 실천철학』(1993. 12)
제 8 집 『현상학의 근원과 유역』(1996. 8)
제 9 집 『현상학과 한국 사상』(1996. 9)
제10집 『자연의 현상학』(1998. 9)
제11집 *Phenomenology of Nature*(1998. 10)

『철학과 현상학 연구』는 1999년에 질적, 양적으로 크게 성장하였다. 한국현상학회는 1999년부터 학회지 『철학과 현상학 연구』를 연 2회 정기적으로 출간하기로 하고 2004년까지 이 원칙에 따라 학회지를 연 2회 출간해 왔다. 1999년부터 2004년 사이에 출간된 12권의 학회지의 제목은 다음과 같다.

제12집 『역사와 현상학』(1999)
제13집 『문화와 생활 세계』(1999)
제14집 『몸의 현상학』(2000)
제15집 『현상학과 정신분석』(2000)
제16집 『예술과 현상학』(2001)
제17집 『인간의 실존과 초월: 종교현상학』(2001)
제18집 『보살핌의 현상학』(2002)
제19집 『기술. 자연. 생명』(2002)
제20집 『경험의 현상학』(2003)
제21집 『현상학의 발아와 전개』(2003)
제22집 『공동체적 삶의 현상학』(2004)
제23집 『언어의 현상학』(2004)

한국현상학회의 활동이 더욱더 활발해지고 이전보다 더 많은 논문이 학회지에 투고되면서 한국현상학회는 2005년부터 학회지 『철학과 현상학 연구』를 매년 2회에서 4회로 출간 횟수를 늘렸다. 그 결과 2005년 제24집을 출간한 후 2009년 11월 말에 제44집을 출간하면서 5년 사이에 무려 20권의 학회지를 출간하였다. 매년 4회씩 출간하면서 제목을 달아서 학회지를 출간하던 이전까지의 관행을 버리고 학회지 제목 없이 다양한 논문들을 모아 학회지를 출간해 왔다.

한국현상학회가 그동안 학회지를 출간해 온 역사를 살펴보면 우리는 한국현상학회의 연구 활동이 얼마나 활발했는지 알 수 있다. 1999년부터 2004년 사이에 있었던 매년 2회씩의 학회지 출간뿐 아니라, 2005년부터 현재까지의 매년 4회씩의 학회지 출간은 한국철학회, 철학연구회 등의 전국 규모 학회가 아닌 분과학회 중에서는 현상학회가 처음으로 시도한 일이다.

한국현상학회는 활발한 학술 활동을 펼치면서 학술지 『철학과 현상학 연구』 이외에도 해외의 출판사에서 단행본 등을 출간하였다. 1999년에는 조가경 교수를 편집인으로 하여 독일의 Alber 출판사에서 *Phänomenologie der Natur* 를 *Phänomenologische Forschungen* 의 별책(Sonderband)으로 출간하였다. 이 책에는 자연의 현상학을 주제로 한 한국 현상학자들의 논문이 다수 실려 있다. 그리고 2002년에는 한전숙 교수와 조가경 교수를 편집인으로 하여 독일의 Alber 출판사에서 *Phänomenologie in Korea* 를 *Orbis Phaenomenologicus* 총서의 한 권으로 출간하였다. 이 책은 현상학과 관련된 다양한 주제에 대한 한국 현상학자들의 논문으로 구성되어 있다. 지난 2007년부터는 한정선 교수와 홍성하 교수의 책임 아래 현상학과 인접 학문의 관계를 다룬 한국 현상학자들의 논문을 *Grenzgänge. Koreanische Beiträge der Phänomenologie im Kontext von Wissenschaft und Kultur* 라는 제목으로 출간하는 작업을 해왔는데, 조만간 *Orbis Phaenomenologicus* 총서의 한 권으로 출간될 예정이다.

4. 한국현상학회의 과제 및 전망

1978년 창립된 후 오늘에 이르기까지 한국현상학회는 양적인 면에서 뿐 아니라 질적인 면에서도 비약적인 발전을 거듭해 왔다. 그동안 동아시아 현상학은 세계적으로 현상학 연구의 중심지 중의 하나로 우뚝 서게 되었는데, 이 동아시아 현상학에서 한국의 현상학은 중요한 위치를 차지하고 있다. 이제 그동안 축적된 역량을 바탕으로 앞으로 한국 현상학계가 나아가야 할 방향을 살펴보면 다음과 같다.

(1) 현재 매 학기마다 약 4회씩 개최되는 월례발표회의 전통은 앞으로도 계속되어야 할 것이다. 30년 이상 지속되어 온 월례발표회는 한국현상학회 학술 활동의 젖줄과도 같은 역할을 담당해 왔다. 오늘날과 같은 한국현상학회가 있을 수 있는 이유는 바로 회원들이 활발하게 연구하고 토론하면서 실력을 쌓을 수 있는 월례발표회가 존재하기 때문이라 할 수 있다. 월례발표회와 더불어 회원들 사이의 친목 도모를 위해 특히 많이 기여한 신춘세미나의 전통 역시 앞으로도 계속되어야 할 것이다. 그리고 현재 매년 4회씩 발간되는 학회지 『철학과 현상학 연구』 역시 앞으로도 계속해서 출간되도록 해야 할 것이다.

(2) 그동안 한국현상학계는 국제화를 위해 내실 있게 많은 노력을 기울였고 그에 상응해 많은 성과를 거두었다. 한국현상학회는 최근 국내외에서 개최된 국제학술대회에서 한국 현상학의 저력을 유감없이 보여주었는데, 이 모든 것이 그동안 국제화를 위해 노력해 온 덕분이라고 할 수 있다. 그럼에도 불구하고 한국 현상학계는 앞으로 국제화를 위해 더 많은 노력을 기울여야 할 것이다. 이제 한국 현상학계는 단순히 받아들이는 수용자의 입장이 아니라, 받아들이면서 동시에 자신의 것을 남에게 주고자 하는 좀 더 적극적인 자세로 국제교류에 임해야 할 것이다. 그동안 한국 현상학계는 그를 위한 저력을 충분히 쌓아 왔다. '응용현상학'을 주제로 2009년 9월에 개최된 The Third PEACE International Conference는 이러한 사실을 잘 보여주고 있다. 이 대회에서 한국의 현상학자들은 수준 높은 논문을 발표하면서 참가자들의 주목을 받았다. 이제 한국현상학회는 한국도 세계적인 현상학 연구의 중요한 중심지 중의 하나라는 사실에 대한 자각을 토대로 내실적인 국제교류를 위해 더욱더 매진하고 그를 통해 한국 현상학뿐 아니라 세계 현상학의 발전을 위해 기여할 수 있기를 바란다.

(3) 그동안 한국 현상학계는 철학과 인접 학문 사이의 학제적 연구를 위해 많은 노력을 기울여 왔다. 이러한 작업은 이미 학회 창립 당시부터 시작되었는데, 앞서 살펴보았듯이, 1983년에 출간된 『현상학 연구』 제1집에는 철학과 인접 학문의 관계를 다룬 몇 편의 논문이 발표되었다. 이러한 노력은 『현상학과 개별과학』이라는 제목으로 1986년에 출간된 『철학과 현상학 연구』 제2집에서 더욱더 구체화되고 있다. 제목이 보여주듯이 제2집에는 현상학과 사회인식, 지각심리학, 종교, 문예학, 음악학 등 현상학과 인접 학문의 관계를 다룬 다수의 논문이 수록되어 있다. 인접 학문과의 학제적 연구를 위한 노력은 1990년대에도 계속 이어지고 2000년대에 접어들면서 더욱더 본격화되고 있다. 최근 들어 회원들은 현상학과 인접 학문 사이의 학제적 연구를 수행하는 일을 학회의 중요한 사명으로 간주하고 있다. 이러한 인식은 무엇보다도 '응용현상학'을 주제로 2009년 9월 18-21일에 개최된 제3차 동아시아 현상학 서클 학술대회를 계기로 하여 더 분명해졌다. 이 학술대회를 마치고 현상학과 인접 학문 사이의 학제적 연구의 수행이라는 학회의 사명을 완수하기 위하여 2009년 11월 21일에 개최된 상임이사회에서 학제적 협력 특별위원회를 설치하기로 하였다. 앞으로 이 위원회를 중심으로 현상학과 인접 학문 사이의 학제적 연구가 조직적, 체계적으로 수행되기를 기대해 본다.

(4) 한국현상학회는 그동안 현상학과 한국 및 동양의 철학사상과의 대화를 시도하려 많은 노력을 기울여 왔다. 이미 1970년대부터 이러한 작업을 시작한 연구자들도 있지만 무엇보다도 1990년대에 접어들면서 양자 사이의 대화를 위한 여러 가지 시도들이 있었다. 이러한 학계의 노력을 보여주는 것이 1996년 『철학과 현상학 연구』 제9집으로 출간된 『현상학과 한국 사상』이다. 이러한 작업은 2000년대에 접어들면서도 활발하게 수행되어 왔는데, 앞으로 그와 관련해 더욱더 활발한 연구가 이루어지길 기대해 본다.

이 점과 관련해 지적하고 싶은 것은 현상학은 한국 및 동양의 철학 사상뿐 아니라 다른 철학사조와도 더 활발하게 대화할 필요가 있다는 사실이다. 현재 한국 철학계가 당면한 가장 심각한 문제점 중의 하나는 다양한 전공 분야의 연구가 심화되고는 있으나 서로 다른 철학사조 사이의 대화가 활발하게 이루어지고 있지 못하다는 사실이다. 현재 한국에는 대부분의 중요한 철학사조들이 활발하게 연구되고 있으며, 따라서 다양한 철학사조 사이의 대화가 활발하게 진행된다면 한국은 21세기가 필요로 하는 새로운 철학이 탄생할 수 있는 가능성을 세계 그 어느 나라나 지역보다 더 많이 가지고 있다고 할 수 있다. 한국현상학회 역시 다른 분과학회들과 활발하게 대화하면서 21세기 현상학의 새 지평을 열어가고 한국 철학의 발전, 더 나아가 세계 철학의 발전을 위해 기여할 수 있게 되기를 바란다.

(5) 한국현상학회는 앞으로 한국 사회 및 인류의 현실과 관련된 구체적인 문제를 좀 더 적극적으로 진단하면서 그에 대해 대처할 수 있도록 노력해야 할 것이다. 후설, 하이데거 등은 현대를 위기의 시대로 진단하고 이러한 위기를 극복하기 위한 철학으로서 현상학을 전개시켜 나갔는데, 한국현상학회는 이들의 철학하는 정신을 되돌아볼 필요가 있다. 앞으로 한국현상학회가 더욱더 활발하게 활동하여 현재 인류가 처한 수없이 많은 위기 상황을 극복하는 데 크게 기여할 수 있게 되기를 바란다.

한국환경철학회 *

안건훈(한국환경철학회 초대 회장)

1. 창립목적, 연혁, 구성

한국환경철학연구회는 1995년 5월 11일 창립준비를 위한 모임이 있은 후, 1995년 9월 14일에 창립총회 및 회칙(4장, 15조, 부칙으로 구성) 통과로 창립되었다. 1996년 2월 23일 한국철학회로부터 분과학회 승인을 받았으며, 1998년 4월 7일에는 분과학회 명칭을 한국환경철학연구회에서 한국환경철학회로 변경했다. 이어서 2001년 9월 24일에는 한국연구재단에 학회 등록을 했다.

본 학회는 '환경철학에 관한 연구와 회원 상호간의 친목 도모를 목적'으로 하며, 그 목적을 이루기 위하여 구체적인 주요 사업계획으로, '연구 발표 및 토론회', '학회지 발간', '환경철학 연구에 필요한 자료의 수집 및 발간', '환경철학에 관한 책 출판'을 채택하고 있다. 그동안 3번에 걸친 회칙 수정이 있었는데, 현재 학회 임원은 회장, 부회장, 4명의 이사(총무, 연구, 편집, 섭외), 1명의 감사로 구성되어 있으며,

* 이 글은 필자가 쓴 「한국에서의 환경철학(1)」(『환경철학』 제3집, 2004, 1-28쪽) 가운데 한국환경철학회와 관련된 부분을 발췌하여 재구성하는 한편, 그 이후의 자료를 첨가하여 수정, 보완한 것이다.

그 임기는 2년이고 연임할 수 있다. 이사는 관련위원회의 위원장을 겸임하며, 현재 학술지 편집위원회와 연구윤리위원회가 구성되어 있다.

2002년 6월, 학회 학술지인 『환경철학』 제1집이 발간된 이래 현재까지 7집이 출판되었으며, 2006년 12월에는 한국연구재단에 의해 등재 후보지로 선정되었다. 2007년 2월 25일에는 학회 회원들이 집필한 『생태문화와 철학』이 도서출판 금정에서 출간되었다. 2007년 12월 7일부터는 한국환경철학회 연구윤리 규정이, 2008년 6월 13일부터는 '학술지 발행 규정', '편집위원 선출 규정' 등이 담긴 편집위원회 규정이 각각 시행되었다.

본 학회는 1999년 8월 17-19일 열린 한민족철학자대회 때 분과학회 차원에서 참여하여 첫 발표를 한 이래, 철학자대회 때마다 분과학회 발표에 참여해 왔다. 다른 학회나 분과학회와 공동 발표회도 지속적으로 추진해 오고 있다. 2005년 11월 11일에는 민주화운동기념사업회 세미나실에서 한국환경사회학회와 가을 공동 학술대회를, 2006년 8월 26일에는 서울대학교 교육정보관에서 한국생명윤리학회와 공동으로 연구 발표회를, 2007년 9월 14일에는 충남대학교에서 문학과환경학회와 공동으로 '인문학과 생태적 사유의 만남'을 주제로 학술대회를 각각 개최했다. 2009년 5월 16일에는 숭실대학교에서 한국기독교철학회와 공동으로 롤스턴 3세(Holmes Rolston III) 초청 강연회를 개최했다. 2009년 5월 29일에는 서울교육대학교에서 한국니체학회와 공동으로 '니체와 생태주의적 자연관'을 주제로 학술대회를 열었다.

본 학회는 대우재단의 지원으로 1997년에는 내쉬(R. F. Nash)의 *The Rights of Nature: A History of Environmental Ethics* 을, 1998년에는 블랙스톤(W. T. Blackstone)의 *Philosophy & Environmental Crisis* 를 각각 윤독했으며, 2000년 6월 30일에는 한림대학교 생명과학관 강당에서 한림대 인문학연구소, 한림과학원 환경 · 생명과학연구

소와 공동으로 '도시 발전과 미래지향적 환경정책: 독일 프라이부르크와 강원도 사례 비교연구'라는 주제로 한독학술 심포지엄을 개최했다.

국내에서 있었던 국제대회의 경우를 살펴보면, 2003년 겨울과 2006년 여름에 각각 있었던 세계생명문화포럼(WLCF)을 조직하는 데 본 학회 회원인 한면희의 활동이 컸다. 2008년 여름 서울대학교에서 개최되었던 제22차 세계철학대회(WCP 서울대회)에서는 안건훈이 환경철학 분과(제23분과)의 공동 좌장과 논문 심사를 맡아 활동했다. 외국에서 있었던 국제대회로는 한면희가 2002년 여름 남아프리카공화국 요하네스버그에서 있었던 지속가능발전 지구정상회의(World Summit on Sustainable Development)에 참석했다.

학회가 창립된 후, 안건훈(강원대), 이선관(강원대), 황경식(서울대), 김성진(한림대)을 거쳐, 현재는 고창택(동국대)이 학회장 일을 수행하고 있다. 학회지 편집책임자로는 안건훈이 1-4집을, 김명식이 5-6집을 위해 일했고, 7집 이후부터는 양해림(충남대)이 책임지고 있다. 연구윤리위원회 위원장으로는 김성진(한림대)이 현재 일하고 있다. 1995년 창립된 이래 학회에서 일해 온 임원진은 다음과 같다.

연도	회장	총무	연구	편집	섭외	감사
1995. 9. 14-2000. 6. 8	안건훈	김정현	김성호	김명식	고승규	우정규
2000. 6. 8-2002. 8. 20	이선관	김성진	이종훈	안건훈	양해림	김철운
2002. 8. 20-2004. 9. 4	황경식	김성진	이종훈	안건훈	양해림	김철운
2004. 9. 4-2006. 8. 26	김성진	김명식	한면희	안건훈	양해림	고창택
2006. 8. 26-2008. 7. 22	고창택	노희정	양해림	김명식	한면희	윤용택
2008. 7. 22-현재	고창택 한면희(부회장 겸 차기 회장)	변순용	김완구	양해림	노희정	조석영

2. 연구발표회, 콜로키엄, 심포지엄, WLCF, WCP 2008

한국환경철학회 회원들은 그동안 계절마다 연구발표회, 한 해에 한 번씩 정기학술대회, 다른 학회와의 공동 발표회, 전국철학자연합대회에서의 분과학회 발표회를 통해 논문을 발표해 왔다. 경우에 따라서는 토론 제목을 정하고 회원들이 자유토론(15회, 16회)을 한 적도 있었다.

한국환경철학회는 대우재단의 지원(콜로키엄)으로 1997년에는 내쉬가 지은 *The Rights of Nature: A History of Environmental Ethics* (1989)를, 1998년에는 블랙스톤이 엮은 *Philosophy & Environmental Crisis*(1974)를 각각 윤독하였다.

한편, 본 학회는 2000년 6월 30일, 한림대학교 생명과학관 강당에서 한림대 인문학연구소, 한림과학원 환경 · 생명과학연구소와 공동으로 '도시 발전과 미래지향적 환경정책: 독일 프라이부르크와 강원도 사례 비교연구'라는 주제 하에 한독학술 심포지엄을 개최하였는데, 발표자와 발표 제목은 각각 아래와 같다.

-- 구도완(환경기술개발원), 「우리나라 환경운동의 현실과 전망」
-- D. Wörner(독일 프라이부르크 시 환경관리처장), 「지속가능한 도시 및 지역사회 발전모델로서의 독일 프라이부르크 환경정책」
-- 박진용(한림대 환경학과), 「강원지역 환경보호정책의 특수적 상황」

국내에서 있었던 국제대회에서 회원들의 역할도 컸다. 2003년 12월 18-20일에 수원에 있는 경기중소기업종합지원센터(KSBC)에서, 2006년 6월 20-23일에 일산의 한국국제전시장(KINTEX)에서 각각 있었던 세계생명문화포럼(WLCF)에는 한면희(발표), 김명식(토론), 안건훈(토론) 등이 참석했으며, 특히 이 포럼을 조직하는 데 한면희의 활동이

켰다. 2003년 포럼에는 유진 하그로브(Eugene C. Hargrove)와 발 플럼우드(Val Plumwood)가 참석하였고, 2006년 포럼에는 마이어-아비히(Klaus Michael Meyer-Abich) 등 환경철학의 선구자들이 많이 참석하여 발표했다.

2008년 7월 30일에서 8월 5일까지 서울대학교에서 개최되었던 제22차 세계철학대회(WCP 서울대회)에서는, 환경철학 분과(제23분과)에서 안건훈이 핀란드의 일카 니닐루토(Ilkka Niiniluoto)와 함께, 공동 좌장과 논문 심사자로 활동했는데, 세계 곳곳에서 제출된 논문들 가운데 28편을 선정하여 발표하였다. 국제적으로 알려진 토머스 헤이드(Thomas Heyd), 로빈 애트필드(Robin Attfield) 등이 참석하여 발표했다. 국내 발표자로는 이소영이 "Ecotopia in Korea: Philosophy and Practice"라는 제목으로 발표했다.

3. 학술지, 공동 저서, 단독 저서(역서)

한국환경철학회는 창립 후 7년이 되는 2002년 6월에『환경철학』1집(철학과현실사)을 펴냈다. 1집은 6편의 논문, 1편의 탐방기, 부록(한국환경철학회 회칙), 게재 논문 공모 안내로 구성되었다. 논문은 김명식의「심의민주주의와 미래세대」, 한면희의「한반도 녹색공동체의 이념: 기(氣)생태주의와 백두대간의 문화」, 김성호의「동물의 도덕적 지위에 관한 칸트의 견해」, 양해림의「생태계의 위기와 베이컨의 유토피아적 기획: 한스 요나스의 베이컨적 유토피아주의의 비판을 중심으로」, 이권의「도가(道家) 자연관의 환경철학적 의의」, 문종길의「심층생태론은 생태위기의 철학적 대안이 될 수 있는가?」등이 실렸다. 한편, 탐방기에서 김명식은 영국 랭카스터 대학의 환경·철학·공공정책연구소(Institute for Environment, Philosophy and Public Policy)에서 박사후 연구원 생활을 한 것을 바탕으로 그 연구소를 소개했다. 그

연구소는 국제생명윤리학회의 공식 저널인 *Bioethics*, 환경철학과 사회과학의 학제적인 저널인 *Environmental Values*, 문화와 종교, 세계관의 관점에서 환경문제를 바라보는 저널인 *Worldviews: Environment, Culture, Religion* 을 펴내고 있는 곳이다.

2003년 11월에는 『환경철학』 2집인 『환경철학의 이념』(철학과현실사)을 펴냈다. 이 책은 '환경철학의 이념'을 정치, 경제, 사회, 문화, 종교와 각각 관련지으면서 다룬 5편의 논문과 1편의 탐방기로 구성되어 있다. 논문으로는 김명식의 「민주주의와 환경」, 노희정의 「생태계의 본래적 가치와 환경 파시즘」, 문종길의 「환경에 관한 공리주의적 경제이론의 접근과 한계」, 한면희의 「산업자본주의 및 사회주의 자연이념의 특성과 한계」, 김대식의 「이원론 극복을 위한 생태신학적 구상」, 황경식의 "Apology for Environmental Anthropocentrism" 등이 실렸다. 황경식의 영어 논문은 논문을 읽는 대상을 확대시킨다는 측면에서 새로운 계기를 마련했다. 한편, 탐방기에서 한면희는 2002년 8월 26일부터 9월 4일까지 남아프리카공화국 요하네스버그에서 있었던 지속가능발전 지구정상회의(World Summit on Sustainable Development)에 참석했던 내용을 소개했다. 그 회의는 인류가 직면하고 있는 지구환경 문제를 해결하기 위한 자리로서, 6만여 명이 참석한 지구촌 최대의 행사였다. 그는 「한국 환경정의운동의 현황과 전망」에 대해 발표하기 위해 참석했다.

2003년 12월에는 『환경철학』 3집을 펴냈는데 '환경철학의 역사'를 다루었다. 이 책은 3편의 한글 논문, 2편의 영어 논문, 1편의 탐방기로 구성되어 있으며, 이 가운데 환경철학의 역사는 한국, 영미권, 독일로 나뉘어 집필되었다. 안건훈의 「한국에서의 환경철학 1」, 김명식의 「영미권 환경철학의 역사」, 양해림의 「독일에서의 환경철학의 역사」가 각각 그에 해당한다. 영어 논문으로는 김성진의 "Environmental History and the Origin of Ecological Crisis"와 유진 하그로브의

“Environmental or Ecological Citizenship Through Culture-Specific Environmental Value Education”이 있다. 하그로브의 글은 세계생명문화포럼(2003)에서 발표되었는데, 그의 승인에 의해 학회지에 게재하게 되었다. 한편, 탐방기에서 김성진의 「미국 콜로라도 주립대학교 철학과 초빙 2002-2003 연구교수 체류보고」를 실었다. 그 대학 철학과는 환경철학과 환경윤리학을 특성화 분야로 채택하여 연구하는 곳으로, 환경윤리학의 개척자인 롤스턴 3세가 재직하고 있다. 김성진은 탐방기에서 롤스턴을 집중적으로 소개했다. 롤스턴은 미국에서는 ‘환경윤리학의 아버지’라고 일컬어지며, 2003년에는 인문학 분야의 노벨상이라고도 하는 템플턴상이 그에게 수여되었다고 소개했다.

2005년 12월에는 『환경철학』 4집을 펴냈는데 ‘환경철학과 환경운동’을 다뤘다. 『환경철학』 4집부터는 학술지 번호가 ISSN 1738-8988로 고정되었다. 이 책은 4편의 한글 논문, 1편의 영어 논문, 1편의 탐방기로 구성되어 있다. 논문으로 한면희의 「환경윤리의 눈으로 조망한 환경운동」, 박창길의 「동물윤리와 한국의 동물보호법 개정」(참고자료로 현행 동물보호법 첨부), 윤용택의 「지역통화운동의 환경철학적 의의」, 박진희의 「시민환경운동과 기술발전: 독일 폐기물 처리 시스템 발전을 예로」 등이 게재되었다. 영어 논문으로는 발 플럼우드(호주국립대학)의 “Ecofeminist Analysis and the Culture of Ecological Denial”이 실렸다. 이 글은 플럼우드가 세계생명문화포럼(2003)에서 발표한 것인데, 그녀의 승인에 의해 학회지에 게재하게 되었다. (플럼우드는 널리 알려진 생태여성주의 학자로, 본 학회의 학술지 이름이 마음에 든다는 서신을 보내오기도 했다.) 한편, 탐방기에서는 조용개의 「미국 북텍사스 대학의 ‘환경철학센터’」가 소개되었다. 그 센터에서는 계간지인 *Environmental Ethics*(편집장 Eugene C. Hargrove, 부편집장 J. Baird Callicott)를 1978년부터 펴내고 있으며, 환경윤리와 관련된 각종 서적들을 발간해 오고 있다.

2006년 12월에는 『환경철학』 5집을 펴냈는데 ‘환경철학과 환경교육’을 주제로 다뤘다. 이 책은 4편의 한글 논문, 1편의 영어 논문, 1편의 탐방기로 구성되어 있다. 논문으로는 노희정의 「지속가능한 발전을 위한 환경윤리교육」, 조용개의 「생태중심주의 환경윤리의 철학적 함의와 교육적 대안」, 문종길의 「고등학교 심화 선택 교과서에 진술된 환경윤리내용 분석과 비판: ‘윤리와 사상’, ‘전통윤리’를 중심으로」, 안건훈의 「레오폴드의 대지윤리와 환경교육」 등이 실렸다. 영어 논문으로는 마이어-아비히(독일 에센 대학)의 “Togetherness as a Condition for Life and Health-Holistic Environments from the Cell to the Universe”가 실렸다. 이 글은 세계생명문화포럼(2006)에서 발표한 것으로, 발표 후 수정 · 보완된 글을 다시 보내옴에 따라 게재하게 되었다. 탐방기로는 김성진의 「생태도시의 선도 모델 프라이부르크」가 있다. 김성진은 프라이부르크가 1992년 이후 독일을 대표하는 ‘환경보호의 수도’로 지정된 근거에 관해 서술했다. ‘교통정책’, ‘폐기물 및 쓰레기 처리 정책’, ‘기후환경 보호 정책’, ‘에너지 정책’ 등을 소개했다. 프라이부르크의 트레이드마크인 ‘태양의 도시’를 소개하고, 아울러 지속가능한 발전 원칙이 환경과 경제 양 측면에 동시에 적용될 수 있음을 입증해 보인 도시로 규정했다.

2007년 12월에는 『환경철학』 6집을 펴냈는데, ‘환경철학과 생태문학’에 관한 3편의 특집 논문, 5편의 일반 논문, 1편의 영어 논문이 실렸다. ‘환경철학과 생태문학’ 특집 논문으로, 최재목의 「고향의 회생(回生)과 그 생태론적 의의: ‘개성 있는 지역생태’ 복원을 위한 한 시론」, 김성진의 「환경미학과 썩음의 미학: 자연미 체험의 양면성은 극복될 수 있는가?」, 이평전의 「생태학적 사유의 기원과 신화적 상상력 연구: 윤대녕 소설을 중심으로」가 게재되었다. 일반 논문으로는 노희정의 「도덕공동체의 확장과 도덕적 의무」, 김완구의 「환경의 본래적 가치에 대한 비판과 옹호 논의」, 조석영의 「생명중심주의 환경철학에서 자유의 의미」, 윤영해의 「자아개념의 해체와 불교의 생태윤리」, 정민걸의 「환경철학에서 생태적 접근의 한계」가 실렸다. 영어 논문은 Changdeog Huh/Sarah Heyer의 "Historical Overview of Framing Ideology and Collective Action in American Environmentalism"이다.

2008년 12월에는 『환경철학』 7집을 펴냈는데 '환경철학과 환경정책'에 관한 4편의 특집 논문과 5편의 일반 논문으로 이루어졌다. '환경철학과 환경정책'에 관한 논문으로, 이시경의 「환경정책의 가치기준에 관한 시론: 유형화와 체계구성」, 오영석/고창택의 「정책논증의 개념에 관한 고찰: 환경정책을 중심으로」, 한면희의 「환경정책철학의 원리와 한국의 환경정책」, 박진희의 「시스템전환, 기후변화담론 그리고 재생가능에너지: 한국의 재생가능에너지 정책의 발달」 등이 있다. 일반 논문으로는 남순예의 「생태-환경에 관한 화이트헤드 철학의 고찰」, 김완구의 「환경보호 목표로서의 '생태계 건강'」, 김명식의 「반성적 평형과 동물의 지위」, 박창길의 「실험동물에게 윤리가 있는지의 여부: 구명선의 논리와 심의민주주의 이론을 중심으로」, 최경석의 「이성적 불일치 문제에 대한 절충안 모색과 인테그러티의 문제: 실천윤리적 문제의 정책결정」 등이 게재되었다.

이처럼 『환경철학』 학술지는 2집부터 큰 주제를 정하여 그 주제와 관련된 논문들로 편집되어 왔다. 즉, 2집은 '환경철학의 이념', 3집은 '환경철학의 역사', 4집은 '환경철학과 환경운동', 5집은 '환경철학과 환경교육', 6집은 '환경철학과 생태문학', 7집은 '환경철학과 환경정책'을 집중적으로 다뤘다. 그런데 주제와 관련된 논문만으로 편집하다 보니 회원들의 관심 분야나 학문 경향을 수용하는 데 한계가 있어, 2007년에 발간된 6집부터는 큰 주제와 관련된 '특집 논문'과 '일반 논문'으로 나누어 학술지의 내용을 보완하고 있다. 그동안 학술지에 환경철학 연구로 유명한 영국 랭카스터 대학의 '환경 · 철학 · 공공정책 연구소', 미국 북텍사스 대학의 '환경철학센터', 미국 콜로라도 주립대학 철학과, 생태도시의 선도 모델인 프라이부르크의 탐방기와, 남아프리카공화국 요하네스버그에서 있었던 '지속가능발전 지구정상회의' 참관기를 담은 것도 나름대로 의의 있는 일이라 여겨진다.

『환경철학』 학술지는 한글이나 영어로 된 논문으로 구성되어 있다. 한글 이외에 영어 논문을 수용하게 된 것은 영어가 국제적으로 가장 많이 사용되는 언어이며, 대부분의 학자들은 영어를 이해하기 때문이다. 아울러, 환경문제나 위기는 어느 한 지역이나 국가에 해당된 것이 아니라 전 인류적, 세계적인 문제이기에, 국내외적으로 좀 더 많은 사람들이 『환경철학』에 실린 논문들에 접할 수 있게 하기 위해서다. 그런 점에서 환경철학을 개척해 나간 학자들 가운데, 하그로브, 플럼우드, 마이어-아비히의 논문들이 본 학회 학술지에 실린 것은 의의 있는 일이다.

한편, 2007년에는 본 학회에서 엮은 회원들의 공동 저서인 『생태문화와 철학』(도서출판 금정)이 한국 인문사회과학 아카데미 박정웅 소장의 도움으로 출판되었다. 그 책은 1부에서는 이론적인 접근을, 2부에서는 실천적인 접근을 각각 다루었다. 1부에는 안건훈의 「자연권, 자연의 권리, 생태민주주의」, 한면희의 「문화와 종교, 그리고 환경윤리」, 노희정의 「심층생태주의에서의 자기실현」, 조용개의 「환경윤리로서의 생태중심 생명가치관에 관한 논의」, 전병술의 「유가의 인간다운 삶과 환경윤리」, 유성선의 「율곡의 교기질론(矯氣質論)에 근거한 생태윤리 모색」, 김성호의 「동물의 도덕적 지위에 대한 칸트주의적 접근」이 실렸다. 2부에는 양해림의 「생태문화운동과 철학」, 조석영의 「생태복원과 환경윤리」, 윤용택의 「제주섬의 전통문화와 생태사상」, 김명식의 「수목장과 생태시대의 죽음」, 김일방의 「소비와 환경윤리」, 김성진의 「갯벌체험의 미학과 환경윤리」가 실렸다.

그동안 연구발표회에서 발표되었거나 학회지에 실린 논문들, 공동저술에서 나타난 두드러진 경향으로는 예컨대, '이분법이라는 분리주의 사유와 우열에 근거한 지배논리에 대한 비판', '환경문제 해결을 위한 숙의적 의사결정모델', '인간중심주의에 대한 반성과 생명공동체에 대한 인식 제고' 등을 들 수 있다. 이런 경향은 최근 들어 세계 각지에서 나타나는 일단의 학문적인 조류와도 직접 · 간접으로 관련되어 있으며, 호응도도 높아져 가고 있다. 한편, '한반도와 관련된 기(氣)생태주의', '고향의 회생(回生)과 그 생태론적 의의' 등은 우리나라에서 나타나는 환경문제나 위기의 근원을 우리식으로 치유해 보려는 견해로 여겨진다. 그리고 '지역통화운동의 환경철학적 의의', '환경미학과 썩음의 미학' 등은 색다른 안목에서 환경문제에 접근하려는 견해로 주의를 끈다. 물론, 이제까지 발표된 논문들마다 고심한 흔적이 있고, 나름대로 의의가 있음은 말할 필요도 없다. (학술지나 공동저서에 소개된 논문이나 글들이 담고 있는 내용에 관한 소개는 차후에 관련된 기회가 있을 때 보완하기로 한다.)

한편, 지금까지 환경철학회 회원들에 의해 출판된 환경철학 관련 저서로는 고창택의 『환경철학에서 생태정책까지: 이론과 실천의 만남을 위해』(이학사, 2005), 구승회의 『에코필로소피』(새길, 1995), 『생태철학과 환경윤리』(동국대학교 출판부, 2001), 김명식의 『환경, 생명, 심의민주주의』(범양사, 2002), 『숙의민주주의와 환경』(철학과현실사, 2009), 김일방의 『환경윤리의 쟁점』(서광사, 2005), 변순용의 『책임의 윤리학』(철학과현실사, 2007. 2009년 학술원 우수학술도서), 양해림의 『에코 · 바이오테크 시대의 책임윤리』(철학과현실사, 2005), 조용개 외의 『환경철학의 이해』(2003), 한면희의 『환경윤리』(철학과현실사, 1997), 『초록문명론』(동녘, 2004), 『미래세대와 생태윤리』(철학과현실사, 2007), 『동아시아 문명과 한국의 생태주의』(철학과현실사, 2009) 등이 있다.

또한, 역서로는 구승회의 『환경윤리학의 제문제』(따님, 1997), 김명식의 『환경윤리』(자작나무, 1999), 김성진 외의 『생태문제와 인문학적 상상력』(나남출판, 1999), 김성한의 『동물해방』(인간사랑, 1999), 김일방의 『환경윤리란 무엇인가』(중문, 2001), 김형철의 『환경윤리학』(철학과현실사, 1994), 황경식과 김상득의 『환경윤리와 환경정책』(법영사, 1996), 황경식과 김성동의 『실천윤리학』(철학과현실사, 1997) 등이 있다.

4. 회원들의 박사학위 논문

한국환경철학회 회원으로 환경철학과 관련된 논문을 제출하여 박사학위를 취득한 사람들과 그 논문 제목을 소개하면 다음과 같다. 국내에서 환경철학과 관련된 연구로 박사학위를 취득한 사람으로는 우선 황종환이 있다. 그는 1994년 8월, 「생태윤리의 근거정립을 위한 자연관 연구」라는 논문으로 교육학 박사학위(서울대 국민윤리학과)를 취득했으며, 그 후 독일 뮌헨 대학에서 “Ökologische Gerechtigkeit: Eine interkulturelle Begründung”이라는 논문으로 박사학위를 취득했다. 철학과의 경우, 환경철학 분야에서 처음으로 박사학위를 취득한 사람은 김명식이다. 그는 1996년 8월, 「환경윤리에 관한 연구: 공리주의와 생명중심주의를 중심으로」라는 논문으로 철학박사학위(고려대)를 취득했다. 이어서 1997년 2월, 한면희는 「환경윤리와 자연의 가치」라는 논문을 제출하여 학위(성균관대 철학과)를 취득했고, 1998년 2월, 윤혜진은 「환경윤리의 근본원리에 관한 연구」라는 논문으로 학위(전북대 철학과)를 취득했다.

21세기에 접어들면서 2000년 2월, 김일방은 「환경윤리학의 쟁점과 그 대안」이라는 논문으로 문학박사학위(경북대 국민윤리학과)를 취득했다. 이어서 거의 해마다 학위 취득자가 이어졌는데, 2001년 8월, 조용개는 「생태학적 위기극복을 위한 환경교육 체계화방안 연구: 환경윤리교육의 모형정립을 중심으로」라는 논문으로 학위(대구가톨릭대 종교학과)를 취득했다. 2002년 2월, 김성한은 「도덕의 기원에 대한 진화론적 설명과 다원주의 윤리설」이라는 논문으로 학위(고려대 철학과)를, 노희정은 「환경윤리학에서의 개체론과 총체론의 통합」으로 한국교원대에서 철학교육 전공으로 교육학 박사학위를 각각 취득했다. 이듬해인 2003년 2월, 김대식은 「신, 인간, 그리고 자연에 대한 생태학적 연구」로 대구가톨릭대 종교학과에서 학위를 취득했다. 2005년 2월, 조석영은 「심층생태주의 환경윤리학에서 인간과 자연간의 관계에 관한 연구」로 교육학 박사학위(서울대 윤리교육학과)를 취득했고, 2006년 2월, 문종길은 「환경윤리학의 이론적 정초: 자연에 대한 도덕적 고려를 중심으로」라는 논문으로 학위(원광대 철학과)를 취득했다. 같은 해 8월, 김완구는 「환경의 본래적 가치문제와 실용주의적 정당화」에 관한 연구로 학위(서강대 철학과)를 취득했다. 또한 같은 해 독일에서 권정임이 「마르크스의 생태사회론」에 관한 연구로 학위(베를린 자유대학)를 취득했고, 2007년 김남준도 독일에서 「전일주의적 자연관」에 관한 연구로 학위(뮌스터 대학)를 취득했다. (필자가 아직 알지 못하는 환경철학에 속하는 학위 논문들이 있을 수 있다. 그런 경우는 차후에 관련된 기회가 있을 때 보완하기로 한다.)

5. 맺음말

우리나라와 같이 급속한 경제성장과 과학기술이 신장되어 온 곳에서는, 그 역기능으로 환경문제의 노출도 심각하다. 문제가 있는 곳에 그런 문제에 관해 논의하고 해결하려는 학회나 학문도 싹트게 되듯이, 우리나라처럼 환경문제가 심각한 상황 속에서, 1995년 창립된 한국환경철학회는 올해로 그 15주년을 맞이하게 되었다. 본 학회는 전국철학자연합대회 때마다 거의 분과학회 차원에서 참여하여 발표해 왔을 뿐만 아니라, 국내외에서 개최되는 국제학술대회를 통해 외국의 환경철학자들과 학문적인 교류도 꾸준히 해오고 있다.

환경문제는 전 지구적인 문제다. 인간뿐만 아니라 생태계 전체의 생명이나 삶과 관련된 문제다. 인류에 의해 야기된 환경문제나 위기 때문에 인류는 그 책임에서 자유로울 수 없다. 앞으로 인간의 삶뿐만 아니라 생태계를 좀 더 지속적으로 유지하기 위해서는 선각자적인 용기와 통찰력이 요청된다. 문제 상황을 문제 해결로 바꾸어가는 지혜, 지식 및 실천이 요청된다. 이런 점에서 환경철학이나 환경철학회의 역할은 앞으로 더욱더 클 수밖에 없다. 특히 21세기에 접어들면서 말이다.

편집 후기

이 책은 한국철학회 학술지 『철학』 100집의 출간을 기념하기 위하여 기획되었다. 1955년에 1집을 선보인 『철학』은 그 후 계속해서 질적, 양적으로 성장을 거듭하면서 2009년 8월 말 100집을 선보이게 되었다. 두말할 것도 없이 『철학』 100집의 출간은 한국 철학계의 커다란 경사이다. 이처럼 경사스러운 『철학』 100집의 출간을 기념하면서 지난 50여 년 동안의 한국철학의 역사를 회고하고 앞으로 한국철학이 나아갈 방향을 모색할 기회를 마련하기 위하여 이 책을 출간하기로 하였다.

이 책의 출간을 위한 편집회의가 2009년 7월 1일 오후 서초동에 있는 한국철학회 사무국에서 개최되었다. 이 자리에서는 2009년 11월 14일에 개최되는 한국철학회 추계학술발표대회 때 배포할 수 있도록 출간 계획을 잡고 이 책에 (1) 한국철학회 회장의 발간사, (2) 전국규모학회장 축사, (3) 한국철학의 회고와 전망에 대한 원로교수 좌담과 중진교수 좌담, (4) 한국철학회 산하 분과학회의 회고와 전망을 담은 분과학회장의 원고 등을 수록하기로 하였다.

편집회의가 끝난 후 곧 전국규모학회장들, 분과학회장들에게 이 책의 기획에 대해 알려드리고 원고 청탁을 하였다. 본래 2009년 11월에 출간할 계획이었으나 여러 가지 사정 때문에 출간이 늦어지게 되었다. 당초 계획에 따라 원고를 2009년 10월까지 보내주신 분들에게는 책 출간이 늦어진 데 대해 송구스럽게 생각하며 그에 대해 넓은 마음으로 이해해 주시기 바란다. 이 책에는 대부분의 전국규모학회장들의 축사와 분과학회장들의 원고가 수록되어 있다. 그러나 나름의 사정 때문에 축사와 원고가 수록되지 않은 경우도 더러 있는데, 이 점에 대해서는 아쉽게 생각한다.

이 책을 출간하면서 감사드려야 할 분들이 많다. 우선 여러 가지 바쁜 일정이 있음에도 불구하고 축사와 분과학회별 원고를 보내주신 학회장님들께 옥고를 보내주신 데 대해 깊은 감사의 마음을 전한다. 당초에는 원고 집필을 위해 수고하신 데 대해 감사하는 마음으로 사례할 계획이었으나 원고의 양이 당초 생각했던 것보다 훨씬 더 많아져서 사례하지 못해 송구스러운 마음을 가지고 있다. 바쁜 시간을 쪼개어 좌담회에 참석해 고견을 피력해 주신 원로교수님들과 중진교수님들께 감사의 말씀을 드린다. 이 책의 기획을 시작하고 원로교수 좌담회와 중진교수 좌담회를 이끌어주신 한국철학회 전임 회장 손동현 교수님, 한국철학회 전임 편집위원장 이상훈 교수님께 감사의 뜻을 전한다. 발간사를 써주시고 이 책의 출간을 위해 지도편달을 아끼지 않으신 한국철학회 회장 황경식 교수님께도 감사의 뜻을 전하며 이 책의 출간을 위해 원고 검토를 비롯해 여러모로 수고해 주신 한국철학회 총무이사 정원섭 교수님께도 감사의 뜻을 전한다. 수많은 이메일 연락, 원고 수합, 원고 수정, 교열 등 온갖 궂은일을 도맡아 이 책이 출간될 수 있도록 도와주신 한국철학회 사무국장 윤은주 박사님에게 깊은 감사의 뜻을 전한다. 마지막으로 열악한 조건 속에서도 한국철학의 발전을 위해 이 책을 기꺼이 출간하기로 해주신 철학과현실사에도 깊은 감사의 뜻을 전한다.

2010년 5월 5일
한국철학회 편집위원장
이 남 인

『철학』 100집 출간 기념

한국철학의 회고와 전망

1판 1쇄 인쇄　2010년 6월　5일
1판 1쇄 발행　2010년 6월 10일

엮은이　한국철학회 편집위원회
발행인　전 춘 호
발행처　철학과현실사

등록번호　제1-583호
등록일자　1987년 12월 15일

서울특별시 종로구 동숭동 1-45
전화번호 579-5908
팩시밀리 572-2830

ISBN 978-89-7775-723-3　93100
값 20,000원

엮은이와의 협의에 의해 인지는 생략합니다.
잘못된 책은 바꿔 드립니다.